G - 51

Das Buch

Obwohl die Arbeit zu den grundlegenden Faktoren des menschlichen Zusammenlebens gehört, die Gesellschaft überhaupt erst begründet und ihre wechselnden Formen bestimmt hat, wandten die Historiker ihr bisher ein vergleichsweise nur geringes Interesse zu.
Im zweiten Band dieser dreiteiligen Sozialgeschichte der Arbeit untersucht der Autor zunächst die sehr differenzierten, sich allmählich wandelnden Arbeitsverhältnisse im europäischen Hochmittelalter, u. a. das Lehnswesen, den erstarkenden Handel der Städte, das Zunftwesen, die Stellung der Knechte und Mägde und der freien und künstlerischen Berufe. Im Entstehen des freien Lohndienstverhältnisses erblickt er ein wichtiges Moment der Entwicklung. In den Abschnitten über die Renaissance widmet van der Ven seine besondere Aufmerksamkeit den öffentlichen Ämtern und der sozialen und rechtlichen Stellung der Künstler, Wissenschaftler und Politiker. Den Anfängen des Kapitalismus, der Rezeption des römischen Rechts, Vorformen der Industrialisierung und des industriellen Proletariats und den arbeitsrechtlichen Folgen dieser umwälzenden Neuerungen gelten die Studien, die diesen Band abschließen.

Der Autor

Prof. Dr. Frans J. H. M. van der Ven, geb. 1907 in Tilburg (Niederlande), studierte an der Wirtschaftshochschule in Rotterdam. 1945 wurde er in Tilburg Professor für Sozialrecht und Arbeitssoziologie, 1952 außerdem außerordentlicher Professor für Arbeitsrecht an der Universität Nijmegen.
Veröffentlichungen u. a.: ›Der Arbeitskonflikt‹ (1960); ›Der freie Beruf‹ (1956); ›Theorie der Sozialpolitik‹ (1961); ›Der arbeitende Mensch‹ (1963; sämtlich in holländischer Sprache).

D1935788

Frans van der Ven:
Sozialgeschichte der Arbeit

Band 2
Hochmittelalter und Neuzeit

Deutscher
Taschenbuch
Verlag

Aus dem Holländischen übertragen von Marga E. Baumer-Thierfelder

Deutsche Erstausgabe
Juni 1972
Die niederländische Originalausgabe erschien 1967 in der Reihe ›Aula-Boeken‹ der Uitgeverij Het Spectrum N. V., Utrecht-Antwerpen, unter dem Titel ›Geschiedenis van de arbeid. II. Hoge middeleeuwen en nieuwe tijd‹.
© 1967 by Het Spectrum
© Deutscher Taschenbuch Verlag GmbH & Co. KG, München 1972
Umschlaggestaltung: Celestino Piatti
Gesamtherstellung: C. H. Beck'sche Buchdruckerei, Nördlingen
Printed in Germany · ISBN 3-423-04083-1

Inhalt

Vorwort 7

I. Das Hochmittelalter

1. Der Feudalismus 9
2. Handel und Stadt 22
3. Das neue soziale Ethos 35
4. Verschiedene Formen von Arbeitsverhältnissen . . . 49
5. Das Entstehen des freien Lohndienstvertrags 62
6. Lohndienst oder Genossenschaft 76
7. Seefahrt, Fischerei, Bergbau 91
8. Knechte und Mägde 106
9. Handwerk und Großindustrie 122
10. Das Baugewerbe 138
11. Freie oder öffentliche Berufe 152
12. Künstler, Spielleute, Vagabunden 167

II. Von der Renaissance zur Revolution

1. Der Geist der Renaissance 185
2. Politik, Kunst und Wissenschaft 197
3. Öffentlicher Dienst und intellektuelle Berufe 208
4. Reformation, Arbeit und Kapitalismus 223
5. Die wirtschaftliche Motivation 236
6. Industrielle Betriebsformen 249
7. Gesellen, Arbeiter und Dienstboten 263
8. Die Rezeption des römischen Rechts 277

Ein Register für die Bände 1–3 der ›Sozialgeschichte der Arbeit‹ findet sich am Schluß von Band 3.

Vorwort

Dieser zweite Band der ›Sozialgeschichte der Arbeit‹ behandelt ebenso wie der erste nicht nur Lohndienstverhältnisse, sondern auch Arbeitsbeziehungen anderer Art, namentlich die selbständig eingegangenen. In unserer Zeit, in der der Lohndienst zahlenmäßig an erster Stelle steht, können wir uns kaum mehr eine Situation vorstellen, in welcher freie Arbeit großenteils auf andere Weise geleistet wurde. Beim Versuch, die Situation dennoch zu beschreiben, wurde indes nicht versäumt, darauf hinzuweisen, daß das Entstehen des freien Lohndienstvertrags während des »Hochmittelalters«, qualitativ gesehen, das wesentliche Moment in der Entwicklung der westeuropäischen Arbeitsordnung war. Um die Verbindung zu unserer heutigen Sicht nicht zu verlieren, wurde diesem Entstehungsprozeß und dem weiteren Ansteigen der Lohndienstbeziehungen sogar verhältnismäßig viel Raum zuteil.

Anläßlich dieses zweiten Bandes sei festgestellt, daß wir uns bei der Einteilung des Stoffes – wenn auch ohne jede Absicht – in Übereinstimmung mit der Auffassung jener befinden, die eine historische Zäsur lieber am Beginn des 12. als am Ende des 15. Jahrhunderts[1] ansetzen und darüber hinaus eine Grenzziehung am Ende des 18. Jahrhunderts vertreten. Innerhalb dieser Linien spielt sich das hier Dargelegte in einer Epoche von sieben Jahrhunderten ab. Einer Epoche? Gern berufen wir uns dabei auf die relativierenden Betrachtungen, die der englische Sozialhistoriker Trevelyan über historische Perioden angestellt hat:

»Zum Unterschied von Daten aber bezeichnen ›Perioden‹ keine gegebenen Tatsachen. Sie sind Auffassungen, die wir uns rückblickend über vergangene Ereignisse bilden ... Während es sicherlich nützlich ist, vom ›Mittelalter‹ und vom ›Viktorianischen Zeitalter‹ zu sprechen, so haben doch diese beiden abstrakten Begriffe viele Gelehrte und Millionen von Zeitungslesern zu der Annahme verleitet, daß während gewisser Jahrhunderte, genannt das ›Mittelalter‹ und dann wieder während anderer, mit dem Namen ›das Zeitalter Viktorias‹ bezeichneter

[1] Arnold Hauser, *The social history of art*, dtsch. Übers. *Sozialgeschichte der Kunst und Literatur*. München 1958, I, S. 266f.

Jahrzehnte ein jeder mehr oder weniger in derselben Weise dachte und handelte, bis dann endlich Viktoria gestorben oder ›das Mittelalter zu Ende gegangen‹ war ... Die Gewohnheit, sich die Vergangenheit als in scharf abgegrenzte ›Perioden‹ aufgeteilt zu denken, ist am gefährlichsten in der Wirtschafts-, Kultur- und Sozialgeschichte; denn ›Geschichtsperioden‹ sind normalerweise ... nach rein politischen Gesichtspunkten zusammengestellt worden ... Aber das soziale, kulturelle und wirtschaftliche Leben schenkt dem Ableben von Königen oder der Thronbesteigung neuer Dynastien nur wenig Beachtung ... Es ist um so schwieriger, die kulturelle, wirtschaftliche und soziale Geschichte in ›Perioden‹ zu erfassen, weil es stets ein Überschneiden des Alten mit dem Neuen gibt ...«[2]

Trotz der Bedeutung aller Periodisierung darf dieses Buch in gewissem Sinne als ein selbständiges Ganzes gelten. Dennoch ist es in zwei Zeitabschnitte unterteilt. Dabei wurde dasselbe Modell wie im ersten Band verwandt: Auf den ersten Blick scheinen sich die beiden Perioden als Gegenpole auszunehmen. Doch ebenso wie sich in dem Streben nach Wiederherstellung des »Römischen Reiches« während der Karolingerzeit eine Verbindung zur Antike erkennen läßt, verwischt sich die anfänglich scharf gezogene Grenze zwischen Mittelalter und Renaissance bei näherer Betrachtung mehr und mehr. Den Beginn der Renaissance setzte man sogar immer früher an[3], und andererseits zeigte es sich, daß das Mittelalter am Vorabend der Französischen Revolution noch nicht überwunden war[4]. Die in diesem Band behandelten Perioden sind also durch allerlei Fäden miteinander verknüpft, ja sie bilden in gewissem Sinne sogar ein Ganzes. Diese Spannung zwischen Gegensatz und Einheit ist einer der fesselndsten Aspekte der Geschichte.

[2] George M. Trevelyan, *Illustrated English social history*, dtsch. Übers. *Kultur- und Sozialgeschichte Englands*. Hamburg 1948, S. 98/99.

[3] Johan Huizinga, *Tien Studien*, dtsch. Übers. *Wege der Kulturgeschichte*. München 1930, S. 109.

[4] Hippolyte Taine, *L'ancien régime*. Paris ^{28}1917, Bd. I.

I. Das Hochmittelalter

1. Der Feudalismus

Der Feudalismus als gesellschaftliches und politisches System, das für die Karolingerzeit charakteristisch war, hatte danach, bestimmt bis 1300, noch ebensoviel Bedeutung, so daß man gerade diese spätere Periode als die der »féodalité classique« bezeichnen konnte[1]. In Amerika hat man sogar den interessanten Versuch unternommen, dem Begriff Feudalismus eine viel weiter reichende Bedeutung zu unterlegen, indem man ihn nämlich auf bestimmte, wenn auch verschieden nuancierte und in der Zeit sich stark verändernde Typen politischer Beherrschung anwandte, die in den gegensätzlichsten Kulturen – in China und Japan sowohl wie in Westeuropa, in den alten Reichen von Mesopotamien und Ägypten wie auch in Byzanz und Rußland – aufgetreten sind[2]. Es dürfte klar sein, daß wir uns hier an das Mittelalter und an den abendländischen Kulturkreis halten. Auch bei solch einer – übrigens nicht ungebräuchlichen – Begrenzung war es indessen schwierig, zu versuchen, eine solche Erscheinung allzu einseitig zu bestimmen, ohne die Möglichkeiten der Evolution zu berücksichtigen oder sie noch genauer in der Zeit zu lokalisieren. Wie lächerlich derartige Bestrebungen werden können, zeigt uns die von Mak berichtete Anekdote eines Mannes, der nach dem Ersten Weltkrieg den Wiederaufbau des Dorfes Quierzy leitete und auf dem Marktplatz einen Gedenkstein mit der Inschrift versah: »Hier entstand 877 der Feudalismus.«[3] Der Feudalismus war eine viel zu komplizierte und allgemein verbreitete Organisationsform, als daß sie wie jede x-beliebige Vereinigung oder Bruderschaft in einem bestimmten Augenblick irgendwo hätte entstanden sein können. Heißt das aber auch, daß der Endpunkt oder selbst die Veränderungen, die zu einem gewissen Abbröckeln führten, nicht einigermaßen angegeben werden könnten?

Das feudalistische »ancien régime« dauerte in Frankreich bis

[1] François L. Ganshof, *Was ist das Lehnswesen?* Darmstadt [3]1970.

[2] Rushton Coulborn u. a., *Feudalism in history*. Princeton 1956.

[3] J. J. Mak, *De geboorte der westerse beschaving*. Arnhem 1954, S. 8.

zum Ende des 18. Jahrhunderts, in manchen anderen europäischen Ländern bis tief ins 19. Jahrhundert hinein fort. Sein Geist flackert vielleicht sogar noch später auf. Jedenfalls sind bis zum Vorabend der Französischen Revolution überall Reste feudaler Rechte, die einst sinnvoll gewesen waren, als überflüssige Relikte erhalten geblieben. Diese Situation hat Taine ausgezeichnet beschrieben[4]. Die Aufhebung der herrschaftlichen Rechte durch Ludwig XVI. im Jahr 1776 unter Einfluß seines Ministers Turgot mochte ein frommer Wunsch gewesen sein, das Abschwören des Adels von seinen Vorrechten im Jahr 1789 eine edle Geste; in Wirklichkeit war nämlich die Basis für diese Privilegien schon längst nicht mehr vorhanden. Seit dem Ende des 13. Jahrhunderts sind in Frankreich die Freilassungen nolens volens an der Tagesordnung, als wirtschaftliche Umstände die Herren dazu bewogen, die ihnen von ihren unfreien Leuten zustehenden Naturalien in Geld umzusetzen; »der Unfreie mußte seine Freiheit kaufen, entweder gegen bares Geld oder indem er sich zu einer jährlichen Summe verpflichtete wie der freie Pächter«[5]. Sogar noch früher hat die Auflösung des grundherrlichen Systems eingesetzt. Auch ohne erzwungenen Freikauf ist die Hörigkeit in Flandern, Brabant und Lüttich im Lauf des 12. und 13. Jahrhunderts praktisch ganz verschwunden[6]. So darf man wohl feststellen, daß der Feudalismus zwar während des ganzen Mittelalters hindurch besteht, daß er aber als organisierendes Prinzip während des eigentlichen Hochmittelalters nicht mehr vorherrscht.

Was ist geschehen? Die bürgerliche Freiheit, geboren in der Stadt, ist neben die feudale Autoritätsidee getreten. Sie hat nicht nur die Führung der städtischen Gesellschaftsordnung übernommen, sondern auch die Verhältnisse draußen auf dem Land beeinflußt. Das Übergreifen der Freiheitsidee auf das Land hat die deutlichsten Folgen für die Produktionsverhältnisse und die Arbeitssituation gezeitigt. Die auf Grundeigentum basierenden Machtverhältnisse konnten sich jedoch entwickeln, sie wurden nicht zerstört. Die Befreiung der Bauern ließ keine politische Demokratie entstehen, und ebensowenig bedeutete sie die Liquidierung der gesellschaftlichen oder

[4] H. Taine, *L'ancien régime*. Paris ²⁸1917, I, S. 3–92.

[5] Régine Pernoud, *Lumière du Moyen Age*. Paris 1944. Niederl. Übers. *De glans der middeleeuwen*. Utrecht-Antwerpen o. J., S. 36.

[6] B. H. Slicher van Bath, *De agrarische geschiedenis van West-Europa, 500–1850*. Utrecht-Antwerpen 1960, S. 162.

wirtschaftlichen Macht der adeligen oder kirchlichen Großgrundbesitzer. Der Feudalismus veränderte sich inhaltlich, seine Bedeutung nahm in bestimmter Beziehung sogar beträchtlich ab. Das schließt jedoch nicht aus, daß er in einer Gesellschaftsordnung, die bis in die moderne Zeit hinein auf Eigentum basierte, als bedeutsamer Faktor bestehen blieb. Grundbesitz stellte schließlich noch lange Zeit die wichtigste Vermögensform dar.

Nun gut, wir können also von einer Entwicklung sprechen. Will man einigermaßen konkret angeben, in welchem Zeitabschnitt sich die großen Veränderungen in der Gesellschaft abspielten, so kann man in der Periode zwischen 900 und 1500 eine wichtige Trennungslinie um 1150 ziehen. Bei unseren Betrachtungen, die, wie wir bereits im vorigen Band darlegten, mehr eine soziologische Typologie als eine historische Chronologie anstreben, müssen wir wohl ausdrücklich auf die Tatsache hinweisen, daß das, was im 12. Jahrhundert geschah, bestimmend für die Arbeitsverhältnisse des »Hochmittelalters« war. Mehr noch, es ist das Jahrhundert, in welchem sich »die Geburt der modernen abendländischen Gesellschaft« vollzieht. Vielleicht war es in erster Linie die Geburt einer Idee oder, anders ausgedrückt, eine ideologische Entwicklung, die man seit Erscheinen des Werkes von Haskin auch oft als die Renaissance des 12. Jahrhunderts bezeichnete[7]. Schon wieder eine Renaissance? Nach der kurzlebigen »karolingischen Renaissance« sollte das also bereits das zweite kulturelle Wiederaufleben sein, das mehr oder minder vom klassischen Altertum befruchtet wurde, ehe man dann zur »eigentlichen« Renaissance kam. Wir wollen dem gleich hinzufügen, daß diese zweite Renaissance die Gestaltung des Abendlandes tiefer als die erste beeinflußte und daß sie selbst bis auf den heutigen Tag an Wirkung nichts eingebüßt hat.

Kann es aber denjenigen, die von einer Renaissance im 12. Jahrhundert sprechen, nicht entgangen sein, daß die wirtschaftlichen Bestrebungen, die die Grundlage für die sich nun in voller Kraft entfaltende Entwicklung bildeten, stärker von einer möglichen Zukunft als von einer unwiderruflich dahingeschwundenen Vergangenheit inspiriert wurden? Freiheit für jedermann und also prinzipielle menschliche Gleichwertigkeit war die Parole, unter der die Arbeitsverhältnisse in den wieder-

[7] Charles Haskins, *The renaissance of the twelfth century*. Harvard 1927, Neuaufl. New York 1957.

auflebenden und in den neu aufblühenden Städten eine Neubewertung erfuhren. Darüber aber später; im Augenblick beschränken wir uns auf das agrarische Gefüge der nachkarolingischen Zeit und wie nun auch hier wieder der Gedanke einer freien wirtschaftlichen Aktivität aufkommen konnte. Im großen und ganzen beginnt die Freiheitsbewegung in der Agrarwirtschaft später als in den städtischen Konglomeraten, sie verläuft auf jeden Fall zögernder und führt während des Hochmittelalters nicht so ausgeprägt zu einer Niederlage des Feudalsystems. Wir wollen uns nun mit den Entwicklungen innerhalb der Agrargesellschaft etwas genauer beschäftigen.

Nach der Karolingerzeit bestimmte die Agrarwirtschaft praktisch das ganze Gesellschaftsbild. Seine Struktur bestand aus einer klaren Schichtung und Hierarchie. Eine militärische Aristokratie[8] hatte sich, zusammen mit dem höheren Klerus, des Bodens bemächtigt und nahm damit das Recht zur Herrschaft über die auf diesem Grund angesiedelte Bevölkerung für sich in Anspruch. Der Größe des Grundbesitzes entsprechend und als Folge militärisch-organisatorischer Notwendigkeit war der herrschende Stand hierarchisch geordnet. Dieser militärischen Kaste mußte der Krieg praktisch als normale Lebenssituation erscheinen. Nach diesem Bild formte sich ihr Denken und Trachten, und einige von ihnen übten auch die einträgliche Praxis von Überfällen auf reisende Kaufleute und Bürger aus. Im Krieg selbst kam es weniger auf Vernichtung des Gegners an als auf dessen Gefangennahme, um ein Lösegeld herausschlagen zu können. Ein Augenzeuge berichtet von einer Schlacht im Jahre 1119: »Von 900 kämpfenden Rittern sind meines Wissens nur drei umgekommen; sie waren denn auch ganz in Eisen gekleidet und ... sie schonten einander gegenseitig und suchten einander weniger zu töten, als gefangenzunehmen.«[9]

Später, als das Gefolge von Fußsoldaten größer wird, nimmt die Anzahl derer, die im Kampf fallen, aber beträchtlich zu. Noch lange bleibt es aber üblich, es auf die Gefangennahme der wichtigsten Gegner anzulegen, nicht nur wegen des Lösegeldes, sondern auch um auf diese Weise politische Vorteile zu erlangen. So wurde 1415 bei Azincourt der potentielle Thronanwärter Charles von Orléans von den Engländern gefangen-

[8] Ernest Lavisse und Alfred Rambaud, *Histoire générale du IVe siècle à nos jours*. Paris 1893–1901, II, S. 25–64.

[9] Lavisse und Rambaud, II, S. 54.

genommen und aus politischen Gründen bis 1440 in Kriegsgefangenschaft gehalten. Im Lauf des Mittelalters ist übrigens der rein militärische Charakter des Adels rückläufig, wenn auch seine Standeskultur die durch ihn geprägten Züge beibehält. Der Unterschied zwischen ihm als der herrschenden Klasse, und derjenigen der beherrschten blieb ebenfalls bestehen. Bei allen Rangunterschieden innerhalb seiner eigenen Reihen wurde der Adel um das 13. Jahrhundert zu einer solchen Einheit zusammengeschmiedet, daß es fast den Anschein hatte, als gebe es nur zwei Kategorien von Menschen: Edle und Unedle[10]. Wenn sich auch die Bande der Hörigkeit mehr und mehr lockerten, so dominierte in dem gegenseitigen Verhältnis der beiden Klassen weiterhin das hierarchische Element, das traditionell mit der Grundherrschaft verbunden war.

Die feudale Machtposition ist aber nicht ausschließlich eine Frage faktischer Verhältnisse. Ebenso wie jede andere Gesellschaftsstruktur war auch diese von einem System anerkannter und akzeptierter Wertauffassungen durchzogen. Die Geschichte hat oft erwiesen, daß solche Situationen noch geraume Zeit bestehen bleiben können, auch wenn die strukturellen Verhältnisse schon nicht mehr mit ihnen übereinstimmen. Das erzeugt natürlich Disharmonie und Verwirrung, nicht selten auch offenen Konflikt. Es ist nicht unwahrscheinlich, daß auch die Feudalherren oft länger, als es die Umstände verlangten, an traditionellen Wertbegriffen festgehalten haben. Um das zu verstehen, braucht man nur einmal, vor allem in späterer Zeit, der Rolle nachzugehen, die den damals zentralen Begriffen »Treue« und »Ehre« in der Praxis zukamen.

Treue knüpft das Netzwerk von Beziehungen zwischen Lehnsherren und Vasallen. Treue muß gegenseitig sein, aber von primärer Bedeutung ist natürlich die Treue des Lehnsmannes zum Herrn; die erwiderte Treue des Herrn erscheint als eine Reflexbewegung. Die Verpflichtungen des Lehnsmannes werden seit dem 10. Jahrhundert konkret, wenn auch summarisch formuliert: *auxilium* und *consilium*, Beistand und Rat, von denen ersteres vor allem militärisch gemeint ist und als solcher nur im Dienst des Königs verlangt werden kann, der zweite im Sinne von Hofdienst und politischem und juristischem Rat[11]. Diesen Ausdrücken war ein zähes Leben beschie-

[10] Lavisse und Rambaud, II, S. 30.

[11] Ganshof, *Qu'est-ce que la féodalité?* Brüssel-Neuchâtel ^{2}1947, S. 105f. (dtsch. Übers. *Was ist das Lehnswesen?* Darmstadt ^{3}1970).

den, wie auch ein Text in unserem niederländischen Grundgesetz beweist, in dem von »festen Kollegien des Rats und Beistands für die Regierung« gesprochen wird. Offensichtlich in umgekehrter Reihenfolge ein Widerhall von *auxilium et consilium*, aber niemand in unserer bürgerlichen Gesellschaft hat die leiseste Ahnung, worin der Beistand neben dem Rat noch bestehen könnte.

Wenn Treue gleichsam die Knoten des Netzes bildet, dann könnten die Auffassungen über Ehre vielleicht als Fäden gelten. Die Kirche hat versucht, sowohl das eine wie das andere religiös-ethisch zu interpretieren und auf diese Weise ein christliches Ritterideal zu schaffen. Aber ein Netzwerk besitzt nun einmal notwendigerweise Maschen, und die edlen Gefühle sind nicht selten durch die Maschen des Netzes geschlüpft. Treue wurde gebrochen, und was war Ehre anderes als ein Sentiment, eine Mischung aus Stolz und Eitelkeit[12], ein ästhetisches eher als ein ethisches Ideal, dessen Kern »der zu Schönheit erhobene Hochmut« bleibt[13]. Nach der romantischen Überschätzung des Adels hat die Reaktion, beeinflußt auch durch Tatsachen aus dem Herbst des Mittelalters, möglicherweise etwas weit nach der anderen Seite hin ausgeschlagen, so daß man von »nutzlos und unecht, eine zurechtgemachte Zurschaustellung, ein lächerlicher Anachronismus« zu sprechen begann[14]; und doch ist es unverkennbar, daß Rittertugend eine Realität, wenn auch wie jede andere Form von Tugend eine höchst relative gewesen ist.

Es besteht nun einmal eine äußerst schwer zu überbrückende Kluft zwischen Idee und Wirklichkeit. Es scheint, als hätte das Mittelalter diese Kluft als besonders tief empfunden, was zwischen Vorstellungswelt und Zeitbild eine heftige Spannung verursachte. Einerseits war man von der Gültigkeit ewiger Wahrheiten durchdrungen, andererseits ist dem mittelalterlichen Menschen eine ausgesprochen nüchterne relativierende Einstellung zur Alltagswirklichkeit eigen. Er ist sogar in so starkem Maß auf die Realität fixiert, daß er nach Huizinga das Bedürfnis besitzt, »jeden Fall als etwas selbständig Bestehendes zu isolieren«, woraus dann wieder eine Neigung zum Formalisieren erwächst: »Jeder Frage, die auftaucht, muß eine

[12] Lavisse und Rambaud, II, S. 61.

[13] J. Huizinga, *Herfsttij der middeleeuwen*, dtsch. Übers. *Herbst des Mittelalters*. Stuttgart [9]1965, S. 88.

[14] Huizinga, S. 177.

ideale Lösung eigen sein; diese ist gefunden, sobald man die rechte Beziehung zwischen dem gegenwärtigen Fall und den ewigen Wahrheiten erkannt hat, und diese Beziehung wird abgeleitet aus der Anwendung formaler Regeln auf die Tatsachen.«[15] Jawohl, aber das ist eine umständliche und recht intellektualistische Prozedur, zu der der Mensch – auch der adelige – nicht immer imstande ist. Er wird häufig seine konkreten Probleme lieber in einem anderen kasuistischen Sinne gelöst haben, nämlich indem er bestimmten natürlichen Instinkten folgte.

Vielleicht brauchten sich deshalb die täglichen Praktiken nicht so sehr zu verändern, als die neue wirtschaftliche Bewegung in die feudale Welt einzudringen begann. Was sich hingegen nun wohl ändert, ist die Tatsache, daß die offiziellen ritterlichen Wertmaßstäbe auch theoretisch nicht mehr überall anerkannt werden. In der städtischen Wirtschaft werden nicht nur die faktisch geltenden, sondern auch die prinzipiell anerkannten Normen in »kapitalistischem« Sinne umgebogen, und mit der Zeit geschieht dies auch bei der einfachen Landbevölkerung. Die höheren Klassen des Adels und der Geistlichkeit passen sich dem zwar nicht leicht an. Der Adel scheint nie sehr erfolgreich in der wirtschaftlichen Verwaltung der Landgüter gewesen zu sein. Die ganze Agrarwirtschaft war übrigens mehr auf Lebensunterhalt als auf das Erzielen von Gewinn gerichtet. Aber auf die Dauer mußte man wohl den wirtschaftlichen Veränderungen Rechnung tragen. Nicht zuletzt erwies sich durch die große Zersplitterung und die flächenmäßige Verbreitung des Grundeigentums die alte Anbauform als immer unrentabler. Die Bedeutung der Domäne ging zurück, und parallel zur wachsenden Geldwirtschaft begannen die Grundherren nun auch für die obligatorischen Lieferungen und Dienstleistungen mit Geld zu bezahlen. Aus wohlüberlegtem Eigeninteresse arbeiten sie so mit an der Aufhebung der Hörigkeit. Diese Umstellung hat die Bindung, welche der Grundherr zum landwirtschaftlichen Leben und Betrieb hatte, gewiß nicht verstärkt. Dabei blieben die Auffassungen über gesellschaftliche Funktionen, denen die höheren Stände huldigten, im wesentlichen unverändert.

Von Anfang an hatte sich der Adel wenig um die faktische Bodennutzung gekümmert. Als militärischer Stand hatte er

[15] Huizinga, S. 336.

andere Aufgaben, als sich wirtschaftlich zu betätigen. Das gleiche gilt auch für den Klerus. Beide Stände waren gleichsam von Betriebsarbeit befreit. In späteren Jahrhunderten, bei zunehmender gesellschaftlicher Distanzierung, hatte das Leben der höheren Stände womöglich noch weniger mit dem des »arbeitenden« Standes gemein. Dennoch ist die Auffassung, daß der Adel nur zu kämpfen braucht, eine ebenso grobe Vereinfachung wie die, daß der Klerus sein Dasein nur mit Beten fristete. Adel und Geistlichkeit lenkten und führten die Gemeinschaft, der eine in der weltlichen, der andere in der geistlichen Ordnung, soweit sich diese Unterscheidung praktisch treffen läßt. Wie dem auch sei, die Tätigkeiten des Adels und des Klerus bezeichnete man gewiß nicht als Arbeit. Auch dies gehört zur Standesideologie. Adel und Arbeit sind im Prinzip unvereinbar. Der Versuch, sich durch Ausübung eines Berufes zu bereichern, könnte den Edlen von seinen eigentlichen Pflichten ablenken. Es ist deshalb sogar möglich, durch ein solches unedles Verhalten den Adelstitel zu verlieren. Auf Grund derartiger Überlegungen hat sich der Adel – außer in Italien – bis weit ins 18. Jahrhundert hinein hinsichtlich seiner Teilnahme an Industrie und Handel durchwegs reserviert verhalten[16]. Und was den geistlichen Stand angeht, so fällt es bis in unsere Zeit auf, daß man hier dazu neigt, die besoldete Ausübung des Amtes nicht als Beruf anzusehen; insbesondere gelten Unterricht und Fürsorge weiterhin als Berufung und Caritas, Begriffe aus jener Sphäre, aus der sie einst entstanden sind.

Wie lebte nun die einfache Landbevölkerung unter diesem feudalen Regime? Innerhalb zweier Jahrhunderte, zwischen dem 9. und 11. Jahrhundert, ist die Landbevölkerung, deren Unfreiheit graduell und artmäßig verschieden war, zu einer uniformen Klasse Höriger verschmolzen[17]. Diejenigen Gebiete natürlich ausgenommen, wo sich das System der Grundherrschaft nicht durchgesetzt hatte. Diese Uniformität schließt keineswegs Gleichheit der wirtschaftlichen Bedingungen ein. Die geforderten Leistungen waren ziemlich unterschiedlich, aber die Bauern, die auf den einzelnen Höfen saßen, mußten im allgemeinen sowohl persönliche Dienste für die Domäne verrichten als auch Anteile aus den Erträgen ihrer eigenen

[16] Henri Pirenne, *Les villes du Moyen Age*. Brüssel 1927, S. 110; Pernoud, S. 28.

[17] Eileen Power, *Medieval People*, niederl. Übers. *Het dagelijks leven in de Middeleeuwen*. Utrecht-Antwerpen 1963, S. 12.

Höfe abgeben. Die Handwerker werden anfänglich meist zur Domäne gehört haben. Über die Existenzbedingungen dieser Menschen gehen die Urteile auseinander, jedoch dürfte sicher sein, daß sie sich mit der Zeit verbesserten. »Bezeichnend für die Hörigen im 12. und 13. Jahrhundert waren neben der Verrichtung einzelner Dienste die Bezahlung eines Hofgeldes und weiterer Geldbeträge, die Lieferung von Naturalien und die Verpflichtungen bei Ehe, Tod und Antritt des Erbes.«[18] Die Domänennutzung war damals bereits stark rückläufig und damit auch die Forderung von Schwerarbeit. Während der wirtschaftlich günstigen Periode von 1150 bis 1300 haben auch die vielfältigen Lieferungen in natura abgenommen. Das 14. Jahrhundert wird charakterisiert von einem Tiefstand in der Landwirtschaft, hoher Sterblichkeit und sozialen Konflikten.

Das Bestehen feudaler Hörigkeitsverhältnisse bedeutet nicht, wie wir an anderer Stelle geschrieben haben[19], daß jede Spur eines freien Wirtschaftsverkehrs der Bauern und Handwerker untereinander und zwischen ihnen und der Domäne oder der Außenwelt unmöglich gewesen wäre. Bis zum 11. Jahrhundert einschließlich konnten diese Formen des freien Tauschverkehrs mangels einer kaufkräftigen Nachfrage jedoch kein bedeutendes Ausmaß gehabt haben. Als sich vom 11. Jahrhundert an die Fronhof-Organisation allmählich lockerte und die Leistungen von Bauern und Handwerkern stetig zunahmen, bekamen die Hörigen nach und nach auch mehr Gelegenheit zum Absatz von Produktionsüberschüssen auf dem örtlichen Markt und zu Dienstleistungen auf eigene Rechnung. Der Herr wälzte also das Betriebsrisiko ganz oder teilweise auf seine Leute ab, das heißt, sie wurden, ob sie wollten oder nicht, mehr und mehr zu selbständigen Kleinunternehmern. Diese wachsende wirtschaftliche Selbständigkeit hat die Aufhebung der Hörigkeit gefördert. Die geschilderte Entwicklung läßt sich aber unmöglich vom Entstehen städtischer oder stadtähnlicher Gemeinwesen isolieren. Dadurch entstand eine größere und regelmäßigere Nachfrage nach Landwirtschaftsprodukten, mit der Folge, daß die Preise stiegen, und diese Steigerung kam vor allem den Bauern zugute. Mitte des 12. Jahrhunderts beginnt das, was Slicher van Bath als die Zeit des indirekten agrarischen Konsums be-

[18] Slicher van Bath, S. 161.

[19] Vgl. Bd. 1, II, Die Karolingerzeit, besonders Kapitel 5 und 6. München 1972.

zeichnete. Die Produkte aus Ackerbau und Viehzucht werden zum Markt gebracht, wo sie gegen Geld gehandelt werden[20]. Die Herren, die mehr und regelmäßigere Einkünfte benötigten, gingen dazu über, sich die Frondienste abkaufen zu lassen, so daß sich das System der freien Erbpacht ausbreiten konnte. Es handelte sich dabei um ein rein vermögensrechtliches Vertragsverhältnis ohne persönliche Bindung des Pächters; die Pacht ist nur eine Vergütung an den Besitzer für die Nutzung des Bodens. Obschon auch die Hörigkeit auf einem vermögensrechtlichen Verhältnis beruhte, so hatte sie doch zugleich personenrechtliche Folgen gehabt; diese geriet nun gewissermaßen in Verfall.

Indes scheinen die wirtschaftlichen Folgen der Bauernbefreiung offensichtlich nicht für jedermann so rosig gewesen zu sein. Im Vorausgegangenen wurde bereits angedeutet, daß im Frankreich des 13. und 14. Jahrhunderts das Freikaufen manchmal zwangsweise erfolgen mußte, was gewiß nicht auf die freudige Annahme der neuen Situation durch die landwirtschaftliche Bevölkerung hindeutet. In den niederländischen Provinzen Overijssel und Gelderland, wo die Hofhörigkeit hie und da bis zum Beginn des 19. Jahrhunderts fortdauerte, war während des 17. und 18. Jahrhunderts die Vermögenslage der hörigen Bauern günstiger als die der Pachtbauern und die jährlichen Lasten niedriger als die normale Pacht[21]. Es konnte auch vorkommen, wie zum Beispiel in Ostfalen, daß die Befreiung von der Hörigkeit mit dem Verlust des Bauernhofs verbunden war, der dann mit anderen Bauernhöfen zu einem größeren Betrieb zusammengefaßt und an einen Meier verpachtet wurde. »Die landlos gewordenen Bauern wurden Kätner oder zogen fort, entweder in die Städte oder nach Osten«[22], also ins ostdeutsche Kolonisationsgebiet.

In diesem Gebiet ist der Gegensatz zwischen der alten Unfreiheit und der neuen Freiheit der Bauern wohl am schärfsten wahrnehmbar gewesen. Unter der altpreußischen und slawischen Bevölkerung bestand eine drückende Abhängigkeit. Nachdem die ostpreußischen Gebiete unter deutsche politische Herrschaft gekommen waren, wurden die Landgüter an Kriegsleute verteilt, die dort eine Ordnung begründeten, aus der die spätere »gutsherrschaftliche Verfassung«, das Rittergut

[20] Slicher van Bath, S. 108.
[21] Slicher van Bath, S. 163.
[22] Ebd.

der preußischen Landjunker, entstehen sollte. Um das 12. Jahrhundert wurde nun die Kolonisation in diesen Gebieten verstärkt betrieben. Die Landbevölkerung der niederländischen Provinzen muß daran in großer Zahl teilgenommen haben; das südniederländische Lied ›Nach Ostland wollen wir reiten‹ erinnert noch heute daran. Der Kolonist trat aber nicht dieser grundherrschaftlichen Organisation bei, er brauchte keine Frondienste für ein Herrengut zu leisten. Außer einigen Abgaben, die er dem Staat zu entrichten hatte, bezahlte er nur eine Grundrente, meistens in Form von Geld. So stellte dieses Kolonistengut für das Mittelalter den vollkommensten Typ privater Grundnutzung und Bauernfreiheit dar[23].

Der Zug nach dem »Ostland« ist ein Symptom für das stärkere Flottieren der agrarischen Bevölkerung. Der Zug zur Stadt ist ein weiteres. Häufig sind es auch kollektive Freiheiten, die überall in alten oder neuen Ansiedlungsformen in Erscheinung treten, und auf die Namen wie »villes neuves, villes franches, sauvetés, bastides, salvetats, bourgs neufs, bourgs francs« und ähnliche zurückzuführen sind[24]. Die bis zum Ende des 13. Jahrhunderts beträchtlich anwachsende Bevölkerung hat teilweise den Geburtsort und den alten geschlossenen Gesellschaftsverband verlassen. Mit der Zeit entsteht vielerorts sogar eine gewisse Knappheit an landwirtschaftlichen Arbeitskräften. Wir stoßen hier auf eines der Paradoxe, an denen die Geschichte so reich ist und die nur durch die Tatsache erklärt werden können, daß sich die Dinge häufig anders entwickeln, als man es sich ursprünglich vorgestellt hat. Mit der Freilassung hatte man unter anderem, wie es in einer Urkunde heißt, das Anwachsen der Landbevölkerung erstrebt[25], aber die Wirkung entsprach dem nicht immer. Es liegt auf der Hand, daß sich oft jüngere Söhne und Töchter, für die auf dem Hof kein Platz mehr war, entschlossen, sich freizukaufen und neue Existenzmöglichkeiten zu suchen. Zum Teil werden sie vermutlich auch weiterhin auf dem Land als Kätner und freie Landarbeiter gelebt haben[26]. Die landwirtschaftliche Tag-

[23] Rud. Kötschke, *Bauer, Bauerngut und Bauernstand*, Handwörterbuch der Staatswissenschaft. Jena [4]1923–29; II, S. 372–373.

[24] P. Boissonnade, *Le travail dans l'Europe chrétienne au Moyen Age*, v^{e}-xve *siècle*. Paris 1921, S. 307.

[25] Boissonnade, S. 304.

[26] Slicher van Bath, S. 161–162.

löhnerarbeit hat es immer gegeben, wenn auch in begrenztem Umfang. Wenn wir annehmen dürfen, daß sie seit der Bauernbefreiung wieder häufiger vorkommt, so bedeutet das also nicht das Erscheinen einer neuen Strukturform eines Arbeitsverhältnisses. Die modernere Version des Lohndienstvertrags mit einer ganz eigenen Rechtsentwicklung hat ihren Ursprung nicht hier, sondern in der Wirtschaft des Handels und der Stadt.

Der urbanen Entwicklung muß im folgenden also das Hauptaugenmerk gelten. Wir dürfen jedoch nicht vergessen, daß auch nach dem Entstehen neuer und dem Wiederaufleben alter Städte die Landwirtschaft als Existenzgrundlage bestehen bleibt. Mehr noch: die Gesellschaft ist ein agrarischer Organismus, ein Kontinuum, aus dem – wie Diez del Corral bildhaft bemerkt hat – »die Städte herausragen, ohne diese Kontinuität zu unterbrechen oder zu forcieren, wohl aber mit einem Glanz wie von kostbaren Steinen, sichtbar in ihrer Facettierung, gerade weil sie fest gefaßt sind«[27]. Das ist mehr als ein poetischer Ausspruch. Damit wird angedeutet, daß die abendländischen Städte im Gegensatz zu jenen der östlichen Welt eine Kultureinheit mit dem sie umgebenden Land bilden und diesem nicht fremd oder gar feindselig gegenüberstehen. Es waren vor allem Soziologen, die für die zusammenhängende Struktur von Stadt und Land im Abendland einen Blick gehabt haben: Auguste Comte, Max Weber, Werner Sombart[28].

Genaugenommen läßt sich nur in der nachklassischen Zeit von einem wirklich engen Zusammenhang sprechen. Im klassischen Altertum war die Stadt eine Organisationsform, die sich zwar nicht vom Land abschloß, sich in gewissem Sinne aber doch darüber erhob. Ist es deshalb nicht auch verständlich, daß sich im Italien des Mittelalters eine bürgerlich-städtische Entwicklung weniger klar abzeichnet als in Nordwesteuropa? In Florenz, Siena, Mailand und zahlreichen anderen italienischen Städten ist von Anfang an der niedere Adel tonangebend. Zwar gesellen sich schon seit dem 12. Jahrhundert zu den edlen Geschlechtern Mitglieder des reicheren Bürgertums. Das hat aber nur zur Folge, daß sich in dem vergeblichen Kampf der einfacheren Gewerbeschichten um die Demokratisierung des Stadtgefüges nicht nur die großen Kauf-

[27] Luis Diez del Corral, *El rapto de Europa*, niederl. Übers. *De ontvoering van Europa*. Utrecht-Antwerpen 1961, S. 122.

[28] del Corral, S. 122–125.

leute, sondern auch das adelige Element zu behaupten weiß. Aus der Führung des Zunftrats, des *Potestas Populi*, entsteht die autokratische und erbliche *Signoria*. »So ist es schließlich doch der Adel, der gewinnt. Wer Capitano ist über eine Stadt, der kann es auch über zehn Städte sein, warum nicht? Ganze Bezirke schwören einem Grafenhaus die Treue...«[29] Die Stadtdynastien, die seit dem 14. Jahrhundert die Demokratie endgültig zum Erliegen gebracht haben, sind auch hier die Ursache dafür, daß das Land zersplittert blieb.

Anders ist die Entwicklung im Norden verlaufen. Dort ist die städtische Organisation von Anfang an eine bürgerliche Angelegenheit. Feudalherren und Fürsten haben den Städten zwar verbriefte Freiheit verliehen, aber in Wirklichkeit wurde sie vom Bürgertum erzwungen oder nur verliehen, weil der Herr einen Vorteil darin erkannte, die städtische Entwicklung zu fördern. Jedenfalls ist die Stadt eine eigene, sich neben der Feudalität entwickelnde Macht. Nicht, daß sie dadurch vom Land isoliert werden sollte. Das städtische Bürgertum ist aus keinem anderen Menschenschlag entstanden als dem, woraus sich auch die Arbeitsbevölkerung des Landes rekrutierte. Genauso wie später wieder im 19. Jahrhundert, läßt sich das Ansteigen der Bevölkerung in der Stadt durch Zustrom aus dem weiten Umkreis erklären. Aber das Aufkommen der bürgerlichen Freiheit in der Stadt hat dem einfachen Mann, wer immer er sei, auch ein eigenes Gesicht gegenüber der Feudalität verliehen. Gerade durch die fundamentale Verwandtschaft von Stadt und Land konnte die städtische Kultur wiederum nach außen ausstrahlen. Der Brutplatz der neuen Ideen und Möglichkeiten – auch auf dem Gebiet der Arbeit – war zweifellos die Stadt. Aber diese hat sie nicht als Monopol für sich selbst behalten. Ihr bürgerlicher, antimilitaristischer und antifeudaler Charakter war immer eine latente Kraft und wurde manchmal auch zum aktiven Instrument, um die Vormacht des Feudalismus auch auf dem Land zu durchbrechen.

[29] Hélène Nolthenius, *Duocento; zwerftocht door Italië's late middeleeuwen*, Prisma 113. Utrecht-Antwerpen [3]1955, S. 69.

2. Handel und Stadt

Es ist wenig sinnvoll, in historischen Prozessen nach eindeutigen Ursachen zu suchen. Und so sollte man sich denn auch nicht allzu lange bei der Frage aufhalten, woher es kommt, daß in der typisch agrarischen und statischen Wirtschaft der nachkarolingischen Zeit in einem bestimmten Augenblick der Fernhandel wieder auflebte, der nach Auffassung Pirennes seinerseits die städtische Wirtschaft entstehen ließ. Möglicherweise erhielt dieser Handel dadurch Chancen, daß nach dem Zurückdrängen von Normannen und Sarazenen die Sicherheit vergrößert wurde. Man hat in diesem Zusammenhang auf die Tatsache verwiesen, daß das Abendland durch die Christianisierung großer Teile Nord- und Osteuropas am Ende des 11. Jahrhunderts eine territoriale Ausbreitung erfahren hat. Skandinavien, Ungarn, Böhmen, Polen und die baltischen Länder geraten nun allmählich in die Einflußsphäre dessen, was man die Christenheit nannte[1]. Auf derselben Linie liegt das Argument der Kreuzzüge, wodurch ja der Kontakt mit dem Nahen Osten auf mancherlei Lebensgebieten wiederhergestellt wurde.

Aber »Kontakt« ist ein nicht ausreichend positiver Ausdruck. Es handelt sich hier um eine echte, vom Westen ausgehende Aktivität, um eine wiederauflebende Vitalität und Energie, um eine Expansion in geistiger, militärischer, wirtschaftlicher und demokratischer Hinsicht. Halpérin, der diese Bemerkung macht[2], mißt zur Erklärung der wirtschaftlichen Evolution im 12. und 13. Jahrhundert dem Bevölkerungszuwachs, der in den letzten drei Jahrzehnten des 11. Jahrhunderts plötzlich und schnell eingesetzt hatte, große Bedeutung bei. In der agrarischen Welt selbst führte er während des 12. Jahrhunderts zu Verbesserungen, Urbarmachungen, Trockenlegungen. Aber dennoch brachte er für viele, die daheim keine Beschäftigung mehr finden konnten – nicht zuletzt für jene, die dem niederen Adel entstammten –, die Notwendigkeit mit sich, ihr Glück irgendwo anders zu versuchen, so daß Westeuropa demographisch mehr und mehr zum Auszugsgebiet wurde.

[1] P. Boissonnade, *Le travail dans l'Europe chrétienne au Moyen Age*, v^{e}-xve *siècle*. Paris 1921, S. 198.

[2] Jean Halpérin, *Les transformations économiques aux* xiie *et* xiiie *siècles*. In: Revue d'hist. écon. et soc., XXVIII. Paris 1950, S. 28–29.

Vielleicht sollte man hinsichtlich der genannten Faktoren weniger von Ursachen als vielmehr von Voraussetzungen sprechen; Tatsache ist, daß Menschen aus den in Bewegung geratenen Bevölkerungsschichten sich unter anderem auf den Fernhandel verlegten.

Die gewöhnliche Darstellung der Dinge ist bekannt. Das Mittelmeergebiet war jahrtausendelang Schauplatz eines lebhaften Schiffahrts- und Handelsverkehrs und damit wirtschaftlichen Lebens und Kultur. In spätrömischer Zeit hat Gallien in gewisser Weise daran partizipiert. Das in diesem Gebiet entstandene fränkische Reich besaß den Ehrgeiz, die Nachfolge des römischen Reiches im Westen anzutreten, aber es gelang ihm nur schwer, sich einen Zugang zum Mittelmeer zu verschaffen. Und als das schließlich und endlich erreicht worden war, kam die Flutwelle der Mohammedaner und versperrte alle Überseekontakte zum Osten. Vom hohen Norden aus haben die Wikinger zwar einen neuen Handelsverkehr entwickelt, wobei es ihnen gelang, auch auf dem Flußweg bis tief nach Rußland vorzudringen, aber vor dem Ende des 9. Jahrhunderts war seine größte Blüte schon vorbei. Seine Bedeutung für das Abendland war übrigens nie so stark, daß der verlorene Kontakt mit Byzanz und den Kulturen des Orients dadurch kompensiert werden konnte. Abgesehen von dem mühseligen, zeitraubenden und überdies gefährlichen Landweg gab es nach der Karolingerzeit nur einen Hafen nach dem Osten, und der lag am Rande des abendländischen Kulturkreises: Venedig. Im Laufe des 11. Jahrhunderts – also ziemlich spät – lassen sich zwar Ausstrahlungen des venezianischen Seehandels auf Städte wie Pisa, Genua, Marseille und Barcelona feststellen, auf das Wiederaufleben des kontinentalen Handels im Westen hat jedoch Venedig nie irgendeinen nachweisbaren Einfluß ausgeübt[3].

Kurz gesagt, nach 900 gibt es in Westeuropa keinen bedeutenden internationalen Handel. Die wenigen aus dem Ausland importierten Waren bestanden hauptsächlich aus exotischen Luxusartikeln und Tand für die Aristokratie. Die *mercatores* waren in der Regel nicht seßhaft, sondern in Karawanen zu Wallfahrtsorten und kirchlichen Festen ziehende Fremde, Nichtchristen zumeist, die von der einfachen Bevölkerung begafft und von den großen Herren häufig nicht eben wohl-

[3] Henri Pirenne, *Les villes du Moyen Age*. Brüssel 1927, S. 101.

wollend behandelt wurden[4]. Pirenne setzt das Wiederaufleben des Auslandshandels schon im 10. Jahrhundert an. Wir müssen aber wohl annehmen, daß diese Bewegung frühestens erst nach der Mitte des 11. Jahrhunderts Bedeutung erlangt hat. Natürlich gab es auch schon früher örtliche Händler, die, irgendwo seßhaft, aber nur ein begrenztes Gebiet bereisten. Man begegnete ihnen natürlich an Verkehrsknotenpunkten, und sie lebten oft in den Vororten der Stadt. Sie tolerierten nur mit knapper Not die Ambulanten, die Marktkrämer, Kirmeshändler und Schacherer, und sie waren daran interessiert, daß dieses Völkchen einer strengen Reglementierung unterworfen wurde[5].

Dennoch sind es gerade diese herumziehenden Abenteurer, diese oft entwurzelten Vagabunden, aus denen sich die neue Klasse von Kaufleuten rekrutieren sollte[6]. Es ist möglich, daß sie neben den regulären Handelsgeschäften manchmal auch nicht vor Diebstahl und Plünderung zurückscheuten. Das Leben auf der Landstraße ist rauh, was soll's? Kaufhandel war zu allen Zeiten von Raub begleitet gewesen oder wenigstens daraus entstanden, bei den alten Griechen ebenso wie bei den Normannen. Dennoch nötigen diese Glücksritter einem Respekt ab. Ihnen ist die Handelsfreiheit und damit auch das neue Handelsrecht zu verdanken, das Geld- und Kreditwesen, welches das Wirtschaftsleben mobilisierte, das Entstehen von Märkten, die Ausbreitung von Straßen, Verkehr und Schiffahrt[7]. Sie waren es, die eine wahre wirtschaftliche und soziale Revolution zuwege gebracht haben, von der auch »der Anfang tiefgehender intellektueller Veränderungen markiert wurde«[8]. Und welche Mittel standen ihnen zur Verfügung? Manchen gelang es mit nichts erfolgreich zu sein, das heißt, »mit nichts als ihrem Mut, ihrem Verstand und ihrer Kühnheit«[9]. Das soziale Milieu kam ihnen gewiß nicht entgegen. Für die Feudalgesellschaft mit ihrer statischen Wirtschaftsordnung, in der die seit altersher bestehenden städtischen Gemeinwesen ruhig dahinvegetierten, muß der Kaufmann die Allüre des Nonkonformisten besessen haben. »In dieser starren Welt warf die

[4] Boissonnade, S. 197.

[5] Boissonnade, S. 199–200.

[6] Pirenne, *Les Villes du Moyen Age*, S. 102.

[7] Halpérin, S. 130ff.

[8] Charles H. Haskins, *The renaissance of the twelfth century*. New York, Neuaufl. 1957, S. 62.

[9] Henri Pirenne, *Histoire de l'Europe des invasions au* XVIe *siècle*, S. 154.

Ankunft der Kaufleute plötzlich alle bestehenden Gewohnheiten über den Haufen und erzeugte in jeder Hinsicht eine wahre Umwälzung. Eigentlich waren sie Eindringlinge, denen das traditionelle Leben keinen Platz bot. Als Entwurzelte erregten sie durch ihre temperamentvolle und fremdartige Lebensweise viel Anstoß inmitten dieser Menschen, die nur von der Landwirtschaft und deren immer gleichbleibenden Erträgen lebten. Der Geist des Handels und Gewinnstrebens hielt mit ihnen seinen Einzug, aber auch die freie Arbeit, der selbständige Beruf (der ebenso unabhängig vom Grundbesitz wie von der Autorität des Herrn war) und schließlich vor allem die Geldzirkulation.«[10]

Der Geist des Handels und Gewinnstrebens. Pirenne zögert nicht, dafür einen modernen Begriff zu verwenden: Der kapitalistische Geist. Anläßlich einer Schilderung der Laufbahn eines gewissen Goderic aus Lincolnshire legt er dar, was er darunter versteht. Goderic, Ende des 11. Jahrhunderts als Sohn armer Bauern geboren, sieht sich schon früh gezwungen, nach Existenzquellen Ausschau zu halten. Zufällig als Hausierer auf die Straße geraten, vermag er sich eines schönen Tages einer Kaufmannskarawane anzuschließen, hat Glück, wird reich, fängt an, Schiffe zu beladen, wird immer reicher, macht immer größere Geschäfte und – wie das in die Biographie eines mittelalterlichen Menschen paßt – beschließt sein Leben, nachdem er sein ganzes Hab und Gut den Armen geschenkt hat, als heiliger Einsiedler. Ein solches Ende zeugt nicht von kapitalistischem Geist, ebensowenig wie auch der Anfang dieser Existenz: Goderic handelte aus Notdurft, arbeitete wie alle anderen für seinen Lebensunterhalt. Der kapitalistische Geist erwacht erst mit den Gewinnmöglichkeiten; sind diese Möglichkeiten einmal erfahrungsmäßig entdeckt worden, so erhält das Gewinnstreben eine eigene Finalität. Die erworbenen Reichtümer werden nicht verbraucht oder gehortet, sondern immer wieder in neue, größere Unternehmungen investiert. Der Gewinn endet nicht in der Festlegung des Vermögens, sondern verwandelt sich in zirkulierendes Kapital, das seinerseits wieder neue Gewinne erzielt. Diese Dynamik, diese Getriebenheit, von einem spekulativen Geist geleitet, ist nach Auffassung Pirennes nicht erst mit der Renaissance entstanden, sondern bereits im Mittelalter durch die wagemutigen Kaufleute[11].

[10] Pirenne, S. 159.
[11] Pirenne, *Les Villes du Moyen Age*, S. 103–105.

Erst im 12. Jahrhundert wird der Handel zu einer spektakulären Erscheinung mit großem Einfluß auf die Kultur der Zeit. Das Tor zum Orient ist nun durch die Kreuzzüge geöffnet, der Westen ist wieder eine Führungsmacht geworden. Alte Städte leben auf, und neue Bevölkerungszentren bilden sich zu wohlhabenden und mächtigen Gemeinschaften unter Führung der Kaufleute heraus. Denn bei allem Freiheitssinn besitzt der Kaufmann doch auch einen assoziativen Zug. Gegen Gefahren und Feindseligkeit hat er sich von Anfang an dadurch gewehrt, daß er in bewaffneten und unter Kommando stehenden Gruppen reiste. Finanziellen Risiken bot er alsbald die Stirn durch das Eingehen von Handelsgesellschaften. Die juristischen Bindungen, die er festlegte, vervielfältigten sich durch die Entwicklung der Unternehmungen zu großen Einheiten mit überall bestehenden Niederlassungen; nicht minder durch das Anwachsen der Schutzverbände zu mächtigen Kaufmannsgilden und Hansen. Umfangreicher Kommanditär-, also finanzierender Großhandel, wurde seit dem 12. Jahrhundert vor allem von den Italienern betrieben. Sie gründeten Handelshäuser in allen westlichen Ländern; im Jahr 1292 gab es in Paris 16 italienische Häuser. Auf die Lombarden folgen die Katalanen, die Provençalen, die Nordfranzosen, die Flamen, die Rheinländer. Die Städtebünde der Kaufleute, im Norden Hanse genannt, Ende des 11. Jahrhunderts entstanden, entwickeln sich im 12. und 13. Jahrhundert zu wahren Machtgruppen[12].

Sobald die Kaufleute fest niedergelassen sind, gebietet ihnen ihr Interesse, ihre Soziabilität durch die Organisation des ganzen örtlichen Milieus zu beweisen. Sie tun das natürlich auf ihre eigene Art, und meistens ist das eine Art, die nicht im Sinne der feudalen Machthaber geschieht. Indem es sich hier auf den Klerus, dort auf den niederen Adel stützt, erwirbt das wohlhabende Bürgertum der Städte politische Rechte, die es zu einem neuen privilegierten Stand machen[13]. Aber auch die freien Bürger niederen Standes organisieren sich in Handwerkerzünften und Gilden und partizipieren alsbald außer an der persönlichen Freiheit auch an den korporativen Privilegien. Sie streben nach Beteiligung an der Stadtverwaltung und erreichen dieses Ziel überall um 1300. Diese Demokratisierungstendenz darf nicht mit den späteren Unruhen und Wirren

[12] Boissonnade, S. 201.

[13] Boissonnade, S. 239ff.; Pirenne, *Les Villes du Moyen Age*, S. 115.

verwechselt werden, in denen eine verarmende industrielle Masse die Hauptrolle spielte. Zunächst ist die Demokratisierung vielmehr ein Symptom der Emanzipation des niederen Bürgertums. In gewissem Sinn wurde diese Bevölkerungsklasse auch durch den aufkommenden Handel ins Leben gerufen. Die dadurch entstandene wirtschaftliche Aktivität hatte den Bedarf an Handwerk, Gewerbe und – was vielleicht noch bezeichnender ist – auch an freier Arbeit im Lohndienst geweckt. Die soziale Kraftentfaltung der neuen Handelsströmung bringt nicht nur Handelsvereinigungen und städtische politische Institutionen hervor[14]. Wenn man annimmt, daß der Kaufmann die mittelalterliche Stadt geschaffen hat, so meint man damit vor allem auch, daß das ganze vielgestaltige System urbaner wirtschaftlicher Betriebsamkeit, wie es sich deutlich vor dem Hintergrund eines konservativen agrarischen Systems abhob – dieses aber auf die Dauer auch beeinflußte –, als Folge seiner Initiativen Gestalt gewonnen hat.

Klingt diese Feststellung etwas zu absolut? Es soll damit natürlich nicht behauptet werden, daß dieses oder jenes nach einem voraus entworfenen Plan verlaufen wäre, und ebensowenig, daß von irgendeinem kausalen Prozeß die Rede ist. Wenn auch das Aufkommen der urbanen Kultur des Hochmittelalters undenkbar wäre ohne das Wiederaufleben des Fernhandels, so muß doch klar sein, daß bei der Ankurbelung der neuen wirtschaftlichen Bewegung und besonders bei der Städtebildung eine Reihe anderer Faktoren mitgewirkt haben. In einzelnen Fällen lassen sich sogar ganz andere spezifische Faktoren nachweisen, die für die Bildung neuer oder das Wiederaufleben alter städtischer Zentren, für das Entstehen des eigenen Stadtrechts und die städtische Wirtschaft entscheidend waren. Vielleicht ist der englische Wortgebrauch für die Verschiedenheit der Elemente typisch, aus denen der Begriff der mittelalterlichen Stadt entstanden ist. Nicht nur erhielten dort die städtischen Bürger *(burgenses)* ebenso wie bei uns ihren Namen von der Burg oder dem befestigten Platz, sondern man bezeichnete ursprünglich auch die Stadt als *borough*. Bereits lange ehe die Normannen kamen, lassen sich Spuren dieses Begriffes – damals noch *burh* genannt – feststellen. Im Anfang bedeutet das Wort *town* nichts anderes als umzäuntes Dorf *(tun)*. Die Umzäunung ist dabei weniger als

[14] Henri Pirenne, *Histoire du Moyen Age*, S. 214.

Verteidigungsmittel gegen Angreifer von außen gedacht; ebenso wie das auch im Niederländischen bekannte *tuin* bedeutet sie nur den als Umfriedung gemeinten Zaun um den Hof. Noch bis zum 15. Jahrhundert ist die Stadt mit *borough* bezeichnet worden; erst unter den Tudors hat sich der Name *town* für Dorf in *borough* geändert[15]. Vielfach ist die Umfriedung inzwischen bereits längst eine starke Ummauerung geworden, innerhalb deren sich eine neue Kultur, die der *city*, entfaltet. Dieses Wort, im Französischen *cité*, weist in seiner Verwandtschaft zum Lateinischen *civitas* mehr auf die menschliche Ansiedlung selbst mit ihren Wohnungen und Lagerhäusern, ihrem Rathaus und ihrer Kathedrale hin[16].

Wahrscheinlich ist es ebenso möglich gewesen, daß eine mittelalterliche Stadt aus einem offenen Dorf wie aus einem befestigten Platz entstand. Aber was ist ein befestigter Platz und was ist ein offenes Dorf? Im letzten Fall kann es sich um ein Marktdorf oder um eine Bevölkerungskonzentration auf oder in der Nähe eines Herrenguts handeln. Bei einem befestigten Platz braucht man nicht ausschließlich an eine aus klassischer oder nachklassischer Zeit erhalten gebliebene Stadt zu denken, die Bischofssitz war und Marktzentrum der nächsten Umgebung[17]; es kann auch eine hochgelegene und befestigte Ansiedlung der alteingesessenen Bevölkerung sein oder ein feudales Schloß oder ein Kloster, zu dessen Füßen ein Dorf entstanden war. Von St. Riquier wird berichtet, daß bei dem Kloster bereits im 9. Jahrhundert eine ganze industrielle *bourg*, mit eigenen Straßen für die einzelnen Handwerker, gelegen haben soll[18]. Offenbar haben die Kaufleute solche Plätze aufgesucht, sofern sie günstige Verkehrsmöglichkeiten boten. Bereits länger bestehende Märkte von lokaler Bedeutung vermochten als solche nicht so viel Anziehungskraft auszuüben, wohl aber die bekannten Raststätten entlang den alten Routen von Pilgern und anderen Reisenden.

Im Hinblick auf die Sicherheit wird die Nähe schützender Mauern wohl ebenfalls eine Rolle gespielt haben. Doch blieben die Kaufleute zunächst außerhalb des Tores, und ihre Ansiedlung wird in frühester Zeit deshalb auch nicht mit einem Wort

[15] Edward Jenks, *An outline of English Local Government*. London [6]1925.

[16] F. Ph. A. Tellegen, *Wonen als levensvraag*. Amsterdam 1965, S. 36.

[17] Alfons Dopsch, *Die Wirtschaftsentwicklung der Karolingerzeit vornehmlich in Deutschland*, II. Weimar 1922, S. 105f.

[18] Boissonnade, S. 129.

bezeichnet, das Ummauerung oder Umzäunung bedeutet, sondern – im Niederländischen – mit *wijk*. Dennoch scheint auch dieses Wort von einem Begriff abzustammen, der etwas Sicherndes bedeutet: Das norwegische *vik* bezeichnet die Bucht, die den Wikingern als Heimathafen für ihre Schiffe diente. Wahrscheinlich in Verbindung zu dem lateinischen *vicus*, wird das Wort in Großbritannien und auf dem europäischen Kontinent auch *vic* geschrieben (Quentovic). Später hat *wijk* tatsächlich die wesentlich weitere Bedeutung von Wohnplatz erhalten. Daß damit aber ursprünglich nur der Aufenthaltsort von Kaufleuten bezeichnet wurde, geht aus dem Beispiel von Dorestadt hervor. Bis zum 10. Jahrhundert heißt dieser Handelsplatz so, danach aber hat er den Namen Wijk (bei Duurstede) angenommen, wodurch seine Funktion ganz genau charakterisiert wird[19].

Und doch genügt die Anwesenheit von Kaufleuten noch nicht zur völligen Entwicklung der mittelalterlichen Stadt. Auch von anderen Bevölkerungselementen hängt die Städtebildung ab. Zwei Dinge hat Sombart sehr klar herausgestellt: Erstens, daß die Stadt in ihrer Existenzmöglichkeit vor allem zu Anfang in bestimmter Hinsicht vom umliegenden Land abhängig ist[20] und zweitens, daß die mittelalterliche, aus Dorfgemeinschaften erwachsene Stadt noch immer gewisse Parallelitäten mit dem Dorf aufweist[21]. Vom wirtschaftlichen Gesichtspunkt aus sind es vor allem die Betätigungsformen, die auf Tausch beruhen und vor allem auf Tausch mit einer weiteren als der nächsten Umgebung – internationaler Handel, Exportindustrie –, durch welche die Städte sich mit der Zeit vom Land unterscheiden[22]. Ganz anders liegt der Fall, wenn man, wie die meisten Autoren es getan haben, nach einem juristischen Unterscheidungskriterium fragt. Die Stadt als öffentlich-rechtliche Korporation, als Verwaltungsorganisation also, die sich scharf gegen die feudalen Strukturen abzeichnet – und absetzt! –, steht dann im Mittelpunkt des Interesses. Vor allem deutsche Autoren haben darüber allerhand Theorien aufgestellt, wobei sich hauptsächlich zwei Gruppen unterscheiden lassen.

[19] Robert Latouche, *Les origines de l'économie occidentale*, IVe XIe *siècle*. Paris 1956, S. 248–249, 288–289.

[20] Werner Sombart, *Der moderne Kapitalismus*. München-Leipzig ^{4}1921, I, S. 130f.

[21] Sombart, I, S. 135f.

[22] Sombart, I, S. 154f.

Einerseits glaubte man die Stadt sei nicht nur demographisch, sondern auch juristisch aus den alten Dorfgemeinschaften und dem dort ausgebildeten Recht (von Maurer, von Below) entstanden, andererseits beruft man sich auf die neuere wirtschaftliche Entwicklung (Lamprecht, von Gierke, Sohm). An die erste Auffassung knüpft sowohl die Hofrechtstheorie an, nach welcher aus der Vereinigung von Dienstleuten, Hörigen eines Herrn, die Rechtsgemeinschaft entstanden ist (Nitsch), wie auch die Theorie, daß die Stadtgemeinde nichts anderes ist als die Fortsetzung dessen, was von der alten fränkischen Volksfreiheit übriggeblieben war (Heusler). Auch bei der anderen Auffassung gibt es verschiedene Nuancierungen. So haben Wilda, Gierke und Lamprecht eine Zunfttheorie aufgestellt, wobei letzterer das besondere Augenmerk auf die Kaufmannsgilde gerichtet hatte, während Sohm das Stadtrecht aus dem sich entwickelnden Marktrecht ableitete.

In den Niederlanden hat Fockema Andreae versucht, verschiedene Elemente miteinander in Zusammenhang zu bringen. In geographischer Hinsicht geht er vom Dorf aus und läßt dabei offenkundig die wenigen niederländischen Beispiele für eine bereits zu Beginn unserer Zeitrechnung entstandene Stadt (Maastricht, Nimwegen) und eine bewußt gegründete Stadt ('s-Hertogenbosch) außer acht. Man darf doch wohl annehmen, daß die alten, an einem Flußlauf gelegenen Städte durch den Handelsverkehr wieder an Bedeutung gewonnen haben. Eine Stadt wie 's-Hertogenbosch läßt sich vielleicht vom Ursprung her unter seine Kategorie fürstliches Landgut einordnen: Der Name besagt, daß es einen herzoglichen Waldbesitz gab, innerhalb dessen eine kleine Niederlassung, vielleicht sogar mit einem lokalen Marktverkehr gelegen haben wird. Aber um nun zu Fockema Andreaes Ausgangspunkt zurückzukehren, so glaubt er behaupten zu dürfen: »In dem Dorf, das im Lauf der Jahre zu einer Stadt aufsteigt, steht vielfach einer von drei Charakterzügen im Vordergrund; es kann sich entweder um ein Marktdorf handeln oder um ein herrschaftliches, fürstliches Landgut oder eine Handelsniederlassung.«[23] Beispiele für die drei genannten Kategorien sind jeweils: Almelo, Delft und Vlissingen.

Damit ist indes nicht gesagt, daß der Autor nur die Existenz

[23] S. J. Fockema Andreae, *Het wezen en de beteekenis der verleening van stadrechten in Nederland;* Handelingen en Mededeelingen van de Maatsch. d. Ned. Letterk. Leiden 1890–1891, S. 22.

dreier streng voneinander getrennter Möglichkeiten anerkennt. Der wirtschaftliche Faktor spielt auch in seiner Auffassung durchwegs eine Rolle. Im Markdorf wird das Markrecht zum Stapelrecht, was bedeutet, daß etwas, was aus dem gemeinschaftlichen Grund stammt und deshalb früher nicht verkauft werden durfte, fortan ausschließlich über den eigenen Markt gehandelt werden darf. Darüber hinaus ist die Ausbreitung und das wirtschaftliche Wachstum der Weilergemeinschaft – auch auf dem herrschaftlichen Gut – an sich schon ein bedeutsames Faktum im Prozeß der Stadtbildung. Dadurch entsteht schließlich eine weitere Arbeitsverteilung, wobei neben den allgemeinen Interessen auch spezifische Interessen von zu Zünften vereinigten Berufsgenossen in den Bereichen des Rechts und der Amtsgewalt eine Rolle zu spielen beginnen. Die besondere Rechtsregelung der Stadt, die Stadtfreiheit, erlebt man denn auch vor allem dort, wo der wirtschaftliche Verkehr sich ausweitete; dabei ist nun, wie wir bereits früher sahen, das Aufkommen des Fernhandels doch wohl ein äußerst bedeutsamer Faktor gewesen.

Mit dieser Darlegung über das Entstehen der Stadt dürfen wir uns für unseren Zweck begnügen. Nicht erörtert bleiben die zweifellos interessanten Fragen, worin Wesen und Bedeutung der juristischen Stadtfreiheit liegen, ob der freie Markt und die Zollfreiheit notwendig dazugehören, ob das Recht, Statuten zu erlassen, dafür essentiell ist. Zögernder übergehen wir die Frage nach der Stellung der Stadtverwaltung gegenüber den Bürgern und dem Landesherren. Erwähnt sei nur, daß »die städtische Autorität« im allgemeinen ein wenig homogener Begriff ist: Es gibt verschiedene Organe wie Schulze und Schöffen, Bürgermeister und Stadtrat, und daneben spielt häufig der Stadtvogt als Vertreter des Herren noch lange Zeit eine wichtige Rolle. In den deutschen Städten ist der Rat bis zum 13. Jahrhundert noch keineswegs übermächtig, weder nach oben noch nach unten; erst gegen Ende dieses Jahrhunderts und »allmählig sinkt die Gemeinde zur regierten Masse herab«[24]. Und was die Beziehungen zur Feudalmacht betrifft, so haben in Deutschland nur wenige Städte die »Reichsunmittelbarkeit« erworben, während sich die italienischen Stadtrepubliken sogar zu Territorialstaaten entwickelten[25]. Und

[24] W. Varges, *Zur Entstehung der deutschen Stadtverfassung;* Jahrbuch für Nationalökonomie u. Statistik, 1897, S. 60.

[25] Otto Gierke, *Die Steinsche Städteordnung.* Berlin 1909, S. 13–14.

schließlich streifen wir auch ein Problem nur flüchtig, mit dem sich deutsche Autoren vielfach beschäftigt haben[26]: Ich meine die staatspolitische Frage, ob die Privilegien eine Anerkennung eigener Rechte oder aber eine Verleihung von obrigkeitlicher Gewalt darstellen und ob das Stadtrecht deshalb auf das Prinzip der Volksfreiheit zurückgeht oder vielmehr eine Ausweitung der Obrigkeitsmacht zum Ausdruck bringt. Meiner Meinung nach ist das übrigens eine ziemlich unfruchtbare Diskussion. Halten wir uns also an die Feststellung von Fockema Andreae, daß die Stadt als eine »Bürgergemeinschaft« betrachtet werden kann, gegründet auf einem Territorium, das »einen eigenen Kreis darstellt, rechtlich geschieden von seiner Umgebung«[27], und wenden wir uns nochmals kurz der Tatsache zu, daß die Stadt zum Schauplatz einer eingreifenden Erneuerung des sozialwirtschaftlichen Systems wird. Feststeht, daß die großen Erneuerer, als welche die Kaufleute auftraten, in diesem Prozeß eine leitende Funktion inne hatten. Was juristisch gesehen auch das entscheidende Kriterium in der Städtebildung gewesen sein mag, »die gesellschaftliche Ursache des Aufkommens der Städte liegt im Wiederaufleben des Handels und im Zusammenhang damit der Industrie«[28]. In den südlichen Niederlanden erfolgt der Beginn der städtischen Blüte früher als in den nördlichen; Pirenne zufolge bereits im 10. Jahrhundert, und zwar entlang den Ufern von Maas und Schelde. Das Landgebiet Brabants mit den großen Landstraßen des Rheins zur Scheldemündung nimmt später, vor allem im 12. Jahrhundert, an dieser Entwicklung teil. Zu dieser Zeit beginnen auch im Norden die Hansestädte der Zuiderzee aufzublühen. Ihren Höhepunkt hatte die Hanse in der Mitte des 14. Jahrhunderts; gleichzeitig beginnt sich auch Amsterdam zu entfalten. In den frühen Handelsstädten stößt man natürlich auf zahlreiche gegensätzliche Bewegungen und unvereinbare Institutionen. Sie sind ein wahrer Schmelztiegel, aus dem die neue gesellschaftliche Ordnung hervorgeht. Das Recht steht im Widerspruch zur Lebensweise, und diese wiederum entspricht nicht den tradierten Wertmaßstäben. Man kann hier von einem »ancien régime« sprechen, und natürlich sind es die Kaufleute,

[26] Franz Steinbach, *Geschichtliche Grundlagen der kommunalen Selbstverwaltung in Deutschland.* Bonn 1932, S. 71.

[27] Fockema Andreae, S. 39–42.

[28] H. Brugmans, *Het staatkundig en maatschappelijk leven der Nederlandse steden.* Leiden o. J., S. 104.

die sich hier nun an die Spitze der Opposition stellen. Und ihr Programm? Es ist das aller Neuerer zu allen Zeiten: Freiheit! Natürlich Freiheit für sich selbst und ihre eigenen Interessen. Ein solcher Standpunkt kann mit der Zeit konservativ werden, aber zu Anfang ist er das keineswegs. »Freiheit, das heißt, völlige Tilgung des domanialen Rechts, Befreiung von Personen und Boden, Abschaffung der vielfältigen Jurisdiktionen, Umgestaltung der Stadt in ein juristisch selbständiges Territorium im Besitz eines Rechts, das den Interessen der Bevölkerung entspricht, und ein eigenes Gericht zu seiner Anwendung.«[29]

Auf welche Weise die Städte, in denen die Kaufleute die Führung übernehmen, auch entstanden sind, wie immer man das Verhältnis zwischen Stadtrecht und Stadtfreiheit auch einschätzen mag und in welch verschiedenem Maß die Städte aus dem öffentlichen Recht von Staaten und Fürstentümern herausgenommen wurden, der gemeinsame Grundzug der vom Handel vertretenen neuen Wirtschaftsbewegung und der wachsenden städtischen Macht liegt in einer Reaktion auf feudale Bindungen, eine Freiheitsreaktion also, die das Gesellschaftsbild des Hochmittelalters weitgehend bestimmt. Schon gegen Ende des 11. Jahrhunderts gibt es für die Fürsten eine Städtefrage. Die geistlichen Fürsten scheinen durchwegs prinzipiell gegen das neue Bürgertum gewesen zu sein, während die weltlichen Fürsten eher daran interessiert waren, ihm entgegenzukommen. Die älteste uns bekannte südniederländische Urkunde ist jene, in der der Fürstbischof von Lüttich im Jahr 1066 an Hoey Zugeständnisse machen mußte. Für Kammerich – das seit 1070 eine Palissade hatte – läßt sich die Geschichte der Revolte, die zur Charta von 1077 führte, noch rekonstruieren[30]. Es war eine der frühesten Kommunen, von denen die Geschichte berichtet, und sie war gegen den kaiserlich gesinnten Bischof dieser Stadt gerichtet; »sie war durch das Volk beschworen und stand unter Führung der Kaufleute«[31]. Mit den Worten Pirennes läßt sich die allgemeine Lage so charakterisieren: »Gegen Ende des 11. Jahrhunderts breitete sich der neue Zustand aus und setzte sich überall durch. Nun stellten die Regierenden fest, daß sie mit weiterem Widerstand mehr zu verlieren als zu gewinnen hatten. Zwar brachten die neuen Zu-

[29] Henri Pirenne, *Histoire de Belgique*. Brüssel [5]1929, I, S. 195–196.
[30] Pirenne, *Hist. de Belg.*, I, S. 195–196.
[31] Pirenne, *Hist. de l'Europe*, S. 167.

stände ihre lokale Macht ins Wanken und einige ihrer Einkünfte in Gefahr; aber diese Nachteile wurden reichlich wettgemacht durch die höheren Zolleinkünfte und den unschätzbaren Vorteil einer ständigen Anfuhr von Getreide und allerhand käuflicher Ware, sowie durch den Geldzufluß. Zu Beginn des 12. Jahrhunderts betraten einige Landesherren bereits öffentlich den Weg des Fortschritts: Sie versuchten durch Anerkennung von Freiheiten und Privilegien die Kaufleute anzulocken.«[32]

Und doch beherrscht der Gegensatz zwischen der Feudalität und den Städten noch lange die Geister mit der Unversöhnlichkeit zweier Weltanschauungen. Der niederländische Dichter Jacob van Maerlant, der erst den Verfall des Adels angeprangert hatte, ergreift gegen 1300 in seinem Gedicht »De vierde Martijn« Partei für die alte Ordnung. Martin, so sagt der Dichter zu seinem imaginären Gesprächspartner, früher war es gut: Was man nun willkürlich tut – nämlich »Statuten« aufstellen –, tat man damals noch nach dem heiligen Gesetz der Gewohnheit. Ich versichere dich denn auch, und es tut mir jetzt noch gut, daß es damals Treue gab und Demut. Damit wird offensichtlich auf die neue städtisch-gesellschaftliche Ordnung angespielt, in der nicht mehr Tugend und göttliches Gesetz die menschlichen Verhältnisse regeln, sondern sich alles ums Geld dreht, wo alles feil ist und sogar der gerichtliche Zweikampf, in dem Gott durch das Blut richtete, verboten wurde.

Der reaktionäre Ton mag vor allem dem niederen Adel zugesagt haben, die Obrigkeit hat, ohne sich selbst die Hände durch Handel und Gewerbe zu besudeln, der städtischen Entwicklung ihren Lauf gelassen. Der Kaufhandel hat hier zur Folge, daß die Existenzquellen bei Handwerk und Industrie verbreitert werden. In der Stadt entsteht allmählich ein ganz neues System von Arbeit und Produktion, das ebenso wie der Handel auf persönlicher Freiheit beruht. Für die Entwicklung freier Arbeitsverhältnisse war die Hörigkeit noch immer ein Hindernis gewesen. Ohne die Existenz freier wirtschaftlicher Arbeit, auch durch Hörige, in der vorausgegangenen Periode leugnen zu können, müssen wir doch sagen, daß deren breitere Entfaltung erst auf der rechtlichen Grundlage von Freiheit, also in der urbanen Situation möglich war. Ganz besonders gilt dies für den Lohndienstvertrag. Bei der Gestaltung der Dienstbezie-

[32] PIRENNE, *Hist. de l'Europe*, S. 161.

hung spürte man das Beengende der Hörigkeit zuerst im Handel und in der Schiffahrt, dann auch im Gewerbe und in der städtischen Verwaltung. An ihrer Statt bedurfte man neuer, freiheitlich inspirierter Rechtsformen. Später greift die Bewegung auch auf das flache Land über; aber bekanntlich dauerte es dort noch bis zur Französischen Revolution und in manchen Gebieten noch länger, ehe die Hörigkeit ganz abgeschafft worden war.

Es ist leicht zu verstehen, daß sich das neue Rechtsbewußtsein in einer agrarischen Umwelt nur schwer aus den Hörigkeitsverhältnissen befreien und durchsetzen konnte; wo diese einige Jahrhunderte geherrscht hatten, werden denn auch geraume Zeit ganz verschiedene Situationen nebeneinander und vielleicht sogar Übergangsformen bestanden haben. In der Stadt, die durch die wirtschaftliche Aktivität gleichsam zu neuem Leben erweckt wurde, verlief die Entwicklung schneller, hatte das Alte eher abgewirtschaftet. Wir dürfen annehmen, daß diese Entwicklung auf niederländischem Boden in vielen flämischen Städten bereits im 12. Jahrhundert einen hohen Reifegrad erreicht hat. Während des 13. und 14. Jahrhunderts haben sich die städtische Wirtschaft und Kultur allenthalben ausgedehnt. Nun ist es auch an der Zeit, daß der Freiheitsgedanke in der Arbeitsorganisation auf dem flachen Land zum Tragen kommt. Ein Punkt aber bleibt bestehen, in welchem Stadt und Land sich unterscheiden. Die wirtschaftliche Assoziation kann sich auf dem Land nicht entwickeln. Das Zunftwesen, so frei und genossenschaftlich es in seinem Ursprung auch gewesen sein mag, hat inzwischen bereits einen öffentlichrechtlichen Charakter angenommen und ist so zu einem städtischen Privileg geworden.

3. Das neue soziale Ethos

Wer über Werte und Wertmaßstäbe einer früheren geschichtlichen Epoche spricht, muß sich vor allzu idealistisch gefärbten Aussagen hüten. Sie werden nicht nur bestimmt durch die offiziellen Ideologien, sondern auch durch die ganz normalen Fakten des täglichen Lebens. Es liegt in der Natur dieser Fakten, ein relativierendes Element in die Auffassungen einer allzu straffen Theorie zu tragen. Die Arbeitsschätzung oder Arbeitsverachtung der Römer etwa gerät in ein anderes Licht, sobald die von Philosophen ignorierten Meinungen und Praktiken des einfachen Mannes in die Betrachtung miteinbezogen werden. Genausowenig läßt sich die Haltung der mittelalterlichen Menschen gegenüber der Arbeit ohne weiteres mit der theologisch inspirierten Stellungnahme des Thomismus gleichsetzen. Die offizielle Arbeitsethik wird erst außerhalb der Schulen und Schriften zum allgemein anerkannten und erlebten Arbeitsethos, aber es hat damit auch gleich die Feuertaufe des wirklichen Arbeitslebens erfahren.

So steht es übrigens auch um die mehr oder minder offizielle Haltung der Kirche gegenüber allen anderen Erscheinungsformen des gesellschaftlichen Lebens. Der Einfluß eines christlichen Sozialethos ist in der ganzen mittelalterlichen Gesellschaft spürbar, gleichzeitig aber auch eine Spannung innerhalb der wirklichkeitsnahen unteren Klassen. Es gibt sowohl Rationalität in dem harten Kampf ums Dasein als auch die unbegreifliche Leidenschaft, »die Heftigkeit des Lebens«, wie Huizinga sich ausdrückt[1], die alle menschlichen Äußerungen durchdringt. Der Geist muß gegen Macht und rohe Gewalt, gegen Streit und Rachsucht, gegen Egoismus und Wucher ankämpfen. Die entscheidende Rolle der Kirche im Zivilisierungsprozeß des Abendlandes ist zwar evident. Aber man darf nicht vergessen, daß das sehr farbige Kulturmuster des Mittelalters auf der Kette von Feudalismus und aufkommendem Kapitalismus gewoben ist, die jeder ihre eigene Wertauffassung von der Welt, von den Menschen und Dingen und was sich alles damit erreichen läßt, besaß.

Um den Beitrag der Kirche zur Bildung eines neuen Sozialethos zu begreifen, muß man sich zunächst in den traditionellen Geist der westlichen Kirche hineindenken. Dieser Geist wurde von Dawson als ein echt humanistischer Geist beschrieben, und zwar im Gegensatz zu orientalischen Geistesströmungen. Die Apologetik der Kirchenväter wird beherrscht von »der Auffassung des Menschen als Mittelpunkt und Krone des geschaffenen Universums. Das erste Buch der Theophanie von Eusebius ist ein langer Lobgesang auf die Menschheit – der Mensch als Handwerker und Künstler, als Erbauer von Städten und Seemann der Schiffe – der Mensch als Gelehrter und Philo-

[1] J. Huizinga, *Herfsttij der middeleeuwen*, dtsch. Übers. *Herbst des Mittelalters*. Stuttgart [9]1965, 1. Kapitel.

soph, der als einziger die Veränderungen der Himmelskörper voraussagen und die verborgenen Ursachen der Dinge erkennen kann – der Mensch, ein Gott auf Erden, ›das Lieblingskind des göttlichen Wortes‹ «[2].

Der humanistische Geist wird zu einer gewissen Weltbejahung. Auf die materielle Grundlage der Menschheit kommt es in der Weltordnung zwar nicht in erster Linie an, aber man kann sie doch auch nicht ignorieren. Deshalb entwickelt sich notwendigerweise das Bewußtsein einer Sozialordnung, die dahingehend beeinflußt werden muß, damit sie das Christentum in diesem Sinn erfüllt. »Das älteste Dokument des westlichen Christentums, die erste Epistel von Clemens, zeigt bereits den lateinischen Sinn für Ordnung und das praktische Ideal sozialer Pflichtauffassung.«[3] Und auch Augustinus, der von so vielen, ganz verschiedenen Beurteilern als Rigorist und Kulturpessimist bezeichnet wird, dessen »glückliche Anlage« ihn aber davor bewahrt, »die Menschlichkeit in der Praxis zu verleugnen«[4], auch Augustinus war in einem Teil seines Wesens »ein Lateiner, und sein lateinisches Gefühl für soziale und historische Realität war die Ursache, daß er den sozialen und historischen Elementen, die zur christlichen Tradition selbst gehören, Recht widerfahren ließ. Sein Ideal war kein ursprüngliches Nirwana, sondern die Stadt Gottes, und er sah die geistige Ordnung nicht als statisches metaphysisches Prinzip, sondern als eine dynamische Kraft, die sich in der menschlichen Gesellschaft offenbart«[5].

Fragt man nun, was diese dynamische Kraft in der abendländischen Gesellschaft bewirkt hat, so muß die Antwort zwiefach ausfallen. Einerseits hat sie der Gesellschaft eine geistige Neuorientierung gegeben, sie hat sie christianisiert. Das ist zweifellos die erste und einzige wesentliche Aufgabe der Kirche. Aber faktisch hat sie mehr getan. Durch die Christianisierung konnte die Gesellschaft über einen Kraftquell verfügen – nicht nur einen rein geistigen Kraftquell, sondern auch einen materiellen, organisatorischen –, aus dem ihr kultureller Aufstieg gespeist wurde. Die vom religiösen Aspekt aus weniger wichtige Tatsache ist für unsere Betrachtung gerade von größter Bedeutung. Es ist die Kirche, die die Kultur zu den

[2] Christopher Dawson, *Progress and religion*. London, ²1945, S. 158.
[3] Dawson, S. 163.
[4] F. van der Meer, *Augustinus de Zielzorger*. Utrecht-Brüssel ²1949, 623–624.
[5] Dawson, *Progress and religion*, S. 164.

Barbarenstämmen trägt und die noch, als die »dunklen Jahrhunderte« vorüber sind, den Aufstieg zur Zivilisation des Hochmittelalters inspiriert und leitet.

Die Führung der Kirche bei der Gestaltung der Gesellschaft im Abendland ist ein historisches Faktum, das sich nur aus anderen historischen Fakten erklären läßt. Die Kirche traf im Abendland auf ein tieferes Niveau der Zivilisation als im Orient. Die soziale und politische Ordnung befand sich im Verfallsstadium, die Barbarenvölker trugen ein weiteres Element der Unordnung hinein. Bei der Zersplitterung des weströmischen Reiches findet die Kirche neben sich gewiß keine andere soziale Macht mehr, die genug Verantwortung und Autorität besitzt, um die äußere Ordnung in der Gesellschaft aufrechtzuerhalten, geschweige denn, um in ihr einem geistigen Ordnungsprinzip zum Durchbruch zu verhelfen. Als sich im Frühmittelalter langsam und mühselig eine neue Kultur zu entwickeln beginnt, kann sie also gar nichts anderes als eine religiöse Schöpfung sein, die auf einer kirchlichen und nicht auf einer politischen Einheit aufbaut. »Während im Osten die Reichseinheit noch alles umspannte und die Kirche im wesentlichen die Kirche des Reiches war, war es im Westen die Kirche selbst, die die allumfassende Gesellschaft bildete, während der Staat schwach, barbarisch und zersplittert war. Die einzig wirklichen Bürgerrechte, die dem einfachen Mann verblieben, waren in seiner Zugehörigkeit zur Kirche verankert, und das setzte eine wesentlich tiefere und weiter reichende Loyalität voraus, als seine Untertänigkeit zum weltlichen Staat. Das war die fundamentale soziale Beziehung, die jeden Unterschied von Klasse und Nationalität überbrückte. Die Kirche war eine Welt für sich, mit einer eigenen Kultur, einer eigenen Organisation und einem eigenen Recht. Soweit eine Zivilisation übrig blieb, war diese unmittelbar abhängig von der Kirche, sowohl in den großen karolingischen Klöstern wie St. Gallen oder Fulda, die die wichtigsten Zentren des kulturellen und wirtschaftlichen Lebens bildeten, als in den Städten, deren Existenz unmittelbar von den Bischöfen und dem kirchlichen Element abhängig wurde. Der Staat andererseits hatte sich von der Stadt und der Städtekultur gelöst und war mehr und mehr zur Kriegstradition einer barbarischen Stammesaristokratie zurückgekehrt.«[6]

Die Situation, die die Kirche seit Beginn ihrer Ausbreitung

[6] Dawson, *Progress and religion*, S. 165.

über das Abendland hier antraf, erklärt also ihre Ansprüche auf Führung in der sozialen Ordnung. Ganz abgesehen von ihrer auf das Jenseits gerichteten Zielsetzung, vertritt sie in der zeitlichen Ordnung die Prinzipien von Recht und Liebe gegenüber der chaotischen Willkür und Unterdrückung, die die Gesellschaft praktisch ausübte. Recht und Liebe, das war ein humanistisches Programm, welches gewiß den Horizont der herrschenden Mentalität überstieg. Einer mit Macht gepaarten Rechtsidee standen die führenden Kreise der Gesellschaft jedoch durchaus noch aufgeschlossen gegenüber. Aber die Schwäche der Liebe und die Rührung über die Menschwerdung des göttlichen Worts befanden sich in geringem Einklang mit der Härte der Sitten und der geringen Sensibilität der Gefühle. »Die zum Christentum bekehrten Helden der Karolingerzeit waren noch für keinen anderen Kultus als den der Macht und des Rechts zugänglich; der Macht, die identisch mit Recht, ja die göttlich ist. Sie erwärmten sich nur für ein religiös verstandenes weltliches Dienen, für den Kampf auf Leben und Tod gegen feindliche Mächte – für sie Mächte der Finsternis –, für belohnte Treue gegenüber bestraftem Verrat. Der Gott, dem sie dienten, ist nicht der neutestamentarische Gott der Liebe, sondern der alttestamentarische Gott der Gerechtigkeit – und dabei ist es nur dessen Vergeltung, die sie anspricht, nicht sein Erbarmen! Sie kennen den Erlöser nur als triumphierenden Streiter und König, nicht als den Schmerzensmann.«[7]

Auch als die Morgendämmerung einer höheren mittelalterlichen Kultur anzubrechen beginnt, ist sich die Kirche ihrer Führungsaufgabe bewußt. Der Machtkampf zwischen Papst und Kaiser, der 1075 zwischen Gregor VII. und Heinrich IV. beginnt und als Investiturstreit bekannt ist, kann auch unter diesem Gesichtspunkt betrachtet werden. Mochte es zwar stimmen, daß die höchste weltliche Autorität, genauso übrigens wie unter Karl dem Großen, in der sozialen Ordnung für sich eine eigene Aufgabe erkannte, so konnte doch die Kirche diese schwerlich als eine autonome Aufgabe anerkennen. War die abendländische Gesellschaft nach dem karolingischen Gleichgewicht nicht neuerlich Opfer einer heftigen Krise? Beinahe überall war das Gewohnheitsrecht der alten Stammesgemeinschaften verschwunden. Als nun auch jener Teil der gesell-

[7] J. J. Mak, *De geboorte der moderne westerse beschaving*. Arnhem 1954, S. 134.

schaftlichen Ordnung, der durch den Stammespartikularismus der weltlichen Großen geschaffen worden war, zerfiel, herrschte rundum Anarchie. Nur in der Kirche war das Ideal einer neuen Ordnung lebendig geblieben. Die Klosterreform unter Führung von Cluny hat dieses Ideal im 10. Jahrhundert besonders kräftig in die Realität umgesetzt. Das vitale Problem, »ob diese feudale Barbarei die Friedensgemeinschaft der Kirche überwuchern und in sich aufsaugen würde oder ob die Kirche ihre Ideale und ihre höheren Kulturgüter dem Lehnsadel mit Erfolg aufzwingen würde«[8], wurde vor allem durch die Cluniazenserbewegung im letztgenannten Sinne gelöst. Die Freiheit der Kirche in religiösen Angelegenheiten bedeutet notwendigerweise auch die Möglichkeit, weiterhin in ihrem Sinne für die Kultur wegweisend zu sein.

Als also »im 11. und 12. Jahrhundert der soziale Aufschwung in Westeuropa begann, wurde die neue Entwicklung von religiösen Motiven getragen und entstand unmittelbar aus den Traditionen der geistlichen Gesellschaft. Der Investiturstreit und der Streit um das internationale Supremat des reformierten Papsttums waren die äußeren Merkmale des Sieges der geistlichen Macht über die feudalen und barbarischen Elemente in der europäischen Gesellschaft. Überall wurden sich die Menschen ihres gemeinsamen Bürgerrechts in der großen religiösen Gemeinschaft des Christentums bewußt. Und dieses geistliche Bürgertum war die Grundlage für eine neue Gesellschaft. Als Mitglieder des Feudalstaates waren die Menschen durch die zahllosen Trennungslinien der Untertanenschaft und Jurisdiktion voneinander geschieden. Sie wurden wie Schafe mit dem Land, auf dem sie lebten, auf die verschiedenen Herren verteilt. Aber als Mitglieder der Kirche begegneten sie sich wieder auf gemeinschaftlichem Boden. ›Für Christus‹, schreibt der heilige Ivo von Chartres, ›gibt es keinen Freien und keinen Leibeigenen, denn alle, die an denselben Sakramenten teilhaben, sind gleich‹«[9].

Dieser Kanoniker, der an der Schwelle des 11. zum 12. Jahrhundert lebte, ist dem gut 300 Jahre später schreibenden Rechtsgelehrten Pierre de Nesson zufolge ein Anwalt im Himmel, der stets gewinnt: »Der Grund dafür ist, daß niemand die Gegenpartei vertritt, wenn er plädiert, denn bis auf

[8] Christopher Dawson, *The making of Europe*, dtsch. Übers. *Die Gestaltung des Abendlandes*. Köln [2]1950, S. 263.

[9] Dawson, *Progress and religion*, S. 167–168.

den heutigen Tag hat außer ihm kein anderer Advokat den Himmel betreten.«[10] Hat er auf Erden auch das Plädoyer für die menschliche Freiheit und Gleichheit gewonnen? Sollte das der Fall sein, dann hätte sich etwas sehr Wesentliches in den gesellschaftlichen Verhältnissen geändert. Menschliche Freiheit war zwar schon immer bekannt gewesen, aber als Privileg, nicht als positionelle Größe des gemeinen Rechts. Es war die Freiheit einiger, die sich von der Unfreiheit anderer abhob. Erst die menschliche Gleichwertigkeit kann dem Freiheitsgedanken seine allgemeingültige sittliche Bedeutung geben. Verwurzelt in der Idee der essentiellen Einheit des Menschengeschlechts durch die Verbundenheit aller im mystischen Leib Christi, kann das Prinzip der menschlichen Gleichwertigkeit als der Baum gelten, an welchem die Frucht der Freiheit heranreift.

Die Bildersprache ist gefährlich, denn sie erinnert an das Gleichnis, welches besagt, daß man den Baum an seinen Früchten erkennt. Und wir wissen, daß die Freiheit im Rechtssystem immer nur relativ bleibt. Geben wir also zu, daß auch die prinzipielle Gleichwertigkeit sehr weit von der faktischen Gleichheit entfernt ist. Dennoch haben diese Ideen das äußere Erscheinungsbild der Kultur verändert. Der Einfluß des christlichen Humanismus war in den folgenden Jahrhunderten überall spürbar, im Staatsgefüge, im Verhältnis der Stände und in den neuen Soziabilitätsformen des sozialen und wirtschaftlichen Lebens. Für die Freiheit, die Würde und das Recht der Arbeit oder besser des arbeitenden Menschen war es denn auch von entscheidender Bedeutung, daß die geistigen Kräfte siegten und eine neue Ordnung im Abendland erwuchs. Es braucht wohl kaum gesagt zu werden, daß diese Entwicklung ohne die Mitwirkung von Faktoren materieller Art undenkbar gewesen wäre. Vor allem ist hier an das Wiederaufblühen des Fernhandels und die damit zusammenhängende wirtschaftliche und soziale Entwicklung zu denken. Die faktischen Gegebenheiten stellen ebenso eine notwendige Voraussetzung für die Wirksamkeit der ideologischen Prinzipien dar, wie sie diese auch einschränken.

In diesem Zusammenspiel von Faktoren, die zur Bildung eines neuen sozialen Ethos im Mittelalter beigetragen haben,

[10] Pierre de Nesson, *Hommage à la Vierge*, Hrsg. A. Piaget-E. Droz. Paris 1925, S. 42.

liegt das geistige Prinzip zunächst ganz bei den religiösen und moralischen Lehren der kirchlichen Autorität. Die theozentrische Idee, die die Gesellschaftslehre der Philosophen beherrschte, durchdrang die gesellschaftlichen Verhältnisse und die Gedankenwelt der Laien vielleicht tiefer, als man das in der modernen Zeit für möglich hält. Sie war ja nicht in erster Linie ein Objekt abstrakter Betrachtung, sondern der Ausdruck einer Sendung in der Welt, die um so stärker zur Geltung kam, je mehr die kirchliche Autorität sich faktisch auch in weltlichen Dingen bemerkbar machte. Wenn dann nicht eine bestimmte Art von Arbeit oder eine auf bestimmte Weise verrichtete Arbeit, sondern Arbeit überhaupt, also auch die rein körperliche und unansehnlichste, von der christlichen Lehre zu einem *officium*, einer religiös zu deutenden Lebenserfüllung erklärt wird[11], dann ist es wohl unvermeidlich, daß davon ein gewaltiger, vermittelnder Einfluß auf die verschiedenen Arten von Arbeit und die Formen, in der sie verrichtet werden, ausstrahlt.

Diese hohe Bewertung der menschlichen Arbeit hat indes nichts mit dem Unterschied der Stände zu tun, noch ist sie in einem absoluten Sinne zu verstehen. Es gibt menschliche Betätigungen, die höher eingeschätzt werden als die »eigentliche« Arbeit, und die Ausübung dieser Tätigkeiten als Lebensaufgabe – ebenso *officia* – kommt anderen, hierarchisch höher plazierten Ständen als der arbeitenden Klasse zu. Bei den *oratores* – dem geistlichen Stand – ist es wohl durchaus denkbar, daß man neben dem Gebet auch noch arbeitete, Werke von praktischem Nutzwert verrichtete wie das Kopieren von Handschriften und sogar niedere Feldarbeit ausübte als eine Art Bestandteil einer zur Seligkeit führenden und zugleich gesunden Lebensregel. Der Ritterstand jedoch, dessen Arbeit darin bestand, die gesellschaftliche Ordnung mit der Waffe zu verteidigen, hat die Verrichtung wirtschaftlicher Arbeit nur dann schätzen können, wenn sie durch niedriger Stehende geschah. Auch wenn die ritterliche Funktion in betont pathetischer Weise verstanden wird – »um die Tugend zu erheben und die Gerechtigkeit aufrecht zu erhalten, um durch die Taten und Sitten eines Daseins in Schönheit den andern ein Vorbild zu sein«[12], so wird der Abstand zur wirtschaftlichen Arbeitsverrichtung beibehalten, vielleicht sogar vergrößert, ohne daß

[11] JOHANNES HAESSLE, *Das Arbeitsethos der Kirche nach Thomas von Aquin und Leo* XIII. Freiburg i. Br. 1923.

[12] Nach CHASTELLAIN, zit. bei HUIZINGA, S. 75.

dabei übrigens die Arbeit als etwas Geringschätziges eingestuft wird.

Gerade die Anerkennung gewisser Stände mit besonderer Funktion hat die Höhe der Arbeitsethik in den betreffenden Formen des gesellschaftlichen Lebens in bestimmter Weise realisiert. Sie hat praktisch eine Exaltation des Arbeitsethos eingedämmt, wie diese in der modernen Zeit, seit dem 18. Jahrhundert, entstanden ist und durch die sowohl das Berufsleben wie auch das menschliche Leben außerhalb des Berufs aus den Fugen zu geraten droht[13]. Man darf sicher annehmen, daß progressive Forderungen wie die eines Augustinermönchs aus dem Jahr 1412, nach der jeder Nicht-Adelige – die Begrenzung ist immerhin noch köstlich konservativ! – in Frankreich gezwungen werden sollte, Hand- oder Feldarbeit zu verrichten oder aber des Landes verwiesen werden sollte[14], zu den Ausnahmen gehört haben wird. Es scheint denn auch nicht ganz gerechtfertigt, den Stab zu brechen über »das abendländische Mönchstum, das nach der ursprünglichen Intention auf dem gesellschaftlichen Niveau der Arbeiter leben müßte« – oder besser auf dem der wirtschaftliche Arbeit Verrichtenden, aber welche Stufe ist das eigentlich? – das »sich aber mit der Zeit praktisch ganz der Handarbeit entfremdete«[15].

Zwar ist es unübersehbar, daß sich nach einer gewissen Zeit Symptome einer allzu weitgehenden Relativierung der Arbeitsethik in dem von Standesbewußtsein beherrschten praktischen Leben bemerkbar machten. Neben die Gebote Gottes treten menschliche Reglementierungen, die sich ungleich auf die drei Stände auswirken, die für den einen ein Privileg, für den anderen eine Last bedeuten können. In den bündigen Aussprüchen von Zeitgenossen, etwa dem eines weltlichen Autors: »Der Bauer muß den Acker für Pfaffe und Ritter pflügen, der Pfaffe Ritter und Bauern vor der Hölle schützen, der edle Ritter Pfaffen und Bauern beschirmen gegen alles, was ihnen übel will«[16], kommt die Differenzierung des »Müssens« nicht zum Ausdruck, was durchaus nicht zu besagen braucht, daß sie auch nicht vorausgesetzt wäre. Es ist nun einmal das Schicksal jeder Relativierung, daß sie mit der Zeit Verzeichnungen zur

[13] Josef Pieper, *Muße und Kult*. München 1948.

[14] Huizinga, S. 76.

[15] P. C. Boeren, *Relatieve elementen in de cultuursynthese der middeleeuwen*, Cultuurgesch. v. h. Christendom. Amsterdam-Brüssel 1948–1951, III, S. 11.

[16] Erwähnt bei Jan Romein, *De lage landen bij de zee*. Utrecht o. J. S. 142.

Folge hat, in denen das Urbild des relativierten Prinzips sogar ganz verloren gehen kann. Denken wir etwa an die Abschaffung der Sklaverei. Das Naturrecht verlangte diese Abschaffung, aber dennoch konnte die Kirche die Existenz der Sklaverei in gewisser Weise als Element der tatsächlichen Rechtsordnung tolerieren. Diese Auffassung ist in einem Brief von Papst Gregor I. klar formuliert: »Der Mensch wurde von der Natur frei geschaffen; nur das Recht der Völker hat manchen das Joch der Sklaverei auferlegt. Heilsam handelt deshalb jener, der den Menschen die Freiheit, zu der sie geboren sind, zurückschenkt.«[17] Vor allem ist mit dem wirtschaftlichen Aufstieg der italienischen Städte auch die Sklaverei wieder unverhüllter aufgekommen, und die Kirche stand dieser Entwicklung ziemlich machtlos gegenüber. Zweifellos hat sich während des Hochmittelalters auch die Trennung zwischen Arbeitenden und Nichtarbeitenden so verschärft, daß die Anerkennung der Arbeit ins Gegenteil umschlagen konnte und zur Verachtung – aber hier vor allem zur Verachtung der Handarbeit – führen konnte.

Die direkte und offenkundige Führung der Kirche in der Kulturbewegung ist übrigens während des Hochmittelalters mehr und mehr verlorengegangen. Das braucht uns nicht zu wundern. Überall wo eine höhere Kultur durch äußere Einwirkung eines geistigen Prinzips entsteht, kommt einmal der Augenblick, an dem bestimmte im Kulturbereich entstandene Kräfte die einmal in Gang geratene Bewegung auf ihre eigene Weise weitertragen. So sehen wir, wie im Lauf der Zeit der Laie im Kulturprozeß deutlicher in den Vordergrund tritt. Dieses Auftreten des Laientums braucht für sich genommen noch keine Säkularisierung zu bedeuten. Soweit sich im Mittelalter von einer städtischen Bürgerkultur sprechen läßt – die aristokratischen Ideale des Adels bleiben noch lange bestimmend, auch in bürgerlichen Kreisen, selbst wenn sie allmählich eine andere Gestalt annehmen –, kann man dabei sicher die Einflüsse einer starken christlichen Tradition erkennen, und auch die großen Herren neigen kaum weniger dazu, sich bewußt außerhalb der vereinigten Christenheit zu stellen. Andererseits ginge es zu weit, wollte man die zersetzenden Elemente, die jeder Differenzierungsprozeß in sich birgt,

[17] J. Lindeboom, *Het christendom in de samenleving*, Cultuurgesch. v. h. Christendom, II, S. 427.

leugnen. Es verträgt sich wirklich nicht alles mit dem Christentum, was das Hoch- und gewiß das Spätmittelalter an Lebensformen aufzuweisen hat. Die Gegensätze zwischen Grausamkeit und Caritas, zwischen Schönheit und Roheit, zwischen Vergeistigung und Materialismus erklärt Dawson aus der Tatsache, daß es keine homogene materielle Kultur wie in China und in Indien gab, sondern eine lockere Föderation der verschiedensten Rassen und Kulturen »unter der Hegemonie einer gemeinsamen religiös-kirchlichen Tradition«[18].

Das kann zwar stimmen, aber man könnte hinzufügen, daß sich im Lauf der Zeit nicht nur die schlechten Elemente, sondern auch eine Reihe nicht ungünstig zu bewertender Erscheinungen den in der Kultur selbst wirksam gewordenen Kräften zuschreiben lassen. Da ist zunächst das Heraufkommen eines städtischen Bürgerstands. Wer zum Beispiel das Wachstum des Handels beobachtet und dessen Reflexe auf das gesellschaftliche Leben, wird sich wohl hüten, in allem, was fehlerhaft ist, die Hand der Kirche zu erkennen. Hier existiert ein ausgedehntes Gebiet menschlicher Aktivität, womit die barbarische Stammesverwandtschaft nichts zu tun hat, worauf aber auch die Kirche direkt nur wenig Einfluß ausüben konnte. Daß das Frühmittelalter Gewinnstreben nicht oder so gut wie kaum gekannt hat, ist nicht erstaunlich. Die Wirtschaft war damals größtenteils noch nicht eine Tauschwirtschaft, sondern eine Konsumwirtschaft[19]. Da diese faktisch keine Gewinnchancen bot, konnte sich das Gewinnstreben einfach noch nicht entwickeln. In diese Situation paßt auch durchaus die Auffassung, daß die Forderung von Zins gleichbedeutend ist mit Wucher. Daß das kirchliche Zinsverbot auch später noch, als man mit geliehenem Kapital Gewinne erzielen konnte, formal aufrechterhalten wird, erklärt sich aus einem gewissen Traditionalismus, der in noch stärkerem Maße in der gesellschaftlichen Verurteilung jeder Form von Kommerzialität bei vielen Vertretern der höheren Stände vorhanden ist. Das Zinsverbot als Ausfluß des Widerstands gegen den kapitalistischen Geist hat vermutlich keine große Wirkung gezeitigt. Und wenn ihm deshalb auch keine Wertschätzung vorenthalten zu werden braucht[20], so läßt sich andererseits nicht leugnen, daß dieser

[18] Dawson, *Progress and religion*, S. 167.

[19] Jean Halpérin, *Les transformations économiques aux* XIIe *et* XIIIe *siècles*. In: Revue d'hist. écon. et soc., XXVIII. Paris 1950, S. 24.

[20] Lindeboom, S. 435.

verhaßte kapitalistische Geist sehr wesentliche materielle Kulturgüter hervorgebracht hat.

Das städtische Bürgertum und die städtische Wirtschaft sind im Lauf der Zeit selbst zu Kulturfaktoren geworden. Nicht ohne Verbindung mit der Kirche, aber doch gewiß nicht unter einer Art klerikaler Vormundschaft entwickeln sich hier Wissenschaft und Kunst. Und – was für uns vor allem bedeutsam ist – die Bildung des sozialen Rechts, charakteristisch für die Zeit, entsteht hauptsächlich in der Stadt. Die städtische Bürgerschaft des 13. Jahrhunderts ist ein »Stand« geworden mit einem wichtigen Einfluß auf die Formung der Gemeinschaft. Im Vergleich zum 11. Jahrhundert tritt eine auffällige Verschiebung in dem Begriff »dritter Stand« zutage. Die drei Stände werden zunächst als *oratores*, *bellatores*, *laboratores* bezeichnet, sie geben mit anderen Worten eine gesellschaftliche Funktion an. »Zum Stand der Arbeiter werden all jene gerechnet, die Handarbeit verrichten, die Dorfbewohner sowohl wie die Bewohner der prästädtischen Agglomerationen, sowohl die Bauern wie die Handwerksleute.« Seit dem 13. Jahrhundert spricht man von Geistlichkeit, Adel und Bürgertum. Der Standesbegriff bezeichnet nun »nicht mehr die gesellschaftliche Funktion, sondern einen öffentlich-rechtlichen Status, den einer mit Autorität ausgestatteten Korporation«. Unter Bürgertum versteht man nur das städtische Bürgertum, die Landbewohner sind von diesem Begriff ausgeschlossen[21].

Zu welchen Leistungen auch immer sich das städtische Bürgertum befähigt zeigte, vor allem auf dem Gebiet von Wirtschaft und Recht, so lag doch in seiner Ausnahmestellung, seinem Privileg, das es mit der Zeit von der Landbevölkerung unterschied, zugleich ein kulturbedrohender Faktor. Ein bedrohender Faktor in erster Linie für die Stadtkultur selbst. Die demokratischen Bewegungen des 13. und 14. Jahrhunderts, die überall den Handwerkszünften das Stadtregiment öffneten, haben die schließliche Erstarrung des städtischen Gemeinschaftslebens nicht abwenden können. Als Folge einer Entwicklung bestimmter Arten des Gewerbes zum Großbetrieb, stoßen wir am Ende des Mittelalters auf eine ziemlich rechtlose Proletarierklasse, in der das ursprüngliche Freiheits- und Persönlichkeitsideal also offensichtlich nicht mehr Zugang

[21] P. C. Boeren, *Het christendom en het cultuurproces*, Cultuurgeschiedenis v. h. Christendom, II, S. 469–470.

findet, während die Formen des Zusammenschlusses beträchtlich an Autonomie eingebüßt haben.

Neben den Städten sind es auch die weltlichen Großen, die, der harten, oft rohen Kultur des feudalen Rittertums entwachsen, ihre eigene Rolle im Kulturprozeß zu spielen beginnen. An christlicher Eingebung hat es ihnen manchmal gewiß – vielleicht öfter als dem städtischen Bürgertum – gemangelt. Im Kampf zwischen Papst und Kaiser um die Vorherrschaft im weltlichen Bereich hat letzterer nur darum nicht gewonnen, weil seine Macht über die großen Lehnsleute je länger desto illusorischer wurde, während neben ihm das französische und englische Königtum seit dem 12. Jahrhundert zu politisch bedeutsamen Faktoren geworden waren. Im Kampf gegen die Kriegsgewalt der feudalen Adeligen hat die Kirche sicherlich die ersten Schritte unternommen. Die *Pax Dei*, wie diese unter Androhung des Bannes auf die Dauer von 15 Jahren auf dem Konzil in Bourges 1038 verkündet wurde, war ein Verbot – wenn auch mit bestimmten Ausnahmen –, Krieg zu führen. Daneben bestand die *Treuga Dei*, eine Waffenstillstandsverpflichtung für bestimmte Tage und für bestimmte Zeiten des Jahres[22]. Die *Treuga Dei* oder »Trève Dieu« wurde mehrmals erweitert, »so daß zum Schluß nur noch der vierte Teil des Jahres zum Kriegführen übrig blieb«. Im 12. Jahrhundert wird dieser kirchlich angeordnete Friede in Frankreich aber durch den »Königsfrieden« ersetzt, der ausschließlich »die Aufrechterhaltung der inneren Ordnung und Ruhe zur Verstärkung der zentralen Autorität« bezweckte[23]. Es ist bereits ein Symptom für das Entstehen des Nationalismus bei Territorialfürsten, durch den die universelle Ordnung der Christenheit auseinanderfallen sollte.

Während des 13. und 14. Jahrhunderts sind es neben den Königen auch die zahllosen in einem begrenzten Gebiet mächtigen Grafen und Herzöge, die behaupteten, Ordnung und Ruhe innerhalb ihres Territoriums aufrechterhalten zu müssen, ohne jedoch irgendeine Verantwortung für den Frieden der gesamten Christenheit auf sich zu nehmen. Sicherheit und Wohlfahrt und damit die Entfaltung der Kultur sind mehr und mehr von ihrer Machtpolitik abhängig. Zugleich entstehen aber auch, jedenfalls in England und Frankreich, unter dem

[22] Lindeboom, S. 434.
[23] Mak, S. 20.

niederen Adel und dem wohlhabenden Bürgertum Bestrebungen, die königliche Macht zu beschneiden. Als Beginn dieser Entwicklung darf die *Magna Charta Libertatum* gelten, die dem englischen König Johann ohne Land 1215 abgenötigt wurde. Und doch konnte weder der aristokratische Parlamentarismus, noch der städtische Einfluß verhindern, daß in späteren Jahrhunderten das nationale Königtum wieder an Macht zunahm. Besonders im 15. Jahrhundert zeichnet sich deutlich die Tendenz zur Bildung größerer, zentral verwalteter territorialer Einheiten ab. Für Frankreich hat Taine dargelegt, daß die Verwaltungszentralisation eine Schöpfung der Monarchie gewesen ist[24]. Es ist klar, daß die damit parallelgehenden Verschiebungen auf staatspolitischem Gebiet einen wesentlichen Einfluß auf das Recht, die Wirtschaft und die ganze Kultur ausgeübt haben.

Die neue Zeit rückt nun heran, in der sich die zentrale Autorität auch intensiver mit der Arbeitsordnung beschäftigen wird, jedenfalls soweit diese den »arbeitenden Stand« betrifft. Das Mittelalter hat bereits, wie wir sahen, auch den Begriff »arbeitender Stand« gekannt. Und doch hat man damit kaum Konsequenzen im Sinne globaler, für alle Mitglieder des Standes geltende Rechtsregelungen verbunden. Einerseits war hierfür die mittelalterliche Gesellschaftsordnung zu zersplittert, andererseits aber erweist sich die Vorstellung, die sich an einen einzigen arbeitenden Stand hält, bei näherer Betrachtung auch wieder als zu schematisch. Auf diese Weise werden nämlich alle Bereiche des Betriebs- und Berufslebens auf ein und denselben Nenner gebracht. In der recht primitiven Gesellschaftsorganisation des Frühmittelalters konnte das kaum als Einwand gelten. Mit dem Entstehen einer differenzierteren Struktur während des Hochmittelalters konnte aber nicht ausbleiben, daß eine neue Verschiebung in den Vorstellungen eintrat. Die Wertung der Arbeit wird immer differenzierter, so wie auch die Vielfalt der Arbeitsformen zunahm, oder besser gesagt der verschiedenen Berufe, denn der Begriff von »Ständen und Staaten« orientiert sich stark in Richtung auf genau umschriebene und organisierte Berufsgemeinschaften. So verfeinert sich auch das neue Arbeitsethos zu einem differenzierten Berufsethos, wodurch ganz selbstverständlich die Möglichkeit zu allerlei Abstufungen gegeben ist.

[24] H. Taine, *L'ancien régime*. Paris [28]1917.

Auffällig ist dabei aber, daß – abgesehen von ziemlich seltenen Abweichungen – der essentielle Wert des ursprünglichen, durch die Kirche propagierten Ethos erhalten bleibt. Das wirkliche Leben hat, vor allem im 14. und 15. Jahrhundert, dieses Ethos noch ziemlich relativiert. Und so »führten die allgemeine Mentalität und die Praxis der Einrichtungen schließlich doch zu einer Geringschätzung der Handarbeit, namentlich der Landarbeit, und zu einer Überschätzung der Geistesarbeit«[25]. Diese allgemein menschliche Neigung konnte aber nie die Grundstimmung des neuen Arbeitsethos antasten, die anerkannte, daß im Prinzip jede Arbeit ebenso inneren wie äußeren Wert besitzt und infolgedessen imstande ist, den Menschen zu erheben.

4. Verschiedene Formen von Arbeitsverhältnissen

Schon im Frühmittelalter neigte man durchaus dazu, die mit der Hand geleistete Arbeit zum Lebensunterhalt als ehrenwerte Betätigung anzuerkennen. In späteren Jahrhunderten würde diese Auffassung ganz normal und gebräuchlich, auch wenn es natürlich verschiedene Grade der Bewertung je nach Art der Arbeit gibt und man sich der Relativität von »Ehre« auch voll bewußt geblieben ist. Die Menschen des Mittelalters sind keine Gleichheitsideologen, sie besitzen ein geschärftes Organ für die Rangordnung der Werte. Auch im Arbeitsleben haben sie die Begriffe höher und niedriger angesetzt. Geistige Arbeit steht kraft des natürlichen Primats des Geistes über materieller Arbeit, aber damit ist durchaus nicht alles gesagt. Nicht selten gibt der Nützlichkeitswert oder die Seltenheit ein weit praktischer anwendbares Kriterium für die breite Wertstaffelung ab, deren das Leben nun einmal zu bedürfen scheint. Der mittelalterliche Mensch war, zumal nach dem Wiederaufleben von Handel und Gewerbe, nachdem also neue Möglichkeiten der Aktivität entstanden waren, durchaus nicht gleichgültig gegenüber dem pekuniären Ertrag aus seiner Arbeit. In den dabei zutage tretenden Unterschieden lag also mit ein Anhaltspunkt, um eine Differenzierung in der Berufsbewertung vorzuneh-

[25] Boeren, *Relatieve elementen*, III, S. 11.

men. Für eine Unterscheidung in der soziologischen und juristischen Gestaltung der verschiedenen Arbeitsverhältnisse besteht darin aber wenig Anlaß. Die wachsende Bewertung der Handarbeit hat zwar die Rechtsgestaltung in bestimmten Fällen gefördert.

Für die Ordnung der Beziehungen zwischen Arbeitsausübenden und jenen, für die die Arbeit oder deren Resultat in direkter Linie bestimmt ist, wird zunächst vielleicht eine andere Entwicklung in den Wertungen noch bedeutsamer gewesen sein, nämlich das Aufkommen des germanischen Dienstbegriffs. Freilich liefert der gesunde Sinn für Hierarchie so gut wie in jeder anderen Zeit ebenfalls einen tauglichen Anhalt, um einen Unterschied in der Bewertung zwischen der Arbeit von Herrn und Knecht zu machen, auch wenn es sich technisch gesehen um dieselben Tätigkeiten handelt. Nie mehr ist es aber in dieser Beziehung zu so scharfen Unterscheidungen gekommen, wie dies bei den Römern der Fall war. Wo man ihnen begegnet, können sie vielmehr als Relativierungen infolge des vielgestaltigen praktischen Lebens gelten, des hohen, sogar übernatürlichen Werts, der unter Einfluß der kirchlichen Moral der Arbeit zuerkannt wird.

Daß man auch die Arbeit des Untergeordneten zu schätzen begann, spiegelt sich, wie wir im ersten Band dargelegt haben[1], in bestimmten, bereits früh zustande gekommenen germanischrechtlichen Organisationsformen zur Verrichtung von Dienstleistungen wider. In flagrantem Gegensatz zu den Menschen der Antike ist es den Menschen des Frühmittelalters gelungen, in manchen Fällen geradezu etwas positiv Ehrenhaftes in einem persönlichen Unterordnungsverhältnis zu sehen. Wir dürfen also annehmen, daß der germanische Sinn für kollektive Gebundenheit und Hierarchie beim allmählichen Akzeptieren der Idee von Unterordnung und Dienstbeziehung im Mittelalter eine bedeutende Rolle spielte. Es muß aber betont werden, daß auch andere Faktoren dazu beigetragen haben, daß die Menschenwürde der untergeordneten Arbeit zur Anerkennung gelangte. In erster Linie war es wohl die christliche Sozialethik, aber eine Ursache oder jedenfalls eine Voraussetzung lag auch in der Entwicklung einer mehr egalitären wirtschaftlichen und gesellschaftlichen Situation in nachklassischer Zeit und sodann im Aufkommen der freien wirtschaft-

[1] Vgl. *Sozialgeschichte der Arbeit*, Bd. 1, II. Die Karolingerzeit, Kapitel 4 und 5.

lichen Aktivität beim Handel und städtischen Gewerbe. Genau genommen ist es eigentlich schwierig, hier von Ursachen und Wirkung zu sprechen; es handelt sich eher um einen Komplex von Interdependenzen. Trotz der Unterschiede in Reichtum und Einfluß, trotz aller Differenzierungen in Berufsgruppierungen, in Gilden und Zünften, die die verschiedenartigen Zweige von Betrieben, Handel, Gewerbe und Diensten, von intellektueller wie nichtintellektueller Arbeit umfaßten, weist auch das städtische Bürgertum Züge eines egalitären Systems im obengenannten Sinne auf. Bei aller Differenzierung bleibt die Idee von der Würde jeglicher Arbeit – auch der unselbständigen Arbeit – im täglichen Leben eine allgemein anerkannte Richtschnur für die Verhältnisse. Sie hat die Rechtsformen, unter denen Arbeit geleistet wird, tief durchdrungen und darin trotz aller Unterschiedlichkeit ein Einheitsprinzip aufrechterhalten.

Genauso wie im Frühmittelalter ist es auch im Hochmittelalter oft schwierig, etwas von den klassischen Unterscheidungskriterien zwischen Organisationsformen für Arbeitsleistungen wiederzufinden oder andere ganz scharfe Unterscheidungskriterien dafür zu entdecken. Um uns eine gewisse Vorstellung von der Arbeitsorganisation in der hier behandelten Epoche bilden zu können, wollen wir zunächst einen Vergleich mit dem unmittelbar Vorausgegangenen ziehen. Die Karolingerzeit ließ kein einheitliches System erkennen. Es gab damals spätklassische Tendenzen, und daneben waren bei einem Teil der Arbeitsorganisation auch bestimmte Konstruktionen germanisch-rechtlichen Ursprungs vorhanden. Letztere waren meiner Meinung nach für die Periode des Hochmittelalters unbedeutend. In den allgemein herrschenden Hörigkeitsverhältnissen zum Erliegen gebracht, hatten sie schon längst vor Beginn der neuen wirtschaftlichen Bewegung ihre Kreativität verloren. Wir wollen zur Begründung dieses Urteils zunächst einmal die germanisch-rechtliche Gestaltung summarisch betrachten.

Die germanischen Stämme hatten ihre Gemeinschaftsverhältnisse im wesentlichen nach einem hierarchischen Prinzip geregelt. Das militärische Gefolgschaftswesen, das sich auf freie und prinzipiell gleiche Männer erstreckte, wies schon aus praktischer Notwendigkeit eine hierarchische Struktur auf. Aber die Bereitschaft zum »Folgen« und »Dienen« unter der Führung eines mächtigen Herren und durch dessen Erfolge dann selbst eine Stellung und möglichst auch Vermögen zu erwerben, hat sich in der Merowinger- und Karolingerzeit fortgesetzt und damit den Anstoß zu der feudalen Figur und dem daraus hervorgehenden lehensrechtlichen System gegeben, auf welchem eine Zeitlang die ganze Verwaltungsorganisation des Abendlandes beruhte. Der Unterschied zum römisch-rechtlichen Ehrenamt ist offenkundig: Man dient nicht direkt und also selbständig der öffentlichen Sache, sondern man dient entschieden einer bestimmten Person, in der sich die Regierungsmacht gleichsam personifiziert, und man tut es, um ihrer Gunst – alsbald um eines Einkünfte abwerfenden *beneficiums* – teilhaftig zu werden.

Danach wird dieses ritterlich gefärbte Dienstverhältnis mutatis mutandis auch auf einfache landwirtschaftliche und handwerkliche Arbeit angewandt. Der freie Mann begibt sich mit seinem ganzen Hab und Gut »in die Münze« eines Herrn, was Dienstleistung einschließt, aber ebenso Treue und Gehorsam, und für die er sich des Schutzes und des Unterhalts sicher weiß. Dieses »Treue-Dienstverhältnis«, das mit der Aufnahme in die Hausgemeinschaft und also auch in die Hausmacht des Herrn verbunden ist, soll nach Gierke die germanisch-rechtliche Urform des Lohndienstvertrags darstellen, woraus infolge einer Abschwächung der personenrechtlichen Elemente und der mehr in den Vordergrund tretenden vermögensrechtlichen Motive der Arbeitsvertrag der Neuzeit entstanden sein soll[2].

Schon früher wurde dargelegt[3], warum diese Behauptung anfechtbar erscheint. In der späteren deutschen Literatur wird sie übrigens nicht mehr anerkannt[4]. Die Entkräftung läuft darauf hinaus, daß man gegenwärtig mit Sicherheit annehmen darf, das System der Hörigkeit habe bei aller Verschiedenheit in Einzeldingen eine derart prinzipielle Gleichheit der Rechtsbedingungen geschaffen, daß mit der Zeit gar keine Freien mehr übrig blieben, die den Treudienstvertrag – ob modifiziert oder nicht – mit einem selbstgewählten Herrn hätten eingehen können. Für eine allmähliche Entwicklung fehlt in einem bestimmten Augenblick also das historische Glied.

Der Unterschied zwischen dem altgermanischen Treudienst-

[2] Otto von Gierke, *Die Wurzeln des Dienstvertrages*. In: Festschrift für Heinrich Brunner. München-Leipzig 1914.

[3] Vgl. Bd. 1, II. Die Karolingerzeit, Kapitel 7.

[4] Heinrich Mitteis, *Deutsches Privatrecht*. München-Berlin 1950, S. 136.

vertrag und dem späteren mittelalterlichen Lohndienstvertrag erscheint grundlegender, als Gierke es dargestellt hat. Es ist denn auch nicht so einfach, sich eine Entwicklungslinie vorzustellen, die von einem personenrechtlichen Vertrag mit vermögensrechtlichen Folgen zu einem vermögensrechtlichen Vertrag mit personenrechtlichen Konsequenzen führen mußte. Der Treudienstvertrag war zweifellos insofern personenrechtlich, als er den »Arbeitnehmer« in den germanischen Schutzverband der Familie miteinbezog. Was aber blieb dann von der persönlichen Freiheit des Dienstmannes übrig? Sein persönlicher Status ist der eines freien Mannes, doch der Familienverband, in den er getreten ist, stellt eine mindestens ebenso starke juristische Wirklichkeit dar wie die individuelle menschliche Persönlichkeit. Das Familienoberhaupt besitzt außer internen Autoritätsrechten auch die Vertretungsbefugnis nach außen für all jene, die in den Verband aufgenommen sind. Daß für die persönliche Freiheit des Arbeiters in dieser Form nicht garantiert werden konnte, ist nicht nur eine Hypothese, sondern ein durch den historischen Verlauf bewiesenes Faktum. Das Wesentliche des im Hochmittelalter entstehenden Lohndienstvertrags darf nicht im »Vermögensrechtlichen« gesucht werden, sondern darin, daß er das Prinzip der persönlichen Freiheit anstrebte.

Diese juristische Organisationsform, die nicht eine Reaktion aufgrund der feudalen Gebundenheit, sondern gerade gegen sie ist, entsteht zu einem Zeitpunkt, da die Geister für eine die menschliche Person respektierende Gesellschaftsstruktur reif geworden sind und als eine sich erneuernde wirtschaftliche Aktivität ihrer bedurfte. Der Lohndienstvertrag entsteht deshalb sowohl aus einer ganz anderen Vorstellungswelt als auch aus eingreifend veränderten sozialwirtschaftlichen Verhältnissen als der Treudienstvertrag; aus der Idee des Vorranges der menschlichen Persönlichkeit, die sich auch in ihren wirtschaftlichen Beziehungen nicht stärker bindet, als es mit ihren essentiellen Freiheitsrechten in Einklang zu bringen ist; aus den sozialwirtschaftlichen Verhältnissen, in denen die Dynamik von Handel, Verkehr und Gewerbe tonangebend zu werden begann. Daß das neue Lohndienstverhältnis dennoch eine persönliche Bindung und ein gewisses Autoritätsverhältnis in sich birgt, ist unbestreitbar. Eine Erklärung hierfür liegt in der unwillkürlichen Kontinuität, die trotz alledem in jedem historischen Veränderungsprozeß zu finden ist, und vielleicht noch überzeugender: in der Art der menschlichen Beziehungen im allgemeinen und dieser menschlichen Beziehung im besonderen.

War der Treudienstvertrag als arbeitsorganisierende Form auf einem niedrigen Niveau menschlicher Aktivität, also zu Beginn des Hochmittelalters, bereits verschwunden, so läßt sich nicht dasselbe vom lehnsrechtlichen Vertrag, auf dem die Verwaltungsorganisation beruhte, sagen. Güter, an die Funktionen der Verwaltung und Jurisdiktion geknüpft waren, oder sogar derartige Hoheitsfunktionen an sich, wurden noch immer in Form von Lehen gegeben. Die Ausübung solcher Funktionen hatte nie so sehr als Arbeit gegolten, und mit der Zeit wurde auch der Dienst, den ein Lehnsmann dem Lehnsherrn gelobte, nicht mehr als eine persönliche Dienstleistung aufgefaßt, die im Vordergrund zu stehen hatte und für die das *beneficium* als Belohnung verliehen wurde. Die Lehnsleute werden immer selbständiger und berufen sich auf Tradition und wohlerworbenes Recht. In der Obrigkeitssphäre von Stadt und Fürstenhof erhielt während des Hochmittelalters die Arbeitsfunktion in der besoldeten Dienstbeziehung wohl ein deutlicheres Gepräge. Aber das ist dann ebenso das Beispiel eines Arbeitsverhältnisses, welches nach dem Prinzip individueller Freiheit, nicht nach dem persönlicher Hierarchie gebildet ist.

Wir kommen nun zu dem zweiten System frühmittelalterlicher Arbeitsbeziehungen. Neben den typisch germanischrechtlichen, auf dem hierarchischen Prinzip beruhenden Formen konnten wir einige aus dem Bereich individueller Freiheit entstammende Arten unterscheiden[5]. Sie ließen sich anhand zweier Kriterien, die jeweils zwei Alternativmöglichkeiten boten, in ein sehr einfaches Schema unterbringen: Selbständigkeit oder Unselbständigkeit und spezielle Dienste oder einfache Handarbeit. Da es noch immer nicht üblich war, spezielle Dienste anders als in Selbständigkeit zu verrichten, ließen sich also drei Formen von Arbeitsverhältnissen unterscheiden, in denen die römisch-rechtliche Tradition noch einigermaßen nachwirkte: Die Leistung spezieller – in gewisser Hinsicht intellektueller – Dienste in Selbständigkeit, die selbständige Handarbeit und die handarbeitliche Betätigung als Unselbständiger. Die Unterscheidungskriterien hatten in

[5] Vgl. Bd. 1, II. Die Karolingerzeit, Kapitel 4.

dieser ziemlich egalitären Gesellschaft, auf die das Christentum einzuwirken begann, aber durchaus nicht mehr den klaren normativen Klang der Antike, so daß die Figuren auch weniger ausgeprägt hervortraten. So bewahrten die selbständigen intellektuellen Dienstverrichtungen nicht mehr den Schein der in der Antike hoch gepriesenen *operae liberales*; sie wurden nicht mehr mit *honorarium*, sondern wie andere Dienste mit Lohn vergütet.

Diese Linie setzt sich im Hochmittelalter fort. Der von den Römern so scharf betonte Unterschied zwischen *operae liberales* und *operae illiberales* existierte nicht mehr oder besser gesagt war nicht wieder aufgelebt, als der kulturelle Differenzierungsprozeß des Hochmittelalters Anlaß dafür zu bieten schien. Die religiös-ethische Einstellung führte keineswegs dazu, die »geistigen« Betätigungen des »freien Berufs« so hoch über die ehrliche Berufsarbeit im Wirtschaftsleben zu erheben. Die für jene Zeit recht charakteristische religiöse Auffassung aller Wertungen zeigte eine andere Trennungslinie zwischen der geistlichen und materiellen Ordnung als die, welche man in der Antike zu ziehen pflegte; oder besser gesagt, es gab überhaupt keine scharfe Trennungslinie, und alles Materielle konnte auch im geistlichen Sinn bewertet werden. Aber selbst der eigentlich sachlich orientierte Blick erkannte ganz klar die Beziehung zwischen allen Unterscheidungen. Der abendländische Sinn für Wirtschaft hatte schon früh wahrgenommen, daß jede Arbeit ihren Lohn wert ist und die tüchtigste oder erfolgreichste den höchsten. Das Aufblühen des Handels und der städtischen Wirtschaft hat den Kaufleuten und Gewerbetreibenden gewiß keinen Minderwertigkeitskomplex gegenüber den »clercen« eingetragen.

So sehen wir, daß sich die Arbeit eines Juristen für einen Mandanten im Mittelalter nicht wesentlich von der Arbeit eines Handwerkers unterscheidet und daß ihr eine analoge Rechtsstruktur gegeben wird. Es scheint eine Folge der Tatsache zu sein, daß die Berufsfreiheit kein Monopol mehr für die intellektuellen Berufe ist. Und doch ist es ebenso eine Folge von mangelndem Unterscheidungsvermögen, daß man den Unterschied in der Beziehung zwischen dem Berufsausübenden und dem Klienten bei den freien Berufen und im freien Wirtschaftsleben noch nicht erkannt hat. Andererseits werden einige Ausübende eines intellektuellen Berufs wie Ärzte und Apotheker oft von der Stadtverwaltung zur Niederlassung aufgefordert; sie konnten dann eine Art Anstellung erhalten, so daß sie außer zu den Bürgern auch zur Gemeinschaft selbst in ein bestimmtes Rechtsverhältnis gerieten, welches mehrere Charakteristika eines öffentlichen Dienstverhältnisses aufwies. Das selbständige Handwerk hielt sich stärker an die ursprünglich römisch-rechtliche Form: *locatio conductio operis*, frei übersetzt als Annahme von Werk. War es aber schon in der Antike üblich, diese Form so weit wie möglich anzuwenden, um auf diese Weise den Geltungsbereich von *locatio conductio operarum*, die als Sklavendienst verachtete Arbeit in Unterordnung, einzudämmen, so ging das Frühmittelalter noch einen Schritt weiter, indem es auch den unselbständigen Lohndienst als für einen freien Mann durchaus zulässig erachtete, so daß sich die Grenzen zum freien Handwerk noch mehr verwischten. Was den Unternehmervertrag in seiner reinen Form betrifft, war dieser seit dem Verfall des weströmischen Reiches eigentlich nie ganz verschwunden. Allerdings wurde von ihm in der agrarisch gefärbten Gesellschaft weniger Gebrauch gemacht. Mit dem Aufblühen des städtischen Handwerksgewerbes gewinnt er nun wieder stark an Bedeutung. Denn er ist die Rechtsform, die außerordentlich gut zu einer städtischen Wirtschaft paßt. Hier wird durch kleine, aber ganz freie Produktionseinheiten vorwiegend auf Bestellung produziert für einen – begrenzten – Kundenkreis.

Diese Darstellung ist aber nicht für jeden Gewerbezweig charakteristisch, zum Beispiel nicht für die vor allem in Flandern aufgekommene Tuchindustrie. Diese nimmt nämlich schon früh kapitalistische Züge an, da sie eine der Industrien ist, die für einen fernen Auslandsmarkt arbeiten. Die für Großhändler arbeitenden Handwerker befinden sich denn auch in einer ganz anderen sozialen Situation wie die aus dem eigentlichen Handwerk. Juristisch scheint das aber keinen Unterschied auszumachen; die Figur – die Fiktion vielleicht – des selbständigen Meisters, der für einen Prinzipal arbeitet, jedoch nicht im Dienst dieses Prinzipals steht, bleibt erhalten. Wer das nicht sogleich verstehen kann, muß bedenken, daß es noch kein dreiviertel Jahrhundert zuvor von Arbeitgeberseite als die natürlichste Sache der Welt dargestellt wurde, daß Heimarbeiter Selbständige seien, die nicht im Dienst eines Herrn standen und für die der Arbeitgeber also auch keinerlei Verantwortung zu tragen brauchte.

Der mittelalterliche Unternehmervertrag der Handwerksleute unterscheidet sich eigentlich nicht wesentlich von der römisch-rechtlichen *locatio conductio operis*. Das Rechtsverhältnis zwischen dem Besteller oder Auftraggeber einer Arbeit und dem Unternehmer oder Ausführenden ist recht einfach, und die Rechtsquellen enthalten denn auch diesbezüglich nur eine summarische Regelung. Diese Rechtsform liegt einem großen Teil der mittelalterlichen und späteren städtischen Wirtschaft zugrunde. Auf diese Weise haben sich diejenigen, die selbständige Arbeit verrichteten, im Wirtschaftsleben berufsgemäß ein großes System korporativen Rechts geschaffen, das Recht der Gilden und Zünfte, das die ganze soziale und wirtschaftliche Kondition des selbständigen Arbeiters und seines Betriebs bestimmt hat. Dieses korporative Recht hat die Struktur der städtischen Wirtschaft so stark geprägt, daß über diesem juristischen Oberbau oft das Grundverhältnis aus dem Auge verloren wird. Es ist also weniger die Gestaltung der Arbeitsbeziehung zwischen Handwerksmeister und Kunden, die in der Literatur die meiste Aufmerksamkeit erhielt. Nicht selten verschwindet diese privatrechtliche Beziehung ganz hinter dem Komplex korporativen Öffentlichkeitsrechts, der die Verhältnisse zwischen den Handwerksmeistern untereinander und den von ihnen gemeinsam zur städtischen Obrigkeit enthält.

Dieses geringe Interesse für den Unternehmervertrag ist übrigens nicht verwunderlich, denn das Verhältnis des Handwerksmeisters zum Kunden erbringt in der hier behandelten Periode kaum irgendeinen neuen Gesichtspunkt. Wohl hatte das städtische Handwerksgewerbe zu jener Zeit einen so mächtigen Aufschwung genommen, daß die Autoren es gewöhnlich für den Prototyp der mittelalterlichen Arbeits- und Betriebsorganisation hielten. Indessen darf die Aufmerksamkeit auf die Tatsache gelenkt werden, daß es vor allem die Zahl der handwerklichen Beziehungen ist, die in der sich entwickelnden städtischen Wirtschaft stark angewachsen ist. Deren soziale und juristische Gestaltung war aber schon in einer früheren Zeit vollendet, in der Antike allerdings vollkommener als später. Prinzipiell bedeutsam ist, daß im Hochmittelalter das moderne Lohndienstverhältnis entstanden ist. Viel mehr als in der handwerklichen Werkannahme liegt das Besondere dieser Epoche darin, daß nun zum ersten Mal von freiem Lohndienst als einem auf längere Zeitdauer gerichteten Organisationsverhältnis für produktive Zwecke gesprochen wird.

Unselbständiger Handarbeit begegnen wir in engem Zusammenhang mit dem selbständigen Handwerk. Die Zunftrechte kennen ja außer Meistern auch Gesellen und Lehrlinge. Die Rechtsform, unter der diese ihre Arbeit verrichten, ist die des Gesellen- und Lehrlingsvertrags. Die Zünfte haben sich mit deren Form und Inhalt beschäftigt. Und doch steht diese Rechtsform nicht ganz isoliert. Sie ist vielmehr ein Teil des Dienstverhältnisses, das auch in einer Reihe anderer Situationen – im Handel, in der Schiffahrt, dem Baugewerbe, in persönlichen und Gemeinschaftsdiensten – mittels eines freien Lohndienstvertrags zustande kommt. Diese Rechtsform tritt nun zum ersten Mal in der Geschichte der abendländischen Kultur als positiv bewertete Form auf. Sie konnte natürlich nicht im ersten Anlauf ihre größtmögliche Perfektion erreichen. Wohl kennt das Hochmittelalter schon ein Niveau des Arbeitsvertragsrechts, das vom Aspekt der Realisierung menschlicher Freiheit und menschlicher Gleichwertigkeit als respektabel gelten darf. In späteren Jahrhunderten haben sich diese Prinzipien abgeschwächt, und es scheint so, als ob das 20. Jahrhundert sie ganz neu hat entdecken müssen.

Das neue Arbeitsethos und die wirtschaftliche Aufwärtsbewegung, die im 11. Jahrhundert einsetzt, haben den modernen Lohndienstvertrag möglich gemacht. Das Arbeiten für Tagelohn war schon bei den Germanen bekannt gewesen; im Frühmittelalter gab es gleichfalls Taglöhnerarbeit von Freien und Unfreien. Was aber nun entstand, war eine Form, die es ermöglichte, daß ein Freier für bestimmte oder unbestimmte Zeit bei einem anderen in Dienst trat, ohne dabei etwas von seiner Freiheit zu verlieren. Die unselbständige Handarbeit hat damit eine gänzlich neue Dimension erhalten. Vielleicht ist die Anzahl wirtschaftlich Unselbständiger weit in der Minderheit gegenüber der der wirtschaftlich Selbständigen geblieben. Man hat aber behauptet, daß im Mittelalter mehr freie Arbeiter im Lohndienst waren, als gemeinhin angenommen wurde, und daß sie es waren, die die meisten Schlösser der Feudalität gebaut haben[6]. Natürlich haben andere das wieder bestritten. Wie dem auch sei, die Tatsache des Entstehens eines freien Lohndienstvertrags an sich darf als originellste Erscheinung in der Entwicklung der mittelalterlichen Arbeitsverhältnisse gelten. Diese Rechtsfigur hat keine innere Ver-

[6] E. Glasson, *Histoire du droit et des institutions de la France*. Paris 1896, VII, S. 632.

wandtschaft mit der römisch-rechtlichen *locatio conductio operarum*, der Sklavenmiete, wenn man auch schon früh von »Miete« von Arbeitskräften gesprochen hat wie im Stadtbuch von Zwolle von 1324, wo von »den bode die hem vermidet« berichtet wird[7]. Ebensowenig wie an der Weiterentwicklung einer römisch-rechtlichen Form ist an einen germanisch-rechtlichen Ursprung aus der Merowingerzeit zu denken. Vor allem ist – wie wir bereits gesehen haben – die von Gierke vertretene Auffassung unannehmbar, daß der freie Arbeitsvertrag seine historische Wurzel im Treudienstvertrag habe.

Fassen wir das Gesagte über die Entwicklung der nicht typisch germanischen Formen von Arbeitsverhältnissen zusammen. Wir haben gesehen, daß sie im Frühmittelalter in ein einfaches Schema gefaßt werden konnten. Diese Unterscheidungskriterien waren: selbständige oder unselbständige Arbeit und Handarbeit oder spezielle Dienste. In welchem Maße sind diese Kriterien noch während des Hochmittelalters relevant? Was den Unterschied zwischen Selbständigkeit und Unselbständigkeit angeht, so ergibt sich die paradoxe Situation, daß man sich dessen wieder deutlicher bewußt wird, während jedoch die Diskriminierung der Antike nicht wiederauflebt. Im Gegenteil, man hat gelernt, die Unterordnung so zu akzeptieren, daß sie nicht einmal mehr anstößig wirkt, wenn die Rechtsform, die dem neu Ausdruck verliehen hat, auch auf die Verrichtung intellektueller Dienste angewandt wird. Der Unterschied zwischen speziellen Diensten und einfacher Handarbeit ist übrigens durchaus nicht mehr ausreichend. Einerseits ist die prinzipielle Wertschätzung für verschiedene Arten von Arbeit möglicherweise noch allgemeiner geworden als schon im Frühmittelalter; andererseits wird die arbeitende Gesellschaft – also die bürgerliche Gesellschaft – komplizierter, so daß man mit einer solch wenig differenzierten Unterscheidung nichts mehr anfangen kann. Spezialdienste werden vielfältiger, und auch auf dem Gebiet der Handarbeit kommt es zu weiteren Spezialisierungen von Berufen, so daß eine größere Anzahl besonderer Berufsvorstellungen entsteht.

Wir wollen diesen letzten Gedanken noch kurz verfolgen: Die Entwicklung von Handwerk und Gewerbe hatte zur Folge, daß der Unterschied zwischen einfacher und spezialisierter Arbeit ziemlich illusorisch wurde. Eine schier endlose Varia-

[7] A. Telting, *Stadboeken van Zwolle; Overijsselsche Stad-, dijk- en markeregten*, I, 12. Zwolle 1897, S. 31.

tion von Tätigkeiten entwickelte sich, wodurch die einzelnen Berufe alle ihren eigenen Status, ihr eigenes Recht und eigene Organisationsform bekommen haben. Die Denkweise im Wirtschaftsleben geht weniger von vorgeprägten Prinzipien oder Vorurteilen als von konkreten Wirklichkeiten aus. So ist es denn auch für das Hochmittelalter nicht möglich – was wir für die Antike und selbst noch, wenn auch weniger überzeugend, für das Frühmittelalter versuchen konnten –, die Organisationsformen von Arbeit in einem mehr oder minder logisch entwickelten Schema wiederzugeben. Vielmehr müßte man die Situation für besondere Berufszweige neben denen des Handwerks beschreiben. In Betracht kommen hierfür zum Beispiel: der Handel, die Schiffahrt, die Fischerei, das Baugewerbe, die Textilindustrie, die Landwirtschaft, der Bergbau. Im Folgenden wird das zwar nicht umfassend geschehen, aber im Zusammenhang mit der Behandlung von Lohndienstverhältnissen wird doch wiederholt die spezifische Situation verschiedener Berufszweige zur Sprache kommen.

Dazu kommen dann noch die intellektuellen Dienste und andere Dienste, die dem Allgemeinwohl dienen und deshalb auch als »öffentliche Dienste« bezeichnet werden. Ihnen ist ein eigenes Kapitel vorbehalten. Die sogenannten öffentlichen Dienste – das sei bereits hier vermerkt – sind wohl zu unterscheiden vom Obrigkeitsdienst, der mit dem privaten Lohndienst eng verwandt ist und in dieser Zeit auch die neue Figur des Mietsoldaten entstehen ließ. Auf dem Sektor der untergeordneten Arbeit ist es überdies empfehlenswert, die häuslichen und persönlichen Dienstleistungs- vom produktiven Lohndienstverhältnis zu unterscheiden, obwohl das in der Landwirtschaft, soweit es sich um das mitbewohnende Personal handelt, natürlich wieder nicht gut möglich ist. Im Zusammenhang mit diesem letzteren erscheint es wünschenswert, sich die ganz eigene Situation des Lohndienstverhältnisses in der Landwirtschaft immer vor Augen zu halten.

Mit den soeben getroffenen Feststellungen sind wir wieder bei der unselbständigen Arbeit gelandet, die im Hochmittelalter ebenso wie in jeder anderen Zeit auch sinnvoll von der selbständigen Arbeit abgegrenzt werden kann. Wie bereits gesagt, mußte die Unterscheidung zwischen diesen Rechtskonstruktionen aber nicht zu einer Diskriminierung in Bewertung, Interesse und Wirkung führen. Das Verdienst dieser Epoche besteht gerade darin, auch für die unselbständige

Lohnarbeit ein vollwertiges Arbeitsrecht geschaffen zu haben. Klingt das nicht etwas merkwürdig oder sogar fast unglaubwürdig, wenn man bedenkt, daß die neue Ordnung des Arbeitsgefüges während des Hochmittelalters seine Gestalt von einer von Freiheit inspirierten und gegen die feudalen Gebundenheiten reagierenden wirtschaftlichen Bewegung erhalten hat? Wie verträgt sich der wiedererwachende Freiheitsgedanke mit Unterordnung in Lohndienst? Die Lösung dieses Rätsels muß dahingehend gesucht werden, daß außer der Freiheit auch die Idee menschlicher Gleichheit, jedenfalls im arbeitenden Teil der Gesellschaft, stark zu wirken begann. Freiheit und Selbständigkeit sind nur absolute Werte, die sich gegen den Unwert von Unfreiheit und Unselbständigkeit abzeichnen, wenn eine privilegierte Klasse diese Werte genießt. Geht man davon aus, daß alle Menschen im Prinzip gleichwertig sind, dann impliziert das, daß ein gewisses Maß von Freiheit für alle anzustreben ist, also auch für jene, die in ihrer Arbeit unselbständig und anderen untergeordnet sind. Mit anderen Worten, Selbständigkeit in den Arbeitsbeziehungen ist nicht mehr, wie es die Menschen der Antike sahen, die notwendige Widerspiegelung des Status des freien Menschen.

Die großen Errungenschaften des mittelalterlichen Humanismus, die Anerkennung der persönlichen Freiheit und der menschlichen Gleichheit, haben also im Arbeits- und Berufsleben Widerhall gefunden. Wie viele Vorbehalte man auch mit Jaccard gegenüber der Idee haben kann, daß die Kirche eine Art offizielle Theologie der Arbeit vertreten habe[8], in der Praxis haben die Auffassungen eine Bereicherung erfahren. Neben der Freiheit im selbständigen Beruf oder Betrieb gibt es nun auch die Freiheit für denjenigen, der im Dienstverband arbeitet. Daß der freie Lohndienstvertrag faktisch entstehen konnte, als man geistig darauf vorbereitet war, ist außer einer ideologischen Entwicklung natürlich dem Eintreten der geeigneten faktischen Umstände zuzuschreiben. Anpassung von Prinzipien an Wirklichkeiten bringt immer eine Relativierung mit sich. Man kann es denn auch kaum aufrechterhalten, die Idee der menschlichen Gleichheit sei in den realen Arbeitsverhältnissen integriert und verwirklicht worden. Wenn diese Relativierung in ein Stadium tritt, in welchem daran gezweifelt werden kann, ob von dem ursprünglichen Arbeitsethos wohl

[8] Pierre Jaccard, *Histoire sociale du travail de l'antiquité à nos jours*. Paris 1960, S. 145, 152.

noch genügend formende Kraft ausgeht, dann hat sich das Ende des Mittelalters angekündigt. Während der Periode der Hochblüte hat sich die formende Kraft überzeugend demonstriert, besonders durch Entstehung eines vollwertigen freien Arbeitsvertrags. Diese Schöpfung ist vom arbeitssoziologischen und arbeitsrechtlichen Aspekt so typisch für diese Periode, daß sie in den folgenden Betrachtungen mehr als die übliche Aufmerksamkeit verdient.

5. Das Entstehen des freien Lohndienstvertrags

Daß der freie Arbeitsvertrag, durch welchen das Lohndienstverhältnis zustande kommt, im 11. Jahrhundert entstanden sein soll und daß er seinen Ursprung im Handel und der städtischen Wirtschaft findet, sind zwei Behauptungen, die schwerlich mit Hilfe der momentan verfügbaren Daten überzeugend zu belegen wären. Es sind eigentlich nicht mehr als Hypothesen, gestützt auf ziemlich allgemeine Faktizitäten, die uns über den historischen Ablauf des wirtschaftlichen Wiederauflebens in der abendländischen Gesellschaft bekannt sind. Oder darf man von einem indirekten Beweis sprechen? Die Geschichte hätte sich so nicht abspielen können, wenn es etwa zu Beginn des wirtschaftlichen Wiederauflebens keinen freien Arbeitsvertrag gegeben hätte. Es wäre indes wünschenswert, wenn die Historiker spezifischere Angaben darüber zusammentragen könnten. Gemeint sind natürlich nicht schriftliche Verträge, denn man kann nicht erwarten, diese aus der ersten Periode vorzufinden. Auch kein geschriebenes zwingendes oder regelndes Recht, da dieses erst entstanden sein wird, nachdem das Gewohnheitsrecht eine gewisse Entwicklung durchgemacht hat. Was aber dann? Wir müssen zugeben, daß es natürlich nicht so einfach ist, aufgrund mehr oder minder zufälliger Materialien in historischen Quellen eine systematische Untersuchung anzustellen. Dazu kommt, daß die überwiegend legalistisch orientierte Rechtswissenschaft dem Gewohnheitsrecht kaum großes Interesse entgegenzubringen wußte. Man hat vorwiegend den geschriebenen Rechtsregelungen Aufmerksamkeit geschenkt, die natürlich später entstanden sind als die Rechtsverhältnisse selbst.

Aber auch die Historiker haben die Frage nach der Entstehungszeit des freien Lohndienstvertrags nicht sehr eindringlich in den Vordergrund gestellt. Über die Arbeitsverhältnisse in der Landwirtschaft bemerkt Boissonnade zwar, daß die Klasse der landwirtschaftlichen Tagelöhner in Italien im 12. Jahrhundert aufkommt und sich im ganzen Abendland ausbreitet, je näher das 14. Jahrhundert rückt. Auch die Knechte und Mägde – gleichfalls Freie –, die sich für einen Monat oder ein Jahr verdingen, erscheinen nun. In der Normandie – so noch immer der zitierte Autor – war es wohl üblich, daß man sich für neun Jahre verdingte; der Besitzer des Bauernbetriebs übte dann eine starke Autorität als absoluter Herr aus, jedoch ohne Verlust der persönlichen Freiheit[1].

In Handel, Schiffahrt, Handwerk und Industrie wird die Existenz einer Klasse freier Hilfsarbeiter gleichsam von Anfang an vorausgesetzt, ohne daß darüber spezielle Daten vorhanden sind.

In der Regel begnügt man sich mit der einfachen Erwähnung, daß ein Teil der anwachsenden Bevölkerung seit dem 11. Jahrhundert beweglich wurde, weil die Landwirtschaft den Bevölkerungsüberschuß nicht mehr ganz zu schlucken vermochte. Die entbehrlich gewordenen Menschen sind nicht alle auf die Straße gegangen als Abenteurer oder – was so ziemlich aufs gleiche hinausläuft – als Kaufleute, sondern sie suchten auch in einer näheren Umgebung Beschäftigung. So werden sie ihre Dienste als freie Arbeiter in der Stadt angeboten haben, an Verkehrsknotenpunkten, in den Häfen oder eben dort, wo Bedarf herrschte. Wir dürfen also annehmen, daß die Zahl der Taglöhner wuchs. Daraus lassen sich aber an sich noch keine Rückschlüsse auf die Entwicklung des modernen Lohndienstvertrages ziehen. Der Taglöhnervertrag war nichts Neues, er hatte schon seit jeher in der Landwirtschaft bestanden und war dort ein fester, wenn auch im Umfang beschränkter Tatbestand der statischen Wirtschaftsstruktur. In der Situation des landwirtschaftlichen Taglöhners verändert sich nicht so viel – abgesehen von der möglichen Verteuerung seiner Dienste infolge des relativen Angebotsmangels –, als er die Chance bekommt, vom Land fortzuziehen in die Stadt und dort fortan seine zeitweilige Gelegenheitsarbeit zu leisten.

[1] P. Boissonnade, *Le travail dans l'Europe chrétienne au Moyen Age*, v^{e}–xve *siècle*. Paris 1921, S. 318–319.

Selbst in fränkischer Zeit waren schon Mietlinge und Taglöhner bekannt. Auf sie traf aber nicht die *commendatio* des Gefolgsmannes zu, jene Form, aus der nach Gierke der spätere Arbeitsvertrag entstanden sein soll[2]; sie fielen unter das germanische Recht der *servi*[3]. Diese Formen verschwanden mit der Zeit ebenso. Dennoch können wir uns vorstellen, daß es in zwei Fällen auch weiterhin Tagelöhner gab. In erster Linie zur Verrichtung sehr kurzfristiger Dienste; diejenigen, die das taten, werden im allgemeinen mit anderen selbständigen Handwerkern auf eine Stufe gestellt worden sein. Darüber hinaus blieben oder kamen auch ziehende Taglöhner, die während der Heu- oder Erntezeit, in der Regel gruppenweise, als Hilfskräfte in den Landwirtschaftsbetrieben eingesetzt wurden. Was den ersteren angeht, so führte er einen eigenen Haushalt, hatte manchmal einen eigenen kleinen Bauernhof und konnte darauf bereits einen gewissen unabhängigen Status gründen. Seine Position läßt sich in etwa mit dem unserer gegenwärtigen Aufwartefrau auf Stundenlohnbasis vergleichen, die ein paar »Stellen« an der Hand hat; juristisch schließt sie Arbeitsverträge, aber niemand wird behaupten, daß damit nun der Prototyp des modernen Arbeitsvertrags gegeben sei. Die Quasi-Selbständigkeit des früheren Taglöhners war zweifellos noch besser durch die Tatsache fundiert, daß er nur gelegentlich Hilfe leistete, beziehungsweise ein ausgedehntes Klientel bediente und also nicht von diesem oder jenem Arbeitgeber abhängig war.

Die Taglöhnerarbeit in diesem Sinne hat übrigens auch in noch früherer Zeit nie das ganz klare Bild eines Unterordnungsverhältnisses aufgewiesen. In der römischen Epoche hatte man sich diesbezüglich gern in die Kasuistik geflüchtet; vielfach neigte man dazu, solche Arbeit, die für mehr als einen Arbeitgeber und in nicht dauerhafter Verbindung geleistet wurde, wenn irgend möglich, als *locatio conductio operis*, als selbständige Arbeit also, wenn auch auf unterster Stufe, zu behandeln. So hat man auch im Mittelalter den Taglöhner, der einen eigenen Haushalt führte und nicht auf ein und denselben Arbeitgeber angewiesen war, in der Regel als eine Art Selbständigen be-

[2] Otto von Gierke, *Deutsches Privatrecht*, III. München-Leipzig 1917, S. 593–594. Ausführlicher in: *Die Wurzeln des Dienstvertrages*. In: Festschrift für Heinrich Brunner. Leipzig-München 1914, S. 37ff.

[3] Eberhard Schmieder, *Geschichte des Arbeitsrechts im deutschen Mittelalter*, I. Leipzig 1939, S. 21.

trachtet. Zwischen seinem Arbeitsverhältnis mit dem Arbeitgeber und dem des kleinen Handwerkers mit seinem Prinzipal ließ sich kein oder kaum irgendein Unterschied feststellen.

Verbleiben die wandernden und in Gruppen operierenden Hilfskräfte in der Landwirtschaft. Auch sie kann man Taglöhner nennen, und zwar Taglöhner eines Typs, der vielleicht eher der Vorstellung des modernen Lohndienstvertrags entspricht. Und doch haben wir es auch hier nicht mit dem Prototyp dieses neuen Rechtsverhältnisses zu tun, vielmehr mit einer Randerscheinung. Der Besitzer des Landwirtschaftsbetriebs betrachtete diese Taglöhner eigentlich nicht als zu seinem Personal gehörig. Er hatte sie über einen mitarbeitenden oder nicht mitarbeitenden Vorarbeiter bezogen, der ihm mit dieser Transaktion eigentlich eher eine Menge Arbeit abnahm, als daß er den Arbeiterbestand des Betriebs temporär vergrößert hätte. Auch hier ließe sich also an Übernahme eines Werks, und zwar an kollektive Übernahme denken.

Aber, so wird man vielleicht fragen, handelt es sich hier nicht doch um einen einfachen Arbeitsvertrag, weil der Taglöhner im Dienst des Vorarbeiters steht? Wir berühren damit einen Punkt, der noch heute Anlaß zu zahlreichen Schwierigkeiten gibt. Der Vorarbeiter hat nämlich immer geleugnet und leugnet es noch heute, daß die gelieferten Arbeiter mit ihm einen Arbeitsvertrag geschlossen haben. Aus rechtlichen Überlegungen kann es gegenwärtig empfehlenswert sein, dieses Leugnen anzufechten. Damit ist aber die Tatsache nicht aus der Welt geschafft, daß die Beziehung des Landarbeiters zum Vorarbeiter sich offensichtlich nie zu einem vollwertigen Lohndienstverhältnis ausgewachsen hat.

Wir haben versucht, klarzumachen, daß der freie Tagelohn in der Landwirtschaft nicht – genausowenig wie der Treudienstvertrag – als Anfangsphase des späteren Lohndienstverhältnisses zu gelten hat. Es ist übrigens nicht einmal eine so spektakuläre Erscheinung. Gebundenheit, selbst lebenslänglich, war in der Landwirtschaft viel gebräuchlicher, während gerade bei städtischen Unternehmen die Heranziehung von Vertragsarbeit eher die Regel war[4].

Das ergibt dann freiwillige Bindungen von einer gewissen Dauerhaftigkeit, eine Organisationsform, die auch Unter-

[4] A. Zycha, *Über die Anfänge der kapitalistischen Ständebildung in Deutschland.* In: Vierteljahresschrift f. Sozial- und Wirtschaftsgeschichte, 31. Band. Stuttgart 1938, S. 131.

ordnung kennt und die darauf angelegt ist, weiterzubestehen, die aber nichtsdestoweniger – auf Grund einer prinzipiellen Gleichwertigkeit von Arbeitgeber und Arbeitnehmer – durch beide Parteien jederzeit gekündigt werden kann. Das Wesentliche dieser Form von Zusammenarbeit liegt im Wirtschaftlichen. Nicht nur in dem Sinn, daß die beiden Parteien durch wirtschaftliche Motive persönlicher Art bewogen werden, eine Zusammenarbeit einzugehen. Auch bei einer personenrechtlichen Verbindung, wie sie die alte *commendatio* zeigte, spielen subjektive wirtschaftliche Motive mit. Zum Entstehen des Lohndienstes als jedenfalls »nicht-kurzfristiges«[5] und doch freies Organisationsverhältnis gehört aber notwendigerweise, daß das Ziel der Verbindung selbst ein objektiviertes wirtschaftliches Ziel ist. Dieses wirtschaftliche Moment stellt seine sozialrechtlichen Forderungen. Übersieht man das, dann kann man zum Beispiel die Weber- und Walkeraufstände gegen die Tuchhändler, die Gesellenkrawalle gegen die Meister im Spätmittelalter und der neueren Zeit, die Streiks in der modernen Zeit nur als Wunsch- und Machtgegensätze in einer Gesellschaft verstehen, die sich im Zustand der Auflösung befindet, und nicht als die Geburtswehen einer neuen sozialrechtlichen Struktur, in der die Partner sich ihren Platz noch erobern müssen.

Das Neue, das in einem gegebenen Augenblick zum Durchbruch gelangt, ist also, daß die Arbeitsverhältnisse nicht auf die Aufrechterhaltung der sozialen Einheit der Familie oder des Geschlechts, sondern auf die einer gesellschaftlichen Strukturform gerichtet sind, die dem wirtschaftlichen Wohlfahrtsstreben Ausdruck gibt. Die Taglöhner waren noch immer zusätzliche Hilfskräfte von zeitlich begrenzter Dauer gewesen, sei es für die Bedürfnisse des Haushalts, sei es für die produktiven Aktivitäten des Familienbetriebs. Die neue, auf Produktion und Ertrag gerichtete Form menschlicher Zusammenarbeit setzt aber einen dauerhafteren Typ von Arbeitsbeziehung voraus als jene, die der Taglöhner einzugehen pflegte, während die Motivierung der Zusammenarbeit von seiten dessen, der seine Arbeit zur Verfügung stellt, doch zu einer viel größeren Freiheit tendiert, als ihm durch den Eintritt in den Familienverband des Arbeitgebers garantiert werden kann. Sieht man die Dinge in diesem Licht, dann wird klar, daß der

[5] P. S. Gerbrandy, *Eenige opmerkingen over de verhouding van handelsrecht en arbeidsrecht.* Amsterdam 1930, S. 16.

älteste völlig entwickelte Typ des Lohndienstvertrages nicht der »Gesindevertrag« gewesen sein kann, wie Gierke meinte[6], und gleichzeitig auch, daß die später in Reaktion auf diese Behauptung angenommene enge Verbindung des Lohndienstverhältnisses mit dem viel älteren Taglöhnervertrag[7] kaum akzeptabel ist.

Der »Gesindevertrag«, also der Arbeitsvertrag des in den Haushalt tretenden Personals, hat zwar natürlich den Einfluß der Entwicklung des produktiv orientierten Arbeitsvertrags erlebt, obgleich in ihm die alte Herrenautorität noch eine wichtige Funktion ausübt. Daneben ist auch der handwerkliche Gesellenvertrag eine Form, die Züge der personenrechtlichen Familienbeziehung überall da bewahrt, wo die Vereinbarung von der Aufnahme in den Familienverband begleitet war; zum Beispiel also nicht im Bauhandwerk. Andererseits hat die Entstehung des freien Lohndienstes als produktives Organisationsverhältnis schließlich auch die Stellung des Taglöhners als kleinen Selbständigen angegriffen und ihn mit zum unselbständigen Arbeitsvertragschließenden gemacht, so daß wir später kaum mehr verstehen können, daß es eine Zeit gegeben hat, in der diese Konzeption auf den Taglöhner eigentlich nicht anwendbar war. Gelegenheitsarbeiter, die ihre Arbeitskraft jedermann frei zur Verfügung stellen, haben natürlich auch ihren Platz in der städtischen Wirtschaft gehabt. Schauerleute, Träger, Lader und Löscher, Erdarbeiter, kurz gesagt Arbeiter, »die um Geld zu arbeiten pflegen« – wie eine Verordnung der Stadt Brielle sie bezeichnet[8] –, werden eine alltägliche Erscheinung in den später entstandenen Verordnungsbüchern, aber waren sie nicht schon zu Beginn ebenso unentbehrlich? Sie konnten von jedem gemietet werden, zum Beispiel zum »draegen ofte wercken van turff, hout, coorn, saedt ende anders«[9]. Auch Frauen haben als Taglöhner gearbeitet; vielleicht war dies so früh auch schon im Textilgewerbe der Fall und hat das der Chronist gemeint, der nach Halpérin berichtet, daß man 1094 zu seiner Mutter gesagt habe: »Geh in die Stadt und sieh zu, daß du dir deinen Unterhalt mit dem Spinnen, Weben oder Färben von Wolle verdienst.«[10]

[6] Gierke, *Wurzeln*, S. 47.

[7] Zycha, S. 110ff.

[8] H. de Jager, *De middeleeuwsche keuren der stad Brielle; Oude Vaderlandsche rechtsbronnen.* 's-Hage 1901, S. 55.

[9] de Jager, S. 308.

[10] Jean Halpérin, *Les transformations économiques aux* XIIe *et* XIIIe *siècles*. In: Revue

Wenn auch die Position des Taglöhners von jeher nicht per se Unfreiheit hinsichtlich des Arbeitgebers einschloß, vor allem nicht, wo er sich leicht an mehrere Arbeitgeber halten konnte, so war sie doch mehr oder minder eine solche der sozialen Abhängigkeit im Sinne von Milieuabhängigkeit gewesen. Löst sich der Arbeiter aus seinem ursprünglichen Milieu und sucht er sein Glück anderswo, dann wird er zunächst die Freiheit des Emigranten gekostet haben, aber es ist fraglich, ob es ihm gelingen wird, auf der gesellschaftlichen Leiter aufzusteigen. Es bedeutet für ihn ein »changement de décor«, möglicherweise auch eine Chance auf Vermögen. Solange er aber Taglöhner bleibt, ist ihm auch im neuen sozialen Milieu die Rolle des »underdog« zugewiesen. Mit den anderen kleinen Selbständigen hat er gemein, daß er auf sich selbst angewiesen ist, was seine soziale Stellung betrifft. Seine Rechtsverhältnisse können schwerlich von oben geregelt werden. Zwar kann sein Lohn der Reglementierung unterworfen sein, aber niemand ist daran interessiert, solche Festsetzungen zugunsten des Arbeiters vorzunehmen. Die Stadt hat manchmal Bedarf, seine Dienste anzufordern, genauso wie die feudalen Autoritäten das auf dem Land machten. Eine Vorschrift, daß jeder Arbeiter gehalten ist, »jeglicher mindestens einen Spaten oder eine Schaufel zu haben«[11], ist hierbei nicht ungewöhnlich.

Der »selbständige« Taglöhner ist also wohl frei, dorthin zu gehen, wohin er will, dennoch bleibt seine soziale Abhängigkeit bestehen. Seine Existenz spielt sich auf einem zu niederen Niveau ab, als daß er eine gleichwertige Stellung wie jene einnehmen konnte, die seine Dienste benützten. Er bleibt der Proletarier, wie Briefs[12] diesen viel späteren Begriff umschrieben hat: Der Lohnarbeiter, der zu seiner Existenz auf die ständige Veräußerung seiner Arbeitskraft angewiesen ist. Der Taglöhner leitet aus seinem Arbeitsverhältnis, in das er tritt, keine Existenzsicherheit und keine Rechtsposition ab. In dieser Hinsicht kann ein Lohndienstverhältnis erst erwachsen, wenn es zu einem mehr oder minder festen Organisationsverhältnis wird. In den früheren Hörigkeitsverhältnissen war dieses Element deutlich vorhanden gewesen. Sie hatten dem Arbeiter zwar Sicherheit geboten, andererseits war aber seine Freiheit

d'histoire écon. et soc., XXVIII. Paris 1950, S. 146. Der ursprüngliche Text lautet: »Vade ergo per urbem et victum tuum quere nendo, texendo, lanam pectendo.«

[11] DE JAGER, S. 281.

[12] GOETZ BRIEFS, *Das gewerbliche Proletariat*. Tübingen 1926.

verlorengegangen oder jedenfalls nicht zur Anwendung gekommen. Der städtischen Kultur des Hochmittelalters bleibt es vorbehalten, die persönliche Freiheit mit organisatorischer Bindung zu vereinen. Damit ist aber eine ganz andere Organisationsform entstanden, als sie der Taglöhnervertrag erkennen ließ. Im Gegensatz dazu ist das Lohndienstverhältnis im modernen Sinne auf eine längere Zeitdauer angelegt, was eine gewisse Gebundenheit einschließt. Andererseits unterscheidet es sich vom Treudienstvertrag durch das große Maß an Freiheit, mit dem das Verhältnis eingegangen oder gelöst werden kann. Auf dem Dualismus oder, wenn man will, der Synthese zwischen Freiheit und Gebundenheit basiert eine Strukturform, die sowohl dem Arbeitnehmer im Lohndienst als auch dem Arbeitgeber eine klare Rechtsposition verschafft.

Wenn sich also auch der Lohndienst als dauerhaftes Organisationsverhältnis besonders für produktive Zwecke nicht aus der Taglöhnerbeziehung entwickelt hat, so ist es doch sehr gut möglich, ja wahrscheinlich, daß ein Teil des in die Stadt ziehenden freien Taglöhnerproletariats das Menschenmaterial geliefert hat, das bei der auflebenden Unternehmeraktivität notwendig war, um die mehr oder minder festen Stellen von Arbeitern im Lohndienst besetzen zu können. In diesem Sinn hat Pirenne bei seiner Darstellung der mühsamen Jagd des Kaufmanns nach Vermögen am Rande und ohne ihm weiter besondere Aufmerksamkeit zu schenken, das entstehende Lohndienstverhältnis erwähnt: »Man hatte eine erfolgreiche Kauffahrt gemacht, einen muselmanischen Hafen geplündert oder ein wohlbeladenes gutes Schiff erbeutet. So konnte man daheim wieder ein paar arme Schlucker in Dienst nehmen und von vorn beginnen oder irgendwo billig Korn einlagern und das in Gebieten, in denen Hungersnot herrschte, sehr teuer verkaufen.«[13]

Es gibt, wie mir scheint, gute Gründe anzunehmen, daß die Einstellung von Personal in den Handelsbetrieben zu den ersten Arbeitsverträgen neuen Stils geführt haben wird. Hierbei handelt es sich nicht nur um Begleiter von Handelskarawanen, Träger und Lagerhausknechte, sondern auch um Handelsangestellte verschiedener Art: den *clericus* oder *scholaris* für die Kontorarbeit, den *Faktor* für die Vertretung[14].

[13] Henri Pirenne, *Histoire de l'Europe des invasions au* XVIe *siècle*. Paris ^{7}1936, S. 154.
[14] Zycha, S. 220.

Nicht immer handelt es sich dabei um Mietkräfte. Der Händler hat auch Familienmitglieder eingeschaltet und »eigene Leute« – seine *homines* – verwendet. Hat er seinen festen Wohnsitz in der Stadt, dann steigt die Zahl der unter Vertrag genommenen wahrscheinlich. Aber nach Zycha ist ihr Ansehen nicht groß, und – aber das erscheint etwas verallgemeinernd – sie werden alle mit demselben Namen wie die unfreien Knechte, nämlich als *servi*, *pueri* oder *famuli* bezeichnet[15]. Genauso alt werden die Verträge mit Schiffspersonal gewesen sein. Die Frage erhebt sich, ob dem Lohndienst in Handel und Schiffahrt nicht – ebenso wie es im Bergbau, der Salzsiederei und der Glashütte klar der Fall ist – eine kooperativere Form der Zusammenarbeit vorangegangen ist[16]. Diesem Phänomen begegnet man wesentlich früher bereits in der Fischerei. Auch das Baugewerbe hat zum Teil das genossenschaftliche Auftreten von Gruppen gekannt. Eine eigene Form des Lohndienstvertrags hat das Handwerksgewerbe entwickelt. Wenn bestimmte Industriezweige wie die Textilindustrie ein Anwachsen des Unternehmerwesens in kapitalistischem Sinne erkennen lassen, dann verändert sich damit natürlich die Position des Lohnarbeiters. Darüber hinaus gibt es noch die Arbeiter bei Verkehrs- und Transportbetrieben, die Angestellten im Obrigkeitsdienst und schließlich – noch immer einen Sonderplatz einnehmend – das Hauspersonal und die Knechte und Mägde in der Landwirtschaft.

Man kann die Entstehungszeit all dieser verschiedenen Formen von freien Lohndienstverhältnissen schwerlich auf einen genauen Nenner bringen. Das ist schon deshalb unmöglich, weil die schriftlichen Quellen, die auf die Existenz dieser Lohndienstverhältnisse weisen, ziemlich spät datiert sind. So haben wir für die Niederlande Zeugnisse des 13. Jahrhunderts, die bereits für die Existenz von mehreren Typen des freien Arbeitsvertrages sprechen. Diese Bemerkung soll die Aufmerksamkeit auf den Umstand lenken, daß die Niederlande die Institution bereits viel früher gekannt haben müssen. In diese Richtung weist namentlich die Entwicklung der Städte, besonders in den südlichen Niederlanden während der vorangegangenen Jahrhunderte. Aber hinsichtlich klarer Fakten scheint man sich vorerst noch mit dem 13. Jahrhundert begnügen zu müssen. In einer doch relativ so späten Zeit ist es

[15] ZYCHA, S. 136–137.
[16] ZYCHA, S. 235, 131.

vielleicht nicht mehr recht sinnvoll, zwischen den Diensten von Personal in Handel und Gewerbe und denen von Haushaltspersonal zu unterscheiden. Auch letztere werden sich zum großen Teil inzwischen schon aus den früheren Hörigkeitsverhältnissen gelöst haben. Doch läßt sich nicht immer mit Sicherheit sagen, wann das Personal, das bei weltlichen und geistlichen Herren persönliche und Haushaltsdienste leistet, seine persönliche Freiheit erhalten hat. Vermutlich darf angenommen werden, daß es freie – wenn auch vielleicht auf lange Sicht angelegte – Dienstverträge sind, die Floris Prims vor dem 13. Jahrhundert in Antwerpen gefunden hat: Ein Testament aus dem Jahr 1275, in dem der Satz steht: »Auf das nächste Haus, in welchem einwohnt die Magd (marta = maarte) von Herrn Egid Wilmaer, Kanonikus«[17]; weiter ein Friedhofbrief eines Krankenhauses aus dem Jahr 1238, in dem neben Brüdern und Schwestern, Pensionären und Kranken, auch Knechte und Mägde erwähnt werden[18].

Wichtig im Hinblick auf den freien Lohndienstvertrag im Handel ist die Urkunde vom Ende des 13. Jahrhunderts, die der gleiche Autor erwähnt, in welcher unter anderem Bestimmungen über Personal vorkommen. Es handelt sich hier um eine Charta vom Juli 1296, die im Französischen erhalten geblieben ist, die 1305 neuerlich erlassen wurde – und dieses Exemplar ist im lateinischen Text erhalten –, wobei der Brabanter Herzog Jan II. den englischen Händlern zu Antwerpen gewisse Freiheiten garantierte, natürlich mit der Absicht, den englischen Handel anzuziehen. Über Dienstpersonal wird darin Folgendes bestimmt:

»19. Der Bote oder Bediente genannter Kaufleute kann nie bei Würfelspiel, im Kampf oder durch Verbrechen irgendein Gut seines Herrn verwirken, sondern ist nur mit eigenem Leib und Besitz gehalten.

20. Der Bote oder Bediente von Kaufleuten, der sich über seinen Herrn beklagen sollte, wird nicht angehört werden, es sei denn die Klage ginge über mehr als 40 sch.

21. Der Kaufmann, der seinen Boten oder Bedienten bei unseren Richtern wegen irgendeines Verbrechens verklagt, wird sofort Gehör und Hilfe finden, und man wird dem einfachen Wort des Kaufmannes Glauben schenken. Auch wenn der Kaufmann seinen Knecht oder seine Magd wegen irgendeines

[17] Floris Prims, *Geschiedenis van Antwerpen.* I, Brüssel 1927, S. 161.

[18] Prims, II (1929), S. 173.

Verbrechens ohne äußerlich sichtbare Verletzung schlägt, wird sich unser Richter heraus halten und dem Kaufmann keine Schwierigkeiten machen.«[19]

Wir begegnen hier also einigen Bestimmungen, von denen doch wohl nicht anzunehmen ist, daß sie speziell zugunsten der englischen Kaufleute erfunden wurden. Vielmehr liegt es auf der Hand, daß normal bestehendes Recht durch Wohlwollen auf diese Fremden ausgedehnt wurde. Auffällig ist, daß es sich hier vorwiegend um Richtlinien des Prozeßrechts handelt, die in bestimmten Modifizierungen bis zum 19. Jahrhundert eine Rolle spielten. Sie machen nicht den Eindruck, daß es ihnen sehr ernst um die Rechtsgleichheit von Herrn und Knecht wäre. Daraus ließe sich vielleicht schließen, daß man noch mit einem Bein in den Hörigkeitsverhältnissen steckt. Dieser Schluß ist allerdings nicht zwingend. Die Ungleichheit könnte gerade auch darauf hinweisen, daß wir es hier mit einer ziemlich weit fortgeschrittenen Rechtsentwicklung zu tun haben. Früheres Recht garantiert die Position des freien Lohnarbeiters in der Regel besser als späteres Recht, das unter den Einfluß einer kapitalistischen Entwicklung geraten ist. Wie dem auch sei, die Regelung als solche weist wohl auf eine frühere Vergangenheit; Formulierung von Prozeßregeln setzt schließlich ein sich aus der Praxis der Prozeßführung ergebendes Bedürfnis voraus, und die Tatsache, daß Prozesse geführt wurden, weist auf das Bestehen freier Dienstverhältnisse hin.

Überall wo die Handelsbewegung von Bedeutung war, hat der Kaufmannsstand alle Chancen ergriffen, um die Rechtsverhältnisse zu beeinflussen und die Macht von Feudalismus und Hörigkeit zu brechen. In Venedig geschah das schon seit 976, und im 11. Jahrhundert folgen viele andere italienische und auch zahlreiche französische Städte nach[20]. Die Annahme liegt also nahe, daß die Kaufleute seit dem 12. Jahrhundert in einem großen Teil Westeuropas Einfluß auf die Rechtsverhältnisse hinsichtlich der dienstbaren Arbeit genommen haben. Wie hat man sich nun den Vertrag vorzustellen, den der Kaufmann mit dem Personal schließt, das er in seinen Dienst nimmt? Solange der bürgerlich-aristokratische Geist, der die städtische Gemeinschaft später in neue wohl unterschiedliche Klassen einteilen wird, noch nicht die Oberhand gewonnen hat, wird das Verhältnis zum Personal gewiß ziemlich sachlich auf-

[19] Prims, II, S. 95ff.
[20] Boissonnade, S. 239ff.

gefaßt worden sein. Das stimmt mit den sachlichen Zielsetzungen überein, mit der neuen wirtschaftlichen Mentalität, die die Kaufleute beherrschte. Mit semifeudalen Verhältnissen konnte der Kaufmann nicht arbeiten. Die Struktur der Betriebsamkeit reagierte dagegen ebenso, wie es die neuen öffentlichrechtlichen städtischen Institutionen taten. Und was den alten Treudienstvertrag aus fränkischer Zeit betrifft, so wird dieser bereits seit Jahrhunderten als Antiquität bewahrt worden sein.

Der vermögensrechtliche Dienstvertrag muß also als eine Neuschöpfung gelten, als eine Rechtsform, die dem neuen wirtschaftlichen Bedürfnis und seiner Mentalität entsprach. Und da diese nicht auf die Bildung einer starken persönlichen familienrechtlichen Verbindung bleibender Art zielten, die die Totalität der persönlichen Belange der Betroffenen umfaßte, sondern auf das Zustandekommen einer zwar noch persönlichen Beziehung, aber doch einer solchen, die je nach den Umständen geändert oder gelöst werden konnte und den Erwerb eines sachlichen Gutes im Auge hatte, wurde die Struktur des Dienstvertrags – jedenfalls nach unseren heutigen Begriffen – vermögensrechtlich-vertragsrechtlich. Daß in diesem Dienstvertrag dennoch personenrechtliche Elemente dank der Kraft der Tradition bewahrt blieben, ist weiter nicht erstaunlich. Sie stammten aber nicht geradlinig aus dem Treudienstvertrag, sondern aus den tief verwurzelten Auffassungen über die Schichtung der Gesellschaft. Es ist übrigens denkbar, daß dieses personenrechtliche Element nicht bei jeder Art von Lohndienstverhältnis gleich stark war; am kräftigsten wird es fortleben in dem – übrigens auch auf längere Dienstbeziehung angelegten – Knechts- und Magdverhältnis in der Landwirtschaft und darüber hinaus in dem damit wohl verwandten Dienstverhältnis des Hauspersonals.

Schon mehrmals wurde auf die Tatsache verwiesen, daß die städtische wirtschaftliche und soziale Bewegung die Verhältnisse auf dem Land beeinflußt hat. Das traf auch auf die juristischen Organisationsformen der Arbeit zu. Wenn der vermögensrechtliche Dienstvertrag ursprünglich eine Schöpfung der urbanen Wirtschaft gewesen sein soll, so heißt das noch nicht, daß das agrarische Leben geraume Zeit später noch nichts Derartiges gekannt hätte. Die städtische Aktivität hatte durchwegs schon bald Rückwirkungen auf die Landwirtschaft gehabt, und die neuen Rechtsformen sind dort ebenfalls eingedrungen. Die Autarkie des Domänen-Betriebs wird zerbrochen, der Getreidehandel lebt auf, dabei verschlechtert sich aber die Lage der Grundbesitzer mit ihren festen Rechten; vor allem im 13. Jahrhundert wird es deutlich, daß sie ihrem völligen Ruin entgegengehen werden, wenn sie das Steuer nicht herumwerfen. Während des 12. und 13. Jahrhunderts ersetzt denn auch das Pachtsystem – und sogar Pacht für eine kurze Zeit – die domaniale Nutzung. Damit erhält der agrarische Sektor ein viel größeres Maß von Freiheit[21]. Zuerst geschieht das in Gegenden mit einem lebhaften Handel, in der Lombardei, der Toskana, in Nordfrankreich, Flandern, im Rheinland, erst später in Mitteldeutschland und England. »Erst gegen Ende des 13. Jahrhunderts beginnt sich das domaniale Domänen-System in England zu verändern, während in Flandern die Symptome der Auflösung bereits seit Mitte des 12. Jahrhunderts immer zahlreicher werden. Hier hat stärker als überall sonst der wirtschaftliche Fortschritt am Verschwinden der Dienstbarkeit mitgearbeitet.«[22]

Im Rahmen dieser wirtschaftlichen Entwicklung ist es begreiflich, daß der freie Lohndienstvertrag auch auf dem Land seinen Einzug gehalten haben muß. Er eignet sich hier besonders zur Regelung der Rechtsverhältnisse einwohnender Knechte und Mägde. Übrigens spielen natürlich auch in den Städten Verträge mit einwohnendem Personal weiterhin eine Rolle, wobei man nicht einmal ausschließlich an haushaltliches Dienstpersonal zu denken hat. Die Aufnahme in die Familie erbringt für das Recht bestimmte Gesichtspunkte, die bei anderen Lohndienstverträgen weniger ins Gewicht fallen. Es ist deshalb nicht ausgeschlossen, daß dieser Vertrag – in der deutschen Literatur als Gesindevertrag bekannt – schon sehr früh zu einer deutlich ausgeformten Rechtseinrichtung geworden ist. Nach Gierke ist er bereits im 13. Jahrhundert vollständig entwickelt; er müsse, so meint er, wie wir bereits erwähnten, als der älteste Typ des Dienstvertrags betrachtet werden, aus welchem namentlich der »gewerbliche Arbeitsvertrag« abgeleitet worden sei. Dieser Gedankengang kann denjenigen nicht überzeugen, der die Entwicklung des Lohndienstvertrags nicht organisch aus dem agrarisch-feudalen Lebensmilieu, sondern vielmehr aus der revolutionären Dynamik von Handel und städtischer Wirtschaft erwachsen sieht. In dieser letzten Sicht kann die Aufnahme in die Hausgemein-

[21] Henri Pirenne, *Histoire du Moyen Age*. Brüssel 1927, S. 63–69.
[22] Ebd., S. 69.

schaft nicht mehr bedeuten als ein nebensächliches Element des vermögensrechtlichen Arbeitsvertrags in dem Sinne, daß bei manchen Verhältnissen, die an sich keineswegs die Urform darstellen, dieses Element vorhanden ist, bei anderen dagegen nicht. Es ist wohl vorhanden bei Knechten und Mägden in der Landwirtschaft, bei häuslichen und persönlichen Diensten und bei Handwerkslehrlingen und Handwerksgesellen, manchmal bei Kaufmannsgesellen, nicht aber bei Schiffspersonal, Fischern, Bergleuten, Handlangern, städtischen Beamten und Söldnern.

Wenn die inspirierenden Quellen der wirtschaftlichen Entwicklung im Fernhandel lagen, dann ist es nicht unlogisch, die Anfänge des Lohndienstvertrags in jenen Aktivitäten zu suchen, die mit dem Handel in direktem Zusammenhang stehen. Es ist denn auch auffällig, daß in Kampen, wo sich das älteste uns bekannte niederländische Stadtrecht hinsichtlich der Dienstverträge befindet, obgleich es erst aus dem 14. Jahrhundert stammt, die Regelung des Arbeitsvertrags zur See gerade sehr ausführlich dargestellt wird. Wir werden später darauf näher eingehen. Daneben muß wohl anerkannt werden, daß sich die meisten Stadtverordnungen mit männlichen und weiblichen »Boten« beschäftigt haben, die in die Hausgemeinschaft aufgenommen waren. Es scheint übrigens offenkundig, daß man gerade für diese Verhältnisse, weil sie die ganze Lebenssphäre umspannen, das größte Bedürfnis nach festen Rechtsbestimmungen hatte. Das ist für sich allein weder ein Beweis für das Alter dieses Typs noch für dessen überwiegende Bedeutung. Beachtenswert ist, daß die städtische Reglementierungssucht gerade einen Höhepunkt erreicht, als in späterer Zeit dieses sogenannte Dienstbotenrecht, jedenfalls in den Städten, ausschließlich auf Dienstleistungen im Haushaltsbereich abgesunken ist. Was das Lohndienstverhältnis in der produktiven Umwelt betrifft, so hat es in einer Reihe von Fällen übrigens noch eine merkwürdige Vorgeschichte, der wir uns nun zunächst einmal zuwenden wollen.

6. Lohndienst oder Genossenschaft

In seiner Schilderung der Kaufmannskarriere sagt Pirenne: »Man hatte eine erfolgreiche Kauffahrt gemacht, einen muselmanischen Hafen geplündert oder ein wohlbeladenes gutes Schiff erbeutet. So konnte man daheim wieder ein paar arme Schlucker in Dienst nehmen und von vorn anfangen oder irgendwo billig Korn einlagern und das in Gebieten, in denen Hungersnot herrschte, sehr teuer verkaufen.«[1] Auf diesen bereits im vorigen Kapitel zitierten Ausspruch kommen wir hier zurück, weil er eine Hypothese enthält, die imstande ist, die Phantasie in Bewegung zu setzen, und wir uns diesmal auf die schöpferische Phantasie berufen wollen. Einen Hafen plündern oder ein gutes Schiff erbeuten – das macht man in der Regel nicht allein. Hatte der Kaufmann denn schon früher ein paar arme Teufel in seinen Diensten? Wie ist er dazu gekommen, mit so einem armseligen Haufen anzufangen? Und hat er sich auf das Unsichermachen der Meere beschränkt und benahm er sich auf den Landstraßen stets als ordentlicher Bürger? Das Reisen zu Wasser und zu Lande, auf schlechten Straßen, tagelang durch unwirtliche Gegenden, schloß genau wie zu Paulus' Zeiten unvorstellbare Gefahren ein: »Gefahren von Flüssen, Gefahren von Räubern, Gefahren von eigenem Volk, Gefahren von Heiden, Gefahren in der Stadt, Gefahren in der Wüste, Gefahren auf See, Gefahren unter falschen Brüdern...«[2]. Der Kaufmann war diesen Gefahren ausgeliefert, war aber nicht nur das unschuldige Opfer der unsicheren Lage. Schon von jeher war der Gott des Handels derselbe wie der des Diebstahls. In einer Zeit, in der Kaufhandel von Abenteurern betrieben wurde, werden die sozialen Erscheinungen und Wertorientierungen, die sich auf diesen Tätigkeitsbereich beziehen, wohl ziemlich am Rande des gefestigten Systems gesellschaftlicher Ordnung gelegen haben. Es würde zu weit führen, die Handelskarawane einfach mit einer Räuberbande gleichzusetzen. Aber eine gewisse Übereinstimmung zwischen beiden auf demselben oder jedenfalls einem verwandten Gebiet operierenden Sozialsystemen anzunehmen, erscheint nicht allzu spekulativ.

Die Räuberbande und der Piratentrupp werden charakterisiert durch eine Form von Demokratie, für die Politiker unse-

[1] Henri Pirenne, *Histoire de l'Europe des invasions aux* XVIe *siècle*. Paris [7]1936, S. 154.
[2] 2. Kor. 2, 26.

rer Zeit den Begriff »gelenkte Demokratie« geprägt haben. Zumindest wenn wir – was die Räuberbande und den Piratentrupp betrifft – den abenteuerlichen Geschichten glauben dürfen, die unsere Jugend begleitet haben. Und warum sollten wir das nicht? Sie stimmen schließlich besonders gut mit dem überein, was wir noch heutzutage bei nonkonformistischen Sozialsystemen beobachten können. Eine gelenkte Demokratie, das bedeutet eine gewisse Gleichheit der Bedingungen unter den Teilhabern, während die Bedingung im Vergleich zur übrigen Welt meist keine besonders günstige ist. Diese Gleichheit in Kombination mit der Andersgeartetheit der »Anderen« führt leicht zu einer elementaren Zusammengehörigkeit, die sich unter bestimmten Umständen zu einer groben Art von Kameradschaft auswachsen kann. Dieses Gefühl erstreckt sich auch auf die Führung, die einköpfig oder jedenfalls oligarchisch ist. Nichtsdestoweniger steht der Führer unbezweifelbar über den Kameraden. Die Unantastbarkeit seiner Position hängt mit der Tatsache oder dem Mythos zusammen, daß nicht er aus der Gruppe, sondern die Gruppe aus ihm hervorgegangen ist. Die formale Prozedur, durch welche die Führerschaft entstanden ist, ist jedenfalls von geringem Interesse. Wenn der Führer faktisch da ist, kann er sich unter Umständen auch noch wählen lassen. Was dagegen wichtig ist, ist die informelle Führerschaft. Man muß die Eigenschaften besitzen, um sich als Führer anerkennen zu lassen. Das hohe Maß der Verschmelzung zwischen informeller und formeller Führerschaft deutet auf eine Elitestruktur, die – um Etzionis Ausdrücke zu benützen[3] – charakteristischer ist für die normative Organisation als für die Zwangsorganisation. Das ist selbstverständlich, denn Freiheit und prinzipielle Gleichheit sind die Grundlagen der Gruppe.

Es dürfte klar sein, daß wir hier noch immer von Ali Baba und den vierzig Räubern sprechen. Was wir darüber aus unserer Jugend mit Sicherheit wissen – ohne übrigens imstande zu sein, die diesbezügliche Literatur noch zu zitieren – läuft darauf hinaus, daß keiner seiner Räuber je von Ali Baba Rechenschaft über dessen Führerrolle verlangt hat, weil er ohne jeden Zweifel einfach der Führer war. Überdies standen die Räuber nicht in seinem Dienst; sie waren seine Gefolgsleute, Räuber wie er, wenn auch von kleinerem Format. Und schließlich

[3] A. Etzioni, *A comparative analysis of complex organizations*. New York 1961.

wurde die Beute verteilt, wobei, so glaube ich, Ali Baba stets den Löwenanteil für sich behielt, was übrigens selbstverständlich war. Der Begriff »Gefolgschaft« war uns in jenen Jahren noch nicht bekannt; ebensowenig wie der Begriff »Genossenschaft«. Dennoch haben wir schon damals gespürt, daß bestimmte Essentialia dieser Strukturen im sozialen System der Räuberbande vorhanden waren. Sie beruhen nämlich auf einem Prinzip, das auf Kinder wie eine Offenbarung wirkt, nämlich dem Prinzip grundsätzlicher Gleichberechtigung aller Mitglieder der Gruppe. Kinder neigen nicht dazu, ihren Vater als Räuberhauptmann zu sehen. Er ist meist eine weniger interessante Persönlichkeit. Diese Rolle paßt wohl in die eigene Welt von Kindern unter sich. Es muß ihr eine Gleichwertigkeit zugrunde liegen, die sich sowohl in der Gefolgschaft wie in der Genossenschaft findet. Der Wert, der der Gefolgschaft daraus ersprießt, ist der einer Verbundenheit bis zum Tode. Bei der Genossenschaft liegt sie mehr auf der Ebene des gemeinsamen Strebens nach einem untereinander zu verteilenden Ergebnis. Diese Zwiefältigkeit der Wertorientierung scheint der Räuberbande einen Platz zwischen der alten und der neuen Zeit einzuräumen, zwischen der gepanzerten Ritterlichkeit von Karl und Elegast, die gemeinsam auf Raub ausgehen, und der Suche nach Vorteil, die wenig wählerische Kaufleute auf die Landstraße treibt.

Vielleicht verhilft uns diese etwas subjektiv ausgefallene Betrachtung über die Räuberbande zum besseren Verständnis der sozialen Strukturen, die das Auftreten der Kaufleute entstehen ließ. In einem stark gebundenen, hierarchisch gefärbten gesellschaftlichen Gefüge sind sie die Nonkonformisten, die unter sich eine Gleichheit von Freien – anfänglich beinahe Vogelfreien – erleben und die in ihrer abenteuerlichen und gefährlichen Existenz auch in hohem Grade aufeinander angewiesen sind. Sie schließen sich denn auch zu bewaffneten Gruppen zusammen, um ihrem Nächsten, dem Räuber, gewachsen zu sein. Hier ist eine gewisse Führung wünschenswert, aber sie braucht nur inzidentell zu sein und kann sich noch weniger als bei der Räuberbande zu einer Macht auswachsen, die die Gleichheit der in Leib und Gut miteinander Verbundenen antasten könnte. Wesentlicher noch als diese Schicksalverbundenheit aus Notwendigkeit ist für den Kaufmann die freiwillige Bindung, die er unter dem Aspekt der Finanzierung und Aufteilung von Geldrisiko mit anderen eingeht. Auch diese Idee kann nur in einem egalitären Milieu entstehen, hat aber noch weniger als die Verteidigungsgemeinschaft mit einer Idee der Gefolgschaft zu tun. Es ist ohne weiteres deutlich, daß hier die Genossenschaft als wirtschaftliche Organisationsform ihren Ursprung hat.

Daß Gierke in seiner Beschreibung der Entwicklung der Genossenschaftsidee in der Periode von 1200–1525 hinsichtlich des Kaufmannsstandes neben seinen städtischen Gilden und internationalen Hansen die private Assoziation und Interessengemeinschaft nicht erwähnt hat[4], ist der Tatsache zuzuschreiben, daß er unter »Genossenschaften« ausschließlich jene Gesellschaften versteht, die über die Lebenszeit des einzelnen hinausreichen. Dennoch liegt die zeitliche private Assoziation dem ganzen eindrucksvollen Wachstum öffentlicher Macht gewinnenden Kaufmannsgilden und -hansen zugrunde. Die ziemlich primitive Organisation der Handelskarawane beruht auf einer solchen privaten Assoziation und steht wohl am Anfang der Entwicklung. Sie schafft ein Band für die Dauer der Reise und schließt keine Gemeinschaft von Einbringungs- und Ertragsverteilung in sich. Schließlich handelt jeder auf eigene Rechnung. Jeder? Es ist bekannt, daß man alsbald größere Unternehmungen, die der einzelne nicht finanzieren konnte, in Zusammenarbeit mit Genossen anzupacken begann. Und dann gab es auch die »armen Teufel«, Begleiter von Lasttieren und bewaffnete Knechte; welche Position nahmen sie ein und wie wurden sie bezahlt? Wir sind hier größtenteils auf Vermutungen angewiesen, wobei aber später fortlebende Bräuche wohl einigermaßen aufschlußreich sein können.

Es ließe sich nicht recht begreifen, wenn der Kaufmann-Abenteurer, selbst gerade erst dem wenig aussichtsreichen Dasein des Matrosen, Treidlers, Löschers oder Lastträgers[5] entkommen, auf Anhieb die Mittel besessen hätte, Knechte gegen festen Zeit- oder Akkordlohn einzustellen. Sollten wir die Hand- und Spanndienste verrichtenden Gesellen nicht vielmehr als mit in eine Art Genossenschaft aufgenommen sehen? Sie bringen kein Geld in die Zusammenarbeit ein, wohl aber ihre Mühe; sie setzen kein Kapital aufs Spiel, wohl aber, ebenso wie der Kaufmann, ihre Haut. Sie sind nicht besser und kaum schlechter als er, Teilnehmer am Abenteuer, am Risiko, warum nicht auch Teilhaber am Ertrag? Natürlich hat der Kaufmann

[4] Otto von Gierke, *Das deutsche Genossenschaftsrecht*. Graz [2]1954, I, S. 344ff.

[5] Henri Pirenne, *Les villes du Moyen Age*. Brüssel 1927, S. 102.

gehandelt wie Ali Baba und den Löwenanteil der Beute für sich behalten. Er war es, der die Zusammenarbeit für ein Ziel ins Leben gerufen hatte, das er bestimmte. Er hatte die unbestrittene Leitung in dem Abenteuer, aber ein Abenteuer blieb es. Kann man sich vorstellen, daß beim Mißlingen der Handelsfahrt der Knecht den Kaufmann haftbar machen konnte für den geschuldeten Lohnbetrag? Er wird bei ihm geblieben sein in der Hoffnung auf Besseres oder sich in ein anderes Abenteuer gestürzt haben. Es ist natürlich undenkbar, daß eine echte Genossenschaft mit Untergeordneten lange standgehalten hätte. Wenn der Kaufmann Glück hat und reich wird, entsteht schon bald eine unüberbrückbare Kluft zwischen ihm und seinen Dienern. Keine andere Kultur ist so imstande, Abstand zwischen den Menschen zu schaffen, wie die Geldkultur. Das vermögensrechtliche Lohndienstverhältnis nimmt dann Gestalt an, wenn es auch in bestimmter Hinsicht Elemente des Genossenschaftsverhältnisses bewahrt. Jedenfalls erscheint Genossenschaft in der »produktiven Haushaltung« eher die Urform des modernen Lohndienstes als Gierkes Treudienstvertrag[6].

Das Entstehen des freien Dienstverhältnisses nach neuem Modell charakterisiert sich weniger durch eine Lockerung persönlicher Treuebindungen als durch ein Herauswachsen aus persönlichen Gesellschaftsbindungen. Für die agrarische Situation, wo familiäre und betriebliche Verhältnisse nun einmal aufs engste miteinander verflochten sind, scheint Gierkes Sicht bis zu einem gewissen Grad noch akzeptabel zu sein, aber die Frage, die in seiner Konstruktion nie gelöst wird, ist die Frage nach der Herkunft des überraschend anwachsenden vermögensrechtlichen Elements in der ursprünglich als personenrechtlich aufgefaßten Bindung. Die Antwort auf diese Frage kann nur lauten: Aus einer Sphäre, wo dieser vermögensrechtliche Gesichtspunkt zu Hause ist, nämlich im Handel. Hier nun trifft man auf die Genossenschaft als originelle Form der Zusammenarbeit bei beruflichen Tätigkeiten.

Außer Dienst an einem anderen enthält der freie Lohndienstvertrag ja auch ein gewisses Moment der Zusammenarbeit. Mit dem Wachstum der mittelalterlich kapitalistischen Verhältnisse wird dieser Aspekt zwar immer mehr von der Autoritätsidee verdrängt. Dennoch war das Autoritätsverhältnis von Anfang

[6] Otto von Gierke, *Deutsches Privatrecht*, III. München-Leipzig 1917; *Die Wurzeln des Dienstvertrages*. In: Festschrift für Heinrich Brunner. Leipzig-München 1914. Über Gierkes Auffassungen vgl. auch Kapitel 4.

an mit ein notwendiges Element der Zusammenarbeit gewesen. Die eigentliche Grundlage der Arbeitgeberautorität liegt nicht in der Absprache von Parteien, also nicht in der juristischen Vereinbarung, vielmehr auch »die nichtige Übereinkunft führt unter diese Autorität, diese Autorität beruht im Charakter des Verhältnisses selbst«[7]. Vor allem wo man gemeinsamen Gefahren trotzt, auf See oder im Krieg, ist eine merkwürdige Mischung von Kameradschaft und Führung notwendig. Es ist einfach die faktische Situation, aus der beides erwächst. Wenn der Wohlstand des Unternehmers zu gesellschaftlicher Distanzierung führt, schwächt sich das genossenschaftliche Element ab, und die Autorität wird gleichzeitig formaler und straffer. Nicht selten wird von nun an die Autorität praktisch ausschließlich von Funktionären ausgeübt, so daß man sie als abgeleitete Arbeitgeberautorität erlebt und nicht mehr als situationsbedingte Führerautorität. Bei der Schiffahrt ist aber eine klare Zwischenphase wahrnehmbar. Der reich gewordene Kaufmann, der die Seereise selbst nicht mehr mitmacht, sondern es vorzieht, bei seinen Schäfchen auf dem Trockenen zu bleiben, nimmt keine Schiffsmannschaft, sondern nur einen Kapitän in Dienst, der die Schiffsmannschaft auf eigene Faust heuert.

Wir werden noch ausführlicher auf die Arbeitsverhältnisse in der Seefahrt und einigen anderen Berufszweigen eingehen, wo ehedem entweder echte Genossenschaftsverhältnisse geherrscht haben oder Relikte analoger Situationen aus einer früheren Periode im späteren Recht zu finden sind. Im Augenblick beschränken wir uns auf die Zusammenfassung der Voraussetzungen, die für die Entwicklung eines Genossenschaftsverhältnisses notwendig erscheinen. In erster Linie wird dann die Genossenschaftsstruktur ausschließlich bei Verbänden von begrenztem Umfang bestehen können, innerhalb deren die Mitglieder fortwährend Kontakt miteinander haben. Sie müssen einander persönlich kennen und schätzen und werden im wörtlichen Sinne zusammenarbeiten müssen. Wie gesagt, braucht diese Situation Führung des einen über den anderen oder die wenigen anderen nicht auszuschließen. Die Idee der Genossenschaft verträgt sich sehr wohl mit einer führenden Autorität – falls diese funktionell motiviert ist. Seit jeher war diese Führung in bestimmten Fällen an die persönliche Verfügung über ein Kapitalobjekt gebunden, aber es ist natürlich

[7] P. S. Gerbrandy, *Eenige opmerkingen over de verhouding van handelsrecht en arbeidsrecht; voorstellen omtrent de arbeidsovereenkomst ter zee.* Amsterdam 1930, S. 17.

wohl wichtig, daß der offizielle Führer die persönliche Qualität besitzt, sich auch »öffiziös« als Führer zu erweisen. Größere Organisationen eignen sich nur an der Spitze für die Genossenschaftsstruktur, weil das persönliche Band nach unten hin nicht stark genug sein kann. Beim Entstehen des mittelalterlichen internationalen Handels war denn auch sehr bald der Augenblick erreicht, in dem Genossenschaft und Lohndienst definitiv auseinanderfielen.

Genossenschaft ist weiterhin nur möglich in einem egalitären gesellschaftlichen Milieu. Die Gleichwertigkeit derer, die an einer bestimmten Arbeit beteiligt sind, muß, jedenfalls prinzipiell, voranstehen. Eventuell auftretende Führung des einen über den anderen ist nur Ergänzung der Beziehung aus Rationalitätsgründen. Dies im Gegensatz zu »feudalen« Organisationsformen, in denen die Führung in der allgemein-gesellschaftlichen Struktur vorgeprägt ist. Es läßt sich kein klareres Beispiel anführen als das der Küstenfischerei, das heißt der Fischerei mit Hilfe kleinerer Boote, die sich nicht weit aus der Küstenlinie wagen. Bereits seit Urzeiten hat sich diese Tätigkeit an den atlantischen Küsten von Dänemark bis Portugal, aber auch anderswo in der Welt in der Form der Genossenschaft zwischen dem Besitzer des Bootes und den vier oder fünf Mann abgespielt, die wörtlich genommen mit ihm ins Boot stiegen. Der historische Feudalismus als System der Beherrschung von Menschen, basierend auf der Verfügung über Grund, hat nie die Arbeitsbeziehungen von Küstenbewohnern beeinflußt, die auf den Holzplanken von wenigen Quadratmetern ihren Beruf ausübten. Die fischende Gemeinde war ein typisch egalitäres gesellschaftliches Milieu. Anders als der Handel, der sich gleichfalls außerhalb des Rahmens einer statischen Feudalgesellschaft entwickelte, der aber größere Gewinnchancen bot und dadurch bereits bald zu beträchtlicher Vermögensungleichheit führte, blieb die Küstenfischerei jahrhundertelang wenig lukrativ, so daß die gesellschaftliche Gleichheit zwischen den in diesem Beruf Tätigen und somit auch eine Basis für das Genossenschaftsverhältnis erhalten blieben.

An dritter Stelle ist also offensichtlich die Voraussetzung für das Entstehen der Genossenschaftsstruktur zu nennen: Ähnlichkeit im Risiko. Bei mehr oder minder primitiven Verhältnissen steht das Kapitalrisiko noch nicht so sehr im Vordergrund. Ebenso wie im Kriegshandwerk ist in manchen Berufszweigen das Risiko vor allem persönlicher Art. Das kann bei seßhafter Tätigkeit wie im Bergbau der Fall sein, häufiger wird es im Mittelalter jedoch vorgekommen oder jedenfalls so erlebt worden sein bei einer Tätigkeit fern von Zuhause. Zu einem solch unsteten Beruf zählte ursprünglich das Baugewerbe. Besonders klar zeigt sich aber die Gemeinsamkeit persönlichen Risikos bei der Fischerei, bei der Schiffahrt und Kauffahrt zu Lande, wenn der Unternehmer als aktiver Teilnehmer mitgeht. Bleibt der Reeder oder Händler in seinem Domizil zurück oder bleibt der Bergwerkskonzessionär über Tage, dann unterscheidet sich das von ihm zu tragende Risiko mit einemmal wesentlich von jenem, welches die Mitwirkenden tragen. Die räumliche Distanz schafft dann zugleich eine persönliche Distanz, wodurch, wie gesagt, auch die Idee der Zusammenarbeit nicht mehr verwirklicht werden kann. Gleichzeitig besteht keine Möglichkeit des Einvernehmens und der gemeinsamen Überlegung in der Arbeit mehr, und die beiderseitigen Interessen entwickeln sich immer klarer auseinander.

Man könnte sich aber vorstellen, daß in einem früheren Stadium, gerade bei Verhältnissen, in denen man persönliches Risiko auf sich nahm und in denen enge und doch geführte Zusammenarbeit Weniger in einem egalitären Milieu notwendig war – also in einer Situation, in der die Hörigkeitsidee wohl am wenigsten einer Realität entsprach, weil lokale Gebundenheit nicht für die Tätigkeit relevant war –, die Genossenschaft als Organisationsprinzip für die Arbeitsverrichtung am ehesten in Betracht kam. Im Fernhandel und in der Schiffahrt wird das Arbeitsverhältnis solche Züge aufgewiesen haben. Bei Gefahren – und daß mit diesen Berufszweigen Gefahren verbunden waren, unterliegt wohl keinem Zweifel – ist die Bruderschaft Gleicher oft wertvoller als Herrenzucht und Knechtstreue. Kaufleute suchten auf Reisen in erster Linie gegenseitige Stütze. Aus der Handelskarawane entwickelten sich religiöse Gruppen und Bruderschaften, und die Soziabilität auf dem eigentlichen Berufsgebiet hat auch kooperativ unternommene Aktivitäten zur Folge[8]. Auch hinsichtlich des Personals liegt das Entstehen von Kompagnonformen zunächst mehr auf der Hand als Formen mit einer strikten Subordination, um so mehr, wenn man bedenkt, daß der Beruf außer persönlichen auch beträchtliche finanzielle Risiken birgt, während die Hilfskraft auf Reisen leicht Gelegenheit findet, ihr Einkommensrisiko zu

[8] Pirenne, *Hist. de l'Europe*, S. 155.

decken. Der Kaufmann wird anfänglich, wenn er selbst noch nicht kapitalkräftig gewesen ist, eher dazu geneigt haben, fähigen und vertrauenswürdigen persönlichen Hilfskräften einen Gewinnanteil zuzusagen, als beträchtliche feste Lohnlasten auf sich zu nehmen, so daß jedenfalls ein Element von Genossenschaft im Arbeitsverhältnis mitgespielt haben kann. Romantisierende Vorstellungen über die Zustände im mittelalterlichen Handwerk haben nicht selten zu der falschen Auffassung geführt, daß auch der Vertrag des Handwerksgesellen ursprünglich Verwandtschaft mit dem Genossenschaftsvertrag aufgewiesen haben soll. Demgegenüber steht Maurers Meinung, daß hinsichtlich der Gesellen noch die hofrechtliche Konstruktion eines Unterordnungsverhältnisses zwischen *servi* und *magistri* erhalten blieb, als die Handwerksmeister selbst bereits unabhängige »Genossen« geworden waren. Auch das ist nur eine Hypothese[9], aber sie reicht jedenfalls näher an die Wirklichkeit heran, insofern diese eine klare Unterordnung erkennen ließ. Am ehesten kann hier von Anfang an von einem auf längere Zeit angelegten Lohndienstverhältnis mit einem starken Akzent auf der Meisterautorität die Rede gewesen sein.

Dieser Anfang liegt übrigens nicht sehr früh. Der selbständige Handwerksmeister hat sich vermutlich geraume Zeit mit der mehr oder weniger gelegentlichen Mitarbeit von Familienmitgliedern behelfen müssen. Der erste Fremde, der in den Arbeitsverband – und zugleich in den Familienverband – aufgenommen wird, ist der Lehrling. Vermutlich die älteste Erwähnung des Handwerkerlehrlings – »discipulus, qui vulgariter dicitur leirkint« – findet sich in der Kölner Urkunde aus dem Jahr 1180, in der den Holzdrechslern die Genehmigung erteilt wird, eine Bruderschaft zu gründen[10]. Aus dem Lehrling wird allmählich der Geselle. Solange er nicht ausgelernt hat, bleibt eine Zwischenform zwischen Lehrvertrag und Arbeitsvertrag bestehen. Das war vielleicht noch der Fall bei dem Schildermacher und Sattlergesellen aus Rostock, der ein Zeugnis über gutes Betragen vorlegen muß, um in Lübeck dienen zu dürfen, ehe er das Meisterrecht bekommt[11]. Der reine Gesellenvertrag entwickelt sich erst ziemlich spät; im Lauf des

[9] Arno v. Dirke, *Die Rechtsverhältnisse der Handwerks-Lehrlinge und Gesellen nach den deutschen Stadtrechten und Zunftstatuten des Mittelalters.* Berlin 1914, S. 41.

[10] Heinrich von Loesch, *Die Kölner Zunfturkunden nebst anderen Kölner Gewerbeurkunden bis zum Jahre 1500.* Bonn 1907, I, S. 34.

[11] C. Wehrmann, *Die älteren Lübeckischen Zunftrollen.* Lübeck 1864, S. 13.

14. Jahrhunderts hat sich die Trennung zwischen Lehrlingen und Gesellen deutlich vollzogen[12].

Das Auftreten des vollwertigen Gesellen, der in einigen Branchen auch nicht mehr notwendigerweise beim Meister wohnen muß[13], hat eine gewisse Entwicklung des Handwerkswesens zur Voraussetzung. In diesem Stadium kann etwas entstehen, was einer Zusammenarbeit ähnelt, wenn diese auch noch immer nicht in juristischer Form als Genossenschaft realisiert wird. Es wäre bestimmt eine zu rosige Spekulation, würde man in der Anfangsperiode an eine »gesellschaftsähnliche Werksgemeinschaft«[14] zwischen Handwerksmeister und Gesellen denken. Wie gesagt ist der Geselle zunächst ja nicht vom Lehrling zu unterscheiden; des weiteren war es dem Gesellen durchwegs verboten zu heiraten[15], und Hausgemeinschaft war ursprünglich sicher die normale Situation, in der der Meister doch wohl schwerlich einen Kompagnon geduldet haben wird. Das mittelalterliche Handwerk hat gewiß einen engen persönlichen Kontakt zwischen Meister und Gesellen gekannt, aber die Beziehung ist eher paternalistischer als konfraterneller Art.

Die Zusammenarbeit an einer gemeinsamen Aufgabe war sicher nicht unüblich, aber man hat diese Erscheinung dann in rein funktionellem Sinn aufzufassen; es wurde nicht auf gemeinsame Rechnung gearbeitet. Bezüglich der städtischen Situation läßt sich in gewissem Sinne wohl von einem egalitären Milieu sprechen. Natürlich gab es Standesunterschiede. Lehrlinge und Gesellen stammten aber durchwegs aus demselben bürgerlichen Milieu wie der Meister. Die wichtigste Voraussetzung für das Entstehen einer Genossenschaftsstruktur, namentlich die Ähnlichkeit im persönlichen Risiko, war aber gewiß nicht erfüllt. Das historische Argument dafür, spätere Verbote von »Beteiligungsverhältnissen« zwischen Meistern und Gesellen verwiesen auf ein solches Vorstadium, ist von zweifelhaftem Wert. Verbote dieser Art lassen sich hinreichend aus dem allgemeinen Bestreben der späteren Zeit erklären, der

[12] Wilhelm Ebel, *Gewerbliches Arbeitsvertragsrecht im deutschen Mittelalter*. Weimar 1934, S. 15.

[13] v. Dirke, S. 49.

[14] A. Zycha, *Über die Anfänge der kapitalistischen Ständebildung in Deutschland*. In: Vierteljahresschrift f. Sozial- und Wirtschaftsgeschichte. Stuttgart 1938, S. 137, in Nachfolge von Wilhelm Ebel, *Gewerbliches Arbeitsvertragsrecht im deutschen Mittelalter*. Weimar 1934.

[15] v. Dirke, S. 50.

Vergrößerung der Betriebseinheit und des Personalbestands entgegenzuwirken. Um direkt darauf zielende Vorschriften zu unterlaufen, könnten nämlich leicht Genossenschaftsverhältnisse mit Gesellen geplant worden sein.

Seit dem 15. Jahrhundert werden diese Punkte in einigen Zunftquellen erwähnt. So bestimmten die Goldschmiede von Lübeck 1492: »unde desulve goltsmit de ne schal ock mit neynen knechten maken selschup offte masschup in syner goltboden«[16], und die Kölner Goldschmiede legten 1456 fest: »so en sall niemant geime knapen noch lerjunge winnunge noch wasdum geven in gelden noch in verkoufen, sunder alleine deme knapen sijnen bescheidenen loin«[17]. Zur gleichen Zeit oder sogar etwas früher findet man das Verbot, daß der Meister »mit synen knechten to halven arbeyden« soll (Maler und Glaser zu Lübeck 1425)[18]. Man hat das – meines Erachtens zu Unrecht – wohl für dasselbe Phänomen gehalten[19]. Der Teilknecht, der »uff den teil gieng« oder den halben oder dritten Pfennig erhielt, hatte kein Genossenschaftsverhältnis mit dem Meister, sondern arbeitete für ihn auf einer bestimmten Basis von Leistungslohn. Es ist bekannt, daß von altersher sogar bei der Festlegung von Zeitlohn manchmal eine bestimmte Leistung zugrunde gelegt wurde. Der eigentliche Stücklohn gewann im 14. und 15. Jahrhundert stark an Bedeutung[20]. Hier handelte es sich aber um eine ausdrücklichere Gestaltung, wobei der Geselle einen festgesetzten Teil des von ihm selbst, also nicht des in Zusammenarbeit Verdienten erhält. Es scheint mir sehr zweifelhaft, ob wir es hier mit einer alten Form zu tun haben, abgesehen von der Anwendung bei Weiterführung des Betriebs durch eine Witwe mit Hilfe eines Gesellen[21]. Wahrscheinlicher ist es, daß das System erst im 15. Jahrhundert aufgekommen ist und dann sogleich bekämpft wurde, weil es als ein Antreibersystem aufgefaßt wurde, durch das die Qualität der Leistung nachteilig beeinflußt werden konnte.

Solch eine primitive Form liegt wohl auf der Ebene der Meisterverwaltung, weil der Meister dem Kunden sowieso alle vom Gesellen gearbeiteten Stunden zuzüglich des Zuschlags

[16] Wehrmann, S. 219.
[17] von Loesch, I, S. 86.
[18] Wehrmann, S. 327.
[19] Ebel, S. 16, 40ff.
[20] v. Dirke, S. 80.
[21] v. Dirke, S. 81.

für ihn selbst in Rechnung setzen mußte, wie das noch heute üblich ist. Bei Einführung des besagten Lohnsystems findet aber eine Umkehr des Gedankenganges statt, die kapitalistisch anmutet. Wurden früher dem Kunden die gearbeiteten Stunden berechnet, so ist fortan das Geleistete der Maßstab, während der Meister den Gesellen das Einkommensrisiko tragen läßt, indem er ihm nur einen Teil ausbezahlt und den Rest – anstatt des früheren Zuschlags – für sich behält. Bei den Straßburger Leinenwebern – bei denen das System ausnahmsweise vorgeschrieben wird, übrigens in einer späten Verordnung (1533) – findet man »uff das halbteil« formuliert als »also was der knecht oder knappe gewinnt, do sol das halb des meysters und das ander halbteil des knechtes sein«. Daraus geht wohl hervor, daß der halbe oder dritte Pfennig nicht eine Teilhabe am Gesamtumsatz des Meisters bedeutete, sondern nur am Ertrag der durch den Gesellen geleisteten Arbeit.

Im Gegensatz zu anderen Handwerkszweigen haben die Weberzünfte sich offensichtlich nicht gegen dieses System gewehrt, was durch Ebel zögernd aus dem Unterschied in der sozialen Position der Handwerksbetriebe erklärt wird. Bei den Ärmeren sollte eine Gleichheit in wirtschaftlicher und sozialer Hinsicht zwischen Meister und Gesellen weiterbestanden haben, während in anderen Zweigen eine soziale Verfremdung eintrat, die ihren Ausdruck im Verschließen der Zünfte nach unten hin fand und, damit zusammenhängend, in einem Verbot der Genossenschaft[22]. Wie dargelegt, dürfen wir im Teillohn keine Ertragsteilung, sondern eine Form von Leistungslohn sehen. Daß die Weber im Gegensatz zu anderen Handwerkern das wohl toleriert haben, ist verständlich, wenn man bedenkt, daß der sogenannte Meister, der für einen Unternehmer arbeitet, selbst auch auf reiner Leistungsbasis bezahlt wurde. Der Teillohn erweist sich dann als ein typisch kapitalistisches Element, das zum Großbetrieb gehörte, das aber die bürgerlichen Handwerkszünfte nicht zu akzeptieren gewillt waren.

Daß man den Gesellenvertrag als einen einfachen Lohndienstvertrag verstanden wissen wollte, zeigt sich auch aus der Tatsache, daß sowohl städtische Verordnungen wie auch Zunftregeln sehr oft gegen den sich einschleichenden Mißbrauch Stellung genommen haben, den Gesellen das Risiko tragen zu lassen, indem man ihn mit produzierten Gütern entlohnte, die

[22] Ebel, S. 41.

er dann selbst an den Mann zu bringen hatte. Das richtete sich nicht gegen das Geben einer Art Trinkgeld in Werten, denn das war immer ein erlaubter Brauch, sondern gegen ein wirkliches Tricksystem. So lesen wir in der »Settinghe« der Hamburger Schuhmacher von 1375: »Dar schal ock nemandt einen knecht meden mit wercklohn.«[23] Die Riemenschneider von Lübeck formulierten 1396 dasselbe so: »Item so schal nyn zulves here in unsen ammete zime knechte lonnen mit werke.«[24]

Obgleich in der fachlichen Ausbildung die des Gesellen nach der des Lehrjungen folgt, kann der Gesellenvertrag doch nicht ohne weiteres aus dem Lehrvertrag hervorgegangen sein. Der Lehrvertrag ist seinem Wesen nach überhaupt kein Lohndienstvertrag. Hier ist es nicht der Geselle, sondern der Meister, der eine Leistung zu bieten hat. Sie besteht aus Unterricht, Unterkunft und Verpflegung, und die Eltern des Lehrlings haben dafür eine Vergütung zu entrichten. Einen der zahlreich vorkommenden Lehrverträge finden wir in den »gedinghen« des 14. Jahrhunderts – juristischen Erklärungen, die verbrieft werden, um den juristischen Wert zu erhöhen – der Vierschaar von Kortrijk erwähnt: Ein Kind wird einem Meister überlassen, einem »permentier«, der sich gegen eine Vergütung von sechs goldenen Schilden verpflichtet, den Lehrling zwei Jahre lang im Beruf auszubilden[25]. Ist die Lehrzeit länger, dann kann der Meister natürlich mehr Profit aus der Hilfe des Knaben ziehen, und die Bedeutung der Geldzahlung ist dann relativ geringer. So etwa in der Erklärung (1319) eines Hamburger Glasers, der sechs Mark erhalten hat und verspricht, den Jungen acht Jahre lang zu ernähren und zu kleiden. Nach dieser Zeit wird der Junge frei sein, aber während dieser acht Jahre ist er verpflichtet, für den Meister zu arbeiten. Bestimmt wird ferner, daß das Geld zurückbezahlt wird, wenn der Meister zu einem so frühen Zeitpunkt stirbt, daß der Knabe noch nicht genug gelernt hat, um mit seiner Arbeit Brot und Bier verdienen zu können; falls der Knabe im ersten Jahr starb, mußte der Meister dem nächsten Verwandten die Hälfte der bezahlten Summe zurückgeben. In einem anderen Hamburger Fall, nämlich dem eines Goldschmieds aus dem Jahr 1303, läuft die

[23] Otto Rüdiger, *Die ältesten Hamburgischen Zunftrollen und Brüderschaftsstatuten.* Hamburg 1874, S. 276.

[24] Wehrmann, S. 375.

[25] G. des Marez, *Le droit privé flamand d'après un registre de la vierschaere de Courtrai de 1367*, Nachdruck o. J., S. 22.

Bezahlung auf die Einzahlung einer Garantiesumme hinaus, um dem Meister die Sicherheit guten Betragens und der Arbeitswilligkeit des Lehrlings zu verschaffen. Der Goldschmied schuldet nämlich dem Lehrling (!) 11 Mark, wofür er ihn sechs Jahre lang treulich sein Handwerk lehren wird; aber danach wird er dem Vater (!) das Geld zurückgeben[26].

Indem man Lehrjunge wurde, entstand automatisch auch ein Band mit der Zunft, an die der Lehrling übrigens ein Aufnahmegeld zu entrichten hatte. Der Lehrling kam hinsichtlich seiner Rechte und Pflichten dadurch unter Aufsicht und Schutz des Altmeisters und der Zunftmeister. Zur besseren Regelung des Lehrlingswesens schritten die Zünfte in späterer Zeit zu einer sorgfältigen Registrierung der Lehrlinge[27]. Der Vertragsabschluß mit Gesellen erfolgte ebenfalls in Gegenwart von Zunftmeistern oder einiger Meister. Es handelt sich hier nicht nur um eine Öffentlichkeitsforderung wegen des Beweisrechts, sondern auch um ein Mittel, Abweichungen von den Zunftregeln und vom Gewohnheitsrecht zu verhindern[28]. Die Autoritäten sind zugegen »umme to verhoren, wo idt umme syne sake sy« (Lübeck 1507)[29], wie es um die Herkunft, die verbrachte Lehrzeit und alles, was ihnen wichtig erscheint, bestellt ist.

Im Gegensatz zum Lehrvertrag begründet der Gesellenvertrag ein normales Lohndienstverhältnis. Wenn es sich um einen noch nicht ausgelernten Gesellen handelt, kann weitere Berufsausbildung durch den Meister ein zusätzliches Lohnelement bilden. Faktisch gingen die beiden Verhältnisse natürlich ineinander über, aber im Prinzip sind sie sehr wohl voneinander zu unterscheiden. Eine Arbeitsvereinbarung mit einem Handwerksgesellen wurde meistens auf längere Zeit geschlossen, zum Beispiel für ein Jahr, und zwar nach Bestimmungen und unter Zunftaufsicht. »Im allgemeinen herrscht gleiches Recht für Meister und Geselle, wenn auch in der Praxis gewiß oft der Meister der stärkere war.«[30] Obgleich der Geselle meistens in den Haushalt des Meisters aufgenommen

[26] Otto Rüdiger, *Ältere Hamburgische und Hansestädtische Handwerksgesellendokumente*. In: Zeitschrift des Vereins f. Hamburg. Geschichte, VI. Hamburg 1875.

[27] A. J. M. Brouwer Ancher, *De gilden*. Zandvoort o. J., S. 7ff.

[28] Ebel, S. 22.

[29] Wehrmann, S. 198.

[30] H. Brugmans, *Het staatkundig en maatschappelijk leven der Nederlandsche steden*. Leiden o. J., S. 232.

wurde, kamen die Rechtsbestimmungen für Knechte und Mägde – das »Gesindevertragsrecht« – hier im allgemeinen nicht zur Anwendung. Die Hausmacht des Meisters ist deshalb auch sehr begrenzt. Sie besteht zwar über Lehrlinge, aber nicht über Gesellen. »Die Zunft griff selbst unmittelbar in das Arbeitsverhältnis und die Art und Weise seiner Erfüllung ein, so daß daneben die hausherrliche Strafgewalt keinen Platz hatte.«[31] Kein Züchtigungsrecht also wie beim Hauspersonal; Mißhandlung war »natürlich« verboten, dem Meister sowohl wie dem Gesellen; der Meister wurde in einem solchen Fall nach dem Urteil der Zunft bestraft[32].

Übrigens ist persönliche Unterordnung ein normales Element des Verhältnisses gewesen. Der enge Kontakt in der kleinen Arbeitseinheit sowie die gleiche gesellschaftliche Herkunft und die Möglichkeit für den Gesellen, eines Tages selbst Meister zu werden, wird de facto ebenso eine Mäßigung auf die hierarchische Situation erbracht haben. Durchwegs hatte der Geselle auch seinen Platz in der Zunft[33]. Die Änderung des Status, die mit dem Übergang vom Lehrling zum Gesellen verbunden war, spiegelte sich in einem bescheidenen Zeremoniell. Seitens der Gesellen selbst wurde dieses oder jenes manchmal ergänzt durch etwas, was einem verspäteten Pubertätsritus glich[34]. Im ganzen gesehen ist der gesellschaftliche Status des Gesellen in den noch rein handwerklichen Berufszweigen vermutlich oft besser gewesen als der des Meisters in der Großindustrie.

Wenn man von früheren Arbeitskonflikten und Streiks hört, dann muß man in diesem Zusammenhang nicht unmittelbar an Schwierigkeiten zwischen Meistern und Gesellen denken, sondern vielmehr an Interessenstreit innerhalb der Großindustrie, der Kapitalisten betrifft, aber in dem Meister und Gesellen nicht selten gemeinsame Sache machen. 1474 wurde in Utrecht ein Verbot des Arbeitsstreiks für Textilarbeiter erlassen, das sich vornehmlich gegen die Walker und Walkergesellen richtete, die offensichtlich gemeinsam versucht hatten, Lohnerhöhun-

[31] Ebel, S. 28.

[32] J. C. Overvoorde und J. G. Ch. Joosting, *De gilden van Utrecht tot 1528*, I. 's-Hage 1897, Einleitung S. lxxix; mit Verweis auf Riemenschneidergilde 1417, aufgenommen in Bd. II., S. 327.

[33] P. Boissonnade, *Le travail dans l'Europe chrétienne au moyen âge* v^{e}–xve *siècle*. Paris 1921, S. 262–263.

[34] Fr. Wilhelm Stahl, *Das deutsche Handwerk*. Gießen 1874, S. 223ff.

gen durchzusetzen. Es wurde ihnen zweijährige Verbannung angedroht[35]. Schon während des 14. Jahrhunderts sind zwar »Gesellenstreiks« zu verzeichnen, aber die Frage erhebt sich, ob es sich nicht auch hier häufig um Meisterstreiks handelte. Bis ins 15. Jahrhundert wurde gerade der Meister als »Geselle« bezeichnet, nämlich als Zunftgeselle. Nur ausnahmsweise findet man im 14. Jahrhundert Knechte als Gesellen erwähnt[36]. Am Ausgang des Mittelalters und in der neueren Zeit hat aber auch in einfachen Handwerksbetrieben die Ungleichheit zugenommen, wodurch wohl Konflikte zwischen Meister und Gesellen entstehen mußten. Während des Hochmittelalters jedoch war der handwerkliche Lohndienstvertrag noch keineswegs ein Symbol der Unterdrückung und des gesellschaftlichen Konflikts und nicht einmal Ursache für eine soziale Diskriminierung und sinkenden Wohlstand. Mit gutem Grund darf also seine Existenz als Beweis dafür gelten, daß die Freiheitsidee, die die Kaufleute in die städtische Wirtschaftsgesellschaft eingebracht hatten, auch in der handwerklichen Produktionsweise Wurzel geschlagen hatte.

7. Seefahrt, Fischerei, Bergbau

Betrachtungen über die Position des Arbeitnehmers sind heutzutage oft von einem Übermaß an ideologischem Normativismus belastet. Vor allem dort, wo man gegen eine Arbeitgeberautorität reagiert, die in jüngerer Vergangenheit längst nicht immer mit rein funktionalen Gründen motiviert werden konnte, besteht die Neigung, die Struktur des Lohndienstverhältnisses als weniger erwünscht hinzustellen und eine – wie man glaubt – in der Vergangenheit allgemein üblich gewesene genossenschaftliche Struktur zu idealisieren. Bei solchen Dingen ist Vorsicht geboten. Die Wirklichkeit war in der Vergangenheit genauso pluriform, wie sie es noch heute ist. Und mehr noch, die Realitäten stellen ebenso wie heute ein zusammenhängendes Ganzes dar. Die Konsequenz ist, daß eine bestimmte Strukturform nicht ohne weiteres aus dem gesellschaftlichen Kontext gerissen und auf eine ganz veränderte soziale Ordnung über-

[35] Overvoorde und Joosting, II, S. 211.
[36] Ebel, S. 16.

tragen werden kann. Die heutige Problematik bezüglich der Arbeitgeberautorität und der Mitbestimmung der Arbeitnehmer werden wir in einer zeitgemäßen Weise lösen müssen, das heißt mit Hilfe von Formen, die in unser Gesellschaftsgefüge passen. Wenn die Geschichte uns über solche Fragen etwas lehren kann, dann wohl dies, daß unsere Vorfahren zu ihrer Zeit dasselbe getan haben. Das genossenschaftlich inspirierte Arbeitsverhältnis war für sie keine Norm, sondern in bestimmten Fällen ein durch die Umstände gegebenes Faktum. Norm war dagegen die menschliche Freiheit, aber die konnte auch mittels anderer Strukturformen – und namentlich durch einen freien Lohndienstvertrag – realisiert werden.

Im letzten Kapitel haben wir beide Möglichkeiten bereits prinzipiell betrachtet. Dabei wurde aufzuzeigen versucht, daß die neue auf Freiheit zielende wirtschaftliche Bewegung tatsächlich zuerst eine genossenschaftliche Form der Zusammenarbeit angewandt haben wird. Das schließt eine funktionell motivierte Autorität nicht aus, ist aber im übrigen nur unter bestimmten Bedingungen praktikabel. Als solche haben wir genannt: Die Existenz eines Verbandes von begrenztem Umfang, dessen Mitglieder persönlichen Kontakt miteinander haben; prinzipielle Gleichwertigkeit der Genossen aus einem egalitären gesellschaftlichen Milieu; und schließlich Ähnlichkeit des Risikos. Wo diese Voraussetzungen erfüllt sind, kann ein vermögensrechtlicher Vertrag der Zusammenarbeit entstehen, der die prinzipielle menschliche Freiheit der Vertragspartner unberührt läßt. Die kapitalistische Entwicklung schafft aber eine wachsende Ungleichheit, wodurch die Voraussetzungen für die genossenschaftliche Form der Zusammenarbeit zerstört werden. Was übrig bleibt – vielleicht neben einem rudimentären Genossenschaftselement –, ist ein einmal erreichtes Gleichgewicht zwischen Autorität und Freiheit, das das Kennzeichen des modernen Arbeitsvertrags bildet. Nun ist der Zeitpunkt erreicht, in dem das neue Arbeitsrecht auch auf traditioneller gefärbte Arbeitssituationen übertragen wird.

Um die Sache so exakt wie möglich zu beschreiben, werden wir in diesem und dem folgenden Kapitel etwas näher auf die Arbeitssituationen eingehen, die sich vom skizzierten Standpunkt am weitesten entfernen. Das am meisten auf Tradition beruhende Arbeitsverhältnis ist nicht das handwerkliche Gesellenverhältnis, sondern das durch die Hausgemeinschaft am stärksten damit verwandte Verhältnis von Herr und Knecht im Haushalt und im landwirtschaftlichen Betrieb. Dieses wird im nächsten Kapitel behandelt. Zunächst werden wir uns mit der Entwicklung des freien Lohndienstvertrags bei der Seeschiffahrt, der Seefischerei und dem Bergbau beschäftigen, Arbeitsbereiche, in denen das anfängliche Vorhandensein genossenschaftlicher Züge deutlich nachweisbar ist. Solch ein Element ist, um zur Sache zu kommen, zum Beispiel der Gewinnanteil. Wir haben die Hypothese gewagt, daß die ersten Abenteurer-Kaufleute ihr Personal nicht gegen festen Lohn angenommen haben werden, sondern ihnen in dieser oder jener Form einen Anteil am Gewinn in Aussicht stellten.

Diese Behauptung läßt sich unter anderem durch die Tatsache stützen, daß im ältesten geschriebenen Recht aus den Niederlanden – das an sich schon ziemlich spät, nämlich aus der Mitte des 14. Jahrhunderts datiert – eine Bestimmung steht, die »scipman« und »stuijerman« bei der Handelsseefahrt einen Anteil an der Fracht gibt. Das Kampener ›Boeck van Rechten‹, sagt nämlich: »Voertmer were enich cogge of ander scip de holt voerde oft enigherhande guet dat si licht oft swar daer sal men af gheven den scipman ende dien stuijrmanne oer voringhe alset boert bi lastale.«[1] »Alset boert« – wie es sich gehört –, der Text beruft sich also auf den Brauch. Was aber bedeutet »voringhe«, worauf Kapitän und Steuermann von altersher Anrecht haben? Die ursprüngliche Bedeutung ist: Frachtpreis, aber das ist hier offensichtlich nicht gemeint, da ja nicht vom Besitzer des Schiffes die Rede ist, sondern vom Schiffs»mann« und Steuermann. Im ›Gulden Boeck‹ stoßen wir auf den Begriff »voeringe« in bezug auf »stuerman, scipmans, boetsmans ende kock«, von denen gesagt wird, daß sie alle bei Schiffbruch dem »scipheer« bei der Bergung helfen müssen, wogegen seinerseits dann die Verpflichtung besteht, ihnen die Kost zu geben sowie »oer voeringe van den guede dat gheberget worde«[2]. Ist hier unter Umständen Lohn gemeint analog zum Schifferlohn, der aus dem Frachtpreis besteht? Nein, denn wir lesen weiter: Wenn sie der Verpflichtung der Bergung nicht nachkommen, »so hebben si verlorn eene pene van oorn lesten loone, ende oor vorignhe ende oor leste loon te comen in dier staat oorbaar«, was bedeutet, daß sie dann den fälligen Lohn und ihre »voringhe« verspielen und obendrein den Lohn, der

[1] *Boeck van Rechten der Stad Kampen; Dat Gulden Boeck; Overijsselsche Stad-, Dijk- en Markeregten*, I, 1. Zwolle 1875, S. 27.

[2] *Gulden Boeck*, S. 130.

noch für die Zeit ausstünde, die man benötigte, um wieder gut nach Hause zu kommen.

Das mittelniederländische Wörterbuch hilft uns auf die Spur durch die Erwähnung, daß »voeringe« auch heißt: »was transportiert wird per Wagen oder per Schiff, Fracht; im besonderen Bezeichnung einer bestimmten Menge Handelswaren, die die Fahrensgesellen mitnehmen dürfen, um für sich selbst Handel zu treiben, ohne Fracht zu bezahlen«[3]. Das ist in der Tat ein alter Brauch. Man kann sich vorstellen, daß es für Personal, das mit auf Handelsfahrt geht, ein Anreiz ist, auch selbst einen kleinen Handel zu betreiben, und daß der Kaufmann dies bereitwillig toleriert haben wird, weil es ihm möglicherweise selbst Lohnkosten ersparte. Aber wir sind noch nicht ganz am Ziel. Denn wenn in dem Text über die Bergungspflicht die eigene kleine Fracht der Fahrenden gemeint wäre, dann wäre der diesbezügliche Teil der Strafbestimmung wohl überflüssig gewesen. Es ist schließlich deutlich genug, daß diejenigen, die sich weigern, bei der Bergung zu helfen, auch ihre eigene kleine Fracht verlieren. Man wird vielmehr an einen Anteil der Schiffsleute an der normalen, vom Schiff transportierten Fracht zu denken haben. Das stimmt auch mit den Formulierungen des erstzitierten Textes überein: Man muß ihnen »gheven oor voringhe alset boert bi lastale«. Ihre eigene kleine Fracht braucht man ihnen »nach Brauch« nicht zu geben! Man sollte auch auf die beiden letzten Worte dieses Abschnitts achten: bi lastale. Last(t)ale bedeutet: Die Anzahl Lasten, die ein Schiff enthält[4]. Hier wird deshalb der Maßstab der »voringhe« angegeben; die Schiffsleute haben Recht auf »ihren Anteil an der Fracht, sowie üblich, entsprechend der Größe der Fracht, die das Schiff transportiert«.

Insofern diese Erklärung, daß neben oder anstelle der Befugnis der Schiffsleute, eine eigene Ladung Handelsware mitzuführen, auch ein Recht auf einen Anteil an der Fracht des Schiffes bestanden hat, nicht ganz überzeugend sein sollte, kann noch auf einen anderen Text verwiesen werden, wo von »bi last taele van heringe«[5] gesprochen wird. Man wird sich schließlich kaum vorstellen können, daß auf einem Heringsboot besondere Handelsfrachten anderer Art transportiert worden

[3] E. Verwijs und J. Verdam, *Middelnederlandsch Woordenboek*, 9. 's-Hage 1929, Sp. 732–733.

[4] Verwijs-Verdam, 4, Sp. 179.

[5] *Gulden Boeck*.

sind. Hier handelt es sich offensichtlich um das »zoodje«, eine Menge Fisch, die die Fischer mit nach Hause bekamen. Ebenso werden die Schiffer bei der Handelsfahrt Anrecht auf einen Teil der Fracht gehabt haben, wenn es keine verschiedenen Stückgüter waren, die transportiert wurden. Ich vertrete die Auffassung, daß der Anteil an der Fracht nicht selbständig neben der »eigenen Fracht« bestanden hat, sondern daß er in bestimmten Fällen an deren Stelle getreten ist. Es läßt sich lebhaft vorstellen, daß diese »eigene Fracht« Handelsware bei einem Einheitsfrachttransport (»holt oft enigherhande guet dat si licht oft swar«) nicht mehr toleriert werden konnte und daß es darum durch einen Anteil an der transportierten Fracht ersetzt wurde. Daß dieser Ersatz stattfand, spricht eigentlich für die Bedeutung des »eigen vrachtje« in den älteren Bräuchen der Handelsschiffahrt und somit für die Rolle, die darin zunächst das Genossenschaftselement gespielt hatte.

Wenn einmal die eigene Befrachtung durch einen Anteil an der Schiffsfracht ersetzt werden kann, dann liegt eine weitere Entwicklung auf der Hand. In der Fischerei kann das »zoodje« anfänglich wohl in natura gegeben worden sein, beim Massenfrachttransport ist es kaum denkbar, daß die Seefahrenden Anspruch auf einen Teil der Güter erheben konnten. Die »voeringe« wird also in einen Geldbetrag je nach Erlös aus der Ladung übergegangen sein oder, wenn der Schiffer nicht mehr der Kaufmann selbst ist, je nach der Höhe des Frachtpreises. Ob diese Form in der Urkunde von Oléron gemeint ist, in der gesagt wird: »le mestre de la nef loue sez maronniers les uns a mareage (auf Befrachtung), les aultres a deniers (gegen geld)«[6], wie Ebel meint[7], oder ob es sich hier auch schon um festes Gehalt handeln kann, steht nicht fest. Jedenfalls ist eine Belohnungsform, wobei sich das Schiffsvolk in gewissem Sinne in das Risiko der Fahrt teilte, während des 13. und 14. Jahrhunderts erhalten geblieben, wie unter anderem auch das Lübecker Recht zeigt[8].

Die erwähnten »Jugements d'Oléron«, die als das älteste bekannte westliche Seerecht gelten, scheinen mir eine Übergangs-

[6] H. Zeller, *Das Seerecht von Oléron nach der Handschrift Troyes (1386)*. Mainz 1906, S. 24.

[7] Wilhelm Ebel, *Gewerbliches Arbeitsvertragsrecht im deutschen Mittelalter*. Weimar 1934, S. 66.

[8] Walther Vogel, *Geschichte der deutschen Seeschiffahrt*, I. Berlin 1915, S. 447. S. a. Ebel, S. 67.

situation auszudrücken. Die äußerst interessante Urkunde enthält eine Reihe richterlicher Entscheidungen aus dem 12. Jahrhundert, die von der Insel Oléron vor der französischen Atlantikküste stammen, die bereits nach der Rückkehr von Richard Löwenherz aus dem Heiligen Land 1192 als Gesetz in England angenommen worden sein sollen[9] und während der folgenden Jahrhunderte auch anderswo vielfach übersetzt und kopiert wurden. Man kann unter anderem daraus entnehmen, daß das »eigen vrachtje« nur für die Rückreise zugestanden wurde, nicht für die Hinreise. Und darüber hinaus – worauf es für die unterstellte Ausgangssituation ankommt – daß die Seeleute wählen konnten, ob sie anstelle dieser Fracht vielleicht lieber einen Anteil an der normalen Schiffsladung für die Rückreise haben wollten. Frei übersetzt nach der flämischen Kopie[10] heißt es nämlich: »Wenn ein Schiff an dem Ort seiner Bestimmung angelangt ist, zu Bordeaux oder wo sonst immer, dann muß der Herr des Schiffs seinen Gesellen die Wahl lassen, den ihnen zugewiesenen Platz selbst zu befrachten oder ihn für die Schiffsfracht zur Verfügung zu stellen; wählen sie Anteil an der Schiffsfracht, so sollen sie ihn haben; und wollen sie selbst befrachten, dann müssen sie das so tun, daß das Schiff ihretwillen keinen Aufenthalt hat; und sollten sie keine Fracht finden können, so sind sie selbst dafür verantwortlich...«[11].

Noch in viel späterer Zeit, als eine feste Entlohnung ganz üblich geworden war, trifft man auf eine solche Bestimmung, daß der Schiffsmann erklären muß, ob er seine »voeringe« über

[9] Travers Twiss, *The Black Book of the Admirality*, III; Rerum Brittannicarum medii aevi scriptores, 55. London 1874, S. xiv.

[10] J. M. Pardessus, *Collection de lois maritimes antérieurs au* xviiie *siècle*, IV. Paris 1837, S. 19f. Dem Kommentator zufolge soll die hier zitierte Kopie vor 1266 datiert sein, was jedoch stark bezweifelt werden muß. Es ist kein sehr guter Text, weil einige Passagen vom Übersetzer nicht verstanden wurden.

[11] Art. xviii; der Text Pardessus (S. 26–27) lautet folgendermaßen: »Het ghevalt dat een scip ghearriveert es te ziere rechter ontlastinghe, te Bordeus of elre, de meester es sculdich te zecghene tote zine ghezellen: ghi heeren bevrecht uwe mareen, of ghi zulse laten ten vrechte van den scepe; zy zyn sculdich te verantwoorden wat zy doen zullen, en kiezen zy te hebbene alzulke vrecht als tscip hebben zal, zy zullen hebben, en willen zy bevrecht zyn bi hem selven, zy zyn sculdich te bevrechtene in zulker maniere, dat tscip om hem lieden niet en blive lettende; ende caemt dat zy gheene vrecht en vonden, de meester en zals gheene blame hebben . . .« Darauf folgt eine schlechte Wiedergabe: »en de meester is hemlieden sculdich te toghene haerlieder rive ende haerlieder heyre, en elc scipman mach lecghen tghewichte van ziere marage . . .« Was »rive« und »heyre« bedeutet, läßt sich ungefähr ersehen; ganz klar wird es, wenn man mit Twiss (S. 24–25) annimmt, daß im ursprünglichen französischen Text »leurs leirs et leurs rimes« (ihr Liegeplatz und Ladeplatz) gestanden hat.

die Schiffsfracht laufen lassen oder ob er selbst Fracht mitführen will; wie zum Beispiel in einer Verordnung Philips II. aus dem Jahr 1563[12]. Aber mir scheint, daß die »voeringe« – am Ende des 15. Jahrhunderts noch auf einen Betrag beziffert, der dem des Lohnes beinahe gleich war[13] – dann ein zusätzlicher Ertragsanteil neben dem Geldlohn geworden ist, während das Recht auf Fracht und auf Anteil an der Fracht in früherer Zeit das einzige Einkommen des Seefahrers darstellen konnte. Wir lasen ja in der Urkunde von Oléron: »Ein Herr eines Schiffs mietet sein Schiffsvolk, manche auf Befrachtung andere mit Geld...«.[14] Der Fall wird hier gesetzt, daß das Schiff nicht sofort eine Fracht für die Rückreise finden kann. Diejenigen, die kein Recht auf Geldlohn haben, bleiben gebunden, aber die für Geldlohn Angeheuerten können wegen der Verspätung den Vertrag, falls sie es wünschen, beenden und müssen dann je nach Dauer ihrer Dienstzeit entlohnt werden. Kurz gesagt, erscheint uns die folgende Rekonstruktion gerechtfertigt: Der anfängliche kleine Handel der Hilfskräfte in der Handelsschifffahrt hat zunächst eine vorrangige Rolle gespielt. Diese Einkommensform wird allmählich ersetzt durch einen Anteil an der allgemeinen Fracht. Mit der Zeit ist auch die letztgenannte Form verdrängt worden, aber sie bleibt noch lange als Relikt neben dem festen Lohn bestehen. Selbst in Geld umgesetzt, spiegelt sie noch immer ein wesentliches psychologisches Moment wider, und zwar den Versuch des Untergeordneten, einen Selbständigkeitswert in der Dienstbeziehung zu realisieren. Der Untergeordnete begnügt sich nicht ohne weiteres mit Lohn, sondern wünscht auf diese oder jene Weise seine aktive Teilnahme an dem, was geleistet wird. War man auf Handelsfahrt oder auf Fischfang gewesen, dann mußte sich das bei der Heimkehr zeigen. Dasselbe konnte auch wiederholt bei der Jagd vorkommen: Mancher Treiber schätzt es wenig, wenn er mit dem Treiberlohn abgespeist wird und nichts von der Beute mit nach Hause bekommt; er kann dann kaum sagen, auf der Jagd gewesen zu sein.

Einem Rechtsreflex dieser Erscheinung begegnet man noch im Niederländischen Bürgerlichen Gesetzbuch, in welchem als Form, in der der Lohn festgesetzt werden darf, unter anderem

[12] Von PARDESSUS (IV, S. 64ff.) übernommen aus dem *Placcaetboek van Vlaenderen*, II, S. 316.

[13] VOGEL, S. 444.

[14] Art. XX, bei PARDESSUS, IV, S. 27.

genannt wird: »Eine bestimmte Menge der Erzeugnisse des Betriebs, in dem der Lohn verdient wird«[15]; allerdings hat der Gesetzgeber Art und Menge auf jene Güter begrenzt, die zu den ersten Lebensbedürfnissen des Arbeiters und seiner Familie gehören, und mit holländischer Gediegenheit waren auf jeden Fall alkoholhaltige Getränke ausgeschlossen. Diese »erlaubte Lohnform« ist meines Erachtens als Relikt zu verstehen, das jedoch in der Praxis in unserer Zeit der Arbeitsteilung und der Fachzersplitterung mehr und mehr verschwindet. Das Phänomen gehörte in eine Periode, in welcher Naturalien und Tauschverkehr noch eine wichtige Rolle spielten, zu einer Situation auch, in der eine größere Verwobenheit zwischen Arbeit und Leben bestand und ein geringerer Abstand zwischen Selbständigkeit und Unselbständigkeit, zwischen Herr und Knecht in der Betriebsarbeit.

Die Arbeitsübereinkunft bei der Seefahrt hat während und seit dem Mittelalter, auch abgesehen vom Element der Genossenschaft, eine interessante Entwicklung durchgemacht. Es war immer üblich, dieses Verhältnis im geschriebenen Recht gesondert zu regeln. Aus den Urkunden der Hansestadt Kampen geht hervor, daß dieses Recht hinsichtlich der Rechtsgleichheit von Arbeitgeber und Arbeitnehmer auf einer hohen Stufe stand. Die Schiffsgesellen haben zunächst im Dienst des Schiffers gestanden. Vereinigte dieser beide Positionen, die des Kaufmanns und die des Transporteurs, in sich, so war das selbstverständlich. Mit dem Wort Schiffer konnte aber auch ein Kaufmann gemeint sein, der keine Ahnung von Navigation hatte, auch wenn er persönlich auf dem Schiff mitfuhr. Er hatte dann einen Navigator eingestellt, der neben dem Kaufmann der eigentliche Befehlshaber im technischen Sinne war. Im Auftrag des Kaufmanns heuerte er die Schiffsgesellen an, und natürlich stand er auch nachher dem Kaufmann bei der Ausübung seiner Arbeitgeberautorität zur Seite. In der Terminologie werden feudale Begriffe verwandt – der Schiffer ist nichts anderes als der »scip-heer«, auch geschrieben als »scipher«, der Navigator wird »scip-man« genannt –, aber abgesehen von der vorausgesetzten Treue läßt sich keine materielle Spur von Feudalismus erkennen. Herr und Mann stehen einander als Freie und Gleiche gegenüber.

Der Schiffer-Kaufmann mußte das Schiff nicht besitzen; es konnte bei einem Reeder (reyder) gemietet werden. Oft auch

[15] Art. 1637, s. Niederländisches Bürgerliches Gesetzbuch.

haben die Schiffseigner ihr Risiko dadurch vermindert, daß ihnen als Teilreeder an verschiedenen Schiffen ein Anteil gehörte. Vogel vertrat die Ansicht, daß in einem solchen Fall einer der Reeder selbst auf dem Schiff mitfuhr und also als Schiffsherr bezeichnet wurde. Die Hanseschiffer sollen vom 13. bis 15. Jahrhundert praktisch immer seefahrende Reeder gewesen sein[16]. Diese Hypothese ist aber schwach[17]. Zunächst hat der Auslandskaufmann immer selbst am Orte gekauft und verkauft. Wenn er das Schiff zu einem Teil besaß, war er also überdies noch Reeder, aber davon hing seine Schiffsmannschaft nicht ab. Es ist nicht ausgeschlossen, daß der norddeutsche Kaufmann noch lange auf dem Schiff mitgefahren ist, aber es scheint keinen Grund zur Annahme zu geben, daß ihm, wenn er fortan daheim blieb, an Bord des Schiffs ein Teilreeder nachfolgte, der kein Kaufmann war. Die Tätigkeit eines Teilreeders ist eine typische Tätigkeit zu Lande. Macht der Kaufmann – Eigner oder Miteigner oder auch nicht – die Reise nicht mehr persönlich mit, dann ist es niemand anders als der »scipman«, der zum »scipher« aufsteigt.

Die Situation bleibt auch dann die gleiche, wenn die weitere Besatzung von dem der Navigation kundigen Befehlshaber angeheuert wird, aber dieses Personal tritt von nun an in den Dienst eines Schiffers, der selbst auch wieder in einer Dienstbeziehung steht. Man kann sich den Zustand sehr gut vorstellen: Der Kaufmann hat eigentlich nur mit dem Schiffer als dem Verantwortlichen zu tun; der Schiffer aber muß wörtlich genommen mit den Schiffsgesellen in See stechen, er bekommt sie also nicht zugewiesen, sondern stellt sie selbst ein, obwohl er sie natürlich auf Rechnung des Kaufmannes auszahlt. Diese Schiffsgesellen werden im alten Sprachgebrauch – bis zur Zeit von Michael de Ruyter – als Schiffskinder (kind = Knecht, Geselle) bezeichnet, was etwas von dem alten Paternalismus in der Auffassung der Arbeitgeberautorität widerspiegelt.

Erst wenn die Funktionen von Kaufmann und Reeder sich deutlich und endgültig voneinander unterscheiden – was noch nicht allzu lange zurückliegt –, wenn also der Kaufmann ein Schiff mit Besatzung und allem Drum und Dran auszustatten wünscht und der Reeder ihm diesen ganzen Apparat zur Verfügung stellt, steht die Besatzung fortan im Dienst des Reeders. Der Kapitän übt dann zwar noch Führungsrechte aus, aber er

[16] Vogel, S. 375.
[17] Ebel, S. 49.

tut es stellvertretend; die Gesellen stehen nicht mehr in seinem persönlichen Dienst. Die Anheuerung, die über die Reederei läuft, bezeichnet anfänglich noch nicht den Abschluß der Arbeitsvereinbarung. Später ist die Musterrolle nicht mehr als das Ganze der eingegangenen Arbeitsverträge aufzufassen, sondern lediglich als ein Verzeichnis, aus dem die bereits in Dienst genommenen Besatzungsmitglieder für den Dienst auf einem bestimmten Schiff angewiesen werden.

Wir kehren nun zurück ins Mittelalter, bleiben aber noch ein wenig auf dem Wasser. Die Fischerei hat ähnliche Verhältnisse wie in der Seefahrt gekannt. Bei der Küstenfischerei, die am ältesten ist, tritt die Genossenschaftsstruktur sogar viel deutlicher zutage. Sie wurde hier übrigens schon viel länger praktiziert. Die Apostel, die auf dem See Genezareth zuhause waren, haben auf diese Weise gefischt. Die Genossen werden in erster Linie Söhne, Brüder oder andere Verwandte gewesen sein; die Mannschaft wurde durch Nachbarn oder Bekannte ergänzt. Auf ähnliche Weise löste bis in unsere Zeit der Bauer in der Kleinlandwirtschaft die Arbeitsnachfrage; nur waren hier in den Besitzverhältnissen nicht die weiteren Vorbedingungen für das Zustandekommen der Genossenschaftsstruktur gegeben. Bei der Küstenfischerei dagegen ist diese Struktur so tief verankert, daß man – in manchen Fällen wider besseres Wissen – noch immer daran festhält[18].

Auch die Heringsfischerei hat anfänglich die Genossenschaft als normale Organisationsform der Arbeit gekannt, und zwar bis kurz nach 1400 ein größerer Schiffstyp, die Heringbüse, aufkam, die Platz für die Konservierungsbearbeitung des Fisches an Bord bot. Wegen der Kostspieligkeit dieses Fahrzeugs war die Genossenschaft der Fischer zum Untergang verurteilt. Kaufleute finanzierten fortan die Seefischerei. »Bei der Heringsfischerei oder Büserei führt die Unternehmung als solche ein selbständiges Leben. Meistens übersteigt die Büse die Kapitalkraft eines einzelnen Finanziers, und man verlegt sich auf Teilreederei; meistens auf 16 Teilen basierend, in der verschiedene Leute zu einem oder mehreren Sechzehnteln teilnehmen. Die zur See fahrenden Fischer, mit Ausnahme des Steuermanns, sind selten Teilhaber oder Partner des Kapitals. Nur die Tatsache, daß sie vor allem zu Anfang manchmal noch selbst eine Anzahl Treibnetze einbringen, verweist auf die

[18] H. A. H. Boelmans Kranenburg, *Maatschapscontracten in de visserij*, *De Onderneming*, 1960, S. 917ff.

Herkunft der Fahrenden aus der Küstenfischerei.«[19] Merkwürdig ist übrigens, daß im 19. Jahrhundert das Dienstverhältnis gegen festen Lohn wieder durch Teilfischerei ersetzt wurde. Es handelt sich hier aber nicht um die Wiedereinführung eines echten Genossenschaftsverhältnisses, sondern um den Übergang zu einer Art Stücklohn, wobei nämlich der Lohn als ein Teil des Ertrags ausgewiesen wurde. Das geschah, um das Interesse der Besatzung am Ertrag zu erhöhen, und es wurde auch durch die Tatsache gefördert, daß viele Küstenfischer, die von jeher an den Teilvertrag gewöhnt waren, sich zur Treibnetzfischerei meldeten.[20]

Das Wort »vennoot« (Gesellschafter) begegnet uns bei der Fischerei in den Rechtsquellen noch ziemlich spät in verschiedenen Bedeutungen. In einer Urkunde von Vogt und Gericht der Stadt Den Briel aus dem Jahr 1527 ist die Rede von »Vennootschaft« zwischen Kaufleuten; die Höchstzahl der Gesellschafter wird hier auf drei festgesetzt, und den »viscoopers, die hem generen (sich beschäftigen) mit de coopmanscappe van verschen visch«, wird verboten, weitere »collusie te maecken«[21]. Aber gleichzeitig begegnet man Gesellschaftern auf dem Schiff, wenn auch offensichtlich ihre Stellung die des Arbeiters im Lohndienst ist. Man hat nämlich feststellen müssen, daß hin und wieder es jemand fertig brachte, sich gleichzeitig zweimal »te verhuyren ende te beveynooten«, oder daß jemand, der »verhuyert ende beveynoot« ist, nicht an Bord erscheint, weshalb derartige Praktiken in der ganzen Fischereifahrt verboten werden, »tsy ten haringhe, te dogghe, te houcke oft te botte, hoe dieselve zeevaert genaemt mach wezen ...«[22]. Genau ein Jahrhundert zuvor (1427) wird an anderer Stelle der Ausdruck »veynoet« auch in der Bedeutung von Schiffsmann im Lohndienst verwendet, und zwar in der Erklärung eines Schiffsherrn von Schiffen aus Dordrecht, anläßlich des Ertrinkens eines Schiffsmanns, dessen Lohn in Höhe einer Goldkrone deponiert wurde[23].

Außer der Bezahlungsweise läßt sich auf eine anfängliche

[19] H. A. H. Boelmans Kranenburg, *Hollands haringvisserij met de vleet door de eeuwen heen*, *De Onderneming*, 1961, S. 192.

[20] Boelmans Kranenburg, *Haringvisserij*, S. 193.

[21] H. de Jager, *De middeleeuwsche keuren der stad Brielle*. In: Oude Vaderlandsche Rechtsbronnen, 2. Folge. 2, 's Hage 1901, S. 258.

[22] de Jager, S. 251.

[23] J. A. Fruin, *De oudste rechten der Stad Dordrecht*. In: Oude Vaderlandsche Rechtsbronnen, 1. Folge, 4. 's Hage 1882, II, S. 52.

Genossenschaft oder zumindest auf ein ursprünglich vorhandenes Genossenschaftselement im Lohndienstverhältnis in bestimmten Fällen auch aus einer funktionellen Mitbestimmung der Gesellen schließen. Man darf wohl ohne weiteres annehmen, auch wenn es nicht aus den Quellen hervorgeht, daß diese Mitbestimmung bei der Küstenfischerei in starkem Maß vorhanden war. Der kleine Gruppenverband, das egalitäre Milieu und das gemeinsame persönliche Risiko gaben dazu Anlaß. Die beiden erstgenannten Charakteristika bestanden gleichfalls bei der Beziehung zwischen Handwerksmeister und Handwerksgesellen, was also auch bestimmte Züge eines Kompagnonverhältnisses ergab. Es geht hier aber nur um analoge Erscheinungen, die es nicht zur objektiven Institutionalisierung gebracht haben, weil die fundamentalste Ursache für eine gewisse Gleichheit in der Position, das gemeinsam getragene Risiko, fehlte. Das war wohl auf See vorhanden, und wir erkennen denn auch im ältesten Seerecht die deutlichen Spuren eines anfänglich bestehenden Mitentscheidungsrechts der Gesellen auf dem Gebiet der Navigation oder bei anderen für sie sehr bedeutsamen Angelegenheiten, was auf eine genossenschaftliche Struktur deutet[24]. So stoßen wir etwa in der Urkunde von Oléron auf ein Beispiel demokratischer Beratung, das sehr bildhaft beschrieben ist[25].

Auch muß mit den Gesellen beraten werden, wenn der Schiffsherr im Zusammenhang mit lebensnotwendigen Ausgaben[26] oder vielleicht auch infolge anderer Kosten[27] gezwungen ist, etwas von der Takelage zu verpfänden. Dieselbe Rechtsquelle spricht auch von Beratung, die natürlich in bestimmten Fällen mit den Kaufleuten gepflogen werden muß, falls diese an Bord sind; so etwa über das Überbordwerfen von Gütern bei Sturm (Art. VIII) und über das Kappen des Mastes (Art. IX). Manche flämischen Texte haben dem nun hinzugefügt, daß, falls keine Kaufleute an Bord sind, diese Beratung mit Steuermann und Schiffsbesatzung abgehalten werden muß[28]. Daraus ergibt sich also wiederum eine funktionelle Mitbestimmung, wodurch die Eigenmächtigkeit des Befehlshabers – ganz gewiß auch im Interesse von Reedern und Kauf-

[24] Vogel, S. 369.
[25] Pardessus, S. 20.
[26] Pardessus, S. 20.
[27] Travers Twiss, S. 4.
[28] Pardessus, S. 23.

leuten – beschnitten wird. Ihr Entstehen läßt sich kaum aus einer üblichen wohlwollenden informellen Haltungsweise erklären, sondern darf in ihrer objektiven Normierung als typisch für eine Beziehung echter Partnerschaft gelten.

Zum Schluß noch ein kurzes Wort über einen ganz anderen Berufszweig, bei dem ebenso, wenn auch eher in Zusammenhang mit dem sachlichen als dem persönlichen Risiko, Kooperation als früheste Organisationsform freier Arbeit vorkommt. Das war nämlich im Bergbau der Fall. Bereits im 10. Jahrhundert war der Bergmann im Harz, in Sachsen, in Tirol, in Cornwall und anderswo ein vornehmer Handwerksmann[29]. Am frühesten bewahrheitet sich bei ihm die rechtsgeschichtliche Behauptung, »daß Kunst (im Sinne eines besonderen handwerklichen Könnens) frei macht«. Wegen seiner Beherrschung der Abbautechnik und der Schmelzprozesse war er in seiner Arbeit faktisch unabhängig und dabei sehr gesucht. Diesen Umständen verdankt er seine persönliche Freiheit, die er benutzt, um mit anderen, in Gruppen vereinigt, von einer Schürfstelle zur anderen zu ziehen[30]. Der Beruf war schwer, und die Umstände, unter denen der als Kulturpionier beschriebene[31] Bergmann lebte, machten es erforderlich, daß er besonderen Rechtsschutz oder jedenfalls bestimmte Vorrechte genoß. Formelle, aus dem 14. Jahrhundert stammende Privilegien, haben wohl eine beträchtlich längere gewohnheitsrechtliche Vorgeschichte gehabt[32].

Das heißt noch nicht, daß eine vollkommene Freiheit zur Ausübung des Bergbaus von altersher bestanden hätte, noch daß der Bergmann seinen Beruf immer notwendigerweise als Selbständiger ausgeübt haben muß. Manche Autoren vertraten früher die Auffassung einer ursprünglichen, vom Staat ausgegangenen Bergbaufreiheit, die später durch private Grundeigentümer, unter anderem durch Hinweise auf die Gemeinnützigkeit eingegrenzt worden sei. Seit den Untersuchungen Zychas[33] wurde diese Auffassung aber wohl aufgegeben[34].

[29] C. E. P. M. Raedts, *Grepen uit de geschiedenis van de mijnbouwindustrie. De Onderneming*, 1961, S. 422f.

[30] Wilhelm Ebel, *Quellen zur Geschichte des deutschen Arbeitsrechts bis 1849*. Göttingen 1964, S. 16.

[31] Otto Hue, *Die Bergarbeiter*, I. Stuttgart 1910, S. 107.

[32] Hue, I, S. 111.

[33] Adolf Zycha, *Das Recht des ältesten deutschen Bergbaues bis ins 13. Jahrhundert*. Berlin 1899.

[34] Hue, I, S. 79ff.

Bergbau ist gerade außerhalb der Marken entstanden, und es ist verständlich, daß sich der Grundberechtigte, wer immer er war, bei Tolerierung der Ausbeutung durch Dritte bestimmte Rechte vorbehielt. Der ›Sachsenspiegel‹ sagt: »Silver ne mut ok neman breken up enes anderen mannes gude ane des willen, des de stat is; gift he's aver orlof, de vogedie is sin dar over.« Diese Aufsicht implizierte Jurisdiktion über die Bergarbeiter, aber schloß vor allem auch einen Anteil am Ertrag und die Befugnis des organisierten Eingreifens zugunsten des Eigeninteresses des Grundherren ein[35].

Der Grundbesitzer war aber selbst nicht ganz frei in seiner Verfügungsgewalt. Schon im Frühmittelalter vertrat man die Auffassung, daß der König ein oberstes Eigentumsrecht besaß. Das lief auf die Anerkennung bestimmter Interessen des Fürsten hinaus, die als Rechte – Regalien – geltend gemacht werden konnten. So durften Bodenschätze nicht ohne Zustimmung des Fürsten geschürft werden. Diese Konzession wurde – natürlich gegen Bezahlung – nicht an die Bergleute, sondern an den Grundherrn vergeben[36], der sie seinerseits gegen einen Ertragsanteil den Arbeitern übertragen konnte. Der Sachsenspiegel hat auch über die königlichen Rechte ein Urteil: »Al schat under der erde begraven deper den ein pluch ga, die hort to der koningliken gewalt.« Diese Entscheidung geht über das Interesse des Königs *an* den Bodenschätzen hinaus; ihm wird das Eigentum *von* allen Mineralien zugeschrieben. Das geschah in Übereinstimmung mit einem in der zweiten Hälfte des 12. Jahrhunderts zutage tretenden faktischen Anspruch des Reiches. Es handelte sich nicht mehr um eine bestimmte Steuerabtragung, sondern um das Recht auf den vollständigen Ertrag der Mine[37].

Der freie Bergbau ist also nicht durch das königliche Regal entstanden, denn zwischen dem Fürsten und den Arbeitern hat nie eine Beziehung bestanden, wohl aber zwischen dem Fürsten und dem Grundbesitzer. Letzterer konnte die Mine selbst ausbeuten, und das haben vor allem auch Klöster getan. Der Grundherr hat das Gebiet gegen Bezahlung aber auch Gruppen von Bergleuten überlassen, und damit war er es, der den freien Bergbau hat entstehen lassen. Die ältesten diesbezüglichen schriftlichen Verträge stammen vom Ende des

[35] Zycha, S. 123ff.
[36] Zycha, S. 56.
[37] Zycha, S. 47.

12. Jahrhunderts[38]. Man darf aber wohl annehmen, daß diese Entwicklung schon früher eingesetzt hatte. Faktisch sind es dann Selbständige, die im freiwilligen Gruppenverband die Arbeit verrichten. Die Art des Berufs brachte es mit sich, daß der einzelne gezwungen war, sich mit anderen zu assoziieren. Aus dieser Zusammenarbeit entsteht die Organisationsstruktur der »Gewerkschaft«. Sie ist ursprünglich keine Arbeitgeberorganisation, und sie ist unabhängig vom Grundherrn. Auf dessen Domäne können eine Anzahl von Gewerkschaften unabhängig voneinander bestehen. Es sind Organisationen der Arbeiter selbst auf vermögensrechtlicher Grundlage. Die Bergarbeiter partizipieren jeder zu einem Teil an der Konzession[39].

Wenn auch der Grundherr ein Interesse an der Ausbeutung behielt, so wurde die freie Assoziation der Bergarbeiter nicht zuerst von dieser Seite bedroht. Sie war die Folge bald auftretender Vermögensunterschiede zwischen den Bergleuten selbst. Seit dem 12. Jahrhundert wurde es nämlich üblich, daß der gutgestellte Teilhaber der Kooperation einen anderen an seiner Statt arbeiten ließ. Der Arbeitsanteil in der Assoziation konnte also durch einen Geldanteil ersetzt werden[40]. Der Lohndienstvertrag, der hier entstand, bedeutete also nicht unmittelbar einen Verfall der Assoziationsform an sich; im Prinzip konnte er weiterhin auf Arbeitsteilhaber angewandt werden. Die assoziierte Gruppe als solche trat nicht als Arbeitgeber dem Arbeiter gegenüber auf; es war der einzelne Teilhaber, der das für den anderen oder einen Außenstehenden tat. Mit der Zeit verschwanden aber wohl alle Arbeitenden aus der Assoziation. Danach bürgerte sich der Brauch ein, daß die Arbeitsverträge durch Vertreter der assoziierten Gruppe zugunsten aller Gesellschafter geschlossen wurden. Die nächste, übrigens bereits im 13. Jahrhundert erreichte Phase ist dann die, daß die ganze Verwaltung, einschließlich Anstellung und Entlassung von Arbeitern, einem Beamten des Grundherrn obliegt[41]. Der Betrieb wird nun nämlich überall durch Bergwerksbestimmungen geregelt, wobei der »Bergmeister« die Rechte des Fürsten und die richtige Art des Abbaus, aber auch die Verteilung

[38] Zycha, S. 72.

[39] Zycha, S. 133ff.

[40] A. Zycha, *Über die Anfänge der kapitalistischen Ständebildung in Deutschland.* In: Vierteljahresschr. f. Sozial- und Wirtschaftsgeschichte. Stuttgart 1938, S. 134–135.

[41] Ebel, *Quellen*, S. 17.

des Ertrags und die Entlohnung der Arbeiter beaufsichtigt[42].

Die Organisation von Interessenten – Unternehmer, Grundherren und fürstliche Beamte – verfügt über eigene Jurisdiktion. Mit dem Wachstum der Skala von Unternehmungen ist der eigentliche Bergmann auf die Stufe eines – zwar immer noch freien – Lohnarbeiters im Dienst der »Gewerkschaft« abgesunken[43]. Diese Entwicklung hat sich zuerst im sächsischen Bergbau vollzogen[44]. Mit der Zeit entstehen denn auch die mit dieser Position zusammenhängenden sozialen Konflikte. Bereits Mitte des 15. Jahrhunderts ergeben sich ernste Lohnstreitigkeiten[45]. Der Bruch mit der Vergangenheit war schließlich wohl sehr drastisch: Zur Zeit der kapitalistischen Minenausbeutung, unter anderem durch die Fugger, erinnert bei dem Bergmann nichts mehr an den früheren Genossen. Wohl könnte das Recht des Arbeiters, seine Lohnforderung in eine Anteilforderung umzuwandeln, wie das noch 1500 in Böhmen[46] üblich gewesen zu sein scheint, eine späte Reminiszenz aus der Zeit bedeuten, in der der Bergmann noch nicht beim Bergwerk, sondern bei einem eigenen Teilgenossen in Dienst stand.

8. Knechte und Mägde

Knechte und Mägde, zusammenfassend als »Dienstboten« bezeichnet, findet man hauptsächlich in der konsumtiven Familienhaushaltung und in Berufszweigen, die damit zusammenhängen, wie in der Landwirtschaft, aber man spricht auch von Dienstboten in peripheren Fällen produktiver Arbeit, die sich nicht deutlich einordnen lassen und bei denen deshalb keine Gebundenheit durch eine Zunft besteht. Obwohl die Aufnahme in einen fremden Familienverband nicht unbedingt erforderlich ist, um unter das »Dienstbotenrecht« zu fallen, hat

[42] RAEDTS, S. 423. Für die Arbeitsbelohnung vgl. Auszüge der Constitutiones juris metallici van koning Wenzel II uit het jaar 1300. In: EBEL, *Quellen*, S. 25 ff.

[43] ISADOR LUBIN, *Mining Labor*. In: Enc. of the Social Sciences. New York 1948, X, S. 504.

[44] EBEL, *Arbeitsvertragsrecht*, S. 77.

[45] EBEL, *Quellen*, S. 39–45.

[46] A. ZYCHA, *Das böhmische Bergrecht des Mittelalters auf Grundlage des Bergrechts von Iglau*. Berlin 1900, I, S. 268.

diese Lebenssituation die Form des betreffenden Arbeitsverhältnisses stark beeinflußt. Das Arbeitsrecht hat sich hier denn auch anders entwickelt als im Handwerk. Dort gab es im allgemeinen eine Zunft, die das Verhältnis zwischen Meistern und Gesellen selbst regelte – oder für die diese Verhältnisse jedenfalls geregelt wurden – unter Berücksichtigung bestimmter Berufscharakteristika; Aufnahme in die Familienhaushaltung des Meisters war dabei nur ein zusätzliches, nicht einmal immer notwendiges Phänomen. Bei den Dienstboten aber bestand keine solche Beziehung zum »Beruf«. Knechte und Mägde in der Landwirtschaft und im Hauhalt galten nicht als Fachleute. Was hier zuerst geregelt werden mußte, war weniger eine bestimmte Art von Arbeit, sondern ein Verhältnis zwischen Hausgenossen. Das Arbeitsrecht stellt denn im Wesen auch ein Anhängsel des Familienrechts dar, wie es in England im Verhältnis von »master« und »servant« bis in die moderne Zeit bestehen blieb.

So ist es leicht verständlich, daß eine genossenschaftliche Strukturform nicht in Betracht kam, um der freiwilligen Dienstbarkeit in der Familie juristisch Ausdruck zu verleihen. Es handelt sich hier um eine Beziehung persönlicher Art, die Arbeit ist zu wenig objektiviert, und das Autoritätsverhältnis gilt zu sehr als a priori gegeben, um hier auch nur einigermaßen an Partnerschaft zwischen Arbeitgeber und Arbeitnehmer denken zu können. Bei den handwerklichen Dienstbeziehungen liegen die Dinge prinzipiell etwas anders. Dennoch ist auch die Entwicklung des Handwerksbetriebs faktisch so sehr mit der Familiensphäre verbunden gewesen, daß auch hier keine Rede von einer Arbeit auf gemeinsame Rechnung von Meister und Gesellen sein konnte. Wir beschränken uns in diesem Kapitel aber auf das Dienstbotenverhältnis, um die Veränderung in den Rechtsauffassungen bezüglich der Arbeit in Unterordnung genau wahrnehmen zu können.

Wie gesagt ist der familienrechtliche Charakter für das mittelalterliche Dienstbotenrecht essentiell. Während des Frühmittelalters wurde das auch immer so gesehen. Soweit das zur Familie gehörige Personal aus Unfreien bestand, ging das Recht in das *mundium* des Familienoberhaupts über. Die Freien, die durch *commendatio* oder *obnoxiatio* in den Familienverband aufgenommen wurden, besaßen ebensowenig irgendein sich aus ihrer Arbeit ergebendes Recht, das durch eine Instanz außerhalb dieses Verbandes garantiert gewesen wäre. Und als mit der Zeit kein Unterschied mehr zwischen freien und unfreien Dienstboten zu erkennen ist, entfällt auch der Begriff einer Unterordnung in der Arbeit, unabhängig vom allgemeinen persönlichen Status.

Die Freiheitsreaktion, die sich in den Städten entwickelte und danach auf das flache Land übergriff, stieß in diesen familienrechtlich getönten Verhältnissen wohl auf einen gewissen Widerstand, weil in ihnen nun einmal keine prinzipielle Gleichheit der Parteien bestand. Das Ungleichheitsverhältnis ist übrigens weniger durch die Tendenz entstanden, die Arbeit nur als eine gemietete Ware zu sehen, sondern es ist eher der bestehenden Wirklichkeit des Autoritätsverhältnisses in der Familie zuzuschreiben, wahrscheinlich noch verstärkt durch einen sehr realen »Standes«-unterschied. So sieht man, daß zum Beispiel auf Vertragsbruch des Meisters selten öffentliche Strafen stehen, »während sie in der Regel wohl auf dem des Dienstboten stehen. Man hat darin, wenn ich mich nicht täusche – sagt Fockema Andreae –, nicht ein unverschämtes Messen mit zweierlei Maß zu sehen. Wiederholt zeigt sich, daß man die öffentlichen Strafen zur Garantie für das Einhalten von Verträgen vor allem dort für nötig hielt und erließ, wo anzunehmen war, daß sich Schadensersatz nicht erreichen ließ und also die Aussicht, dazu verpflichtet zu werden, nicht vom Vertragsbruch zurückhalten würde«[1].

Der Umstand, daß im »Dienstbotenrecht« ein arbeitsorganisatorischer Zug fehlt, kann vielleicht erklären, daß es überall ein hohes Maß an Uniformität aufweist. Es beschäftigt sich vornehmlich mit dem Beginn und dem Ende der Dienstbeziehung, und in seinem Inhalt wird stets die Ausübung der Autoritätsbeziehung betont, auch wenn die persönliche Freiheit des Untergeordneten ausdrücklich bestätigt wird. Diese Uniformität ist möglicherweise die Ursache dafür, daß Gierke seine anfechtbare Meinung vom »Gesindevertrag« als dem ältesten Typ eines freien Arbeitsvertrags, der »bereits« im 13. Jahrhundert vollständig entwickelt gewesen sei, hat aufstellen können[2]. Die von städtischen Behörden erlassenen Bestimmungen auf diesem Gebiet sind nicht älter als Zunftrollen für die handwerkliche Betriebsarbeit. Wohl aber verfügen wir über allgemeine Aufzeichnungen von Gewohnheits-

[1] S. J. Fockema Andreae, *Het Oud-Nederlandsche Burgerlijk Recht*. Haarlem 1906, II, Anm. 2, S. 82.

[2] Otto von Gierke, *Deutsches Privatrecht*, III. München-Leipzig 1917, S. 594–595.

recht und gelegentliche Einflußnahme von Landesregierungen auf die Stellung des Haushaltspersonals, die ziemlich frühen Datums sind. Jedenfalls für die germanische Welt; im Süden muß es natürlich auch ein Gewohnheitsrecht gegeben haben, aber die schriftlichen Urkunden sind dort selten. Das bleibt auch so in den Städten; man hat sich dort anfänglich weniger um die Arbeit im Haushalt gekümmert. Das mag der Grund dafür sein, daß Durand glaubt feststellen zu müssen, Frankreich habe keine analoge Form zum germanischen »Gesindevertrag« gekannt[3]. Sollten wir hier vielleicht auch die Erklärung für die Tatsache sehen, daß für die südniederländischen Städte trotz ihrer frühen Entwicklung nur ziemlich späte Dienstbotenbestimmungen gefunden wurden?

Ein Unterschied zwischen germanischem und römischem Recht besteht ganz gewiß darin, daß im letzteren nicht wie im ersten bestimmte äußere Formen bei Vertragsabschluß beachtet werden müssen. Das römische Recht und die von ihm abgeleiteten Systeme haben die Willensübereinkunft, die mündliche oder schriftliche Absprache immer als ausreichend erachtet, um einen Vertrag rechtsgültig werden zu lassen. Im germanischen Recht hing man aber an Formalforderungen. So ist dort wiederholt vom Aufnehmen, dem Einander-Zuwerfen oder Überreichen der »festuca« – einem Schilfstab oder Strohhalm – die Rede, wodurch das *fidem facere*, das Sich-Verbinden zustandekommt[4]. Beim Lohndienstvertrag wird die Abgabe eines Geldstücks außerhalb des Lohns, des Gottespfennigs oder Handpfennigs, verlangt. In romanischen oder früh romanisierten Gegenden hat man das offensichtlich nicht gekannt. Anderswo läßt sich der Brauch bis ins 18. und sogar bis ins 19. Jahrhundert verfolgen, und nicht nur bei landwirtschaftlichem und Haushaltspersonal, sondern auch in handwerklichen Verhältnissen.

Übrigens darf man sich nicht zuviel von einer spezifisch nationalen Ausformung des alten Dienstbotenrechts vorstellen. Die sich auf die niederländischen Gebiete beziehende Behauptung von Bosch, daß die Mietvereinbarung von Dienstpersonal sich »als ein rein rationales Recht, geboren aus den neuen Bedürfnissen und Verhältnissen der stets weitergehenden gesellschaftlichen Entwicklung«[5] zeigt, hat man zwar wieder-

[3] Paul Durand, *Traité de droit du travail*, I. Paris 1947, S. 48.

[4] E. Glasson, *Histoire du droit et des institutions de la France*, III. Paris 1889, S. 231.

[5] J. W. Bosch, *Rechtshistorische aanteekeningen betreffende de overeenkomst tot het huren*

holt[6], konnte aber nicht bewiesen werden. Die erwähnte gesellschaftliche Entwicklung traf zu allgemein auf den ganzen abendländischen Kulturkreis zu, wenn auch das Tempo nicht überall gleich war, als daß daraus viel regional Eigenständiges hätte ersprießen können. Wenn man von nationaler Eigenart sprechen will, dann sollte man übrigens wohl bedenken, daß »das Niederländische« während des Mittelalters noch nicht so genau nachweisbar war. Es handelt sich bestenfalls um eine Nuance in der abendländischen Welt, während man in den verschiedenen niederländischen Gebieten wiederum vielleicht auch nur geringfügige Unterschiede feststellen kann. Was das Dienstbotenrecht angeht, so verspricht eine Untersuchung auf diesem Gebiet nach Fockema Andrea[7] wenig regional bedingte Entdeckungen. Man könnte vielleicht in Versuchung geraten, einen Unterschied zum deutschen Recht darin zu suchen, daß dort ein besonderes Gewicht auf die »Hausherrschaft« mit »Zuchtgewalt« über die Untergebenen liegt. Überall war in ähnlicher Art das Autoritätsverhältnis bekannt.

Das Züchtigungsrecht war nicht unbegrenzt. Mit der bloßen Hand durfte der Knecht geschlagen werden oder auch mit der Rute, dabei war die Toleranzgröße dieses Züchtigungsmittels manchmal ziemlich exakt angegeben[8]. Eine überaus deutliche Bestimmung enthielt das Gesetz von Grösten, das folgendes festlegt: »Schlecht jemand sein knecht oder diern mit ructen: den sol der richter nicht richten, wann niemand mag gewissen, was inner haus ein wüert mit seinen gesind zu schaffen hat.«[9] Die Bestimmung von Bolsward 1455 und 1479 spricht über »enen slach, twie off drie, dye nyet al te hinderlic waeren, daer en ist niet an voerboert, hebben syet verdient«, und Stavoren (15. Jahrhundert) erkennt dem Herrn ebenfalls das Züchtigungsrecht zu, unter Voraussetzung »des syt sweren willen, dat syt wel verdient hebben«[10].

Wenn es sich um das Problem handelt, wie das überlieferte Autoritätsverhältnis in Zusammenhang mit der neuen Idee

van dienstpersoneel. In: Themis, 1931, S. 355–418; 1932, S. 23–92 und S. 215–277; das Zitierte in: Themis, 1932, S. 261.

[6] G. F. Ornstein, *De arbeidsovereenkomst in het ontwerp B.W. van 1820.* In: Drie studiën over arbeidsrecht. Amsterdam 1941, S. 22.

[7] Fockema Andreae, II, S. 80.

[8] Gustav Hertz, *Die Rechtsverhältnisse des freien Gesindes nach den deutschen Rechtsquellen des Mittelalters.* Breslau 1879, S. 31.

[9] Hertz, S. 9.

[10] Bosch, 1931, S. 388.

von der persönlichen Freiheit des Untergeordneten einzugrenzen war, dann kann man sich gerade in den deutschen Ländern auf frühe objektive Bestimmungen berufen, während man sich anderwärts offensichtlich noch mit einem für Formulierungen unzureichenden Gewohnheitsrecht begnügt. So erwähnt Gierke einen Text aus dem kaiserlichen Recht, der angibt, daß das Herrenrecht hinsichtlich des häuslichen Personals ausschließlich aus der Arbeitsvereinbarung hervorgeht: »ein iglich man, dem got hat beschert, daz er hat gesinde, beide magede und knechte, der enhat keyn recht uber sie nit dan alz vil als im ir dienst gevellet um sinen lohn«[11]. Hier wird klar für das Prinzip der Vertragsfreiheit Partei ergriffen. Der Streit zwischen diesem Prinzip und der alten Dienstbarkeit äußert sich auf merkwürdige Weise im Sachsenspiegel, wo dieser die Rechtmäßigkeit der Leibeigenschaft mit kräftigen Argumenten bestreitet[12], aber nichtsdestoweniger das diesbezügliche positive Recht summarisch erwähnt. Aus der letzten Erwähnung geht hervor, daß Leibeigenschaft nur erblich ist, wenn man sich in Gegenwart des Gerichts als unfrei erklärt hat[13].

Der Sachsenspiegel ist eine zunächst lateinisch, später niedersächsisch verfaßte Abhandlung über das Gewohnheitsrecht der Sachsen, vor allem der Ostfalen. Kanonische Quellen und Reichsrecht wurden darin ebenfalls verarbeitet, sowie die eigene Theorie des Rechtsgelehrten Eyke von Repgow, der die Schrift um 1220 zusammengestellt haben soll[14]. Es existieren davon noch vier Handschriften, die aus dem Anfang des 14. Jahrhunderts stammen. Die Art, in der die Unrechtmäßigkeit der Leibeigenschaft bewiesen wird, macht deutlich, daß der Übergang von Leibeigenschaft zum freien Dienstvertrag auf dem flachen Land noch längst nicht definitiv vollzogen war. Die Passage ist interessant genug, um hier auszugsweise zitiert zu werden.

»Got hat den man nâh ime selben gebildet und hâ in mit sîner marter gelediget, den einen als den anderen. Ime ist der arme als nâ, als der rîche. Nû en lâzet uch nicht wunderen, daz dicz bûch alsô luczel saget vin dînstlte rechte; wend ez ist alsô

[11] Gierke, III, Anm. 9, S. 595.

[12] Julius Weiske, *Der Sachsenspiegel (Landrecht) nach der ältesten Leipziger Handschrift herausgegeben*. Leipzig [6]1882, S. 104f.

[13] Weiske, S. 99–100.

[14] E. J. J. van der Heijden, *Aanteekeningen bij de geschiedenis van het oude Vaderlandsche recht*, II. Nijmegen-Urecht 1943, S. 45.

mannigvalt, daz es nieman zu ende komen enkan. Under ieclichem bischofe unde abte und abtischn habn die dînstlûte sunderliche recht, dar umbe en kan ich es nicht bescheiden. Dô man ouch recht êrst sazte, dô en was niechein dînstman, und wâren alle lûte vrîe, dô unse vorderen her zu lande quâmen. An mînen sinnen en kan ich es nicht úf genemen – (nâh der wárheit) –, daz ieman des anderen sulle sîn. Ouch en habe mir nichein urkunde.«

Darauf wird den biblischen Darlegungen, daß Leibeigenschaft von Kain, von Cham, von Esau usw. herrühren solle, ausführlich widersprochen. Und mit biblischen Bildern – gebt dem Kaiser, was des Kaisers ist, und Gott, was Gottes ist – kommt der Verfasser dann zum Schluß: »Dar bî ist uns kundic von gotes worten, daz der mwnsche gotes Bilde wesen sal, und swer in iemane anders zúseget denne got, der tût wider got. Nâch rechter wârheit só hât eigenschaft begin von getwange unde von gevenknisse unde von unrechter gewalt, die man von aldere in unrechte gewonheit gezogen hát unde nû vor recht habn wil.«[15]

Ein Einfluß des ›Sachsenspiegels‹ in den Niederlanden ist nachweisbar, zuerst wahrscheinlich in Geldern und Overijssel durch eine Handschrift des 14. Jahrhunderts[16], danach in Groningen und Nordholland (Anfang 16. Jahrhundert)[17]. Die letztgenannte Handschrift meint in einer polemischen Glosse, die Vermischung von positiv rechtlicher Wiedergabe mit spekulativen Betrachtungen nicht einsehen zu können: »Das sind die Worte des Herrn Eyke, er gibt es nicht als geltendes Recht, sondern er glaubt auf dem Weg des Argumentierens zu beweisen, daß mittels des Rechts keine eigenen Leute bestehen können. Obendrein versucht er zu beweisen, daß die Dienstleute und eigene Leute genau dasselbe sind. Wenn er schon diskutieren will als ein Meister unter seinen Schülern, dann wollen wir mit Verlaub antworten, nicht daß wir ihn belehren können, denn dann würden wir des nicht eingedenk sein, daß er tot ist, sondern wir wollen es deswegen tun, damit seine Weisheit desto strahlender glänzt, wenn man unsere Dummheit dagegen hört. Und alle Menschen sind ursprünglich frei gewesen. Ver-

[15] Weiske, S. 104–106.

[16] B. J. L. Baron de Geer van Jutphaas, *De Saksenspiegel in Nederland.* In: Oude Vaderlandsche Rechtsbronnen. 's Hage 1888.

[17] J. J. Smits, *De Spiegel van Sassen of zoogenaamde Hollandsche Sachsenspiegel;* Nieuwe Bijdragen voor Regtsgeleerdheid en Wetgeving. Amsterdam 1872.

nimm das von dem Sachsen. Daher rührt Herrn Eykes weiterer Irrtum, daß er nämlich glaubt, alle Dienstleute wären eigen. Das ist falsch. Denn wer nicht eigen ist, der wird nicht unser Eigener solange er uns auch dienen mag. Jeder Dienst liegt auf dem Gut in der Weise, daß der, der das Gut hat, den anderen dafür dienen läßt; dadurch sind Dienstleute von eigenen Leuten zu unterscheiden. Daß ein Dienstmann nicht eigen ist, kann man auch daraus ersehen, daß er dient um des Gutes willen, das er bedient, während der eigene um nichts dient. Obendrein, mag auch ein Dienstmann Ritter werden, so kann der Eigene das noch nicht. Drittens können sie ohne Genehmigung Priester werden, aber die Eigenen können das nicht. Wisse wohl, daß Leibeigenschaft nichts anderes ist, als daß der eine Herrschaft über den anderen hat, von der letzterer nicht ohne den Willen seines Herrn befreit werden kann. Nach dem gültigen Recht kann es Leibeigene geben, denn die Kaiser dekretierten, daß derjenige, der einen rechtmäßigen Feind fing, diesen zu seinem Leibeigenen machen durfte, damit daß er ihn nicht tötete. Wenn es dann rechtmäßig ist, daß ich der Feinde Gut erhalte (gemeint ist das Lösegeld), dann habe ich noch mehr Recht hinsichtlich derer, die rechtens meine Feinde sind, wenn ich es auf sie persönlich geltend mache.«[18]

Die Behauptung, daß der ursprüngliche Sachsenspiegel die Existenz freiwillig Dienender nicht anerkannt habe, ist absolut falsch. Denn in den Erwähnungen des geltenden Gewohnheitsrechts ist von »Knechten« die Rede, womit sichtlich freie Arbeitsverträge gemeint sind. Ein Paragraph über das Töten oder Rauben des Knechts eines anderen erinnert wohl noch an ein älteres Recht, das sich auf Unfreie bezogen hatte, aber der Täter ist dafür nicht nur dem Herrn, sondern auch den Verwandten des Knechts Verantwortung schuldig[19]. Weiterhin stößt man darin auf Bestimmungen, die sich direkt auf das Dienstverhältnis beziehen. Es werden hier zwar keine Miettermine genannt, aber die Zeitlichkeit ist offenkundig unterstellt. Die altgermanische Verantwortlichkeit des Familienoberhaupts für Handlungen des Knechts ist hier auf den Lohnbetrag begrenzt. Das Entlassungsrecht ist ziemlich rudimentär. Der Herr kann immer entlassen, falls er den vollen Lohn auszahlt. Dienstkündigung durch den Knecht kann zwar rechtmäßig sein, aber im Fall unrechtmäßiger Kündigung erhält er

[18] Nach dem ursprünglichen Text bei DE GEER VAN JUTPHAAS, II, S. 167–168.
[19] WEISKE, S. 68.

keinen Lohn und muß obendrein einen Schadensersatz in Höhe des Lohns an den Herrn zahlen; und auch das, was er bereits erhalten hat, muß er zweifach zurückgeben[20]. Als rechtmäßiger Grund zum Verlassen des Dienstes werden nur Ehe und Berufung zur Vormundschaft erwähnt. Der Knecht erhält in diesem Fall nur Lohn bis zum Datum der Beendigung des Vertrags[21]. Aus diesen Bestimmungen spricht wohl noch ein ziemlich starkes Autoritätsverhältnis, auch eine gewisse Ungleichheit, aber der Knecht ist sichtlich doch ein Freier, der einen zeitlichen Dienstvertrag eingegangen ist. Außer den genannten Bestimmungen gibt es noch einen Titel über den Vorrang von Lohn und Kost beim Tod des Herrn: »Von deme erbe sal man aller êrst gelden deme ingesinde is vôrdînte lôn, als in geburet bis an den tag daz ir herre starp; unde man sal sie halten bis an den drîzigsten, daz sie sich mugen bestaten... Ist aber in zu vîl lônes gegeben, des en dorfen sie nicht wider gebn... Swer ûf genâde gedînet hât« – was bedeutet, daß der Lohnbetrag nicht festgesetzt wurde, sondern dem Wohlwollen oder dem billigen Urteil des Herren überlassen blieb[22] – »der muz den erben gnâde manen«[23].

Wir haben also gesehen, daß in der Nachfolge der Entwicklung der Städte bereits seit dem 12. Jahrhundert auf dem Land eine spürbare Tendenz zur Ausbreitung der frei vertraglichen Arbeit bestanden hat. Man kannte dort schon immer den Taglöhner, den *pretio conductus* neben dem *serviens proprius*, aber anscheinend wurden in der Landwirtschaft nun fortan freie Knechte auch außerhalb der Saisonarbeit eingestellt. Namentlich die Zisterzienser hatten zur Ergänzung der arbeitenden Mönche und Laienbrüder ausschließlich freie Lohnarbeiter beschäftigt. Im 13. Jahrhundert wird der freie Knecht eine ganz normale Erscheinung; es gibt nun wohl noch »eigene« Knechte, aber die Rechtsregeln werden mehr und mehr dem »Vertragsgesinde« angepaßt[24]. Detailliertes Arbeitsrecht für Knechte und Mägde finden wir aber erst in den städtischen Verordnungen. Was die niederländischen Gebiete betrifft, so stammen die ältesten bekannten Urkunden aus dem 14. Jahr-

[20] Weiske, S. 67.
[21] Weiske, S. 68.
[22] Hertz, S. 8.
[23] Nach dem ursprünglichen Text bei Weiske, S. 26–27.
[24] A. Zycha, *Über die Anfänge der kapitalistischen Ständebildung in Deutschland.* In: Vierteljahresschrift f. Sozial- und Wirtschaftsgeschichte. Stuttgart 1938, S. 145.

hundert. Sie wurden in den östlichen Hansestädten gefunden: Zwolle (1324), Kampen (1329); Zutphen (2. Hälfte des 14. Jahrhunderts), Hattem (1387), Wageningen (1392) und Vianen (1408) schließen sich an. Dieses Recht zeigt einen höheren Grad der Reife als die etwa gleichzeitigen niederländischen Handschriften des Sachsenspiegels, woraus man schließen könnte, daß auch dieses städtische Arbeitsrecht bereits eine vorangegangene gewohnheitsrechtliche Entwicklung durchgemacht haben muß.

Aus den viel älteren Städten der Südniederlande sind merkwürdigerweise keine frühen Rechtsquellen bekannt. Daraus zu folgern, daß sie nicht existiert haben, zum Beispiel weil man sich hier enger an eine römisch-rechtliche Entwicklung gehalten hätte, ist beinahe ebenso spekulativ wie die Annahme, daß sie gerade durch eine bewegtere Geschichte in späteren Jahrhunderten verloren gegangen sind. Vielleicht sind aber die bestehenden Quellen auf diesem Gebiet nur sehr sparsam publiziert worden. Gleichwohl, ein städtisches Gewohnheitsrecht, das sich sowohl auf Handwerksgesellen als auf zunftfreie Arbeitskräfte bezog, muß hier sicher seit dem 12. Jahrhundert existiert haben. Indessen sind als früheste zuverlässige Urkunden aus diesen Gebieten nur anzuführen: Ypern (1422), Hulsterambacht (1440), das Vrije van Brugge (1461). Wenn man dem gegenüberstellt, daß eine recht junge Stadt wie Amsterdam schon 1413 ein geschriebenes Dienstbotenrecht kennt, dann ist klar, daß im Süden auf alle Fälle noch einige Glieder der Kette fehlen müssen. Die Phantasie konnte sich zwar eine Zeitlang an einer Quelle festklammern, die zunächst auf etwa 1150 datiert wurde, die aber vor 35 Jahren schon durch Bosch, den hervorragenden Kenner des niederländischen Dienstbotenrechts angezweifelt wurde, hauptsächlich auf Grund der Tatsache, daß eine zweite so alte flämische Quelle nicht nachgewiesen werden konnte[25].

Es handelte sich hier um einen einzigen Artikel aus einer Verordnung – in einer flämischen Handschrift erhalten – vom Kapitel von St. Peter zu Rijssel, die für ein unter seiner Autorität stehendes Herrengut bei Dixmuiden im Land von Veurne erlassen worden war[26]. Bosch äußerte die Vermutung, daß der betreffende Artikel XXVII erst später in die Verordnung auf-

[25] BOSCH, 1931, S. 373.

[26] L. GILLIODTS-VAN SEVEREN, *Coutumes de la Ville et Chatellenie de Furnes*. Brüssel 1897, III, S. 6f.

genommen worden sei. Es scheint mir aber schwierig, hierfür ein Argument zu finden. Anpassung oder Weiterentwicklung der für ein paar unbedeutende Dörfer geltenden Rechtsregelung scheint an sich schon nicht sehr wahrscheinlich. Plazierung und Art der Behandlung lassen auch nicht vermuten, daß der Artikel späteren Datums wäre als der übrige Inhalt der Verordnung. Ich glaube denn auch, daß wir es hier mit einer authentischen Gesetzesbestimmung zu tun haben, die also von Anfang an in die Verordnung aufgenommen war, wenn diese möglicherweise insgesamt auch späteren Datums sein mag, als behauptet wurde. Der Artikel ist übrigens, wie sich noch näher zeigen wird, typisch strafrechtlicher Art und läßt kaum etwas von dem zwischen den Parteien geltenden Recht vermuten. Der Kuriosität halber sei er hier, in heutiges Deutsch übertragen, wiedergegeben:

»Knechte und Mägde, die sich zum Hausdienst vermietet haben und ihren Dienst ohne Erlaubnis der Herrn verlassen, müssen 3 Pfund Strafe zahlen. Auch der Herr verwirkt 3 Pfund bei zwischenzeitlicher Entlassung; ebenso bezahlt man eine Strafe von 3 Pfund, wenn man an dem vorgesehenen Tag den Dienst nicht antritt, es sei denn, man ist inzwischen in den Ehestand getreten; dies alles unabhängig von der durch Parteien vor dem Richter zu fordernden Schadensvergütung.« Diese Bestimmung fügt sich gut in den Gesamttext der Verordnung, die als eine »Polizeiverordnung« aufzufassen ist, welche also bezweckt, die öffentliche Ordnung aufrechtzuerhalten und Strafe für Vergehen allerlei Art festlegt. Wir stoßen dort auch auf einige Artikel, die nicht von Strafe, sondern von Schadensersatz sprechen und den Betrag also auch nicht nennen, weil der Ersatz dem Schaden zu entsprechen hat. Überdies gibt es neben einer privatrechtlichen Regelung ohne Sanktion auch noch einige öffentlich-rechtliche und prozeßrechtliche Vorschriften, aber die Hauptsache ist doch materiell strafrechtlicher Art. Auch die Dienstbotenbestimmung wird so behandelt, selbst wenn darin erwähnt wird, daß das Interesse der Parteien daneben natürlich auch in einem Zivilprozeß geltend gemacht werden kann.

Wie gesagt findet die Meinung, daß der Artikel später interpoliert worden wäre, nirgends eine Stütze. Daß aber die ganze Verordnung späteren Datums sein muß, falls das lateinische Original, auf welches das Manuskript zurückgehen soll, nicht vorgewiesen werden kann, wird man wohl anzunehmen haben.

Über die Datierung der flämischen Handschrift kann durch den Linguisten nichts festgestellt werden, weil es sich um einen korrupten Text handelt[27]. Und nach dem Inhalt zu schließen, neigt der heutige Rechtshistoriker dazu, die Entstehungszeit auf das Ende des 14. Jahrhunderts oder den Beginn des 15. Jahrhunderts zu datieren[28]. Auffällig ist wohl die gleiche Behandlung von Herrn und Knecht. Beide werden im Fall von Vertragsbruch mit einer strafrechtlichen Buße von 3 Pfund bedroht. Wie in der Nachfolge von Fockema Andreae bemerkt wurde, ist eine solche strafrechtliche Sanktion für den Vertragsbruch des Dieners als Korrektiv auf die Schwierigkeit zu erklären, eine zivilrechtliche Forderung gegen ihn geltend zu machen. Die Anwendung einer solchen Sanktion auch auf den fehlenden Herrn ist vermutlich als ein Versuch zu verstehen, Rechtsungleichheit auf jeden Fall zu vermeiden.

Strafrechtliche Sanktionen wegen Vertragsbruch des Dienstboten kommen häufiger vor und werden in folgenden Jahrhunderten immer schwerer. In dem behandelten Zeitabschnitt sind sie im allgemeinen noch gemäßigt. Das Zutfener Recht von 1356 oder 1357 gab dem Hausherrn das Recht, den Dienstboten jederzeit unter Auszahlung des gesamten »versprochenen« Lohns zu entlassen. »Mer mocht men dien knapen of dier maget bewisen tor waerheyt untrouwe oft sunderlinge zake oft ommeganc mit mannen oft one mit wiven«, dann konnte Entlassung ohne Lohnzahlung erfolgen[29]. Demgegenüber stand eine aus der ersten Hälfte des 14. Jahrhunderts stammende Bestimmung, daß »knapen, megeden oft ammen«, die außer im Falle von Heirat ihre Zeit nicht ausdienten, nicht in der Stadt bleiben durften bei Verwirkung eines Betrags von der Höhe ihres Lohns[30]. Nach 1357 wurde dem noch eine Strafe von 2 Pfund – die Hälfte für die Stadt, die Hälfte für den Herrn – bei Nichteinhaltung der üblichen Wechseldaten durch den Dienstboten hinzugefügt[31].

Nach 1329 hat Kampen auf das letztgenannte Vergehen nicht weniger als 10 Pfund gesetzt. Und was übrigens die Nichteinhaltung der Dienstverpflichtung betrifft, so steht darauf eine Sanktion von 100 Schilling – Bosch sagt fälsch-

[27] Laut Erklärung von Prof. Dr. L. C. Michels, Nijmegen.

[28] Laut Erklärung von Prof. Dr. F. L. Ganshof, Brüssel.

[29] C. Pijnacker Hordijk, *Rechtsbronnen der Stad Zutphen;* Oude Vaderlandsche Rechtsbronnen. 's Hage, S. 27–28.

[30] Pijnacker Hordijk, S. 58.

[31] Pijnacker Hordijk, S. 31.

licherweise 100 Pfund[32] –, die an die Stadt zu entrichten waren neben einem Schadensersatz an den Arbeitgeber in Höhe des Gesamtlohns[33]. Mit diesem letzten wird wohl gemeint sein, daß der Hausherr berechtigt ist, den gesamten Lohn einzubehalten, ohne daß dazu noch obendrein ein Schadensersatz kam, obwohl davon, wie wir gleich sehen werden, auch noch die Rede ist. Das erwähnte Stadtrecht von Kampen scheint den Dienstboten sowieso schon scharf genug anzupacken. Gemäßigt, jedenfalls für diese Zeit, hebt sich davon aber wieder die Bestimmung ab, daß der Arbeitgeber, der einen dringenden Grund hat, wie wir das heute nennen, eine fristlose Entlassung vorzunehmen, das tun kann, falls er den bis zu diesem Zeitpunkt verdienten Lohn auszahlt.

Das älteste Dienstbotenrecht der Stadt Zwolle kennt überhaupt keine strafrechtliche Sanktion in bezug auf Entlassungsbestimmungen. Außerdem kommt auch der zweifellos noch primitive Versuch deutlich zum Ausdruck, die prinzipielle Rechtsgleichheit zwischen Herrn und Knecht, die charakteristisch war für das frühe städtische Recht, so gut wie möglich zu bestätigen. Eine Eigenart der früheren Rechtsauffassung war es, daß man zwischen dem Abschluß einer Vereinbarung und dem tatsächlichen Beginn der Dienstbeziehung unterschied. Bruch der Vereinbarung an sich – so scheint man zu argumentieren – ist Nichteinhaltung eines Versprechens; aber mit Beginn der Dienstbeziehung sind die Parteien faktisch aufeinander orientiert, und Bruch bedeutet erst dann Verletzung der persönlichen Treue. Man ringt sichtlich noch mit den juristischen Folgen eines zweiseitigen Treuebegriffs, aber eine absichtliche Ungleichheit, wie sie im Sachsenspiegel vorkam, wurde in diesem moderneren städtischen Recht doch vermieden. In concreto haben die neueren Einsichten zu folgender Konstruktion geführt.

Ist die Vereinbarung geschlossen, aber hat die Dienstbeziehung noch nicht begonnen, dann kann sowohl der Arbeitnehmer wie der Arbeitgeber die Abmachung annullieren, indem er die Hälfte des vereinbarten Lohnes als Schadensersatz bezahlt. Diese formelle Rechtsgleichheit der Parteien finden wir in allen drei Stadtbüchern von Zwolle (Datierungen: zwischen 1324 und 1341, zwischen 1402 und 1415 und zwischen 1519

[32] Bosch, 1931, S. 377.

[33] *Boeck van Rechten der Stad Kampen* und *Dat Gulden Boeck; Overijsselsche Stad-, Dijk- en Markeregten*, I/1. Zwolle 1875, S. 188.

und 1524)[34]; im zweiten und dritten wird der Deutlichkeit halber noch hinzugefügt, daß sich der Arbeitnehmer dann unverzüglich anderswo vermieten darf. Hatte die Dienstbeziehung jedoch begonnen, dann konnte der Herr, einem ganzen Artikel im ersten Stadtbuch zufolge, die Entlassung vornehmen, falls er den Lohn für die ganze Periode, auf die sich der Vertrag bezog, ausbezahlte[35]. Später hat man offensichtlich erwogen, daß der Herr, der so handelt, wohl einen triftigen Grund dafür haben müßte. Man trifft dann diese Regelung, daß bei Entlassung auf Grund nicht »getreuen Dienens« von seiten des Arbeitnehmers der Lohn nur bis zum Zeitpunkt der Entlassung ausbezahlt werden muß. Hinsichtlich des Arbeitnehmers kann man sich offensichtlich nicht recht vorstellen, daß er im Verhalten des Arbeitgebers einen Grund zur Beendigung der Dienstbeziehung finden könnte. Weglaufen ist immer treulos, und derjenige, der das tut, verwirkt den ganzen Lohn. Die Motivierung dafür wird offensichtlich in der Überlegung gesucht, daß der Arbeitgeber durch die Treulosigkeit getäuscht wurde. Um den Arbeitnehmer daran zu hindern, sich für die Zeit, die er noch zu dienen hat, schadlos zu halten, wird weiterhin bestimmt, daß der fortgelaufene Knecht während dieser Zeit innerhalb Zwolles keinen anderen Dienst annehmen darf.

Wie gesagt ist der Versuch, Rechtsgleichheit zu verwirklichen, noch primitiv. Faktisch versagt er vollkommen. Der Herr kann sich schließlich wohl schadlos halten, indem er einen anderen Knecht einstellt. Obendrein hat der Knecht, der davonläuft, umsonst gedient. Wir fragen dabei noch nicht einmal – wozu man heutzutage neigt –, ob die materiellen Lasten als solche, falls sie für beide Parteien gleich angesetzt waren, faktisch wohl ein gleiches Opfer bedeuteten. Aber verglichen mit dem, was spätere Jahrhunderte an Regelungen in bezug auf das Dienstbotenrecht sehen ließen, ist hier jedenfalls ein kleiner Schritt hin zu einer demokratischen Rechtsauffassung unternommen worden. Übrigens muß noch ein zweifelhafter Punkt hinsichtlich des Zwoller Rechts erwähnt werden, womit wir gleichzeitig auf die vorher erwähnte Möglichkeit zurückkommen, daß man dem treulosen Knecht eine besondere Schadensvergütung auferlegt.

[34] A. Telting, *Stadboeken van Zwolle; Overijsselsche Stad-, Dijk- en Markeregten*, I/12. Zwolle 1897, S. 32, 214, 395.
[35] Zwolle, Anm. 32.

Das erste Zwoller Stadtbuch sagt, daß der fortgelaufene Dienstbote »sinen broetheer of synher vrouwen siin alinghe (ganzen) loen geven« muß[36]. Das zweite und dritte Stadtbuch enthält eine andere Formulierung. Man liest dort, der Bote müsse »gheven also vele als hem gheloeft was«[37]. Das erinnert uns wieder an die Bestimmung aus dem ›Sachsenspiegel‹, deren Sinn offensichtlich darin lag, den ungetreuen Boten außer durch Einbehaltung des Lohns auch noch mit einer privatrechtlichen Buße zu treffen. Das Zwoller Recht hat dem – allerdings nicht wie der Sachsenspiegel – hinzugefügt, daß das bereits Ausbezahlte zweifach zurückgegeben werden mußte. Darum ist es auch fraglich, ob die Bestimmung wohl genauso wie im Sachsenspiegel gemeint war, daß nämlich außer der Verwirkung des Lohns noch zusätzlich eine *poena privata* in Höhe des Lohns an den Arbeitgeber entrichtet werden mußte. Indes muß bemerkt werden, daß Verwirkung des »gesamten Lohns« an sich schon eine – wenn auch gemäßigtere – *poena privata* bedeutet. Der Dienstbote erhält schließlich nicht nur keinen Lohn für die verstrichene Dienstzeit, sondern er muß auch das zurückzahlen, was er für einen Teil der Dienstzeit vielleicht schon vorher erhalten hatte, und gleichzeitig läßt sich daraus entnehmen, daß der Dienstbote für die Zeit, in der die Dienstbeziehung noch hätte fortdauern müssen, nicht nur keinen Lohn erhält, sondern daß er dem Herrn eine Entschädigung in Höhe der Lohnsumme für diese Periode zahlen muß. Auf diese Weise ist die Sache rund, und der Dienstbote hat seinen gesamten Jahreslohn verspielt: Einen Teil des Jahres hat er umsonst gearbeitet, die Zeit nach seinem Fortgehen muß er selbst bezahlen.

Diese Interpretation entspricht genau der Rechtsentwicklung, die Hertz erwähnt[38]: im Laufe der Zeit wird die privatrechtliche Strafe durch eine öffentlich-rechtliche ersetzt. Die Bezahlung wird oft nicht einzutreiben gewesen sein, und was kann man in diesem Fall anderes tun, als den Treulosen »leggen in denn toren unde geven eme 14 nacht water unde bröt?«[39] Auch die Frage, warum einige norddeutsche Rechtsbestimmungen – die angeblich durch den Sachsenspiegel beeinflußt sind – die Buße auf den halben Lohnbetrag begrenzt

[36] Zwolle, S. 32.
[37] Zwolle, S. 214, 395.
[38] Hertz, S. 73f.
[39] Hertz, S. 78.

haben, während andere am ganzen Lohn festhielten[40], findet eine befriedigende Erklärung; die ersteren haben komplizierte Berechnungen bezüglich des Zeitpunkts, an welchem der Jahresvertrag gebrochen wird, vermieden und hinsichtlich des zu zahlenden Schadensersatzes einfach die Mitte genommen. Wir müssen also nicht glauben, daß die Stadtrechte die recht grobe Ungleichheit des Sachsenspiegels – Verwirkung des zweifachen Jahreslohns – anerkannt haben. Vielmehr neigte man – jedenfalls in Zwolle – zu der im wesentlichen schon viel besser formulierten Bestimmung des späteren Rechts von Deventer. Das älteste Recht von Deventer ist verloren gegangen, aber die 1486 festgelegten Rechte wurden 1642 systematisch geordnet; darin nun steht über Dienstboten unter anderem die folgende Bestimmung: »Ein Bürger oder Eingesessener soll seine Dienstboten außerhalb der Zeit nicht gehen lassen ohne gesetzlichen Grund, der den Herren Bürgermeistern rechtzeitig zur Kenntnis gebracht werden soll, oder er soll den vollen Lohn bezahlen, für den der Dienstbote gearbeitet hat. Und es soll auch kein Dienstbote grundlos seinen Herrn oder Frau außer der Zeit verlassen, bei Verwirkung des Lohns für das laufende Jahr.«[41]

Doppelter Bußbetrag ist im Seerecht dem »Boeck van Rechten« von Kampen zufolge wohl bekannt, aber nur für den Fall, daß der Seemann während der Fahrt von Bord will. Hat die Fahrt noch nicht begonnen, dann gilt dieselbe Regelung wie bei den Dienstboten: Verwirkung von »sien irste loen half« beim Nichtantritt des Dienstes und von »syn irste loen altemale« beim Davonlaufen aus dem Dienst[42]. Während der Fahrt aber ist Desertieren eine ernste Sache. Man hat es darum mit einer schweren Sanktion belegt. Es sei denn, er habe einen guten Grund, so heißt es hier, was von den Schiffskameraden bestätigt werden muß, hat er bei Verlassen des Dienstes dem Schiffer »alse vole ghelds van sijns selves ghelde als hem siin scipher hadde gheloeft van de helen Jare« zu geben, während er der Stadt obendrein eine Mark Buße zahlen muß[43]. Die Worte »von seinem eigenen Geld«, die nur hier vorkommen, weisen zweifelsfrei darauf, daß in diesem Fall wegen des Ern-

[40] HERTZ, S. 76–77.

[41] *Rechten ende Gewoonten der Stadt Deventer*, bei Nathanael Cost, Drucker zu Deventer, Anno 1644, S. 117.

[42] Kampen, S. 29–30.

[43] Kampen, S. 30.

stes der Tatsache von einer echten Bezahlung die Rede ist; daß daneben der Lohn einbehalten wird, wird wohl als selbstverständlich gegolten haben. Was den Schiffer angeht, so muß dieser im Falle der Entlassung während der Reise den vollen Lohn ausbezahlen, aber wenn er nach Aussage der Schiffsbesatzung im Recht ist, dann kann er sich mit der Auszahlung des bis zu diesem Zeitpunkt geschuldeten Lohns begnügen.

Mit diesen wenigen Bemerkungen zur mittelalterlichen Auffassung des Arbeitsverhältnisses von Knechten und Mägden wollen wir uns begnügen. Aus den angeführten Beispielen von Rechtsbestimmungen zu diesem Punkt hat sich wohl ergeben, daß man tastend nach der Ausgestaltung einer neuen Freiheitsidee sucht. Dabei dient die städtische Entwicklung als Anregung, wie manchmal aus bestimmten Einzelheiten hervorgeht. In dem ›Boeck van Rechten‹ von Kampen findet sich eine Bestimmung über Lohnforderungen; sie müssen vor Sonnenuntergang bezahlt werden, mit barem Geld oder mit einem Pfand, das nach drei Tagen ausgelöst werden kann[44]; das ist typisches Kaufmannsrecht. Dennoch ist das Dienstbotenrecht nicht das charakteristische Beispiel für die Entwicklung des Lohndienstverhältnisses. Es verbleibt in ihm ein Element der Ungleichheit, das sich nicht nur funktionell erklären läßt. Mit der Zunahme der gesellschaftlichen Statusunterschiede in der neueren Zeit wird sich denn auch bei den Rechtsregelungen gerade an diesem Spezimen des Lohndienstvertrags die Beugung des demokratischen Gedankens am deutlichsten zeigen.

9. Handwerk und Großindustrie

Beim Aufstieg oder Wiedererwachen einer Stadt durch die Aktivität der Kaufleute erhält das dort bereits ansässige Handwerksgewerbe einen neuen Anreiz. Es ist selbstverständlich, daß dadurch auch wieder Menschen von außerhalb angezogen werden, nicht nur Handwerker, in erster Linie vielleicht sogar Ungelernte. Die Bevölkerungszunahme hat einen Teil der Landbevölkerung in Bewegung gebracht, weil sich die Produktionsverhältnisse dort nicht für die Schaffung ausreichender neuer Arbeitsplätze eigneten. Mit Gimpel könnte man sich den

[44] Kampen, S. 34.

Gang der Dinge in etwa so vorstellen: »Das Milieu, aus dem diese ungeschulten Arbeiter angeworben wurden, muß in der Klasse der ›Entwurzelten‹ gesucht werden. Das waren oft Leibeigene, die ihren Herren davongelaufen waren und Zuflucht in den Städten weit weg von ihrem Geburtsort suchten. Bekanntlich wurden sie, falls sie nicht innerhalb eines Jahres und einem Tag von ihren Herrn reklamiert wurden, freie Bürger der Stadt. Diese Arbeiter waren vermutlich auch oft Söhne aus kinderreichen Bauernfamilien, die in der Stadt das Abenteuer und die Freiheit suchten. Beide Arten konnten unverzüglich an einer der vielen Baustellen der Stadt Arbeit finden. Die Arbeit auf den Baugerüsten war freie Arbeit.«[1]

Aber auch der Arbeitsbereich, der von der Handwerkerzunft beherrscht wurde, erlebte einen ständigen Zufluß von Neuankömmlingen aus den Reihen der Landhörigen. Auch für die Söhne von Handwerkern war ein relativer Mangel an Arbeitsmöglichkeiten in ihrer eigenen Umgebung entstanden. Zum Teil waren sie bereits an einen gewissen freien Marktverkehr gewöhnt. Das Domänensystem forderte wohl noch bestimmte Dienste von ihnen, konnte aber auf die Dauer nicht mehr allen Hörigen regelmäßige Arbeit bieten. So mußten sie sich wohl nach anderen Möglichkeiten umsehen, die sie in den sich entwickelnden Städten fanden. Wie schon früher beschrieben[2], war das Ende der Hörigkeit im 13. Jahrhundert manchmal mit Verpflichtungen verbunden. Wo das nicht der Fall war, werden die Frondienste wohl oft Schwierigkeiten mit sich gebracht haben. Man konnte sich ihnen nicht ohne weiteres entziehen. Aber neben der Möglichkeit des Loskaufens sind auch Fälle bekannt, in denen die Autoritäten bestimmte Personenkreise von der drückenden Last der persönlichen Verpflichtung enthoben haben. So bereits früh in Westfrankreich.

Im Jahr 1120 befreite Graf Fulco V. von Anjou die Arbeiter, Steinmetze und Zimmerleute der Abtei von St. Jouin-de Marnes in Bas-Poitou, sowohl diejenigen, die in der Gegend geboren waren, als auch solche, die von anderswoher kamen, von allen Dienstleistungen gegenüber der Seigneurie von Moncontour[3]. Zwischen 1127 und 1137 traf Herzog Wilhelm

[1] Jean Gimpel, *Les bâtisseurs de cathédrales.* Paris o. J., S. 69–70.

[2] Vgl. Kapitel 1.

[3] Victor Mortet, *Recueil de textes relatifs à l'histoire de l'architecture et à la condition des architectes en France au Moyen Age*, I. Paris 1911, S. 361f.

VIII. von Aquitanien eine Reglementierung im Zusammenhang mit der Errichtung von Abteikirchen, mittels derer er die Arbeiter bei ihrem Kommen und Gehen wegen des Werks unter seinen Schutz stellte und durch die er seinen Ministerialen verbot, sie oder ihre Familie zu belästigen oder ihnen andere Arbeit aufzutragen[4]. Auch im kirchlichen Herrschaftsbereich findet man in der zweiten Hälfte des 12. Jahrhunderts mehr und mehr Reglementierungen zugunsten der Bauarbeiter. Es handelt sich hier natürlich immer um ein nachweisbar objektives Interesse, das bei den anderen Handwerkszweigen fehlt. Auch in anderer Beziehung zeigt die Entwicklung des Baugewerbes ganz eigene Züge, so daß es sich lohnt, auf diesen Tätigkeitsbereich später gesondert einzugehen.

Andere Gewerbezweige als das Baugewerbe appellieren vielleicht weniger direkt an die Phantasie, wenn wir uns das Bild der mittelalterlichen Stadt vor Augen zu rufen versuchen, aber sie haben deren allgemeinen Aspekt deswegen nicht weniger bestimmt. Wie heute noch im Orient übten selbständige Handwerker – oft in einzelne Berufsgruppen gegliedert, in eigenen Straßen wohnend – ihre Tätigkeit unter den Augen der Öffentlichkeit aus und stellten ihre Produkte auch ganz offen auf der Straße zur Schau. Vermutlich produzierten sie zunächst aber noch nicht so viel für den freien Verkauf, sondern arbeiteten vorwiegend auf Bestellung, oft ohne Lieferung des benötigten Materials. Das war übrigens schon in viel früherer Zeit gebräuchlich. Die ursprüngliche Rechtsform dafür ist die römisch-rechtliche *locatio conductio operis*, aus der allmählich ein umfassenderer Begriff entstanden ist, als man ihn in der modernen Zeit unter Annahme von Werk zu verstehen pflegt. In der spätrömischen Zeit jedenfalls bezeichnete man damit die Arbeit von einigermaßen geschulten selbständigen Taglöhnern, die für jedermann, je nach Bedarf, zu arbeiten pflegten. Selbstverständlich hat diese weite Auffassung Eingang in das mittelalterliche Recht gefunden. Wer sich das wirklich klar macht, kann sich berechtigterweise ziemlich unfruchtbare Diskussionen über den sogenannten essentiellen Unterschied zwischen *locatio conductio operis* und dem germanisch-rechtlichen »Werkvertrag« ersparen.

Die Rechte und Pflichten der mittelalterlichen Handwerksmeister wurden ausführlich geregelt durch städtische Obrig-

[4] Mortet, I, S. 377f.

keiten und durch die Handwerkerzünfte selbst, mit und ohne Zusammenarbeit mit der städtischen Behörde. Die ältesten und umfassendsten Zunftrechte stammen aus Deutschland. Es handelt sich hier hauptsächlich um wirtschaftliches Verwaltungsrecht, durch das die Betriebsführung als solche reglementiert wurde, aber auch um privatrechtliche Bestimmungen über das Verhältnis zwischen Meister einerseits und Lehrling oder Geselle andererseits und um das zwischen Handwerksmeister und Auftraggeber, während die Vorschriften über die Qualität der Arbeit selbst den Auftraggeber ebenfalls interessierten, weil dadurch vielfach Streitigkeiten über diesen Punkt vorgebeugt werden konnte[5]. Aus diesen Rechten meint Rothenbücher eine eigene deutsch-rechtliche Vertragsform ableiten zu können, unter der der Handwerksmeister arbeitete, auch ohne daß das Mittelalter diese theoretisch begrifflich entwickelt hat. Es läßt sich aber nicht leugnen, daß das geschriebene Recht auf ältere Bräuche zurückgeht, die ebenso wie bereits die Volksrechte der germanischen Stämme römischrechtliche Einflüsse erfahren haben, während auch das kaiserliche Recht eine Reihe römisch-rechtlicher Auffassungen verarbeitet haben kann[6].

Die kulturellen Grundlagen des Abendlandes sind nun einmal nicht so nach nationalen Gesichtspunkten zu unterscheiden, wie das die deutschrechtliche Schule gern hat darstellen wollen. Sowohl in der *locatio conductio operis*, wie sie sich in Wirklichkeit bei uns fortgesetzt hat, wie auch im Werkvertrag sind zwei Elemente erkennbar: Selbständigkeit und die Übernahme von Risiko durch den Arbeitnehmer. Das erste ist das Wesentlichste[7]. Die Stellung, die der Arbeitnehmer hinsichtlich dessen einnimmt, für den die Arbeit oder das Arbeitsergebnis bestimmt ist, eine ausgesprochene Gleichheitsstellung und keine Unterordnungsstellung, ist bestimmend für das handwerkliche Verhältnis. Die Risikoübernahme ergibt sich daraus von selbst, wenn auch dieses Element – schon in spätrömischer Zeit – einer Relativierung unterliegt.

Der selbständige Handwerker arbeitete nicht immer im Akkord (»verding«, »fürgriff«), sondern auch auf Zeitlohn-

[5] Karl Rothenbücher, *Geschichte des Werkvertrags nach deutschem Rechte*. Breslau 1906, S. 2, 58.

[6] Rothenbücher, S. 6, 74.

[7] Wilhelm Ebel, *Gewerbliches Arbeitsvertragsrecht im deutschen Mittelalter*. Weimar 1934, S. 12.

basis. Dennoch wurde er für das Arbeitsergebnis entlohnt. Im Falle von – erst hinterher zu bestimmendem – Zeitlohn wurde doch angenommen, daß dies eine adäquate Belohnung für das Arbeitsresultat war. Auf dieselbe Weise rechnen die selbständigen Handwerker noch heute, ohne daß dies ihre Selbständigkeit oder Verantwortlichkeit für das gelieferte Werk mindert. Manchmal scheint sogar ein Mißtrauen gegen Akkordlohn bestanden zu haben, wegen der Möglichkeit, daß die Arbeiter dadurch zu unmotivierter Konkurrenz verleitet wurden und der Auftraggeber schlechte Arbeit erhielt[8]. Das alles war bereits in spätrömischer Zeit bekannt. Neu ist vielleicht das Phänomen, daß der Lieferung des Materials durch den Handwerksmeister manchmal entgegengewirkt wurde. So verbietet ein Baumeisterbuch aus der zweiten Hälfte des 15. Jahrhunderts, daß »mit dem toten Stoff« Spekulationsgewinne erzielt werden[9]. Eine solche Haltung blieb wahrscheinlich wohl die Ausnahme, wenn auch praktisch Arbeitsübernahme ohne Materiallieferung häufig vorkommt. Beachtenswert ist jedenfalls, daß das Element der persönlichen Arbeitsleistung in dem, was der selbständige Handwerker zu liefern hatte, für das mittelalterliche Bewußtsein stark überwog. Ohne es typisch germanisch nennen zu müssen, kann dieses Phänomen vielleicht als die deutlichste Abweichung von der sachlicher aufgefaßten *locatio conductio operis* gesehen werden.

Das Überwiegen der Arbeitsleistung hat schon früh zu dem Begriff »Lohnarbeit« geführt. Nicht immer aber hat man den Begriff »Lohnarbeit« scharf von »Lohndienst« zu unterscheiden gewußt[10]. Auch im Frühmittelalter hatte man die Grenzen – sogar die Grenze zwischen Selbständigkeit und Unselbständigkeit – oft nicht so scharf gezogen. Doch soll der Unterschied prinzipiell wohl aufrechterhalten bleiben, weil sonst die Beziehung des Handwerkers zum Auftraggeber nicht klar wird. Die Bestimmungen im Zusammenhang mit dem Risiko – der wesentlichste Punkt, der einer Regelung bedarf – hängen nämlich ab von der Selbständigkeit. Der selbständige Handwerker ist verantwortlich für die gute Ausführung der Arbeit und verantwortlich im Falle schlechter Leistung und für von ihm verschuldeten Verlust oder Beschädigung des durch den

[8] Rothenbücher, S. 10–13.

[9] Rothenbücher, S. 14.

[10] Eberhard Schmieder, *Geschichte des Arbeitsrecht im deutschen Mittelalter*, I. Leipzig 1939, S. 75.

Auftraggeber zur Verfügung gestellten Stoffes. Obendrein kann er dann eine Buße erhalten, wie das für die Lübecker Leinenweber von 1425 bestimmt wurde: »Item we en werk vordervet (wer ein Werk verdirbt), de schal werk betalen unde schal dat wedden (büßen) mit eineme halven punde weddes.«[11]

Wie bereits erwähnt, ist das Risikoelement des selbständigen Handwerkers immer relativ gewesen. Er war kein kapitalistischer Unternehmer, der sich viel Risiko aufbürden konnte. Gerade darum arbeitete er oft mit einem vom Auftraggeber besorgten Grundstoff. Ging dieser ohne sein Verschulden zunichte, dann konnte man ihn nicht so leicht haftbar machen. In der Binnenschiffahrt war es die normale Regel, daß der Beförderer nur im Falle von Nachlässigkeit oder Leichtsinn für Verlust oder Beschädigung des zu befördernden Gutes verantwortlich gemacht werden konnte[12]. In gewissem Sinne hat es sogar den Anschein, als wolle das mittelalterliche Recht das sachrechtliche Verhältnis hinter das Arbeitsverhältnis stellen. Manche Autoren sahen sich dadurch veranlaßt, das Kriterium, ob die Arbeit an sich oder aber das Arbeitsergebnis gefordert war und im Zusammenhang damit, ob der Auftraggeber oder der Arbeiter das Arbeitsrisiko trägt, für die Bestimmung der Position des Handwerksmeisters als nicht relevant zu erachten[13]. Das geht mir etwas zu weit. Zweifellos aber wurde der Akzent doch so stark auf die persönliche Arbeitsverrichtung gelegt, daß sich Fälle belegen lassen, in denen ohne Erreichung des Arbeitsresultats dennoch Lohnzahlung geschuldet wurde.

Nach Rothenbücher war es sogar die Regel, daß bei Mißlingen des Werks ohne Verschulden des Arbeiters die bereits verrichtete Arbeit vergütet wurde[14]. Die von ihm angeführten Beweisfälle beziehen sich aber ausnahmslos auf Frachtverkehr, wo das zufällige Risiko besonders hoch ist, so daß aller Anlaß zu bestehen schien, den Beförderer dagegen zu schützen. Das ist denn auch durch allgemeine Rechtsnormen geschehen, während man bei Extrarisiko in Einzelfällen eine ähnliche Vereinbarung getroffen haben wird[15]. Die Auffassungen waren

[11] C. Wehrmann, *Die älteren Lübeckischen Zunftrollen*. Lübeck 1864, S. 322.

[12] H. Planitz, *Deutsche Rechtsgeschichte*. Graz 1950, S. 163.

[13] Ebel, S. 12–13. Auch Heinrich Mitteis, *Deutsches Privatrecht*. München-Berlin 1950, S. 137.

[14] Rothenbücher, S. 70f.

[15] Ebel, S. 12.

von keiner Dogmatik belastet; vielmehr bestand stets Bereitschaft, das Recht der Situation und der Art des Berufs anzupassen. Auf derselben Ebene liegt die Forderung nach längerer Garantiedauer für die Qualität des gelieferten Werkstücks im Kunsthandwerk, als anderswo üblich war, sowie das Erlöschen-Lassen des Vertrags beim Tod des Baumeisters oder Künstlers[16].

In diesem Zusammenhang ist auch an das Arbeitsverhältnis derer zu denken, die nicht im eigentlichen Sinne produzieren, sondern in Selbständigkeit Dienste leisten, wie Lehrer, Advokaten und Ärzte. Es liegt schließlich auf der Hand, daß gerade da, infolge der Art der Arbeit selbst, die Verantwortlichkeit bei enttäuschendem Arbeitsresultat schwieriger geltend gemacht werden konnte. Diese Beziehungen und übrigens auch der Vertrag zwischen Handwerksmeister und Lehrling werden wohl als zur allgemeinen Struktur des Werkvertrags gehörig aufgefaßt. Sofern man in dieser frühen Vergangenheit als Alternative nur den Unterordnung mit sich bringenden Dienstvertrag gekannt hätte, wäre diese Auffassung begründet. Möglicherweise läßt sich aber in der Begrenzung der Verantwortung schon etwas von den eigenen Charakteristika des Dienstleistungsvertrags Selbständiger erkennen, wie dieser vor allem bei den intellektuellen Berufen allmählich zur Anwendung kam. Auch der Transportvertrag hat später eine eigene Entwicklung durchgemacht, die sich bereits in den erwähnten Bestimmungen über verminderte Haftbarkeit ankündigt.

Wie immer es auch um die Begrenzung des Risikos bestellt gewesen sein mag, für die Stellung des eigentlichen mittelalterlichen Handwerksmeisters – eine Einschränkung muß gleich wieder für den Großbetrieb gemacht werden – ist in jedem Falle ausschlaggebend, daß er selbständig für einen Markt arbeitete, das heißt für jeden, der für seine Arbeitsprodukte Bedarf hatte, und daß er das obendrein zunehmend in seiner eigenen Werkstatt tat, als Kleinunternehmer, der auf die Dauer auch die Hilfe einiger bei ihm in Dienst stehender Arbeitskräfte besaß[17]. Es läßt sich nicht übersehen, daß seine Beziehung zu diesem oder jenem Auftraggeber eine andere war als die Beziehung seines Lehrlings oder Gesellen zum

[16] Rothenbücher, S. 27.

[17] P. Boissonnade, *Le travail dans l'Europe chrétienne au Moyen Age*. Paris 1921, S. 222–224.

Meister. Mit dem in der Stadt aufblühenden Gewerbe ist ein selbstbewußter Stand von Handwerkern entstanden, die keinen Zweifel an ihrer Selbständigkeit lassen und es mit ihren demokratischen Prinzipien bestens vereinbaren können, daß sie Herr im eigenen Haus und also auch am eigenen Arbeitsplatz sind. Als frei niedergelassene »Meister« organisieren sie sich, regeln sie gemeinsam den Beruf und erstreben sie auch Einfluß auf die Stadtverwaltung.

Ältere Autoren haben versucht, mit wenig Berechtigung übrigens[18], die Ursprünge der mittelalterlichen Handwerkszunft auf die römische Zeit zurückzuführen. Andere haben geglaubt, das Handwerk als Korporation (métier, corps de métier) sei aus den Gruppen von Arbeitern entstanden, die als Unfreie für einen Herrn oder eine Abtei arbeiteten, Dienstbereiche, die früher als »ministerium« bezeichnet wurden[19]. Diese grammatikalische Ableitung von dem lateinischen *ministerium* ist zwar reizvoll, läßt sich aber nur im Französischen anwenden. Es ist gut möglich, daß dort die Handwerkszunft nach dem alten *ministerium* benannt blieb, weil dieses auch schon die Kollektivität von Arbeitern in einem Handwerkszweig angedeutet hatte. Das beweist jedoch noch nicht, daß die freie Handwerkszunft direkt aus diesem äußeren Verband unfreier Arbeiter entstanden sein soll. Mag im Ministerium vielleicht eine Reminiszenz gelegen haben, so läßt sich an eine historische Entwicklung dennoch ebensowenig glauben wie an die Annahme, daß die moderne Gewerkschaftsorganisation aus den Knechtsgilden oder Gesellenbünden entstanden wäre. Im einen wie im anderen Fall können Rudimente alter Bruderschaften in der Anfangsphase wohl eine bescheidene Rolle gespielt haben, das neue Strukturphänomen aber weist zweifellos eine eigene Originalität auf. Warum sollte man übrigens die Möglichkeit einer spontanen Gruppenbildung im historischen Prozeß leugnen?

Anstatt überflüssigen Nachdruck auf Kontinuität zu legen, neigen wir also zur Annahme, daß sich die freien Handwerker in einer Stadt bewußt in der Nachfolge dessen zusammengeschlossen haben, was die Kaufleute infolge eines nachweisbaren Interesses bereits mit ihren Gilden vorexerziert hatten.

[18] E. Levasseur, *Histoire des classes ouvrières et de l'industrie en France avant 1789.* Paris [2]1900, I, S. 260.

[19] Ernest Lavisse und Alfred Rambaud, *Histoire générale du* IVe *siècle à nos jours.* Paris 1893, II, S. 511.

Das Interesse – wenn es auch von Anfang an vielleicht nicht so klar vor Augen stand – sollte sich auch bei den Handwerkszünften bald ergeben. Für diese Hypothese spricht auch die Übernahme des Begriffs Gilde – jedenfalls in Holland – durch das Handwerk. Es gab allerdings Handwerkszweige, die es erst spät zum öffentlich-rechtlichen Status der Gilde brachten. Auch wurden oft verschiedene Handwerksarten zu einer Zunft vereinigt. Der öffentlich-rechtliche Status brachte es mit sich, daß man Nichtmitgliedern die Berufsausübung unter Strafandrohung verbieten konnte. In Zusammenhang damit wurden die Grenzen zwischen den Handwerkerzünften scharf gezogen, was immer wieder zu Uneinigkeiten und Schwierigkeiten führte.

»In Utrecht zum Beispiel führte man von 1511 bis 1548 einen heroischen Kampf um die Frage, wieweit die Hausnäherinnen, die zur Zunft der ›Wantschneider‹ (Altkleidermacher und Kleiderkäufer) gehörten, bei der Arbeit an Kleidern für die Hausfrau gehen durften; die Schneiderzunft verdächtigte sie der schnöden Tat, Kleider nicht nur zu reparieren, sondern auch neue anzufertigen. So gab es einen Konflikt zwischen den Sattlern, zu denen auch die Bildhauer zählten, und den Steinklopfern über das Hauen von Steinfiguren; er wurde zugunsten der Sattler entschieden. Es gab also durchaus Brotneid und Mißgunst, Konkurrenz, wenn man so will, aber nicht zwischen den Männern desselben Fachgebietes wie heute, sondern zwischen den verschiedenen Zünften. Um solchen Schwierigkeiten vorzubeugen, wurden viele gleichzeitig Mitglieder mehrerer Zünfte: Das wurde schließlich ganz normal, schon deshalb, weil die Mitgliedschaft in einer zweiten und weiteren Zunft sehr wenig kostete und also nicht weiter schwierig war.«[20]

Schon im 11. Jahrhundert gibt es die ersten Handwerkszünfte[21]. So früh auch entstehen Zünfte von Einzelhändlern und Studierten wie Ärzten und Apothekern. Letztere wurden übrigens nicht höher eingestuft als die gewöhnlichen Ladeninhaber, angesichts des Umstands, daß sie als Wachsmacher galten und als Verkäufer von Drogeriewaren in einer Zunft mit den Gemüsehändlern untergebracht waren[22]. Eine Charta

[20] H. Brugmans, *Het staatkundig en maatschappelijk leven der Nederlandsche steden.* Leiden o. J., S. 230–231.

[21] Levasseur, I, S. 265.

[22] François Prevet, *Les statuts et règlements des apothicaires.* Paris 1950, I, S. 111.

von Fulco IV. aus dem Jahr 1093 enthielt für die Stadt Angers die Bestimmung, daß es Geldwechslern und »Verkäufern von Gewürzwaren und Kräutern« verboten ist, ihren Beruf anderswo auszuüben als im Innenhof des Domkapitelhauses[23]. Das Bild des Drogisten-Apothekers, das uns aus dieser und ähnlichen Verordnungen entgegentritt, gleicht tatsächlich mehr dem des Kleinhändlers als dem eines Mannes der Wissenschaft. Aber wie gesagt, brauchte das nicht einmal für die Zugehörigkeit zu einer Zunftorganisation ausschlaggebend zu sein. Zunftrechte waren Privilegien, nur das ungelernte Proletariat konnte diese Rechte nicht erwerben. Innerhalb der Zünfte bestanden Unterschiede in Ansehen, Einfluß und Macht.

Im 12. Jahrhundert sind die Vertreter des reicheren Bürgertums in Florenz bereits mit dem niederen Adel verwandt und bilden zusammen mit dem Mittelstand eine gemeinsame Front gegen die eigentlichen Handwerkszünfte. Es gab dort sieben »arti maggiorî«, die sich untereinander gleichfalls wieder im gesellschaftlichen Niveau unterschieden: die der Richter und Notare; der Großkaufleute und Bankiers; der Geldwechsler; der Leinenweber; des handeltreibenden Mittelstands; der Gewürzhändler; der Drogisten und Ärzte; der Pelzhändler. Viel niedriger standen die fünfzehn bis zwanzig »arti minori«: Schmiede, Weinhändler, Zimmerleute usw. Noch viel tiefer aber wurde das eigentliche Proletariat eingestuft: Knechte und Lastträger, Schacherer und Hausierer. Diese durften sich überhaupt nicht organisieren, nicht einmal auf religiöser Ebene. Sie taten sich vor allem bei Unruhen hervor und verbündeten sich dann oft mit der Metzgerzunft, »der äußerst linken Fraktion, die in Tagen der Revolution unerhört gefährlich werden konnte, da sie an scharfe Messer und blutiges Fleisch gewohnt war«[24].

Das 13. Jahrhundert ist die große Zeit der Handwerkszünfte. Es beginnt ihr heftiger, aber eigentlich aussichtsloser Kampf um Demokratie in der Stadtverwaltung. Er dauert bis ins 14. Jahrhundert an, und nach außen hin wird nun, vor allem in den flämischen Städten[25], die demokratische Revolution vollzogen. In Wahrheit handelt es sich aber um einen

[23] Prevet, V, S. 1171.

[24] Hélène Nolthenius, *Duocento*. Utrecht-Antwerpen, 3. Aufl. o. J., S. 68.

[25] In vielen anderen Gebieten sind die Stadtregierungen immer aristokratisch geblieben; vgl. Th. J. A. Goossens, *Van den ›Wolwerck‹ van Den Bosch*. Tilburg 1940, S. 7.

Fehlschlag. Todesstrafe und Verbannung für Berufsvergehen werden zwar durch Buße ersetzt[26], aber der demokratischen Revolution gelang es nicht, die Ungleichheit auszurotten. »Mochte sie auch die patrizische Verwaltung gestürzt, die Kaufmannsgilden abgeschafft, die Londoner Hanse vernichtet haben, das Los des industriellen Arbeiters hat sie nicht verbessert. Ihnen brachte es wenig Vorteil, politische Rechte erlangt zu haben, die Vorstände ihrer Korporationen wählen zu können, einer milderen Gesetzgebung zu unterliegen, angesichts der Tatsache, daß sie wie eh und je gezwungen waren, ihre Arbeit weiterhin für Arbeitgeber zu verrichten.«[27]

Mit dem letzten Passus sind jene Handwerker gemeint, die am zahlreichsten in den flämischen Städten waren, nämlich die aus der Textilbranche. Sie waren es, die die wichtigste Rolle in der Umwälzung gespielt hatten, also gerade jene, die schon lange nicht mehr für den freien Markt arbeiteten, sondern im Auftrag kapitalistischer Arbeitgeber. Natürlich waren sie nicht in der Lage gewesen, Veränderungen eines gesellschaftlichen Status herbeizuführen, der in der Wirtschaftsstruktur verankert lag. Waren sie eigentlich überhaupt noch Handwerker, kleine Mittelständler wie die anderen, oder kündigt sich im Textilgewerbe bereits das moderne Industrieproletariat an? Die Frage wird uns näher beschäftigen, aber zunächst muß erst einmal auf die Entwicklung hingewiesen werden, die in dem Betriebstyp selbst aufgetreten ist, teilweise im Baugewerbe, vor allem jedoch in der Textil- und Metallindustrie. Für die Niederlande ist vor allem bei der Produktion von Wolldecken eine deutliche Entwicklung in Richtung auf die Schaffung eines dezentralisierten Großbetriebs zu beobachten, wenn man auch den Begriff »Groß«-betrieb in relativem Sinn auffassen muß.

Eine früher vertretene Auffassung, daß es nämlich bereits in der Karolingerzeit in Friesland eine bedeutende Tuchproduktion gegeben hätte, wird heute wohl ins Reich der Fabel verwiesen[28]. Die »friesischen Tuche« wurden überall auf dem flachen Land gemacht und waren wahrscheinlich großenteils englischen Ursprungs. Die topographische Benennung war weniger den Produzenten als den Händlern zu verdanken, die

[26] Boissonnade, S. 270.
[27] Henri Pirenne, *Les anciennes démocraties des Pays-Bas*. Paris 1922, S. 189.
[28] N. W. Posthumus, *De geschiedenis van de Leidsche Lakenindustrie*, I, *De Middeleeuwen*. 's Hage 1908, S. 3.

übrigens vorwiegend aus dem »friesischen« Küstenstrich Flanderns stammten. Indes ist es eine Tatsache, daß Textilwaren einen wichtigen Anteil am mittelalterlichen Fernhandel gehabt haben. Es ist sicher nicht unmöglich, daß der Händler schon früh Einfluß auf die finanzielle Position der einzelnen kleinen Produzenten erhalten hat. Aber von einer diese Entwicklung bewußt organisierenden Rolle war zunächst gewiß nicht die Rede. Wenn in den aufsteigenden flämischen Städten des 11. Jahrhunderts das Textilgewerbe allmählich eine ansehnliche Existenzquelle zu werden beginnt, so hat man sich diese in der normalen Form einer handwerklichen Produktion so vorzustellen, daß hier, anders als in den meisten übrigen Gewerbezweigen, bereits eine vertikale Berufsteilung auftritt, die also verschiedene Produktionsstadien wie Kämmen, Spinnen, Weben, Färben, Noppen, Walken und Scheren voneinander unterscheidet.

Diese handwerkliche Spezialisierung, zusammen mit der Tatsache, daß nicht nur für den örtlichen Markt, sondern für den Export gearbeitet wird, läßt das Bedürfnis an einer organisatorischen Aktivität entstehen, die die Gesamtheit des Produktionsprozesses übersieht. Es ist der Händler, der sich wie selbstverständlich in die Rolle versetzt sieht, diese organisatorische Aufgabe zu erfüllen. Der letzte Bearbeiter auf dem Wege vom Grundstoff zum Endprodukt, der direkt mit dem Verbraucher in Kontakt kam, hat sich vielleicht häufig zum Tuchhändler emporarbeiten können[29]. Um einer regelmäßigen Lieferung wie einer gleichbleibenden Qualität sicher zu sein, läßt er bestimmte Handwerker, denen er selbst den Grundstoff liefert, auf Lohnbasis für sich arbeiten. In den holländischen Städten, wo Handel und Industrie bis Mitte des 13. Jahrhunderts geringe Bedeutung hatten[30], setzt sich diese Entwicklung vom selbständigen Handwerk zur Hausindustrie unter Führung eines Unternehmers, des »Tuchhändlers«, erst in der zweiten Hälfte des 14. Jahrhunderts durch[31]. Aber die flämischen Städte haben sie schon viel früher gekannt. Für Leiden hat Posthumus gezeigt, daß man beim exportierenden Tuchhändler, obwohl er einen gewissen bürgerlichen Wohlstand erreichte, doch gewiß nicht von einem wirklichen Großunter-

[29] F. J. Meijer, *Iets uit de geschiedenis van spinnen en weven. De Onderneming*, 1963, S. 704.

[30] J. P. Blok, *Eene Hollandsche stad in de middeleeuwen.* 's Hage 1883, S. 190.

[31] Posthumus, I, S. 269f.

nehmer sprechen konnte. Daneben gab es auch arme Tuchhändler, offensichtlich Heimweber, die selbständig für den örtlichen Markt in direktem Kontakt zum Verbraucher weiterarbeiteten[32].

Der Zeitunterschied in der Entwicklung des Textilbetriebs in manchen Orten kann vielleicht teilweise die Tatsache erklären, daß der Status der Korporationen nicht überall derselbe war. Die Handwerker haben in Leiden, anders als etwa in Flandern und Utrecht, nur geringe Machtbefugnisse bekommen. Sie erreichten weder autonome Regelung noch eigene Aufsicht. Verordnungen für Beruf oder Industrie wurden durch das Gericht erlassen, durch eine städtische Autorität also, und die Geschworenen, die mit der Aufsicht über die Einhaltung und mit dem Aufspüren von Übertretungen betraut waren, leiteten ihre Befugnis von einer Ernennung durch das Gericht ab[33]. Zweifelsohne übte das seinen Einfluß auf die Ausgestaltung der Textilberufe aus. Für die Situation im Leiden des 14. Jahrhunderts spricht Posthumus ohne Vorbehalt von industriellen Arbeitern, die gegen Lohn im Dienste einer Klasse von Kapitalbesitzern arbeiteten[34]. Das Handwerk konnte diesen Arbeitern auch keinen Schutz ihres Berufsbereichs garantieren. Die Unternehmer zogen möglichst viele Arbeitskräfte auch vom umliegenden Land an. Das für mittelalterliche Städte übliche Geschäftsverbot für außerhalb der Stadttore Lebende galt hier nur für Unternehmer und echte Handwerksmeister[35].

Auch anderswo hat man von einer frühkapitalistischen industriellen Entwicklung gesprochen, ja sogar von einer Ausbeutung abhängiger Lohnarbeiter auf breiter Ebene. Es wurde mehr oder weniger üblich, jene Gewerbezweige, bei denen mit der Zeit nicht mehr der geschulte Handwerker, sondern der Kaufmann – »der Urtyp des Unternehmers« – die Produktion kontrollierte, bereits während des Mittelalters scharf vom eigentlichen Handwerk zu trennen. »Hier ist die zünftlerische Ordnung am ehesten zur bloßen Form geworden, sind Meister wie Gesellen zu Arbeitnehmern eines Kapitalisten, des ›Verlegers‹, herabgesunken.«[36] Die Weber und die anderen Bearbeiter arbeiteten zwar weiterhin in ihren eigenen vier

[32] Posthumus, I, S. 275.

[33] Posthumus, I, S. 363.

[34] Posthumus, I, S. 271.

[35] Posthumus, I, S. 273.

[36] Wilhelm Ebel, *Quellen zur Geschichte des deutschen Arbeitsrechts bis 1849*. Göttingen 1964, S. 14.

Wänden, aber sie erhielten Grundstoff und Halbfabrikate vom Kaufmann, der manchmal auch die Produktionsgeräte finanzierte, und sie arbeiteten auf Vorschuß gegen Akkordlohn, so daß von ihrer wirtschaftlichen Selbständigkeit faktisch nichts bestehen blieb. Gegen die angeführten Tatsachen als solche läßt sich nichts einwenden. Dennoch ist es fraglich, ob diese Vorstellung der Dinge ganz der Realität entspricht. Abgesehen von dem Umstand, daß die Annahme von Akkordlohn – und sogar von Tagelohn – durch verschiedenerlei Handwerker immer als ganz normal galt und dadurch die Selbständigkeit nicht berührt wurde, darf man zwei Dinge nicht vergessen.

Erstens war für den mittelalterlichen Arbeiter der finanziellwirtschaftliche Aspekt nicht ausschließlich relevant, wenn es sich um seine Vorstellung von Selbständigkeit handelte; der funktionelle Aspekt war es vielleicht in höherem Maß. Von diesem letzten hat der Kaufmann, der die Produktion organisierte, sich sorgfältig ferngehalten. Die eigentliche Arbeit überließ er in allen Produktionsstadien Spezialisten. »Nach jeder Bearbeitung kommt die Wolle oder das Tuch wieder in das Haus des Tuchhändlers, der es dann zur weiteren Bearbeitung vergibt. Feste Knechte oder Arbeiter hat er nicht, obwohl anzunehmen ist, daß dieselben Personen regelmäßig für einen Tuchhändler gearbeitet haben werden, wie es auch noch in späterer Zeit bei den Heimwebern der Fall war.«[37] Der Tuchhändler wollte aber seine Arbeiter nicht so fest an sich binden, um auf diese Weise als Arbeitgeber der Sorge bei der Ausübung des Betriebs unter dem Aspekt technischer und wirtschaftlicher Effizienz enthoben zu sein. Im Hinblick auf Methodik, Arbeitseinteilung, Arbeitstempo und – nicht zu vergessen – Produktionsrisiko ließ er den Arbeiter lieber...selbständig. Es bestand denn auch wenig Bindung zwischen diesem und seinem »Arbeitgeber«, der weder für den Ablauf des Produktionsprozesses noch für das Wohlergehen des Arbeitenden mehr Verantwortung auf sich nahm, als unabdingbar war. Heimarbeiter wurden vom Arbeitgeber übrigens immer als Selbständige betrachtet, die nun einmal ihre eigenen Brötchen backen mußten. Der Arbeiter seinerseits hat auch mehr Belastung durch die Ungleichheit in der Marktposition gehabt, die Lohndruck zur Folge hatte, als durch ein Verhältnis der Unterordnung gegenüber dem Unternehmer.

[37] Goossens, S. 11.

Überdies hat beim Entstehen der selbständigen Handwerksberufe der kollektive Faktor eine wesentliche Rolle gespielt. Für Freiheit und Selbständigkeit sorgte in nicht geringem Maße die Mitgliedschaft bei einer Zunft, die ihren Platz im öffentlichen Gefüge hatte. Der Kampf der Handwerkerzünfte um städtisch-politische Macht wurde größtenteils durch Ehrgeiz inspiriert, der keineswegs den wirklichen wirtschaftlichen Interessen entsprang. Das Ziel bestand ja gerade in der Möglichkeit, die Berufsinteressen zu regeln sowie autonome Befugnis der Zunft zu erhalten, wiederherzustellen oder aufrechtzuerhalten ohne jegliche Einmischung Dritter. In jenen Städten, in denen auch das Textilhandwerk einmal eine blühende Zunftorganisation besessen hatte, ist diese handwerkliche Statusidee auch dann lebendiggeblieben, als sich die Produktionsverhältnisse zu wandeln begannen. Weber und Walker haben sich daran aufzurichten versucht, gerade als ihre Lebensumstände sich verschlechterten. Sie wehrten sich gegen die Verproletarisierung, indem sie sich an den Vorstellungen von handwerklicher Selbständigkeit und Zunftfreiheit festklammerten.

Zumindest ist es zweifelhaft, ob die Beziehung zwischen dem »Arbeiter« in der mittelalterlichen »Großindustrie« und dem Kaufmann, der die Ware auf einem weiteren als dem lokalen Markt abzusetzen versuchte, eher mit der Konzeption eines die Unterordnung mit sich bringenden Arbeitsvertrags als mit dem eines handwerklichen Werkvertrags übereinstimmt. Mir scheint, daß sich die Entwicklung zu einem industriellen Lohndienstverhältnis während des Spätmittelalters zwar schon ankündigt, aber sich eigentlich erst richtig in der neueren Zeit vollzieht, als die Unternehmer ihren Aktionsradius auf das Land verlegen, wo sie auf Arbeitskräfte stoßen, die nicht mit handwerklichen Statusauffassungen belastet sind. Ehe es soweit ist, haben die Unternehmer alles getan, um den Arbeitsbereich innerhalb der Stadt auszudehnen. In Dordrecht wird 1485 zugunsten der »guede luyden«, die gern einen Tuchhandel beginnen würden, aber nicht genügend Arbeitskräfte bekommen können, bestimmt, daß die Frauen, die gesund und fähig sind zu spinnen, fortan nur einmal in der Woche zum Betteln gehen dürfen[38].

[38] J. A. Fruin, *De oudste rechten der stad Dordrecht en van het baljuwschap van Zuid-Holland*. In: Oude Vaderlandsche Rechtsbronnen, 1. Folge, 4. 's Gravenhage 1882, I, S. 337.

Eine solche Vorschrift läßt gewiß keine hohe Meinung von der realen Selbständigkeit dieses Arbeitsvolks aufkommen. Dennoch spricht eine Verordnung des Jahres 1445 derselben Stadt über die Arbeitsverhältnisse, die man mit einem »Kaufmann« einzugehen pflegt, als über »Annahme eines Werks«. Die Ambivalenz, um nicht zu sagen Verwirrung, hinsichtlich der Position des Arbeiter-Unternehmers ist zu frappierend, um den Text nicht zu zitieren. »Wenn sich ein Arbeiter bereit erklärt, jemandes Gut zu bearbeiten, dann ist er verpflichtet, das Werk um den Preis, für welchen er es angenommen hat, zu verrichten oder verrichten zu lassen. Im Fall von Widerruf ist der Kaufmann berechtigt, das Werk anderen Arbeitern zu übergeben, und wenn er dann mehr bezahlen muß, als die Summe, für die er es zuerst vergab, so ist der erste Arbeiter zur Vergütung dieses Mehrbetrags verpflichtet, andernfalls er unverzüglich gefangengenommen wird...«[39]. Kein Wunder, daß die Historiker solche Mühe mit der Unterscheidung zwischen Handwerkerarbeit und Lohndienst hatten.

Neben den Berufszweigen, die von einem kommerziellen Kapitalismus organisiert wurden, ist ein weiterer zu erwähnen, der teilweise eine Organisationsform angenommen hat, der ein »kapitalistischer Charakter« nachgesagt wurde[40]. Wir meinen das Baugewerbe. Der Kapitalismus ist dort aber nicht bei den Kaufleuten, sondern bei den bürgerlichen und kirchlichen Autoritäten zu suchen. Wenn man hier schon von Kapitalismus sprechen will, dann muß man sich aber darüber klar sein, daß er sehr eigene Züge aufweist. Mit der Zeit werden zwar Interessengegensätze deutlich, aber sie führen nicht in gleichem Maß zu öffentlichen Konflikten wie zum Beispiel in der Tuchindustrie. Ganz gewiß ist das dem beweglichen und also nicht örtlich gebundenen Charakter des Arbeiters an den großen Baustellen zuzuschreiben. In verschiedenen Punkten hat das Arbeitsverhältnis in diesem wichtigen Berufszweig übrigens eine eigene Entwicklung durchgemacht, so daß es sinnvoll erscheint, der Arbeit im Baugewerbe ein eigenes Kapitel zu widmen.

[39] FRUIN, I, S. 283. Der ursprüngliche Text lautet:
»So wat arbeyder die yements guet anneemt te arbeyden, dat guet sal hy arbeyden off doen arbeyden om sulc ghelt als hijt angenomen heefft, sonder wederseggen, joff die coepman salt anderen arbeyders mogen anbesteden te arbeyden, ende wes hy daeroff dan meer gave dan hijt eerst besteedt hadde, dat soude hem die eerste arbeyder volldoen, off rechtevoert daervoer inden steen gaen.«

[40] DOUGLAS KNOOP und G. P. JONES, *The mediaeval mason*. Manchester 1949, S. 4.

Im langobardischen Volksrecht ist die Rede vom Baumeister mit seinen Gesellen, *magister commacinus cum collegantes*[1]. Das Frühmittelalter muß bereits die Form gekannt haben, mit deren Hilfe die für ein größeres Bauwerk benötigten geschulten Arbeitskräfte kollektiv herangezogen wurden. Ein weltlicher oder geistlicher Herr, der ein Bauwerk errichten wollte, konnte sich nicht immer mit der Arbeitskraft seiner »eigenen Leute« und der möglichen Heranziehung eines Baumeisters von außen begnügen, der mit der Leitung beauftragt wurde, sondern er mußte auch häufig von einer gemeinschaftlichen Arbeitsorganisation freier Fachleute Gebrauch machen, die unter Leitung eines Baumeisters operierten. Eigentlich war dieser Baumeister dann eine Art Vorarbeiter, der an der Spitze einer festen Gruppe von Handwerkern stand, die mit ihm zusammenarbeiteten. Wie sah nun die Beziehung zwischen dem Baumeister und seinen Gesellen in einem solchen Fall aus? Eine gewisse Hierarchie ist unverkennbar, aber deshalb muß man noch nicht an eine klare Arbeitgeber-Arbeitnehmerbeziehung denken. Wahrscheinlich befanden sich Söhne oder andere Familienmitglieder des Meisters unter den Gesellen, wie es auch noch heute hin und wieder bei kleineren Bauunternehmen vorkommt. Das war zum Beispiel auch beim Bau einer Abtei in Wittewiersum (Groningen) im Jahr 1238 der Fall. Für den Weiterbau der Kirche wurde nämlich ein Vertrag mit Meister Eberhard von Köln geschlossen. In diesem Fall handelte es sich nicht um einen Werkvertrag, sondern um einen Lohnvertrag. Der Lohn betrug 7 Deventer Stuiver pro Tag im Sommer und 3 Stuiver im Winter, wenn weniger gearbeitet werden konnte. Daneben erhielten die Arbeiter freie Kost. Aus dieser letzten Bestimmung läßt sich nun entnehmen, daß die Söhne mitarbeiteten, denn der Chronist sagt, daß die unerträgliche Gefräßigkeit Eberhards und seiner Söhne der Anlaß waren, eine andere Regelung zu treffen[2].

Das organisatorische Prinzip wird wohl zunächst, auch wenn es sich nicht um eine Familiengruppe handelte, mehr das der

[1] F. Bluhme, *Edictus Ceteraeque Langobardum Leges ex maiore editione Monumentis Germaniae inserta*. Hannover 1869, S. 29.

[2] A. L. J. van de Walle, *Het bouwbedrijf in de Lage Landen tijdens de middeleeuwen*. Antwerpen 1959, S. 29.

Genossenschaft als das eines kapitalistischen Unternehmertums gewesen sein. Der Baumeister war kein kapitalkräftiger Mann, der das Baugewerbe, das sich stets als ein Gewerbe voller Risiken erwies, als Unternehmer ausübte und das Risiko ganz allein tragen wollte und konnte. Er war vielmehr wie seine Gesellen ein Handwerker von anerkannten Fähigkeiten, und er besaß überdies Führungs- und organisatorische Qualitäten. Wenn er im strikten Wortsinn ein Werk annahm – diese Annahme bezog sich dann in der Regel ausschließlich auf die zu leistende Arbeit und nicht auf die Lieferung des Materials –, dann werden die Gesellen vermutlich daran teilgenommen haben. Als Leiter der Arbeit war er auch der Wortführer des reisenden Trupps, und die von ihm getroffenen Vereinbarungen bezogen sich auf eine Art kollektiver Unternehmung. Jedenfalls wurden die Gesellen nur für die Zeit, die sie arbeiteten, und für die Arbeit, die sie leisteten, bezahlt. Der Baumeister hat sie sicher nicht ausbezahlt, wie das eine moderne Bauunternehmung bei ihrem festen Personalstamm mit Hilfe eines Versicherungsfonds während der Perioden des Leerlaufs und der Nichtbeschäftigung tut. Die Gesellen, mit denen der Meister in einer festen Beziehung stand, können also nicht als Arbeitnehmer im heutigen Sinne verstanden worden. Sie bildeten mit ihm eine eigene ständige Arbeitseinheit, eine Teilhaber- oder Genossenschaft unter der Leitung einer Autorität. So war jedes Mitglied der Baugemeinschaft als selbständiger Handwerker an einer schnellen und guten Arbeitsleistung interessiert. Während des Hochmittelalters kommt diese Form auch weiterhin noch vor. Im 11. Jahrhundert, als die Baulust stark auflebt, hört man vor allem von norditalienischen Bauleuten, die in geschlossenen Trupps hierhin und dorthin ziehen, um Bauarbeit anzunehmen. Sie werden denn auch gewöhnlich als »Lombarden« bezeichnet[3]. 1175 beauftragten Bischof und Kanoniker von Urgel in Katalonien Raymundus Lombardus, Türme und eine Kuppel zur Vollendung der Kirche zu bauen. Raimond war aber nicht allein, sondern verpflichtete sich, vier andere Lombarden mitzubringen: »id est IIII Lombardos et me«[4]. Das 12. Jahrhundert erlebte übrigens vor allem auf dem Gebiet der kirchlichen Baukunst eine gewaltige Steigerung, die für die Struktur der Arbeitsverhältnisse von großer Bedeutung war. Das Ergebnis war zwar nicht ein Wachstum des

[3] Edouard Junuyent, *Catalogne roman*. Zodiaque o. J., S. 19.

[4] Pierre du Colombier, *Les chantiers des cathédrales*. Paris 1953, S. 57.

Bauunternehmens. Die Auftraggeber selbst sind es, die neben der Konzeption des Bauwerks fortan auch eine wesentliche Rolle bei der Organisation der Arbeit spielen, beim Auffangen der Risiken und der Werbung von Arbeitskräften. Die Annahme von Werk tritt von nun an ganz in den Hintergrund, und die Gesellschaftsstruktur verliert ihre wirtschaftliche Funktion, obwohl bestimmte ideologische Züge davon in den Bauhütten fortzuleben scheinen. Damit sind zwei Entwicklungslinien angedeutet, die im folgenden ein wenig genauer geschildert werden müssen.

Der Auftraggeber, der als Bauherr oder Prinzipal bezeichnet wird, war immer ein aktiver Partner. Nicht nur, daß er den Bau finanziert, er gibt auch in großen Zügen an, wie er sich das Endergebnis vorstellt. Mit anderen Worten, er stellt das Leistungsprogramm auf. Diese Tätigkeit ist aber der ideellen Formgebung bereits nah verwandt, das heißt also, daß sich der Bauherr von jeher lebhaft für die architektonische Konzeption interessiert hat. Das Mittelalter hat keine Trennung zwischen Architektentätigkeit und Bautätigkeit gekannt. Der Baumeister wird übrigens noch nicht als Architekt bezeichnet. »Die älteste Erwähnung von ›Architekt‹ für Baumeister, die wir in Westeuropa kennen, kommt zufällig in Zusammenhang mit einem Techniker aus den Niederlanden an der See vor. Sie betrifft ›Jo van Werchtere architectem‹ im Mai 1499 im Register des Kapitels von St. Rombouts zu Mechelen.«[5] Architekt bedeutet im Mittelalter noch keinen spezialisierten Beruf, sondern eine Fähigkeit, nämlich die Fertigkeit, etwas zu entwerfen und Detailzeichnungen anzufertigen. Sie wurde – wie aus erhalten gebliebenen Zeichnungen u. a. des Baumeisters Villard de Honnecourt aus dem 13. Jahrhundert hervorgeht[6] – als Teilfunktion vom Baumeister praktiziert, aber diese Kunst wurde gleichfalls von Auftraggebern ausgeübt. Es besteht kein Zweifel, daß die Baukunst von Cluny zu einem beträchtlichen Teil von Mönchen selbst geschaffen wurde. Im Jahr 1236 beklagt sich der Papst über Friedrich II., der Prälaten und Äbte des Zisterzienserordens zwang, für ihn gegen Monatslohn Schlösser zu »bauen«. Daraus geht wohl hervor, daß dieser Kaiser, der immerhin in bezug auf Kenntnis und Kunstfertigkeit kritisch genug war, diese Geistlichen doch als kompetent

[5] van de Walle, S. 12.

[6] Jean Gimpel, *Les bâtisseurs de cathédrales*, niederl. Übers., *De bouw van een kathedraal*. Utrecht-Antwerpen 1960, S. 107f.

betrachtete[7]. Weiterhin darf man die militärische Baukunst nicht vergessen. Derjenige, der aus der Praxis der Kriegsführung wußte, wie das betreffende Bauwerk aussehen mußte, wird wohl Anweisungen gegeben haben. Später gibt es auch auf diesem Gebiet Spezialisten, die aus der Praxis kamen; in der zweiten Hälfte des 12. Jahrhunderts gibt es in England militärische Architekten, die mit »ingeniator« bezeichnet werden, im 13. Jahrhundert kennt man die verschiedenen »masters of the King's masons«[8].

Es wäre einseitig zu sagen, daß sich in der Baukunst nur Fachleute betätigt haben. Andererseits wird die Bedeutung des gelehrten Auftraggebers zwar auch hin und wieder überschätzt. Theologen haben natürlich die ikonographischen Grundlagen für die Plastiken und Glasarbeiten der Kathedrale erstellt[9]. Von Heinrich VIII. wurde gesagt, daß er architektonische Fähigkeiten besaß, aber er dilettierte auch in Musik, Medizin und Theologie[10]. Gegenüber solchen Mitteilungen, die Schmeichelei enthalten können, darf man sich ruhig etwas reserviert verhalten, ebenso wie gegenüber Berichten von Prälaten, die auf dem Bau mitarbeiteten. Daß aber viel Mittelmaß existierte und daß zahlreiche Bauwerke infolge schlechter Konstruktion bald verfielen, darf auch wieder nicht ausschließlich dem Dilettantismus angelastet werden. Mittelalterliche Baukunst war in hohem Maß empirisch. Daß eine ganze Menge den Jahrhunderten getrotzt hat, ist zum guten Teil der unwissenschaftlichen und unwirtschaftlichen Verschwendung von Baumaterial zu danken. Aus dem allen ergibt sich mit erfrischender Deutlichkeit, so bemerkt Salzman, »daß schlechtes Spezialistentum nicht das Monopol unserer eigenen Generation ist; daß der mittelalterliche Fachmann-Architekt Meisterwerke schaffen oder ebenso häßliche Brocken hinstellen konnte, genauso wie seine an das Reißbrett gebundenen Nachfahren; und daß, wenn der britische Arbeiter von heute nicht so gut ist, wie er sein müßte, er es wahrscheinlich nie gewesen ist«[11].

Welchen Grad von Fähigkeit Fachleute und Amateure erreicht haben mögen, der Entwurf eines Bauwerks muß jedenfalls durch eine Zusammenarbeit zwischen Bauherrn und Bau-

[7] du Colombier, S. 60.
[8] L. F. Salzman, *Building in England down to 1540*. Oxford 1952, S. 11.
[9] A. H. Wegerif, *Bouwmeesters der middeleeuwen*, III. 's Hage 1958, S. 124.
[10] Salzman, S. 5.
[11] Salzman, S. 29.

meister entstanden sein. Die geringste Aufgabe, die ersterem zufiel, ist bereits die Genehmigung der Entwürfe. Aber auch weitere Sorgen blieben dem Bauherrn nicht erspart. Man scheint wohl unterschieden zu haben zwischen dem Bauplatz und der Fabrik, mit welcher dann die gesamte Tätigkeit gemeint ist, die primär auf den Schultern des Bauherrn, des von ihm abgestellten Funktionärs oder der Kommission ruht. Die Aktivität ist so vielumfassend, daß sich ein geistlicher oder weltlicher Auftraggeber nicht selten ausschließlich oder in erster Linie als derjenige erwähnen läßt, der das Werk gemacht hat. Eine Inskription aus dem Jahr 1333 im österreichischen Kloster Baumgartenberg nennt den Baumeister in vielseitigem Sinn: »In seiner Frömmigkeit schuf Abt Reinhard dieses Werk durch die Hand des Handwerkers Liebhard aus Passau.«[12] Liebhard wird wohl am Entwurf mitgewirkt haben; andere aber, die für die Ausführung eines Werks notwendig waren, werden bei einer Erwähnung nie genannt. Wenn man liest, dieser oder jener habe etwas gebaut, so geht es meistens nicht um den Baumeister, sondern um den Bauherrn. Coulton sagt, daß der mittelalterliche Architekt für diese Achtlosigkeit eigentlich noch dankbar sein müsse, denn auf ihn sei Figaros Epigramm antizipiert anwendbar: »un grand nous fait assez de bien quand il ne nous fait pas de mal.«[13] Behauptet wird – aber das scheint mir nur eine Legende zu sein –, daß der Architekt des Schlosses von Ivry in der Normandie enthauptet wurde, weil die Auftraggeberin fürchtete, er könnte derartiges auch für einen anderen bauen.

Obgleich der Baumeister auch bei der Beschaffung von Materialien mitwirken konnte und in manchen Fällen auch bestimmte Lieferungen ausführte, lag hier vor allem eine Aufgabe für den Bauherrn. Und auch der Transport ging in der Regel auf dessen Rechnung. Letzteres war ein nicht zu unterschätzender Kostenfaktor. Transport zu Lande war in der Regel teurer als zu Wasser. Die Transportkosten für Stein aus Tonnerre, der auf dem Landweg nach Troyes transportiert wurde, belief sich auf das Vierfache des Kaufpreises. Man kann sich vorstellen, daß Bauherren versuchten, diese Kosten zu senken, zum Beispiel, indem sie versuchten, Zollfreiheit zu er-

[12] Der ursprüngliche Text lautet: »Reinhardus fecit pius hoc opus abba/Per manus artificis Liebhardi Passaviensis.« (du Colombier, S. 52.)

[13] G. C. Coulton, *Social life in Britain from the conquest to the reformation.* Cambridge 1918, S. 471.

halten, oder auch – aber wahrscheinlich glückte das nicht oft – indem sie ihre Untergebenen dazu verpflichteten, das Material kostenlos heranzuschaffen. Die kirchlichen Bauherren konnten auf das religiöse Gefühl spekulieren, um von den Gläubigen freiwillige Mitarbeit bei Transporten zu erreichen[14]. Nach der Zerstörung der Kathedrale von Chartres durch den Brand von 1194 sollen Menschen aus allen Bevölkerungsklassen, hohe Damen und Herren wie arme Leute eigenhändig Sand und Kalk und schwere Frachten antransportiert haben, nachdem sie sich eines Teiles ihrer Kleidung entledigt hatten[15]. Auch ungelernte Arbeit von Freiwilligen auf dem Bau wird in begrenztem Umfang vorgekommen sein, wenngleich das auch die Lohnarbeiter nicht gerade geschätzt haben dürften[16]. Ganz umsonst gab es diese Freiwilligen allerdings auch wieder nicht. In Wittewierum (gegen 1250) erhielten sie Mittags die Hälfte eines Laibs Brot, ein Stück Käse und ein paar Becher Bier; und der Bischof von Münster versprach für jeden Tag Arbeit 5 Tage Ablaß[17].

Eine klare Zusammenarbeit zwischen Prinzipal und Baumeister besteht im Mittelalter auf dem Gebiet der Beschaffung von Arbeitskräften und der Organisation der Arbeit. Die Arbeitseinheit eines Baumeisters mit einem kleinen festen Kern von Mitarbeitern blieb zwar in späteren Jahrhunderten erhalten, war aber für die Schaffung großer Bauwerke, wie etwa der gotischen Kathedrale, nicht mehr ausreichend. Arbeitskräfte, geschulte sowohl wie ungeschulte, müssen in ansehnlicher Zahl und manchmal für längere Zeit von allen Seiten angeworben werden. Der Prinzipal kümmert sich deshalb selbst darum, wenn ihn auch der Baumeister dabei so gut wie möglich unterstützt. Das Hochmittelalter läßt also eine Intensivierung der Bemühungen des Bauherrn und seiner Zusammenarbeit mit dem Baumeister erkennen. Das bedeutet, daß sich die Stellung des Baumeisters verändert hat. Er ist nicht mehr wie früher der Unternehmer, der – wenn auch oft ohne Materiallieferung und -anfuhr – ganz selbständig den Bau errichtete. Vielmehr wird er nun technischer Sachverständiger, der als

[14] du Colombier, S. 17–19.

[15] Victor Mortet und Paul Deschamps, *Recueil de textes relatifs à l'histoire de l'architecture et à la condition des architectes en France au Moyen Age*, II, XIIe–XIIIe siècles. Paris 1929, S. 167f.

[16] Gimpel, S. 72.

[17] van de Walle, S. 44.

Vertrauensmann des Prinzipals in Zusammenarbeit mit diesem das Werk organisiert und weiterhin auch verantwortlich für dessen Ausführung ist. Seine praktische Arbeit ist vor allem leitender und kontrollierender Art. Ohne sich ganz der Handarbeit zu enthalten, delegiert er doch in der Hauptsache das auszuführende Werk an Untergebene. Diese Position scheint vor allem seit der zweiten Hälfte des 13. Jahrhunderts festgelegt worden zu sein[18].

Die Behauptung, der Unternehmervertrag im Baugewerbe sei während des Mittelalters verschwunden, ginge zu weit, kleine Werke und die Teile größerer Werke werden noch angenommen. Sie beliefen sich auf einen Höchstbetrag von wenigen hundert Pfund in einer Zeit, in der der angestellte Baumeister lumpige zwanzig Pfund pro Jahr erhielt[19]. Salzman, der das berichtet, hat in sein Werk eine große Zahl von Unternehmerverträgen (»building contracts«) mit Maurern und Zimmerleuten aus dem 14., 15. und 16. Jahrhundert aufgenommen. Sie betreffen durchwegs Fälle von Arbeit, die von einem Handwerksmeister allein oder mit einigen Gesellen geleistet wurde, wie das auch in den anderen Zweigen des Handwerksgewerbes üblich war. Daneben stehen einige aus derselben Periode stammende Arbeitsverträge (»contracts of employment«), die für eine Reihe von Jahren oder lebenslänglich geschlossen wurden[20]. Daß letztere in der Minderzahl sind, ist aus dem Umstand zu erkennen, daß die Zahl großer Werke geringer war. Bei einem Bauwerk, in das viel Geld und Arbeit investiert wurde, fand eine essentielle Veränderung in der Organisationsform statt.

Es wäre vorstellbar, einen Vorläufer dieser Neuerung in der »Regiearbeit« zu finden, bei welcher der Baumeister zwar das gesamte Werk selbst übernimmt, sich aber für die geleistete Arbeit nach der darauf verwendeten Zeit bezahlen läßt. Auch andere Handwerksbetriebe benutzten diese Form schon früh, ohne daß man dabei an einen Dienstverband zu denken braucht. Der Baumeister aber, der nicht als Unternehmer auftritt, begibt sich in einem bestimmten Augenblick wohl in den Dienst des Bauherrn. Auf Grund seiner Fachkenntnis und seiner leitenden Position fühlt er sich jedoch nicht als Untergeordneter. Wenn er auch kein finanzielles Risiko hinsichtlich

[18] du Colombier, S. 61.

[19] Salzman, S. 47.

[20] Salzman, S. 413f., 585f.

des fehlenden Gewinns bei dem Unternehmen trägt, ist sein Status gewiß nicht niedriger als der des selbständigen Handwerkers und a fortiori nicht niedriger als der des »in Lohn« arbeitenden und also die Zahl gearbeiteter Tage in Rechnung stellenden Handwerkers. Letzterer gilt weiterhin als Selbständiger, weil er sich nicht verpflichtet hat, einfach nur Arbeit zu verrichten, sondern ein bestimmtes genau beschriebenes Arbeitsresultat zustande zu bringen, auch wenn das Werk nicht gegen eine vorher festgesetzte Summe in Angriff genommen wurde. Analog trägt der Baumeister voll und ganz die Verantwortung für ein bestimmtes, von der Kirche, der Krone oder einer städtischen Behörde in Auftrag gegebenes Werk, dessen Ausführung ihm übertragen wurde. Das ist bezeichnend für die Möglichkeit der Anerkennung des Dienstverhältnisses als einer würdigen und »freien« Position.

Aber wie war es dann um die Bauarbeiter bestellt, die in den Dienst eines Bauherrn traten? Bei den geschulten Bauarbeitern kann man sagen, daß ihre Freiheit berücksichtigt wurde. Das zeigt sich zum Beispiel in einer Akte des Grafen Raimond V. von Toulouse aus dem Jahr 1187 bezüglich der *magistri lapidum* der Stadt Nîmes. Die in diesem Reglement verwendete Terminologie läßt nämlich erkennen, daß diejenigen, die auf Kosten der Seigneurie weiterarbeiten, nicht als Dienstbare behandelt werden, sondern als niedere Vasallen, mit denen der Herr eine Art feudalen Vertrag *(feudum)* schließt[21]. Trotz dieser historischen Verkleidung handelt es sich hier doch um einen Lohndienstvertrag. Der Bauherr ist der Arbeitgeber, obwohl der Baumeister bei der Werbung beteiligt sein kann und nicht selten für die Arbeiter als der wirkliche Herr gegolten haben mag, weil er in mancher Beziehung als Vertreter des Prinzipals auftrat. Aber dieser hat seinerseits durchaus auch mit den Bauarbeitern zu tun. Hier ergibt sich in etwa dieselbe Situation wie im Verhältnis zwischen der Schiffsbesatzung und dem an Bord befindlichen Kaufmann. Der Kaufmann ist der Schiffsherr und der Arbeitgeber der Schiffsbesatzung, auch wenn der Navigator die Männer angeheuert hat und er den Kaufmann auch in der Ausübung seiner Autorität unterstützt. Aber der Kaufmann ist bald bereit, endgültig von Bord zu gehen und sich aus der direkten Beziehung zum niederen Schiffspersonal zurückzuziehen. Der große Bauherr jedoch kann nicht daheim blei-

[21] Mortet, I, xie–xiie *siècles*. Paris 1911, Nr. lxii–lxiii.

ben; solange der Unternehmervertrag seine Rechte nicht wiederaufnimmt, ist er der Arbeitgeber, der Vorschriften macht und sich regelmäßig auf der Baustelle zeigt.

Letzteres ist übrigens eine üble Angewohnheit aller Prinzipale. Sie interessieren sich nun einmal für den Fortgang des Baus und bezeugen das notfalls dadurch, daß sie den Arbeitern im Wege stehen. Man braucht es denn auch durchaus nicht als einen Beweis für die aktive Teilnahme von Äbten und Prälaten an Bauarbeiten aufzufassen, wenn man vernimmt, daß St. Aethelwood, der Bischof von Winchester, zurecht als »magnus aedificator« galt, weil er auf der Baustelle von einem herabstürzenden Balken getroffen wurde, so daß er sich alle Rippen einer Körperseite brach, oder daß Bischof Popo von Trier auf dem Gerüst einen Sonnenstich bekommen hatte[22]. Ob solch ein die Baustelle aufsuchender Bauherr von den Arbeitern als Arbeitgeber angesehen wurde, ist, wie gesagt, fraglich. Sie hatten in der Praxis mehr mit dem fachkundigen Baumeister zu tun. Die geschulten unter ihnen fühlten sich obendrein wahrscheinlich weniger als Knecht denn als Handwerker. In gewissem Sinne wird in dieser Zeit jeder Erwachsene, der einen selbständigen Haushalt führt, als Selbständiger betrachtet. Nichtsdestoweniger läßt sich ein klarer Unterschied zwischen den in »Tagelohn« arbeitenden Handwerkern und den Bauarbeitern im Lohndienst beobachten. Letztere bekommen ihren Lohn zwar oft pro Tag berechnet, aber die auf längere Zeit angelegte Verbindung und die Tatsache, daß die Großbaustelle eine genaue Regulierung der internen Verhältnisse verlangt, demonstrieren ihre Dienstbeziehung. Die Baustelle ist dann auch ein durch den Bauherrn und in dessen Auftrag auch durch den angestellten Baumeister geführtes Unternehmen im modernen Sinn geworden, und der Unternehmer hat es nicht aufgegeben, die Arbeitsverhältnisse durch Reglement zu regeln, wobei indessen mehr Nachdruck auf die Pflichten als auf die Rechte der Arbeitnehmer fällt.

Zur Baustelle gehörten übrigens hauptsächlich Steinarbeiter und Steinleger mit ihren Hilfskräften. Zimmermannsarbeit, Dachdecker-, Glaser- und Malerarbeiten wurden oft an Handwerker vergeben, die am Ort wohnten. Was die Handlanger der Steinmetze und Maurer betrifft, so geht aus den Quellen hervor, daß sie durch die Arbeiter – natürlich auf Kosten des Bau-

[22] Wegerif, I (1955), S. 163.

herrn – gemietet wurden[23]. Das geschah analog zu den Bräuchen hinsichtlich jugendlicher Hilfskräfte für selbständige Handwerker, wie diese in späteren Jahrhunderten auch in der Manufaktur und Fabrik üblich wurden[24]. Bezüglich dieser Handlanger spricht man tatsächlich unverblümt von »Miete«, nach mittelalterlichem Sprachgebrauch der normale Terminus für einen Arbeitsvertrag, während bei dem Geschulten selbst aus Statuserwägungen ein Schein von Selbständigkeit aufrechterhalten wird. Oder ist unser Urteil falsch und sah man im Mittelalter, das weniger als spätere Zeiten das wirtschaftliche Motiv in den Vordergrund stellte, mehr auf die Selbständigkeit von Arbeit in rein funktionalem Sinn? In diesem Fall kann man sagen, daß das Lohndienstverhältnis vor allem dann positiv gewertet werden konnte, wenn bei der Arbeitsverrichtung nicht dauernde Unterordnung zum Ausdruck gebracht wurde.

Es ist wohl klar, daß der Baumeister großer Werke, auch wenn er kein kapitalistischer Unternehmer, sondern Angestellter war, sich gesellschaftlich auf einem steigenden Niveau befand. Man hat geglaubt, daß die Baumeister der großen französischen Kathedralen nicht mehr »Lohn« erhielten als der Zimmermeister oder Schmiedemeister[25]. Romantiker haben das höchlichst bewundert. Daß es wahr ist, ist aber weniger wahrscheinlich. Der Baumeister erhielt nämlich oft einen Tagelohn, der sogar viel niedriger als der seiner Arbeiter war, weil er weniger »arbeitete«, aber er hatte daneben noch eine jährliche Zulage und eventuelle Nebeneinkünfte. Es scheint wohl sicher, daß das Artistische, zum Beispiel auch beim Bildhauer, im Mittelalter weniger mit Geld bewertet wurde. Aufstieg auf der gesellschaftlichen Leiter ist eher der führenden Position zuzuschreiben, die dem Baumeister gestattete, sich auch unter Beibehaltung seiner technischen Fähigkeiten von der Ausführung regelmäßiger Handarbeit zu distanzieren.

In diesem Zusammenhang wurde oft eine Tirade aus einer Predigt von Nicholas de Biard aus dem Jahr 1261[26] angeführt, die von proletarischer Unterschätzung jener Aufgaben im Zusammenhang mit Entwürfen und Organisationen gezeugt haben soll, welche es offensichtlich nicht wert sind, Arbeit ge-

[23] Douglas Knoop und G. P. Jones, *The mediaeval mason*. Manchester 1949, S. 69 bis 70.

[24] A. J. Fr. Maenen, *Petrus Regout 1801–1878*. Nijmegen 1959, S. 287–288.

[25] Coulton, S. 468.

[26] Salzman, S. 24; du Colombier, S. 57–58; Mortet, xxx.

nannt zu werden, die aber auch schon anders interpretiert wurde. Sie lautet etwa so: »Die Meister der Maurer, die eine Meßlatte und Handschuhe in ihren Händen haben« – das waren die üblichen Attribute des Architekten – »sagen zu anderen: mach mir das einmal so, und tun selbst nichts. Trotzdem bekommen sie mehr Lohn. Genauso ist es auch bei vielen gegenwärtigen Prälaten.«

Die steigende Stellung des Baumeisters wird auch eine Distanzierung von den anderen Arbeitskräften auf dem Bau zur Folge gehabt haben. Es kann wohl sein, daß ein bekannter Baumeister in späterer Zeit noch immer Handwerker mitbrachte, die vorzugsweise unter ihm arbeiteten, wenn auch von einem früher existierenden Gesellschaftsverhältnis nur noch ein schwacher ideologischer Abglanz vorhanden war. Der Baumeister stand aber auch über den anderen Fachkräften, die der Bauhütte beitraten, und war gleichfalls für die Ungelernten verantwortlich, prinzipiell auch dann, wenn sie als Hilfskräfte bei einem Facharbeiter dienten. Faktisch ruhte die Aufsicht mit der Zeit beim Vorarbeiter und Stellvertreter des Meisters – der sich allmählich zum Aufseher entwickelt und dann »parlier«, »appeleerder« und später noch Bauhüttenmeister oder Oberknecht genannt wurde –, was übrigens die Distanzierung nur noch unterstreicht. Darüber hinaus wird der Baumeister eine intervenierende und kontrollierende Funktion bei den ansässigen Handwerksmeistern gehabt haben, die mit ihren Gesellen eigene Trupps für den Bau bildeten. Allen Arten von Arbeitern und in bestimmten Fällen auch Lieferanten gegenüber vertritt er den Bauherrn. Die häufig lange Dauer der Arbeit stabilisiert diese Situation, und bei städtischen Bauwerken sieht man daraus eine oder mehrere amtliche Funktionen entstehen. Schon gegen Mitte des 13. Jahrhunderts besaß die Stadt Douai einen festen technischen Stab für die öffentlichen Arbeiten, der aus zwei Zimmermeistern und zwei Maurermeistern bestand[27].

Die im Umfang über das Ausmaß der städtischen Handwerkstätigkeit hinausreichenden Bauwerke des Hoch- und Spätmittelalters haben eine Organisationsform gekannt, den Bauplatz – loge, lodge, Bauhütte –, die bei späteren Autoren zu ziemlich romantisierenden Vorstellungen vom Gang der Dinge geführt hat. Um nicht zu sehr von der Wirklichkeit abzuweichen, wird man gut daran tun, sich vor Augen zu halten,

[27] VAN DE WALLE, S. 30.

daß die Bauhütte zuerst und vor allem eine sachliche Schöpfung des Bauherrn gewesen ist oder jedenfalls auf dessen Wunsch zustande gekommen ist. Dieser war es schließlich, der die uneingeschränkte Autorität darüber besaß, wenn man auch zugeben muß, daß faktisch meistens der Baumeister diese Autorität ausübte und der Bauherr nur selten zu intervenieren brauchte[28]. Man hat nur wenige Bauhüttenverordnungen aufgefunden. Ritter Carl Heideloff, der Mitte des vorigen Jahrhunderts eine hochgestimmte Abhandlung über die Bauhütte schrieb, konnte als historisches Material nur Verordnungen – die älteste aus dem Jahr 1459 – beibringen, die sich auf das lokale Handwerk bezogen[29]. Für England erwähnt Salzmann zwei aus dem 14. Jahrhundert[30]. So viel ist wohl sicher, daß sie starke Ähnlichkeit mit den Fabrikverordnungen des 19. Jahrhunderts hatten und vor allem Vorschriften über Arbeitszeiten, Pflichten der Arbeiter, unter anderem Geheimhaltung und darüber hinaus Ordnungs- und Bußbestimmungen enthalten haben.

Es braucht nicht daran gezweifelt zu werden, daß in den Bauhütten »ein Geist von Zusammenarbeit und Bruderschaft« herrschte und daß in den Regeln – ebenso wie auch in den Zünften – »sittliche Gesetze und brüderliche Verhältnisse« ihren Niederschlag gefunden haben[31]. Eine mystische Freigeisterei aber, wie sie das Freimaurertum den Logenorganisationen zugeschrieben hat, beruht, wie man heute wohl einsieht, auf Phantasie[32]. Es läßt sich wohl kaum ein deutlicheres Beispiel für den neuen Geist des Hochmittelalters anführen als die gotische Kathedrale. Die erste, die in dem neuen Stil zwischen den Jahren 1130 und 1163 errichtet wurde, ist die Kathedrale von Sens[33]. Auf den Gerüsten eines solchen Bauwerks stehen »Rheinländer neben Leuten aus dem Hennegau und Poitou«[34]. Aber »die Geistlichen dort unten in den Chorstühlen waren um vieles liberaler in der Einstellung als die dort oben«. Es waren gewiß nicht die ersten Laiengerüste, die hier errichtet wurden, aber »die romantischen Freimaurer«, die »unter dem Mauern

[28] Knoop und Jones, S. 61–62.

[29] Carl Heideloff, *Die Bauhütte des Mittelalters in Deutschland.* Nürnberg 1844.

[30] Salzman, S. 54–58.

[31] Wegerif, II, S. 34.

[32] Nach Salzman (S. 40) datiert Freimaurertum im modernen Sinne aus dem 17. Jahrhundert.

[33] F. van der Meer, *Keerpunt der middeleeuwen.* Utrecht-Brüssel 1950, S. 70.

[34] F. van der Meer, *Geschiedenis ener kathedraal.* Utrecht-Antwerpen ³1952, S. 33.

ihre Sarkasmen über die Dunkelmänner in den Abteien drunten im Land« gewechselt haben sollen, sind unter Garantie zuerst »im Hirn von Michelet und Viollet-le-Duc geboren worden«[35].

Die brüderliche Gleichheit in den Bauhütten wird man ebenfalls nicht überschätzen dürfen. Hierüber geben vor allem englische Quellen Auskunft. Sie sprechen »von einer starken Differenzierung zwischen den Arbeitern untereinander, je nach der Arbeit, die sie zu verrichten hatten«[36]. Auch die Löhne waren unterschiedlich; die Ungelernten müssen eine notdürftige Existenz geführt haben. Eine typische, in gewissem Sinne »freie« Position leitete der zur Bauhütte gehörende Steinmetz und Maurer aus der Tatsache ab, daß er nicht durch die örtliche Handwerkerzunft gebunden war. In England scheinen solche Zünfte – außer in London, wo es für 1306 verbrieft ist – bis weit ins 15. Jahrhundert hinein auch nicht bestanden zu haben. Man hat das dem Umstand zugeschrieben, daß Handwerkerzünfte städtische Einrichtungen waren, während die meisten früheren Steinbauten nun gerade außerhalb der »boroughs« errichtet worden sind[37]. Mit den Zimmerleuten verhielt es sich ganz anders. Praktisch braucht jeder Bau Zimmermannsarbeit, die große Mehrzahl der Häuser wurde sogar hauptsächlich aus Holz errichtet. Darum gab es auch in jeder Stadt ausreichend Arbeit für eine beträchtliche Zahl fest angesiedelter Zimmerleute, und sie organisierten sich nicht in den Bauhütten, sondern in örtlichen Zünften[38]. Dennoch wird auch die Existenz von Steinmetz- und Maurerzünften im 12. Jahrhundert in Frankreich und den Niederlanden verzeichnet[39]. Hauser, der in diesem Punkt hauptsächlich auf deutsche Quellen zurückgeht, behauptet, daß Künstler sich als erste aus den Bauhütten freigemacht und sich im Lauf des 14. Jahrhunderts in dieser oder jener Stadt als selbständige Meister niedergelassen haben. Die eigentlichen Baufacharbeiter jedoch sollen noch beinahe zwei Jahrhunderte in den Bauhütten geblieben sein, »denn der einzelne Bürger trat als Bauherr, auf den man sich stützen konnte, erst gegen Ende des 15. Jahrhunderts auf«[40].

[35] van der Meer, *Gesch. ener kath.*, S. 37.

[36] Fr. W. S. van Thienen, *Middeleeuwse kathedralen*. In: Cultuurgeschiedenis van het christendom. Amsterdam-Brüssel 1948–51, III, S. 470.

[37] Knoop-Jones, S. 159.

[38] Salzman, S. 33–34.

[39] Mortet, I, lxiii; van de Walle, S. 38–39.

[40] Arnold Hauser, *The social history of art*, dtsch. Übers., *Sozialgeschichte der Kunst und Literatur*. München 1958, I, S. 261.

Die Freiheit des »freemason« wird von englischen Autoren nicht in Zusammenhang mit dem Nicht-Gebundensein in einer Zunft gebracht. Schon Coulton hat gemeint, daß sich der Ausdruck wahrscheinlich von »free-stone-mason« ableitet. Frei soll sich auf den Stein bezogen haben, nicht auf den Mann. Ein freier Stein ist dann ein nicht mehr in seinem Naturzustand befindlicher, sondern ein losgehackter und bereits roh bearbeiteter Stein. Der Freimaurer scheint also der feinere Handwerker im Gegensatz zum einfachen Steinhauer zu sein. Dennoch wird zugleich die Aufmerksamkeit auf eine bestimmte Art von Freiheit des Mannes gelenkt, auf die Tatsache nämlich, daß das Herumziehen der »hewers« und »layers« und übrigens auch der »freemasons« bessere Chancen bot, der Staatsreglementierung von Löhnen und Preisen zu entgehen, und die Bauhütte sich auch leichter der Kontrolle durch die örtliche Obrigkeit entziehen konnte. Das scheint, zunächst in England, auch durch die Pflege nationaler Kontakte gefördert worden zu sein. Jährlich habe, stets in einer anderen Stadt eine allgemeine Versammlung des Handwerks stattgefunden, die von Meistern und Gesellen besucht wurde. Es wird so dargestellt, als ob es sich um keine geheime Versammlung gehandelt habe. Der höchste Verwaltungsbeamte der Grafschaft, der Bürgermeister der Stadt und allerlei andere hohe Persönlichkeiten wurden schließlich dazu eingeladen. Die diesbezügliche Bestimmung kann jedoch das Ergebnis einer obrigkeitlichen Forderung gewesen sein. Jedenfalls besteht Anlaß zur Annahme, daß solche Versammlungen dazu da waren, um gegenseitige Lohnabsprachen zu treffen, und 1425 wurde ein Gesetz erlassen, das solche Zusammenkünfte verbot, weil sie zu den »Statutes of Labourers« in Widerspruch stehen sollten[41].

Viele Angaben über die Verhältnisse im englischen Baugewerbe stammen aus einer gereimten Abhandlung über die Pflichten und gegenseitigen Beziehungen zwischen Maurern untereinander und zwischen Meistern, Gesellen und Taglöhnern vom Ende des 15. Jahrhunderts. Man hat oft gemeint, es handle sich hier um den ersten Ansatz der spirituellen Bewegung des Freimaurertums. Abgesehen von dem Anspruch, daß Euklid durch seine Geometrie der Begründer des Handwerks gewesen sei und Athelstane als der erste Patron in England bezeichnet wird, enthält das Manuskript dennoch nichts, was

[41] COULTON, S. 481; SALZMAN, S. 30, 40–42.

mystischer Art wäre. Die meisten Bestimmungen könnten sich auf jedes andere Handwerk beziehen, und viele könnten aus gewöhnlichen Zunftverordnungen abgeleitet sein. Es geht unter anderem um die gute Behandlung und die richtige Bezahlung der Arbeiter durch den Meister. Der Baumeister darf keine Arbeit annehmen, die er nicht vollbringen kann. Er muß loyal gegenüber seinem Prinzipal handeln, und er muß fair in kollegialen Beziehungen sein und darf nicht versuchen, einem anderen die Arbeit vor der Nase wegzuschnappen. Lehrkräfte müssen für die Zeit von sieben Jahren angenommen werden; sie müssen frei und legitim geboren und gesund sein, und sie dürfen nicht über den Meister und das, was in der Hütte geschieht, klatschen. Eine besondere Rubrik behandelt die Forderung nach ordentlichem Betragen in den Bauhütten[42]. Das alles ist natürlich außerordentlich wichtig, gibt aber wenig Anlaß, darüber mit Emphase zu sprechen. Gilt das übrigens nicht für alles, was mit Arbeit oder anderen täglich wiederkehrenden menschlichen Handlungen zusammenhängt?

11. Freie oder öffentlicheBerufe?

»In keinem anderen Punkt ist das intellektuelle Wiederaufleben im 12. Jahrhundert offenkundiger als auf dem Gebiet der exakten Wissenschaft.«[1] Das Frühmittelalter hatte Enzyklopädien gekannt, ziemlich unkritische Sammlungen all dessen, was man wußte und zu wissen glaubte. Zum Beispiel die Etymologien des Isidorus von Sevilla, eine spanische Kompilation um etwa 630. Sie erwähnten »die sieben freien Künste, Medizin und Recht, die Kirche und das Alphabet, den Menschen und die Tiere – das ausführlichste Buch handelt von Tieren –, die Erde und das Universum, politische wie physische Geographie, Architektur und Landvermessung, Landwirtschafts- und Militärwissenschaft, Schiffe und Haushaltsgeräte und die angewandten Künste im allgemeinen«[2]. Aber seit etwa 1125 bis weit ins 13. Jahrhundert hinein erfuhr die Wissenschaft eine grundlegende Erneuerung, indem man über die Araber das

[42] SALZMAN, S. 41.

[1] CHARLES H. HASKINS, *The renaissance of the twelfth century*. New York 1957, S. 303.

[2] HASKINS, S. 305.

eine oder andere von den Traditionen der griechischen Wissenschaft kennenlernte. Euklid und Ptolemäus, Hippokrates und Aristoteles; aber auch die weiteren Entwicklungen, die durch die Araber in der Mathematik und Astronomie, in der Biologie und Medizin, der Philosophie und daneben auch in der Alchemie und Astronomie erfolgten. Unter diesen Einflüssen wird die Einstellung kritischer, manchmal sogar skeptisch und jedenfalls experimentierfreudiger. Ein typischer Vertreter dieses modernen Geistes ist Friedrich II., der Sizilianer.

Die wissenschaftliche Erneuerung vollzieht sich natürlich in den Städten, vor allem in Paris. Das hat zur Folge, daß in der urbanen Kultur des 13. und 14. Jahrhunderts die intellektuelle Entwicklung nicht mehr nur Privileg einer allzu dünnen gesellschaftlichen Oberschicht ist. »In den unwissenden Massen ist ein Wissensdrang entstanden. Der Handwerker schickt seine Kinder gerne auf Universität und andere Schulen. Schon hört man wieder die ewigen Klagen der höheren Klassen über die Gefahr der Volksentwicklung und über katastrophalen Verfall.«[3] Aber es ist die Wissenschaft selbst, die sich dem Leben geöffnet hat. Sie hat die Konzeption eines Universums ins Leben gerufen, das durch den Homo faber als Mitschöpfer Gestalt gewinnt. An den Universitäten behalten die sieben freien Künste ihren Platz. Sie sind nach Honorius von Autun die ersten und notwendigen Etappen auf der Pilgerfahrt des Menschen zu seinem Vaterland, das »Wissen« heißt. Aber damals sind angewandte Künste unentbehrlich: Physica oder Medizin, in der Hippokrates der anerkannte Lehrmeister ist, Mechanica und Technik von allerlei Arten industrieller Bearbeitung, Wirtschaft oder, besser gesagt, soziale Wissenschaften, in denen das System des Zusammenlebens mit seinen Wertigkeiten und Funktionen, mit seinen menschlichen Beziehungen und seiner hierarchischen Ordnung gelehrt wird[4].

Die Gruppe intellektueller Berufstätiger verbreitert sich in der mittelalterlichen Stadt, wenn man auch einsehen muß, daß man die eigentliche Fachkenntnis oft eher in der Lehre bei einem Praktiker als auf der Hochschule gewinnt. Ein Wiederaufleben des freien Berufs im Sinne der römisch-klassischen *operae liberales* aber läßt sich nicht feststellen. Die Freiheit ist nicht mehr das Privileg der höher Gestellten. Das städtisch-

[3] P. Boissonnade, *Le travail dans l'Europe chrétienne au Moyen Age (v^e–xve siècle)*. Paris 1921, S. 276.

[4] J. le Goff, *Les intellectuels au Moyen Age*, o. O. 1957, S. 64.

bürgerliche Element in der Gesellschaft hat die Freiheit im Berufsleben bereits von einer ganz anderen Seite kennengelernt. Mit gesundem Realitätssinn wurde eine freie Kaufmannschaft, ein freies Handwerkswesen und sogar ein freies Lohndienstverhältnis geschaffen, die nicht oder nur wenig hinter der Freiheit des intellektuellen Berufs zurückstehen. Freiheit und Selbständigkeit sind übrigens keine absoluten, sondern relative Begriffe. Und so hat auch die Konstruktion selbständiger Berufsausübung eine Relativierung erfahren, wodurch sogar die berufsmäßige Ausübung intellektueller Tätigkeit in Dienstbeziehung prinzipiell möglich wird.

Man bekommt denn auch den Eindruck, daß das Kriterium der Intellektualität stärker in den Vordergrund tritt als das der Selbständigkeit, wenn es sich um das Selbstbewußtsein von Vertretern eines mehr oder minder intellektuellen Berufs handelt. Aber wie stand es dann um das Charakteristikum, das in der Antike als bezeichnend für die *operae liberales* galt, das der Nichtkommerzialität? Ist diese Vorstellung während der »Renaissance des 12. Jahrhunderts« wieder lebendig geworden? Wir wissen, daß die Relation vom Ausübenden eines intellektuellen Berufes zum Klienten im Altertum nicht als ein »do-ut-des«-Verhältnis verstanden wurde, so daß man auch nicht bereit war, das normale Vertragsrecht darauf anzuwenden. Sie wurde vielmehr als ein para-öffentliches Verhältnis konstruiert, das zwar ein Honorar für den Dienst erlaubte, aber nur in der Form, daß die Vergütung nicht mit dem Ergebnis des Dienstes in Zusammenhang stand und nicht auf normalem Rechtsweg einklagbar war. In nachklassischer Zeit ist diese Auffassung fast ganz verloren gegangen. Obgleich die intellektuellen Berufe im gesellschaftlichen Leben auch weiterhin eine gewisse Rolle spielten, hatte die Versachlichung in der Berufsausübung doch so zugenommen, daß man die normale vertragliche Auffassung, die auch für Dienste niederer Art galt, übernahm.

Die Professoren an den Universitäten gaben das Beispiel. Ihrer Freiheit war mit direkter Lohnzahlung durch den Studenten mehr gedient als mit Zulagen, gleich welcher Art, von der oder jener Autorität[5]. Im Verkehr mit Klienten wurde das Wort schon viel früher durch einen Begriff allgemeinerer Bedeutung ersetzt: *merces*, Lohn. Trotz eines deutlichen Anstiegs des

[5] LE GOFF, S. 105.

Statusgefühls der Intellektuellen zeigt das Hochmittelalter noch keine Rückkehr zu einem nonkommerziellen Wertbewußtsein. So wird der Vertrag des Advokaten mit seinem Mandanten durch Chronisten des Gewohnheitsrechts im 13. Jahrhundert wie bei Beaumanoir als eine wirkliche Miete von Diensten empfunden, woraus sich ein normaler Rechtsprozeß zur Bezahlung entwickeln kann. Dagegen ist ihm offensichtlich die *pars quota litis*-Vereinbarung, wodurch er einen bestimmten Teil der von ihm verfochtenen Rechtsforderung hätte verlangen können, verboten[6]. In den germanischen Ländern, wo von jeher eine Thingpflicht des freien Mannes bestanden hatte, schwankt das Landrecht zwischen Ehrenpflicht und Bezahlung. Aber auch hier senkt sich die Waagschale schließlich zugunsten der Berufsmäßigkeit. Der Lohn kann vorher vereinbart sein oder nicht. Verleiht der »vorspreche« seine Dienste »auf Gnade« ohne festgesetzten Lohn, dann steht es demjenigen, um dessen Sache es geht, frei, den Lohn zu bestimmen.[7]

Aus der Tatsache, daß die *pars quota litis*-Vereinbarung keine Wertschätzung genoß, geht doch wohl hervor, daß bei den Intellektuellen immerhin gewisse Auffassungen über Berufsehre erhalten geblieben sind oder sich neu entwickelten. In der Tat gehört ein gewisser Ehrenkodex zum kulturellen System des mittelalterlichen intellektuellen Berufs. Darin sind drei Aspekte enthalten. Erstens handelt es sich hier genauso wie beim ehrsamen Handwerk um eine Art handwerklichen Bewußtseins, das zu bestimmten Institutionen, Bräuchen und Regeln führt. Weiterhin entsteht mit dem Aufkommen der mittelalterlichen Universität ein Gefühl sittlicher und wissenschaftlicher Verantwortung, und die Fakultäten lassen auch nicht nach, dies ihren Adepten einzuschärfen, indem sie eine formelle Kontrolle ausüben. Schließlich scheint die alte Vorstellung, daß selbständig operierende intellektuelle Berufe so etwas wie eine öffentliche Funktion ausüben, eine Erhellung in dem Sinn zu erleben, daß die Funktion »in publico« verrichtet wird und daß in gewisser Hinsicht ein öffentliches Interesse damit verbunden ist. Diese drei Gesichtspunkte werden wir uns nun etwas näher ansehen.

Wie gesagt, existierte durchaus keine unüberbrückbare Kluft zwischen den intellektuellen Berufen und dem Handwerk.

[6] E. Glasson, *Histoire du droit et des institutions de la France*, VII. Paris 1896, S. 633.
[7] Karl Rothenbücher, *Geschichte des Werkvertrags nach deutschem Rechte*. Breslau 1906, S. 23.

Bei beiden war schließlich eine Lehrzeit erforderlich, und bei beiden legte man Wert auf die Meisterschaft. Obendrein kommt bestimmten akademischen Berufen eine gewisse Handfertigkeit durchaus zustatten, und andererseits ist man im Handwerk schließlich auch nicht ganz frei von elementaren wissenschaftlichen Kenntnissen. Das handwerkliche Bewußtsein, welches Ärzten, Chirurgen und Apothekern nicht fremd war, veranlaßte sie zur Standesbildung durch die Errichtung von Handwerkszünften, wodurch der Beruf eine gewisse Reglementierung erhielt. Wo es für den Beruf erforderlich war, wurden gegen Ende des 15. Jahrhunderts auch typische handwerkliche Bestimmungen über den Umfang des Betriebs und der Erhaltung seines familiären Charakters aufgenommen. In dem ›Livre des Statuts des Apothecaires‹ von Bordeaux, das einen guten Überblick über die Organisation einer Apotheke gibt, wird unter anderem festgelegt, daß kein Meister mehr als einen Laden – »boutique« – halten darf. Wenn ein Meister stirbt und verschiedene männliche Erben hat, dann muß der jeweilige Vormund ein oder zwei im Fach gut ausgebildete Gesellen als Treuhänder einstellen, und wenn der älteste Sohn sechzehn Jahre geworden ist, muß man ihn fragen, ob er Apotheker werden will; weigert er sich, dann ist der nächste an der Reihe und so fort. Sind nur Mädchen da, dann müssen sie von ihrem zehnten Lebensjahr an – offensichtlich um sie an das Fach zu gewöhnen – zu einem verheirateten Apothekermeister auf Kosten der väterlichen Apotheke in Pension gegeben werden; sobald sie in die Jahre gekommen sind, versucht man, hier ebenfalls in der Reihenfolge des Alters, eines der Mädchen mit jemandem aus dem Fach zu verheiraten, damit die väterliche Apotheke von ihm übernommen werden kann[8].

Außer handwerklichem war auch wissenschaftliches Bewußtsein für das System des intellektuellen Berufs bestimmend. Bei dessen Bildung haben die Universitäten eine Rolle gespielt. Zunächst war die dozierende Funktion eine rein private Angelegenheit. »Ein Magister, der dozieren wollte, öffnete, schloß oder verlegte seine Schule nach eigenem Gutdünken. Das scheint so bis zur 2. Hälfte des 12. Jahrhunderts der Fall gewesen zu sein.«[9] Für die Universitäten, die Ende des 12. Jahr-

[8] François Prevet, *Les statuts et règlements des apothecaires*. Paris 1950, VI, S. 1472 bis 1478.

[9] G. P. J. Bannenberg, *Organisatie en bestuur van de middeleeuwse universiteit. Nijmegen* 1953, S. 123.

hunderts beinahe gleichzeitig in Paris, Bologna und Oxford entstehen und denen sehr bald andere folgen[10], war in der Regel eine *licentia docendi* erforderlich, deren Verleihung faktisch schon bald durch die Korporation von Professoren vorgenommen wurde. Da die Dozenten hinsichtlich der Bezahlung ihrer Dienste zunächst von den Studenten abhängig waren, haben diese manchmal beträchtlichen Einfluß auf die Wahl genommen[11]. Erst gegen Ende des 14. Jahrhunderts entsteht eine externe Instanz, die sich der realen Kontrolle der Universität, vor allem der Anstellung von Professoren, widmet[12]. Wenn auch die Universität seither kein privates Unternehmen der Dozenten mehr war, so haben die Korporationen der Professoren doch hinsichtlich der funktionalen Aspekte der intellektuellen Berufsausübung großen Einfluß behalten. Diesen Einfluß leiteten sie aus einer Art Unterrichtsmonopol ab, wie es zum Beispiel durch Friedrich II. für die von ihm 1239 in Neapel gegründete Universität formell festgelegt wurde[13].

Besonders die medizinischen Fakultäten scheinen sich um die Normierung des Berufs verdient gemacht zu haben. Der Berufseid, den die fertigen Studenten abzulegen hatten, konnte alles enthalten: das Gelöbnis, keine falsche Lehre verkünden zu wollen und – was wahrscheinlich aufs gleiche hinauslief – der Fakultät niemals zu widersprechen, ebensogut wie das Gelöbnis, keinen Lohn von Armen anzunehmen; Kranke zur Beichte anzuhalten; weder gemeinsame Sache mit Apothekern zu machen noch Patienten Gift zu verschaffen oder *abortus provocatus* zu begünstigen[14]. Auch nach dem Verlassen der Universität erstreckt sich die Sorge auf die Schüler, und man ist im übrigen auch nicht darum verlegen, Bestimmungen für Außenstehende zu erlassen. In einem Statut der medizinischen Fakultät von Paris aus dem Jahr 1271 wird bestimmt, daß Juden keine Christen medizinisch oder chirurgisch behandeln dürfen; Chirurgen und Hebammen, Apothekern und Kräuterkundigen wird untersagt, die Grenzen ihres Fachs zu überschreiten; insbesondere dürfen Apotheker ohne Einschaltung eines Meisters der Medizin von der Fakultät keine Rezepte bereiten oder aus-

[10] J. Lindeboom, *Het christendom in de samenleving.* In: Cultuurgeschiedenis van het christendom, II. Amsterdam-Brüssel 1949, S. 450.

[11] Hélène Nolthenius, *Duecento; zwerftocht door Italië's late middeleeuwen.* Utrecht-Antwerpen, 3. Aufl. o. J., S. 163–164.

[12] Bannenberg, S. 125.

[13] Georg Grupp, *Kulturgeschichte des Mittelalters*, IV. Paderborn [3]1924, S. 428.

[14] Grupp, IV, S. 431.

geben, ausgenommen einfache Hausmittelchen[15]. Um 1322 erläßt dieselbe Fakultät Bestimmungen für die Apotheker, in denen ihnen unter anderem auferlegt wird, einmal pro Jahr den Amtseid hinsichtlich der ordnungsgemäßen Ausübung ihres Berufs zu wiederholen, sowie im Besitz eines korrigierten und vollständigen Exemplars der ›Antidotaire Nicolas‹ zu sein[16].

An dritter Stelle wird das dem intellektuellen Beruf geltende öffentliche Interesse erwähnt. Das kommt im einen Fall deutlicher zum Ausdruck als im anderen, am besten vielleicht bei den juristischen Berufen, weil das Recht ausgesprochen zur öffentlichen Ordnung gehört. Der Berufsstand der Juristen ist in London bereits um 1300 eine politische Größe. Auch im Paris des 14. Jahrhunderts ist dies der Fall, »wobei es für das Ansehen der Anwaltschaft und ihre Funktion im gesamten Rechtssystem bezeichnend ist, daß die Richter grundsätzlich dieser Schicht entnommen werden«[17]. Die Grundlage der Beziehung zwischen dem Klienten und demjenigen, der ihm Rechtsbeistand durch Vertretung und mehr noch durch Verteidigung leistet, bleibt zwar ein Vertrag der Dienstverleihung. Das wachsende Interesse für das römische Recht im 12. Jahrhundert, gefördert durch Erläuterungen und Kommentare, wird aber das Bewußtsein gestärkt haben, daß mit der Ausübung dieses Berufs etwas mehr als nur die Wahrung partikulärer Interessen verbunden ist.

Kein anderer Berufsvertreter hat den Dualismus stärker erfahren als der Notar. Wenn wir annehmen, daß sich das Notariat mit dem Aufkommen von Städten und Staaten – vor allem in Italien – in enger Verbindung mit dem Kanzleramt entwickelt hat[18], dann wird ohne weiteres deutlich, daß es im Mittelalter eine obrigkeitlich orientierte Funktion hatte. Die Anstellung mit feierlichem Zeremoniell – Überreichung von Feder, Tintenglas, Schreibblatt und Siegelring – entwickelte sich aber, je mehr Obrigkeit daran beteiligt war, zu einer Lizenzverleihung gegen Bezahlung[19], wodurch zwar das Amt sich wohl ausbreitete, gleichzeitig aber auch an Ansehen verlor. Trotzdem bleibt der Notar bis zum Ende des Mittelalters eine öffentliche Persönlichkeit in doppelter Beziehung. Der »tabel-

[15] Prevet, I, S. 3–5.
[16] Prevet, I, S. 21–22.
[17] J. F. Volrad Deneke, *Die freien Berufe*. Stuttgart 1956, S. 32–33.
[18] A. Pitlo, *De ars notariatus en haar beoefening*. In: W. P. N. R., 1940, S. 308.
[19] A. G. Lubbers, *Het notariaat*. Bussum, 1963, S. 12.

lio« erfüllte im 13. Jahrhundert in erster Linie »allerlei Geschäfte, die später zum Teil auf den Gerichtsschreiber (griffier), zum Teil auf den Richter selbst oder auf andere übergegangen sind. So schreibt der Notar zum Beispiel die Erklärungen von Zeugen, die diese in einem Prozeß ablegen, nieder. Er ist mit der Redaktion des vom Richter ausgesprochenen oder noch auszusprechenden Urteils beauftragt«[20]. Weiterhin verrichtete er auch Dienste zugunsten privater Personen, unter denen das Anlegen von Akten wohl den wichtigsten Platz einnimmt. Diese Akten sind übrigens auch nicht rein privater Natur; sie haben offizielle Beweiskraft, wenn deren Bedeutung auch schwankte[21]. So sehen wir den mittelalterlichen Notar als eine vielseitige Figur, die sich ebenso in der Sphäre der Rechtspflege wie in der der Vertragsschließung bewegt, und auch dieses letzte genießt öffentliches Interesse. »Das eine Mal tritt er auf ›in iudicio‹, als Beamter also, dann wieder außergerichtlich. Mit Vorliebe nennen ihn die Quellen in Nachfolge des römischen Rechts den *servus publicus* dahingehend, daß sein Ministerium jedem dienstbar ist.«[22] Diese Dienstbarkeit gegenüber der Öffentlichkeit ging nicht so weit, daß er – wie das heutige Gesetz es fordert – damals bereits verpflichtet gewesen wäre, seine Dienste auszuüben. Die lizensierten Funktionäre machten nichts falsch, wenn sie nur selten von ihren Befugnissen Gebrauch machten und ihre Tätigkeiten überwiegend auf anderen Gebieten suchten[23], was seit dem 15. Jahrhundert vielfach geschah. Andererseits reicht die Bedeutung des Begriffs *servus publicus* auch wieder weiter, als dem Publikum dienstbar zu sein. In wessen Dienst er auch ist, durch wen er auch ernannt wird, der mittelalterliche Mensch sieht den Notar primär als eine Art Beamten, seinen Beruf als ›officium‹. Der Notar mag den Mitbürgern, die zur Vertretung ihrer persönlichen Interessen den Dienst des Mannes nötig haben, beträchtlich viel Zeit und Arbeit widmen, er bleibt unter allen Umständen der *servus publicus*...er ist Diener des Allgemeininteresses[24].

In größerem oder geringerem Maß schmücken sich alle intellektuellen Berufe mit der Aureole des öffentlichen Interesses.

[20] B. H. D. Hermesdorf, *Het middeleeuwsch notariaat*. In: W. P. N. R., 1942–43, Neudruck S. 9.

[21] A. Pitlo, *Het elastische ambt*. In: W. P. N. R., 1942, S. 54.

[22] Hermesdorf, S. 38.

[23] Lubbers, S. 10.

[24] Hermesdorf, S. 39.

Es ist übrigens nicht nur ein zufällig aufgefangenes Echo klassischer Feierlichkeit, sondern auch ein Reflex der zeitgenössischen Wirklichkeit, wenn man von bestimmten Berufsbeziehungen fordert, daß sie sich in einem gesellschaftlichen Rahmen zu vollziehen haben. Im Englischen hat man für die Verträge, die der Vertreter eines intellektuellen Berufs schließt, in späterer Zeit den Begriff »implied contracts« gefunden. Was ist in diesen Verträgen impliziert? In erster Linie wohl die Tarife, über die nicht gefeilscht wird, sondern die gewohnheitsrechtlich feststehen oder auf einer objektiven Regelung beruhen. Diese Tatsache verweist in ihrer Motivierung aber auf einen tiefer liegenden Umstand, nämlich auf die Forderung, die das Allgemeininteresse an die Berufsausübung und ihre vertragliche Gestaltung stellt. Nach Lewis und Maude bezeichnet ein »implied contract« denn auch, daß man vor und über aller spezifischen Verpflichtung gegenüber dem Klienten oder Arbeitgeber »der Gesellschaft zu dienen hat, im Hinblick auf die Privilegien und den Schutz, den die Gesellschaft dem Beruf verleiht«[25].

Die intellektuellen Berufe sind übrigens nicht die einzigen, die im Interesse der Öffentlichkeit arbeiten. Seit jeher kennt man Dienstleistungen ganz anderer Art, auf die dieses Charakteristikum ebenfalls zutrifft. In der modernen Zeit hat der Bedarf an öffentlichen Diensten zur Bildung kollektiver Institutionen geführt, die manchmal in Händen der Obrigkeit liegen, manchmal aber auch privater Natur sind, in denen berufsmäßig – vorzugsweise in organisierter Zusammenarbeit – Arbeit zum Allgemeinnutzen verrichtet wird. Man denke an Schulen, Krankenhäuser, soziale Einrichtungen und selbst an Licht-, Kraft- und Pipelineinstallationen. Diese Institutionen werden gegenwärtig als »public utilities« bezeichnet[26]. Etwas Ähnliches, wenn auch nicht als kollektive Leistungseinheit, gibt es auch bereits im Mittelalter. Natürlich bezieht es sich dann meist auf ganz andere Berufstätigkeiten. Die »public utilities« sind übrigens nicht nur aus der Berufssphäre erwachsen, sondern teilweise auch aus Tätigkeiten, die aus ethischen Gründen verrichtet werden. Im Hinblick darauf spricht man dann gern von »Berufung« anstelle von »Beruf«.

Im Mittelalter war das gewiß nicht anders, und zwar nicht

[25] Roy Lewis und Angus Maude, *Professional people*. London 1952, S. 56.

[26] F. J. H. M. van der Ven, *Sociologie van de economische eenheid*. In: Sociale Wetenschappen, 6 (1963), S. 253f.

nur im Zusammenhang mit den neutestamentarischen Werken der Barmherzigkeit. In alten Legenden begegnet man jedenfalls noch dienstfertigen Leuten, die die Erfüllung ihres Lebens darin sehen, ihren Mitmenschen beim Überschreiten eines Flusses behilflich zu sein. Sie sind die Vorläufer des Fährmannes, der einen nicht-intellektuellen öffentlichen Beruf ausübt. Daneben kann auch die Tätigkeit des Transporteurs als ein solcher Beruf gesehen werden, des weiteren der Gastwirt, der die Reisenden beherbergt, und der Hufschmied, der notwendige Dienste für Last- und Reittier verrichtet. Handelt es sich bei diesen Berufen vor allem um solche, die der Fortbewegung dienen, so stoßen wir jetzt abseits des Weges auf den Müller, zu dem die Bauern ihr Korn bringen und der zur Ausübung seiner für die agrarische Gemeinde so wichtigen Aufgabe nicht selten von einer territorialen Autorität eingesetzt wird. So sehen wir die frühen »public callings«[27] eher als gebundene denn als freie Berufe, gebunden an gebräuchliche Verhaltensweisen für die Ausübenden und redliche Erwartungen der Nutznießer. »Es waren Berufe von einem vordringlichen sozialen Interesse, die einen gewissen monopolistischen Charakter hatten, sei es auf Grund eines gesetzlichen Privilegs, sei es auf Grund natürlicher Bedingungen. Zunächst ging man dabei vom Bestehen einer gewissen Pflicht, nicht von individuellen Rechten aus. Die betreffende Person war nämlich verpflichtet, gegen redliche Bedingungen ihre Dienste jedermann, der ihrer bedurfte, zur Verfügung zu stellen.«[28]

Was den Landtransport betrifft, so erfolgte dieser im Mittelalter per Lastpferd oder mit Pferd und Wagen. Man war auf bestimmte, übrigens schlecht angelegte Straßen angewiesen, und als Dienstleistung konnte dieser Zweig also keine ungeregelte Richtung nehmen, wie die »wilde Fahrt« zur See. Es entstehen denn auch feste und regional ziemlich begrenzte Botendienste. Während der Ausübung seiner Tätigkeit genießt der Bote natürlich eine große Freiheit, aber er ist auch Gefahren ausgesetzt. Denn die Straße ist noch lange Zeit unsicher geblieben. 1644 wurde den Nimweger Boten ein höherer Lohn zugestanden, im Zusammenhang mit der Gefahr, »geplündert und ausgezogen« zu werden[29]. Damit die Transportdienste im

[27] Roscoe Pound, *Labor unions and the concept of public service*. Washington 1959, S. 7.
[28] van der Ven, S. 281.
[29] F. E. M. Vercauteren, *De aanleg van de straatweg 's Hertogenbosch-Best als deel van de verbinding met Luik (1740–1745)*. Nijmegen 1956, S. 7.

allgemeinen Interesse gut funktionieren, haben sich die Obrigkeiten schon bald mit diesem Berufszweig beschäftigt. Der gesamte Verkehr wird so gut wie möglich beschützt, und die Tarife werden festgelegt. So ist in den Niederlanden der Binnentransport noch bis 1818 ein öffentlicher Dienst geblieben[30]. Der Transportvertrag hat unter den Vereinbarungen über die Verrichtung von Arbeit auch eine ganz eigene Entwicklung erlebt.

Ein noch wichtigerer Beruf ist der des Gastwirts. Die Funktion »Beherbergen« wird übrigens bereits lange vor Bestehen dieses Berufs ausgeübt. In alten Quellen bedeutet »herberghe« oft nur »Obdach«. So wenn der Ritter Jonas aus dem ›roman der kinderen Limborgh‹ fürchtet, da es schon »dunkle Nacht« wird, keine »herberghe« mehr zu erreichen[31]. Fremde beherbergen ist ursprünglich eines der Werke der Barmherzigkeit. Jeder Christenmensch ist zu einem solchen Werk verpflichtet, aber besonders geistliche Orden haben sich ihm gewidmet. Diese Auffassung geht sichtlich von dem Gedanken aus, daß diese Fremden wahrlich nicht zu ihrem Vergnügen auf Reisen sind. Oft sind es Pilger, die man, wenn auch nicht immer, ohne eine Vergütung aufnimmt. Ansonsten muß man wohl diese oder jene bittere Notwendigkeit einer Reise auf sich nehmen, denn im Frühmittelalter war man den Mühsalen und Gefahren der Straße ausgesetzt – und welcher Straße! Äbte, Fürsten und adelige Personen halten in verschiedenen Zentren »Herberge«, das heißt, sie verfügen dort über eine eigene Unterkunft. Solch eine zeitliche Unterkunft bezeichnet man auch als »hostel«. Im späteren Mittelalter entstehen aus den fürstlichen Hotels, etwa in Paris, Paläste.

Wo der Handel bedeutend ist, kann das Herberghalten neben dem Werk der Barmherzigkeit zu einem von Laien ausgeübten Beruf werden. In der Karolingerzeit finden sich dafür schon Ansätze. Die Gründung Brügges als Festungsplatz, aber ebenso als temporärer, doch oft gesuchter Aufenthalt von Kaufleuten vor dem Tor der 862 mit einer Burg verstärkten Villa ließ, wie man sich vorstellen kann, das Bedürfnis nach *tabernarii* und *hospitarii* entstehen, die »zur Aufgabe hatten, für Lebensmittel *(pro victu)* und Unterkunft *(pro hospicio)* zu sorgen«[32]. Es ist ein

30 A. NENTJES, *Enkele punten in de geschiedenis van het vrachtvervoer langs de weg.* In: De Onderneming (1964), S. 337.

31 B. H. D. HERMESDORF, *De herberg in de Nederlanden; een blik in de beschavingsgeschiedenis.* Assen 1957, S. 79.

32 HERMESDORF, *De herberg,* S. 10.

ehrsamer Beruf mit einem Ehrenkodex eigener Art. Und als später der Reisebetrieb zunimmt und allerlei umherziehendes Gesindel die Wege unsicher macht, hat der bona fide-Wirt gewiß auch einen schwierigen Beruf. Die Bemühungen der Obrigkeit und die Reglementierungen des Herbergswesens, die zweifellos im Interesse der Sicherheit und öffentlichen Ordnung und Sittlichkeit geschehen, nehmen nun allmählich zu.

Zu einer Lizenz für die Ausübung des Berufs an sich ist es wohl nie gekommen. Wohl erinnert die heutige Schankgenehmigung noch an Verbote und obrigkeitlich geforderte Voraussetzungen hinsichtlich bestimmter Bereiche des Berufs. Das alles hängt wohl mit dem Umstand zusammen, daß der Wirt einen öffentlichen Beruf ausübt. Aber dennoch begegnet diese Qualifikation zunächst weniger Vorschriften und Aufsicht der öffentlichen Gewalt. Das »öffentliche« Leben wird gerade charakterisiert durch einen freien Verkehr privater Personen untereinander. Das Obdachgeben an den, der »in der Fremde«, weit fort von Heim und Herd bleiben muß, mag zwar aus einem Liebeswerk zu einem gewinnträchtigen Beruf geworden sein, aber es ist ein Beruf, der »öffentliche« Forderungen stellt. Jeder anständige Reisende muß die Fürsorge des Wirts beanspruchen können und sich darauf verlassen, daß er bei ihm in vertrauenswürdigen Händen ist. Sicher, es gibt auch üble Herbergen, wo Leib und Seele, Geld und Gut gefährdet sind. Demonstrieren aber die zahlreichen Räubergeschichten von ausgeplünderten Reisenden, in denen Herbergen eine Rolle spielen, nicht am deutlichsten die Tatsache, daß der Wirtsberuf nach allgemeiner Auffassung gewissen Normen öffentlichen Charakters genügen muß?

Wir wollen noch kurz auf die öffentlichen Gesichtspunkte beim intellektuellen Beruf zurückkommen. Wie bereits erwähnt, hatte die Vorstellung von den klassischen *operae liberales* im Lauf der Zeit eine solche Veränderung erfahren, daß von dem alten, etwas hochherzigen para-öffentlichen Ideal kaum mehr etwas zu erkennen war. Aus mittelalterlichen Berichten gewinnt man den Eindruck, daß die Freiheit gegenüber geldlicher Vergütung für Dienste derer, die die Heilkunst beruflich ausübten, nicht mehr der Wirklichkeit entsprach – sofern das je der Fall gewesen sein konnte. »Selbst geistliche Ärzte übten das medizinische Fach nicht immer umsonst aus, wenn auch der Ertrag aus ihrer Praxis eher dem Kloster als ihnen selbst zugute kam.«[33] Die weltlichen Ärzte waren teilweise ambulant, Magier auf der Suche nach Vermögen, und wenn sie sich in den Städten niederließen, wurden sie normal seßhafte Bürger. Kein Wunder, daß die frühesten Quellen den Eindruck erwecken, eher die Patienten als die Ärzte beschirmen zu wollen[34], denn die Ausbildung und Fähigkeit war oft zweifelhaft, und das Verhältnis zwischen Arzt und Patient wird nicht selten eher von Furcht als von Vertrauen diktiert gewesen sein.

Im Mittelalter wurden die Ärzte und Apotheker noch hin und wieder für die Folgen falscher Behandlung und Rezepte verantwortlich gemacht. In Siena soll einmal ein Apotheker, der eine doppelte Dosis gegeben hatte, an deren Folgen der Patient starb, zum Tode verurteilt worden sein[35]. Aber auch wenn Genesung nicht ohne nachweisbare Ursache eintritt, neigt der Patient, der natürlich noch weniger von Krankheiten versteht als der Jünger Äskulaps, dazu, diesem die Schuld zu geben und ihn manchmal sogar gerichtlich zu verfolgen. Bei dem durchaus nicht hohen Stand der ärztlichen Wissenschaft war das natürlich auch für bona fide-Ärzte keine angenehme Position. Ein geschickter Mann konnte sich vielleicht aus schwierigen Situationen retten, indem er nichts tat und seinen Rückzug mit gelehrten Sprüchen deckte. »Denn eben wo Begriffe fehlen, da stellt ein Wort zur rechten Zeit sich ein.« Das hatte die Wissenschaft wohl immer schon erfaßt. Arnoldus von Villanova lehrt um 1300 diese Weisheit, indem er dem Arzt, wenn dieser bei der Urinuntersuchung nichts finden kann, anrät zu sagen, daß es sich offensichtlich um eine Obstruktion der Leber handle[36]. Dieses Wort »Obstruktion« muß genügen. Unsere heutige psychologischer eingestellte Zeit kennt auch einen solchen Begriff: Frustration. Das klingt beeindruckend und niemand weiß genau, was damit gemeint ist.

Von der Art, wie die städtischen Obrigkeiten Mediziner und Apotheker im öffentlichen Interesse reglementieren zu müssen glaubten, vermitteln die Statuten oder Gesetze der Stadtverwaltung von Arles, zwischen 1162 und 1202 erlassen, einen guten Eindruck. Die Ärzte müssen schwören, daß sie die Kranken, mit denen sie zu tun haben, mit Sorgfalt untersuchen und auf die rechte Weise behandeln. Und wenn der Patient

[33] D. de Moulin, *De heelkunde in de vroege middeleeuwen*. Leiden 1964, S. 21.
[34] de Moulin, S. 6.
[35] Grupp, VI, S. 175.
[36] Grupp, IV, S. 429.

innerhalb von vierzehn Tagen wieder krank wird, ist der Arzt gehalten, ihn ohne weitere Kosten wieder in Behandlung zu nehmen. Kein fremder Medikus darf innerhalb der Stadt medizinisch oder chirurgisch praktizieren, ehe er nicht von einem ansässigen Medikus oder Chirurgen beurteilt wurde. Ärzte sind berechtigt, Rezepte selbst zuzubereiten, wenn sie in dieser Kunst ein Examen abgelegt haben; sie dürfen es aber nicht bei sich zuhause tun, sondern müssen dieses Werk am Arbeitsplatz des Apothekers oder im Krankenzimmer verrichten. Apotheker dürfen nur liefern, was in dem Rezept angeführt ist. Wenn etwas nicht in ihren Töpfen oder Sirupflaschen vorhanden ist, dann dürfen sie etwas anderes nur auf Anraten eines oder mehrerer Ärzte in die Arznei geben. Sie dürfen mit den Ärzten keine Interessengemeinschaft eingehen oder Dienste oder Begünstigungen von ihnen annehmen. Sie dürfen keine Medikamente ohne das Rezept eines oder mehrerer Ärzte verkaufen. Sie müssen einen Eid ablegen, daß sie alle diese Dinge nach bestem Wissen durchführen werden[37]. Aus alledem geht hervor, daß der Apothekerberuf, der als praktische medizinische Spezialisierung erst im 12. und 13. Jahrhundert Gestalt gewinnt, als wissenschaftlicher Beruf nicht so hoch eingestuft wird[38].

Der öffentliche Charakter dieser und anderer intellektueller Berufe drückt sich im Spätmittelalter auch darin aus, daß die Städte beginnen, Vertreter dieser Berufe heranzuziehen und einen Vertrag mit ihnen schließen. Bei solchen Verträgen kann es sich um eine Anstellung ganz im Dienste der Obrigkeit handeln, aber es kann ebenso beabsichtigt sein, daß der Angestellte nur bestimmte Verpflichtungen auf sich nimmt und im übrigen eine selbständige Praxis gründet. Wie Berichte aus Leiden im 15. Jahrhundert zeigen, war der städtische Personalstand ziemlich umfangreich[39]. Intellektuelle, besonders Juristen, fanden sich außer bei der Magistratur auch im Sekretariatsdienst. 1459 geloben die »gueden luden vanden gerechte ende vanden achten« der Stadt Dordrecht dem Jacop Symonsz, daß sein Sohn, sobald er »magistriert« ist, bei den Sekretären volontieren darf mit der Aussicht, daß er bei Eignung Sekretär wird[40]. Es handelt sich hier also um eine echte amtliche Bezie-

[37] Prevet, V, S. 1215–1216.

[38] Harald E. Kuhn, *Soziologie der Apotheker*. Stuttgart 1963, S. 10.

[39] J. P. Blok, *Eene Hollandsche stad in de middeleeuwen*. 's Hage 1883, S. 175f.

[40] J. A. Fruin, *De oudste rechten der stad Dordrecht en van het baljuwschap van Zuid-*

hung. Bei den Gerichten findet man aber auch Juristen, die angestellt sind, um den Parteien gegen Bezahlung als »fürsprech« zu dienen. In Leipzig (1461) ging das offensichtlich ziemlich automatisch für die Summe von 1 Groschen pro Fall vor sich, was vermutlich bedeutete, daß sich der Mann nicht gerade gründlich mit dem Fall beschäftigte. Man konnte ihn aber auch zu Hause empfangen, wofür dann eine Bezahlung von 4 bis 5 Groschen üblich war[41].

Auf dem medizinischen Sektor scheint die Situation gewöhnlich eine Mischung zwischen amtlichem Dienst und freier Praxis gewesen zu sein. Und zwar in der Weise, daß die freie Praxis einer Reglementierung unterworfen ist, in der sich der öffentliche Charakter des Berufs ausdrückt. Eine einfache Anstellung ist vielleicht gemeint, wenn 1431 zu Dordrecht Meester Herbaren van Jutfaes angenommen wird, um »der stede meister van medicine te wesen« gegen Bezahlung »voer sine wedde, cledere ende andere vervalle« von 30 burgundischen Schilden pro Jahr sowie 4 Lasten schwarzen Torf, während er befreit wird von Steuerzahlung, von Wachtdienst, »van leninge ende van alle andere der stede onraet«. Er muß dafür den fraglichen Dienst leisten, den andere Meister vor ihm geleistet haben. Will er fortgehen, so muß er ein Vierteljahr zuvor kündigen[42]. Zehn Jahre später wird in Zwolle Meester Lambert angestellt »als dat hy der stadt aptecker wesen sal een jaer lanck ende toe Zwolle wonnen«, und zwar mit einem Kündigungstermin von einem halben Jahr seinerseits, während Schöffen ihn nach Gutdünken entlassen können. »Ende meyster Lambert zal iaerlickes voer syn pensie hebben 15 heren pond. Voert soe sal hy vry sitten van waken ende van meyer dienst.«[43]

Die Bezahlung ist im letzten Falle nicht besonders hoch. Man vergleiche – 45 Jahre später – den Lohn des Trompeters und der Pfeifer, die jeden Samstag nach der Vesper am Stadttor spielen müssen: jeweils 38 und 30 heren Pfund[44]. Der Apotheker muß sich also durchaus an seine Privatpraxis halten. Bei deren Ausübung steht er wie üblich unter Aufsicht des Medikus, in dessen Beisein er die Rezepte zu bereiten hat. »Ende en

holland. In: Oude Vaderlandsche Rechtsbronnen, 1. Folge, 4. 's Gravenhage 1882, II, S. 142.

41 Rothenbücher, S. 24.

42 Fruin, II, S. 62.

43 A. Telting, *Stadtboeken van Zwolle.* In: Overijsselsche Stad-, Dijk- en Marke-regten, I/12. Zwolle 1897, S. 469–470.

44 Telting, S. 501.

sal daer min off meer in doen dan de medicus dat hebben wil.« Die Einmischung der Stadt in diese freie Praxis zeigt sich darüber hinaus noch aus einer Bestimmung, die es dem Apotheker verbietet, anders als vor den Schöffen von Zwolle über Lohnforderungen zu prozessieren; »ende dat sal dan staen tot seggen des rades off des medici wat hy hebben sal.«[45] Mit anderen Worten besteht also, außer der Aufsicht über die Ausübung der Heilkunde und der Pharmazie, auch bereits, wenn auch nur im Falle von Meinungsverschiedenheiten, die Einflußnahme auf die Tarife. Muß man das als einen Einbruch in die Freiheit des Berufs auffassen? Die Menschen jener Zeit haben es vielleicht als eine Konsequenz von dessen öffentlichem Charakter aufgefaßt.

12. Künstler, Spielleute, Vagabunden

In unseren Betrachtungen über die Arbeitsverhältnisse während des Hochmittelalters sind wir verschiedenen Typen begegnet: Kaufleuten, Seefahrern, Fischern, Bergleuten, Handwerkern mit ihren Lehrlingen und Gesellen, Textilarbeitern, Baumeistern und Baufachleuten, Knechten und Mägden in der Landwirtschaft und im häuslichen Dienst, Vertretern intellektueller und anderer Berufe von mehr oder minder öffentlichem Charakter. Ein bunter Haufen von Tätigen, die selbständig oder in Dienstbeziehung arbeiteten, allein oder in Zusammenarbeit, in mehr oder minder ansehnlichen und lukrativen Funktionen. Bei aller Verschiedenheit zeigen sie in bestimmter Hinsicht doch eine gewisse Einheit. Der mittelalterliche Mensch ist sich der Tatsache bewußt, daß er um sein Brot arbeitet, und schämt sich dessen nicht. Es macht ihm auch nichts aus, eine freie Dienstbeziehung einzugehen, vor allem wenn fachgerechte Ausbildung ihm ein Selbstbewußtsein verleiht, braucht er sich nicht davor zu fürchten, in eine unerträgliche Unselbständigkeit zu geraten, durch die er deklassiert würde. Er besitzt bereits die rechte Einsicht, daß eine gewisse funktionelle Selbständigkeit die Beschwerden einer vertraglichen Unselbständigkeit großenteils aufheben kann.

[45] Telting, S. 470.

Und doch hat man den Eindruck, daß das vom Aufblühen der Städte inspirierte Arbeitssystem bereits seit dem 14. Jahrhundert der Erstarrung und dem Verfall preisgegeben war. Am deutlichsten läßt sich das an der von Kaufleuten für den Exporthandel organisierten Industrie wahrnehmen. In den dafür in Betracht kommenden Branchen sind die Handwerker auch unter formeller Wahrung ihrer Selbständigkeit zu abhängigen Leuten abgesunken, die ihre Existenz in zunehmender Unsicherheit und auf stets niedriger werdendem Lebensstandard zu fristen suchten. Auch in anderer Hinsicht nimmt die Ungleichheit wieder zu. Die bürgerliche Gesellschaft des Spätmittelalters bildet im Laufe der Zeit ein zunehmend differenziertes Ganzes. Ohne daß sich scharfe Grenzen ziehen lassen, fällt sie in zahlreiche Interessengruppen auseinander. »Die ehemalige Einheitlichkeit, die gemeinsamen wirtschaftlichen Ziele und die egalitären politischen Bestrebungen sind einer über alles andere sieghaften Tendenz zur Trennung aufgrund der Vermögensverhältnisse gewichen. Nicht nur Groß- und Kleinbürgertum, Handel und Handwerk, Kapital und Arbeit scheiden sich immer schärfer voneinander, es entstehen auch zahlreiche Übergänge zwischen dem kapitalstarken Unternehmertum und den kleinen Gewerbetreibenden einerseits, den selbständigen Meistern und dem Arbeiterproletariat andererseits.«[1]

Die städtische Gemeinschaft, die die statische agrarische Ordnung durchbrochen hatte, stand am Ausgang des Mittelalters vor der Tatsache, selbst statisch zu werden. Die Kaufleute, die der Wirtschaft neue Impulse gegeben hatten, waren schon längst wohlhabend geworden und traditionell gesinnt. Das übrige Bürgertum, für welches das Freiheitsprinzip an lebendigem Wert verloren hatte, verspielte seine geistige Spannkraft in kleinbürgerlicher Rationalität. Die Reaktion blieb übrigens nicht aus. Im Spätmittelalter entsteht ein Reise- und Wandertrieb, der kaum anders als aus innerer Unruhe erklärlich ist, ein Nonkonformismus auch, der seinen Spott mit der Wohlanständigkeit des Bürgertums treibt und der den beengenden Banden seiner Institutionen zu entkommen sucht. Beide Tendenzen – wen mag es wundern? – sind am deutlichsten an der Perpherie des intellektuellen und künstlerischen Lebens wahrnehmbar. Auch der bona fide-Student und der

[1] Arnold Hauser, *The social history of art*, dtsch. Übers., *Sozialgeschichte der Kunst und Literatur*. München 1958, I, S. 266.

ehrsame Handwerksgeselle scheuten nicht davor zurück, große Reisen zu unternehmen, von Universität zu Universität, von einem Meister zum anderen zu ziehen. Das wurde die normale Art, Kenntnisse und Fähigkeiten zu erwerben, und auf diese Weise entstand auch eine fruchtbare Kommunikation zwischen verschiedenen Kulturzentren. Der »Wanderbursch« ist aber kein Landstreicher; wenn er auch weite Fußreisen unternimmt, so ist sein Ziel doch ein längerer Aufenthalt an einem bestimmten Platz. Der Landstreicher dagegen findet nirgends sicheren Halt und Ruhe; er wird denn auch nicht in die bürgerliche Gesellschaft aufgenommen, sondern vagabundiert an ihrer Peripherie.

Diese Peripherie bildet ein Stück eigene Welt. Diejenigen, die darin leben, sind befreit vom bürgerlichen Arbeitssystem mit seinen Verpflichtungen und seiner strikten Regelmäßigkeit, mit seinen Organisationen und Verhaltensregeln. Aber heißt das auch, daß sie keine Belastungen mehr kennen und sich nicht anstrengen müssen, um ihren Unterhalt zu bestreiten? Gewiß nicht, das Leben auf der Landstraße ist hart und mühsam, wenn auch in anderer Weise als das geregelte Arbeitsleben. Das, womit man sich so beschäftigte – hauptsächlich Tätigkeiten, die wir heute zur Unterhaltungsbranche zählen würden –, betrachtete man in jener Zeit nicht als Arbeit. Im Lichte dieser Auffassung ist, wie wir noch näher sehen werden, vieles von der Haltung der kirchlichen und bürgerlichen Gesellschaft gegenüber dem »fahrenden Volk« zu erklären. Aber abgesehen davon, daß in subjektiver Beziehung eine gewisse Arbeitsleistung erbracht wurde, mit der auch ein Bedürfnis befriedigt werden konnte, ließe sich vielleicht sogar behaupten, daß das fahrende Volk auch unbewußt einen neuen funktionalen Zug im Gesellschaftsbild entwickelt hat, die Funktion der Aufklärung, Gedankenverbreitung und Kritik. Diese oft der »intelligentsia« zugeschriebene Funktion[2] wurde in der modernen Zeit von technisch perfekten Kommunikationsapparaten übernommen, aber es steht dahin, ob sich der Fernsehzuschauer von heute in seinem bequemen Lehnstuhl wohl so intensiv durch das Mitgeteilte angesprochen fühlt wie einst der Bauer auf dem Jahrmarkt, der den Liedersängern gebannt lauschte.

Die unbewußte Funktion des Vaganten – dieser Randfigur,

[2] F. J. H. M. van der Ven, *De arbeidende mens; arbeidssociologische beschouwingen.* Utrecht-Antwerpen 1965, S. 83f.

»in der sich akademische und klerikale Elemente mit fahrenden Spielleuten vermischen und in denen auch der militante Einschlag des Landsknechts nicht fehlt« – war für den Abbauprozeß der mittelalterlichen Ordnung und das Heraufkommen neuer Strömungen wie Humanismus und Reformation bedeutsam[3]. Man darf diese Rolle natürlich nicht verallgemeinern. Es handelt sich hier um eine mehr oder minder negativ eingestellte periphere Gruppe, man könnte sagen: um die des intellektuellen Proletariats. Zum neuen Gedankengut haben gewiß auch anerkannte Gelehrte und Mitglieder des etablierten Bürgertums beigetragen. Wie dem auch sei, die durch den Herbst des Mittelalters ziehende Vagantentruppe ist durchaus nicht repräsentativ für den allgemeinen Standard von Intellektualität und Künstlertum in dieser Periode. Er wird nicht einmal durch ihren Ausschuß geformt; in den untersten Regionen läßt sich weder Geist noch Kunst entdecken. Auf künstlerischem Gebiet – wir wollen uns hier auf diesen Sektor beschränken – läßt sich sogar eine scharfe Trennungslinie zwischen bildender Kunst einerseits und Literatur und Musik andererseits ziehen, wobei nur von den letztgenannten Kunstformen ein Teil »auf die Straße gegangen ist«. Es handelt sich hier hauptsächlich um die reproduzierende Kunst. Denn auch wenn die Spielleute eigene Lieder und Vorträge zur Darbietung brachten, so blieb das Schreiben und Komponieren gutenteils das Werk der Gelehrten, bürgerlicher Dilettanten und anerkannter Berufsdichter, »die sich ganz im Geiste des Handwerks ›Meister‹ und ›Meistersänger‹ nennen und sich über den niederen Spielleuten wer weiß wie erhaben fühlen«[4]. Daneben sind die bildenden Künste ausschließlich und bis in viel spätere Zeit hinein bürgerlich und ein Teil des Handwerks geblieben. Ungebundenheit, auf die Spitze getriebener Individualismus und Ablehnung einer von der Arbeit abhängigen Existenz sind ihnen ganz fremd. Diese Erscheinung ist bemerkenswert genug, um hier etwas näher betrachtet zu werden.

Außer in Italien, wo die Renaissance schon früher einsetzte, hat man bis weit ins 15. Jahrhundert hinein keinen deutlichen Unterschied zwischen Künstler und Handwerker gemacht. Im Englischen und Französischen wird die enge Verwandtschaft zwischen diesen beiden in der Bezeichnung ausgedrückt (artist – artisan, artiste – artisan). Das gilt natürlich nur für den

[3] J. F. Volrad Deneke, *Die freien Berufe*. Stuttgart 1956, S. 41.
[4] Hauser, S. 274f.

schöpferischen Künstler, der mit seinen Händen und mit Hilfe von Werkzeug etwas aus der Materie schafft. Das Geschaffene ist selbst Material, wenn es auch eine Idee zum Ausdruck bringt. Der mittelalterliche Mensch scheint die Idee aber als eine Objektivität erfahren zu haben. Das Kunstwerk verleiht einem Etwas Ausdruck, das man bereits kennt, es will nichts anderes, als Darstellung einer anerkannten, vielfach religiösen Wertauffassung sein. Über den künstlerischen Wert, unabhängig von der Manifestation des fachmännischen Könnens, scheint man sich viel weniger bewußt gewesen zu sein. Jedenfalls war es undenkbar, daß jemand, der das Fach nicht voll beherrschte, ein Kunstwerk zustande bringen könnte.

Die schöpferische Kraft bot sich also als Arbeit des Fachmannes dar, und man ließ sich nichts über einen künstlerischen, von der Materie unabhängigen Wert weismachen. Das Kunstwerk mußte gut gemacht und sorgfältig bearbeitet sein. Es konnte durch einen Fachmann oder in Zusammenarbeit hergestellt werden; der Bildschnitzer brachte nicht selbst die Farbe an, das war Aufgabe des Malers. Die Patina, die wir so sehr bewundern, wurde vom Maler gewiß nicht geschätzt. Während die Zeit ihren Beitrag zur Schönheit geleistet hatte, war er der Meinung, frische Farbe könne nichts schaden. Und was wir am maschinellen Werkstück so verabscheuen, die Härte und Schärfe der Linien, mag der Handwerker vielleicht gerade auf seine Art als Vollendung erstrebt haben –, glücklicherweise ohne es ganz zu erreichen.

Um diese Abhängigkeit der Kunst vom Handwerk richtig zu verstehen, muß man wissen, daß freie Kunstproduktion im Mittelalter praktisch nicht existiert hat. Das Kunstwerk hatte einem bestimmten Zweck zu dienen, und damit war alle Kunst zu angewandter Kunst gestempelt. Je mehr die Fertigkeit zunimmt, desto stärker kommt die Zweckbestimmung in einer oft übermäßigen Ornamentik zur Betonung. Dennoch haben die Romantiker des 19. Jahrhunderts die Einfalt des Künstler-Handwerkers oft überschätzt. Es mag wahr sein, daß er sich eher als Fachkraft denn als Künstler fühlte, doch daraus läßt sich noch nicht schließen, daß er als Hersteller eines Werkes aus Bescheidenheit lieber anonym geblieben wäre. Gerade als Fachmann hatte der mittelalterliche Handwerker – auch außerhalb des Kunsthandwerks – seinen Berufsstolz. Ein gutes Werkstück darf, wenn es nach ihm geht, ruhig mit seinem Namen verbunden sein. Die Tatsache, daß die meisten Kunstwerke trotzdem nicht signiert wurden, ist einer bewußten Vorliebe für Anonymität zuzuschreiben. Man muß diese Tatsache im allgemeinen gesellschaftlichen Kontext sehen, der der Tradition und der mündlichen Überlieferung viel weiteren Raum bot, als wir uns heute noch vorstellen können. Der Mann, der etwas Gutes gemacht hatte, konnte auch ohne zu signieren wohl damit rechnen, daß sein Name als Schöpfer erhalten blieb.

Der Zusammenhang zwischen Kunstproduktion und Arbeit ist evident genug, so daß wir uns darüber nicht allzu lange verbreiten müssen. Auch heute noch gibt mancher Künstler zu, daß der schöpferische Prozeß zu zehn Prozent aus Inspiration und zu neunzig Prozent aus Transpiration besteht. Der mittelalterliche Künstler, der meistens auf der Straße »zimmerte«, nämlich der Bildhauer an der Kathedrale, war ursprünglich nichts anderes als ein künstlerisch begabter Steinmetz. In der romanischen Periode meißelte er seine Reliefs, nachdem der Stein gesetzt war; in der Gotik gab es mehr freistehende Plastiken, die in den Bauhütten hergestellt wurden. Der Bildhauer oder *imaginarius* ist also dadurch entstanden, daß bestimmte Steinmetze eine spezielle Fertigkeit für das figurative Werk entwickelt haben; schon 1226 wird in London ein gewisser Thomas in diesem Zusammenhang genannt.[5] Etwas später wächst das Interesse an der Holzplastik zur Innendekoration, und das Bildhauerhandwerk wird auch im eigenen Atelier ausgeübt. Für die Stellung des Künstlers bedeutet dieses letztere wohl eine gewisse Veränderung. Er wird ein frei niedergelassener Handwerker, der genau umschriebene Aufträge gegen einen bestimmten Preis annimmt; seine Beziehung zum Auftraggeber ist also durch den Begriff gekennzeichnet: Annahme von Werk. Der Bildhauer in der Bauhütte dagegen arbeitet im Dienstverhältnis auf Taglohnbasis, obgleich, wie bereits früher festgestellt wurde[6], seine Schulung ihm eine funktionelle Selbständigkeit und ein gewisses Statusgefühl verschafft, wodurch er kaum vom niedergelassenen Handwerksmeister zu unterscheiden ist.

Einen Künstler-Handwerker gibt es allerdings, der sich allmählich von regelmäßiger Handarbeit zu lösen vermag. Das ist der Architekt oder besser der Baumeister. Wegen seiner organisierenden und stellvertretenden Aufgabe wird er mit der Zeit davon befreit, auch wenn er durchwegs aus dem Baufach

[5] L. F. Salzman, *Building in England down to 1540*. Oxford 1952, S. 31.
[6] Vgl. Kapitel 10 über das Baugewerbe.

hervorgegangen ist und also wohl praktische Anweisungen zur Arbeit geben kann. Sein Kontakt mit dem Fach bleibt indes trotzdem bestehen, und zwar vornehmlich durch Anfertigung von Entwürfen, womit zugleich der künstlerische Aspekt vertreten wurde. Diese konzipierende Aufgabe ging so weit, daß auch Werkstücke, die der Bildhauer auszuführen hatte, oft vom Baumeister skizziert wurden. So wird verständlich, daß zunächst die Kombination von Architekt und Bildhauer ziemlich häufig vorkommt. Die Liebfrauenkirche in Maastricht, die während der letzten Jahrzehnte des 12. Jahrhunderts entstand, hat ein Kapitell mit der Abbildung eines Mannes, der der Heiligen Jungfrau ein Kapitell überreicht. Neben diesem Mann ist der Name Heimo eingemeißelt, offensichtlich der Name des Bildhauers. Möglicherweise handelt es sich um dieselbe Person wie ein gewisser Aymo, der 1178 eine Brücke irgendwo in Nordfrankreich gebaut haben soll[7].

Dennoch darf man sich die Emanzipation des Baumeisters vom Handwerk nicht so vorstellen, daß er sich fortan als der weit darüber erhabene Gelehrte und Künstler fühlte. Diese Evolution tritt erst – und auch dann nur teilweise – während der Renaissance ein. Der mittelalterliche Baumeister hatte meistens auf künstlerischem Gebiet keinen besonderen Ehrgeiz. Er dünkte sich auch nicht zu erhaben, Werke seiner Kollegen, die er oder seine Prinzipale schätzten, zu kopieren oder wenigstens Anregungen daraus zu schöpfen[8]. Gelegentlich gaben Prinzipale sogar Auftrag, andernorts erstandene Bauwerke für die Gestaltung der neuen Baupläne detailliert nachzeichnen zu lassen. So wurde auf Veranlassung der Kanonikerinnen zu Bergen von drei Meistern eine Pergamentzeichnung des St. Romboutsturms zu Mechelen angefertigt, und außerdem ließen sie auch Zeichnungen zu Atrecht und Marchiennes herstellen[9]. Man hatte durchwegs auch keine übermäßige Ehrfurcht vor früher entstandenen Werken. Sie wurden, vor allem in gotischer Zeit, einfach wieder abgerissen. »In Laon hat Bischof Gautier de Mortagne 1140 eine gotische Kirche auf der Stelle einer romanischen Kirche bauen lassen, die erst seit 1114 bestand.«[10] Ein Vorteil des geringen Individualismus war es

[7] A. L. J. van de Walle, *Het bouwbedrijf in de Lage Landen tijdens de middeleeuwen*. Antwerpen 1959, S. 12–13.

[8] Salzman, S. 23.

[9] van de Walle, S. 26.

[10] Régine Pernoud, *Lumière du Moyen-Age*, niederl. Übers., *De glans der middeleeuwen*. Utrecht-Antwerpen, S. 154.

übrigens, daß man sich bei Umbauten und Erweiterungen sehr geschickt den Erfordernissen anpaßte. Nirgends im Mittelalter stellt man einen Bruch in den Stilauffassungen fest, und selbst noch der Übergang von der Gotik zur Renaissance hat besonders gelungene Lösungen hervorgebracht.

Das Kunsthandwerk wurde also in erster Linie weiterhin als Handwerk betrachtet. Es hatte einfach Teil an der allgemeinen Wertschätzung für Facharbeit. Noch größere Wertschätzung brachte man offensichtlich für Tätigkeiten auf, die der Organisation des Werks dienten. Teilweise, nämlich insofern es den Auftraggeber betrifft, ist das eine Frage der Einstellung gegenüber einer auf größerer finanzieller Tragkraft basierenden Hierarchie, zum anderen Teil hängt es auch mit der bürgerlich interpretierten Idee von Meisterautorität zusammen. So wie der Architekt eines Bauwerks nicht selten hinter dem sich selbst als Initiator verherrlichenden Prinzipal spurlos verschwindet, so verbirgt sich der bildende Künstler oft unfreiwillig hinter dem Handwerksmeister, der den Auftrag angenommen hat oder jedenfalls zur Ausführung bringt. Auf dem Portal der Konstanzer Kathedrale steht die Inschrift: »Symon Haider artifex me fecit«. Augenscheinlich war dieser Mann also der Bildhauer. Dennoch geht aus einem Urteil des Rats der Stadt von 1490 hervor, daß Haider sich überhaupt nicht auf die Bildhauerei verstand. Er war also derjenige, der das Werk in wirtschaftlichem Sinne übernommen hatte, der Unternehmer, wenn man so will, und der Künstler war in Wirklichkeit der nicht erwähnte Nicolaas von Leiden[11]. Sollte Haider auch als Baumeister nichts mit dem Entwurf zu tun gehabt haben? Vermutlich nicht, denn dann wäre er gewiß nicht zu bescheiden gewesen, um das durch die Erwähnung deutlich zu machen: »inventit ac fecit«.

Daß Künstler und besonders Architekten eine höhere Achtung als andere Fachhandwerker genossen haben sollen, ist zwar häufig behauptet, aber nicht eindeutig bewiesen worden. Wenn es der Fall war, dann wird es beim Baumeister mehr an seiner Führungsposition als an der künstlerischen Fähigkeit gelegen haben. Zur Unterstützung der These von einer speziellen Wertschätzung hat man darauf verwiesen, daß Karl V. von Frankreich Pate vom Sohn seines Baumeisters Raymond du Temple war und daß der Junge später auf die Universität von Orléans geschickt wurde. Eine solche Tatsache ist aber ziemlich

[11] Pierre du Colombier, *Les chantiers des cathédrales*. Paris 1953, S. 83.

exzeptionell, und sie besagt überdies wenig über den gesellschaftlichen Status, weil sie rein persönlicher Natur gewesen sein kann. Auch heutzutage erlebt man hin und wieder, daß fürstliche Personen die Patenschaft bei der Taufe von Kindern eines Jagdaufsehers oder Gärtners übernehmen[12]. Dennoch ist der handwerkliche Künstler eine wegen ihrer Arbeit geschätzte Person; der Miniatur- und Tafelmaler vor allem auch an den Höfen.

Wir kommen nun zum Musikanten, Dichter und Vortragskünstler: Seine Kunst kommt aus ganz anderen Bereichen als aus denen des Handwerks. Einerseits aus den höheren Sphären des Heldengedichts und der freien Künste, zum anderen aus den niederen des Spiels und Vergnügens. Im Lauf des Mittelalters wurde aus der Mischung dieser Elemente der Spielmann geboren[13]. Gegen Ende des 13. Jahrhunderts entstand zwar eine neue Differenzierung, »deren Ergebnis auf der einen Seite der fest angestellte Minstrel, der Hofdichter im engeren Sinne, auf der anderen der wieder herabgekommene, herrenlos gewordene ›Spielmann‹ ist«. Erstere entwickelten sich manchmal zum »Literator«, zugleich Lehrmeister und Ratgeber des fürstlichen Schirmherrn, ungefähr im selben Geist, wenn auch etwas frivoler, wie es der Position des »skop« an den frühgermanischen Köngishöfen entsprach: »sie gelten in allen Fragen des guten Geschmacks, der höfischen Sitten und der ritterlichen Ehre als die höchste Autorität. Sie sind die eigentlichen Vorläufer der Renaissancedichter und Humanisten, oder sie sind es zumindest in demselben Maße wie ihre Gegenspieler, die Vaganten, denen Burckhardt diese Rolle zuschreibt.«[14] Aber die fahrenden Spielleute bleiben in der Überzahl. Sie erhalten überdies noch Zustrom aus den Reihen heruntergekommener Intellektueller, von denen die meisten Universitäten besucht haben.

Hier begegnen wir nun dem bereits erwähnten Vaganten. Diese Figur ist ursprünglich verwandt mit den in spätklassischer Tradition lateinische Verse schreibenden Mönchen. Er war auf der Universität, ist aber über dieses Milieu auf die Landstraße geraten und dort mit der Volkssprache in Berührung

[12] G. C. Coulton, *Social life in Britain from the conquest to the reformation.* Cambridge 1918, S. 468.

[13] F. J. H. M. van der Ven, *Sozialgeschichte der Arbeit*, Bd. 1, II, Kapitel 7. München 1972.

[14] Hauser, S. 238, 239.

gekommen, mit anderen dichterischen Genres und vor allem auch mit einem viel freieren Lebensstil. Die ›carmina burana‹ sind dafür lebendige Zeugnisse. Bei all seinen Bemühungen, sich als Intellektueller vom volkstümlichen Spielmann zu unterscheiden, teilt er doch schließlich mit diesem die unstete Lebensweise, die unvermeidliche Deklassierung, und seine »freie« Kunst sinkt zu einem Mittel herab, um vogelfrei einen dürftigen Lebensunterhalt zu bestreiten, jedenfalls wenn er – Geistlicher oder Laie – keine Chance sieht, eher auf Grund seiner Kenntnisse als seiner Kunst zu einem Beruf zu kommen oder einen Mäzen für sich zu interessieren. Diesen letzten gegenüber zeigte sich die Gesellschaft und die Geschichte toleranter. Ihre didaktischen, geschichtlichen und vielfach sittengeschichtlich orientierten gereimten Werke wurden geschätzt und vielfach der Anonymität entrissen[15].

Die Grenzen des intellektuellen Vagantentums können also wohl fluktuierend gewesen sein. So ist es zu verstehen, wenn ein Maerlant der Kategorie der »fahrenden clerken« zugerechnet wird[16]. Der Scholar aber, der sich mehr um das Lied als um die Wissenschaft kümmerte und infolgedessen mehr der fröhlichen als der ernsten Seite des Lebens zuneigte, lief wohl Gefahr, sein ganzes Leben ohne festen Wohnsitz zu bleiben. Er ist höchstens ein geschätzter Gast, um die Langeweile des Alltags zu vertreiben, sowohl in den Klöstern und Schlössern wie auf den Jahrmärkten oder Märkten und an den Wallfahrtsorten. Aber doch auch ein Gast, den man bald wieder loswerden wollte. Denn er bleibt schließlich ein fremder Prahlhans, dem nicht zu vertrauen ist und mit dem man besser nicht in persönliche Beziehung tritt. Denn er ist in mehr Sätteln zuhause als die ordentlichen Leute. Es gibt Falschspieler und Beutelschneider unter ihnen, Betrüger, sogar Leute, die mit dem Teufel verkehren. Dieser Mangel an Kredit macht es dem Spielmann unmöglich, einen gesicherten Platz in der Gesellschaft zu erringen oder auch nur einen zeitweiligen Schirmherren zu finden, bei dem er die Hand aufhalten kann zur geldlichen Unterstützung. Sein Lohn ist nicht viel mehr als ein zugeworfenes oder erbetteltes Trinkgeld. Das ist es ungefähr,

[15] J. van Mierlo, *De letterkunde van de middeleeuwen tot omstreeks 1300*, S. 286f. und *De middelnederlandsche letterkunde van omstreeks 1300 tot de Renaissance*, S. 7f. In: Geschiedenis van de letterkunde der Nederlanden, Bd. II und III. 's-Bosch-Brüssel o. J.

[16] Marie Ramondt, *Maerlant en het vagantisme*. In: Neophilogus XVIII, 1938, S. 215f.

was einer der Großen unter ihnen, François Villon, in seiner ›Ballade der Gegensätze‹ ausdrückt:

»Wollt ihr, o gütiger Fürst, zur Kenntnis nehmen,
Daß ich unwissend viel verstehen kann;
Gesetze hassend, laß ich mich doch zähmen.
Was bitt ich noch? – Mit Gunst mich zu beschämen,
Mich, höchst beliebt, verschrien bei Jedermann.«

Die vagabundierende Gilde war indes viel differenzierter, als es das Wort Spielmann, womit man diejenigen, die es sich zum Beruf machen, diese oder jene Kunst zur Freude und Zerstreuung anderer zu betreiben, andeutet. »Gemeint sind die herumziehenden Musikanten, Akrobaten, Ringkämpfer, Seiltänzer, Zauberer, Bärenführer und ähnliche. Im 11. und 12. Jahrhundert entwickelten sich verschiedene dieser Berufe zur Selbständigkeit. Die Bezeichnung ›Spielmann‹ verknüpft sich langsam ausschließlich mit denjenigen, die ein Musikinstrument spielen oder als Sänger auftreten.«[17] Dieser neue Sprachgebrauch ist aber vorläufig durchaus noch nicht fest. Und wenn spätere Rechtsquellen wie der ›Sachsenspiegel‹ oder der ›Schwabenspiegel‹ sich diskriminierend über Spielleute wie über Kämpfer und Pfaffenkinder auslassen, so ist dabei ganz gewiß die breitest mögliche Gruppe gemeint.

Über dieses fahrende Völkchen hat Enklaar verschiedene Arbeiten publiziert, die viel zum besseren Verständnis der Peripherie der mittelalterlichen Gesellschaft und dadurch auch zur Relativierung der Vorstellung von den damals gültigen Zuständen und Werturteilen beigetragen haben[18]. Es zeigt sich nämlich, daß diese Gruppen faktisch doch nicht so hermetisch vom Bürgertum abgeschlossen sind, wie man auf den ersten Blick meinen sollte. Bona fide- und relegierte Studenten sind bei dem bestehenden Brauch, von einer Hochschule zur anderen zu ziehen, nicht immer klar voneinander zu trennen. Auch wenn man ein wenig lange unterwegs bleibt, kann wohl doch einmal der Augenblick kommen, an dem man sich entscheidet, einen festen und angemessenen Beruf zu ergreifen[19]. In den

[17] Jop Spruit, *Speelmansrecht in de middeleeuwen*. In: Mens en Melodie, 1960, S. 82.
[18] D. Th. Enklaar, *Varende luyden; Studiën over middeleeuwsche groepen van onmaatschappelijken in de Nederlanden*. Assen 1937, und *Uit Uilenspiegels kring*. Assen 1940. Wer eine angenehm lesbare Zusammenfassung wünscht, greife zu Gerard Knuvelder, *Van zwervers en vagebonden*. Helmond o. J.
[19] Enklaar, *Varende luyden*, S. 14.

Tavernen begegnet man leichtlebigen Söhnchen ehrbarer Kaufleute, die mit Festen und allerhand Spiel ihre Zeit angenehmer auszufüllen wissen, als ihre Väter das angeblich in jüngeren Jahren taten. Man kann im Vorhinein nie genau wissen, wo sie auf die Dauer bleiben. Ihre Lebensweise kann eine zeitweilige Verirrung bedeuten, sie kann aber auch eine zeitlich begrenzte Entlastung für den schwer zu ertragenden Ernst des Lebens mit seiner Aussicht auf den unvermeidlichen Totentanz sein. Karnevalsnarren, Gesellen der »blauwe schuyte« bewegen sich gerne in der Umgebung der Membrane, durch welche die Osmose einer anständigen Bürgerexistenz mit der festlichen Seite des vagabundierenden oder »sumpfenden« Weltchens zustandekommt.

Man muß übrigens doch einen deutlichen Unterschied zwischen Asozialität als Kennzeichen einer verworfenen Klasse und als einem vom arbeitenden Bürger ebenso kritisierten Lebensstil treffen. Jacob van Oestvoren beschreibt die »Blauwe Scuut« durchaus nicht als eine Klasse, sondern gerade als eine Gemeinschaft, in der keine gesellschaftlichen Vorurteile gelten. »Wen Übermaß an Lebenslust und antigesellschaftlicher Sinn beseelt, wer genug hat von Anstand und Konvention, wer die Narretei über die Weisheit stellt, für den ist Platz im Blauen Schiff.«[20] Darüber hinaus sind die Grenzen der etablierten Moral hier ziemlich weit verschoben, aber verbrecherische Elemente werden abgewehrt. Der heutige Soziologe würde die »guten Gesellen« eigentlich lieber anders-sozial als asozial nennen. Die blaue Farbe ihres Schiffs will andeuten: Bewußter Vorzug des schönen Scheins der Dinge, Abkehr von einer allzu alltäglichen Wirklichkeit, wie das auch im »Blauen Montag halten« und in »contes bleu« enthalten ist[21]. Ganz anders dagegen ist das Schiff von Sankt Reynuyt »eine symbolische Darstellung des katastrophalen Geschicks von allerlei gesellschaftlichen Wracks, die immer tiefer sinken und für die kein sozialer Aufstieg möglich ist«[22]. Dennoch wird es unter der feiernden Gemeinschaft immer einige gegeben haben, die sich nicht rechtzeitig abzusetzen wußten und schließlich auch wirklich in der vom Bürger verachteten Klasse der Nichtsnutze und Vagabunden landeten. Diese verlorenen Söhne sind nicht immer wie Franziskus von Assisi Heilige geworden. Die braven Söhnchen

[20] Ebd., S. 38.

[21] Vgl. auch Enklaar, *Varende luyden*, S. 82.

[22] Enklaar, S. 64.

übrigens auch nicht, aber die besaßen wenigstens einen geachteten Status in diesem irdischen Leben.

An Status mangelte es gewiß dem Landstreicher, dem Liedersänger, dem Kirmeskunden und Bettler, aber auch dem für immer auf die Straße geratenen Gelehrtenproletariat, das sich seinen Lebensunterhalt mit Hilfe einiger auf den Hohen Schulen erworbener medizinischer Kenntnisse oder literarischer Bildung zusammenkratzte. Über Quacksalber und Zahnausreißer brauchen wir uns hier nicht auszulassen, sie gehören nicht in dieses Kapitel, wohl jedoch die auf die Landstraße geratenen Literaten. Um sich eine Aura zu geben, nannten sich die halbintellektuellen Bohemiens »Goliarden«, ein Name, der mit dem Philosophen Abélard in Verbindung gebracht wird, dessen Schüler ihn mit dem Beinamen Goliath verehrten. In den Niederlanden gab es im Spätmittelalter auch die sogenannten »Aernoutsbroeders«, aber darunter werden dann nicht nur die herumziehenden Studenten, sondern auch »die große Masse der Berufsbettler« verstanden[23]. Diese Bezeichnung enthält den Hinweis auf einen von Abélards Schülern, den »Revolutionär Arnold von Brescia, der 1155 in Rom als Ketzer verbrannt wurde und in dem man den Aernout, der als Patron der intellektuellen Vagabunden auftritt, erkannt hat«[24]. Es ist eine Behauptung wie eine andere, etwa daß die Bezeichnung auf den von Dante hochgeschätzten[25] provençalischen Troubadour Daniel Arnout zurückgehe.

Als Randgruppe sind die fahrenden »Spielleute« kritisch gegenüber etablierten Werten, Traditionen und Mächten eingestellt. Man hat ihnen denn auch ketzerische Tendenzen unterstellt. Wie dem auch sei, sie stehen außerhalb der normalen Gesellschaft. Der Fahrende, das ist der Unbehauste; er gehört zu keinem »Stand«. Er ist darum »ehrlos« und »rechtlos«. Dem ›Schwabenspiegel‹ zufolge teilt er seine Stellung mit Pfaffenkindern, herumziehenden Soldaten und deren Kindern sowie mit Dieben, Räubern und Meineidigen. Nun darf man das Wort Rechtlosigkeit allerdings nicht allzu wörtlich fassen. Es bedeutet nicht, daß der Betreffende gerichtlich absolut »wehrlos« war, daß man sich also in jedem Fall straflos an ihm vergehen konnte. Wohl aber, daß ihm eine Reihe von Rechten fehlte, die dem normalen Bürger zustanden, nämlich die Fähig-

[23] Enklaar, *Uit Uilenspiegels kring*, S. 13.
[24] Enklaar, *Varende luyden*, S. 91–92.
[25] Hauser, S. 235.

keit, als Richter, Urteilsfinder, Zeuge, Gerichtsbote oder Prokurator aufzutreten; überdies konnte er sich nicht durch einen Prokurator vertreten lassen, er konnte keinen Vertreter im Zweikampf stellen oder sich vor Gericht durch einen Eid reinwaschen; er konnte kein Lehnsgut erwerben, und falls er gegen den Willen seines Vaters Spielmann geworden war und dieser selbst den verächtlichen Beruf nie ausgeübt hatte, dann konnte er enterbt werden[26].

Darüber hinaus hat man die »rechtlosen« Leute, wenn auch meistens aus weniger schwerwiegenden Gründen, doch auch »wehrlos« gemacht, das heißt, man versuchte sie so weit wie möglich als Kläger von den Gerichten fernzuhalten. In den Rechtsbüchern werden Scheinbußen erwähnt, zum Beispiel eine Fuhre Heu – mit denen der Betroffene doch nichts anfangen konnte –, das Schlagen auf den Schatten der Gegenpartei oder der Lichtstrahl der Sonne auf einem Kampfschild. Das alte gotländische Recht ging noch weiter: »Bei Totschlag, der an einem Spielmann verübt wird, wird seinem Erben nur dann das volle Wehrgeld zugestanden, wenn dieser imstande ist, eine junge ungezähmte Kuh, die mit der Peitsche einen Hügel hinuntergejagt wird, aufzuhalten, indem er sie am Schwanz festhält. In Anbetracht der Tatsache, daß der Schwanz zuvor geschoren wird und daß die betreffende Person diesen Kraftakt mit einem ölgetränkten Handschuh verrichten muß, wird wohl nie jemand das Wehrgeld in die Hand bekommen haben«. In diesem Schein von rechtserhaltenden Bestimmungen verbirgt sich zweifellos ein ironisches Element, aus dem hervorgeht, daß man Spielleute nicht ernst nimmt. Das zeigt auch der Umstand, daß einigen Stadtrechten zufolge der Städter den Spielmann züchtigen darf, falls dieser die Züchtigung durch sein Benehmen selbst provoziert hat. »Besteht er darauf, sich deswegen vor dem Richter zu beklagen, dann darf man ihm im Beisein des Richters ›auf fröhliche Art‹ noch drei weitere Schläge zufügen.«[27]

Wie verspielt und fröhlich das alles auch scheinen mag, so verbirgt sich dahinter doch eine Tragik menschlicher Ungleichheit, die einer Erklärung bedarf. Einerseits kann diesbezüglich auf die altgermanische Auffassung verwiesen werden, daß Fahrende »ehrlos« sind, eine Vorstellung, mit der die furcht-

[26] J. E. Spruit, *De rechtspositie van de speellieden in de middeleeuwen.* In: Ars Aequi (1960–61), S. 190–191.

[27] Spruit, S. 194.

bare Strafe der Ausstoßung aus der Stammesgemeinschaft zusammenhing. Andererseits auch auf alte kirchliche Tradition, die den *ioculatores* einen unchristlichen Lebenswandel vorwirft und sie sogar des Heidentums und der Ketzerei bezichtigt. Solche Gedanken haben ein zähes Leben, können aber den Sinn der betreffenden Rechtsbestimmungen nicht völlig erklären, wenn man jedenfalls Atavismen nicht allzu viel Wert zuschreiben möchte. Die Zustände in der mittelalterlichen Stadt waren nicht mehr genau dieselben wie die im altgermanischen Wohnverband, und was die Auffassungen der kirchlichen Autoren über Spiel und Zerstreuung betrifft, so haben sich diese seit Thomas von Aquin gemildert. Ein französisch sprechender Sänger hat im 12. Jahrhundert in einer Legende ›Del Tumbeor Nostre Dame‹ einen Abt geschildert, der es zuließ, daß ein Zauberer, der ins Kloster eingetreten war, ohne Meß- und Chorgebete zu kennen, seine Künste ganz allein vor der Statue der Heiligen Jungfrau vorführte, wenn auch erst, nachdem der Abt mit eigenen Augen gesehen hatte, daß dieses *officium* durch die Himmelskönigin angenommen wurde. Demgegenüber stehen natürlich – auch noch viel später – die bürgerlichen Autoren, die in den Spielleuten Trabanten des Teufels entdeckten oder sogar, wie Moenen in ›Mariken van Nieumeghen‹, Inkarnationen des Satans selbst[28].

In diesen letztgenannten Fällen haben wir es aber wahrscheinlich ebenso wie in dem des heiligen Tiumelaar (Purzelbaumschlagers) mit tendenziösen Übertreibungen oder jedenfalls mit dichterischen Freiheiten zu tun, die sich nicht mit dem Durchschnittsgefühl von Geistlichkeit und Kirchenvolk deckten. Wie aber die »verschmähten Leute«, um mit Villon zu sprechen, doch auch überall »willkommen« waren, zeigt deutlich folgende Anekdote: »Zwei Franziskaner, die sich während einer regnerischen Sturmnacht in einem Wald bei Oxford verirrt hatten, klopften an einem Benediktinerkloster an und baten um Herberge. Wegen ihrer schmutzigen und zerfetzten Kleidung hielt sie der Pförtner für *ioculatores*. Nachdem sie aber dem Prior erklärt hatten, nicht zu dieser Sorte Menschen zu gehören, trieben die enttäuschten Benediktiner sie mit Hieben und Faustschlägen zum Tor hinaus.«[29] An diesem ungastlichen Verhalten gegenüber den Franziskanern

[28] KNUVELDER, S. 31f.

[29] SPRUIT, *De rechtspositie*, S. 187.

waren die alten Germanen und die Kirchenväter jedenfalls schuldlos.

Die ambivalente Haltung Eingesessener gegenüber Fahrenden, die Abwechslung bringen, aber denen man dennoch nicht traut, weil man sie nicht kennt, ist auch bei Nichtberücksichtigung der Stellungnahme einer längst vergangenen Zeit begreiflich. Aber ist damit nun auch die weitgehende Rechtlosigkeit des Spielmannes eindeutig erklärt? Zu diesem Zweck geht Spruit von der Tatsache aus, daß die alten Quellen oft sagen, Spielleute nähmen »Gut für Ehre«. Seiner Meinung nach kann das zwei Bedeutungen haben[30]. Erstens die, daß der Spielmann seine Ehre aus Verlangen nach Geldgewinn aufgibt. Damit sei auf das An-den-Mann-Bringen von Kunst hingewiesen im Gegensatz zu den Troubadours, die um der Kunst willen dichteten; obendrein verleugneten diese Spielleute, die nur aus Geldgier Lob spendeten, ihre eigene Meinung und führten ein unregelmäßiges Leben. Abgesehen von diesem letzten Punkt ist diese Erklärung wenig befriedigend. Sie gleicht zu sehr einer Literatenmeinung, die auch wirklich vor allem von bürgerlichen Autoren vertreten wurde, die aber den Durchschnittsmann wenig angesprochen haben wird. Der gab nicht so viel auf die »Ehre« der »Kunst«. Seine Wertschätzung betraf eher die Zerstreuung, für die er gelegentlich durchaus etwas übrig hatte. Von den eingesessenen Intellektuellen und Artisten hatte er übrigens schon längst gelernt, daß es die einfachste Sache der Welt war, sich für die Ausübung von allerlei »Künsten« bezahlen zu lassen. Die zweite Bedeutung von »Gut für Ehre nehmen« scheint genausowenig überzeugend. Dieser Begriff sollte ausdrücken, daß man Bezahlung (Gut) erhält für den besungenen Namen und den Ruhm (Ehre) dessen, der dafür bezahlt. Es ist aber allgemein bekannt, daß das Loblied nicht das hervorstechendste Repertoirestück des fahrenden Sängers war und dieser übrigens auch nur einen Vertreter der viel größeren Kategorie der Spielleute darstellte.

»Gut für Ehre nehmen«, muß – das ist wohl klar – als eine materialistische Haltung verstanden werden, bei der man einzig und allein an den Gewinn denkt. In der städtischen Gesellschaft sind Vorteile als solche gewiß nicht verurteilenswürdig. Aber was genau bedeutet dann die »Ehre«, die den allgemeinen Rahmen bildet, innerhalb dessen den Vorteilen nachgestrebt

[30] Spruit, *Speelmansrecht*, S. 86–87.

werden darf und von denen offensichtlich auch die vollständige bürgerliche Rechtsbefugnis abhängt? Lapidar ausgedrückt läuft es darauf hinaus, daß man ein »ehrsamer Bürger« sein muß. Ein offenkundiges Element des ehrsamen Bürgertums ist bereits zur Sprache gekommen: Das Seßhaft-Sein, die Lebensführung innerhalb einer bestimmt umgrenzten Rechtsgemeinschaft. Der Fahrende entspricht dem nicht, er entzieht sich den täglichen Bürgerpflichten und der sozialen Kontrolle der Gruppe, er ist kein ehrbarer Mann. Wir wissen aber, daß neben den Fahrenden auch noch andere Kategorien zu den Ehr- und Rechtlosen gerechnet wurden. Zur ehrsamen Existenz gehört offensichtlich noch etwas anderes. Die bürgerliche Mentalität neigt dazu, die Kriterien aus einem Blickpunkt von Standesbewußtsein zu sehen und zugleich die Folgen auf das Verbot zur Teilnahme am normalen Leben auszudehnen: Der Ehrlose kann kein Staatsbürger werden und hat keinen Zutritt zur Zunft. Mitte des 15. Jahrhunderts wandten die Kölner Goldschmiede diese Diskriminierung unter anderem auch auf den Sohn des Bartscherers und auf den des Leinenwebers an[31]. In manchen Gegenden haben die Spielleute sich deshalb zu eigenen Zünften zusammengeschlossen. Auch versuchten sie die Schirmherrschaft eines großen Herrn zu gewinnen oder sie traten als Pfeifer oder Trompeter in den Staatsdienst. Im letzten Fall wurden sie nicht nur seßhaft, sondern übten auch einen offiziell anerkannten Beruf aus.

Hier berühren wir einen Punkt, der noch wenig in Verbindung mit der durch Rechtsbefugnis garantierten ehrsamen Existenz beachtet wurde. Das »erentfeste« Leben des Bürgers wird in hohem Maße durch die Tatsache charakterisiert, daß er einen ehrlichen Beruf zu seinem Lebensunterhalt ausübt. So gehört sich das im Leben. Nicht nur die Kirche und die weltlichen Autoritäten, sondern auch der Bürger und der Bauer waren im Mittelalter davon überzeugt. In unserer Zeit etwa nicht? Die Vergangenheit hat sich jedoch zur Erklärung der Arbeitslosigkeit weniger auf allgemeine wirtschaftliche Umstände berufen. Man sah die Ursachen einfach in der persönlichen Willenssphäre verankert. Mit Hilfe von Zitaten aus den ›Veelderhande Geneuchlijcke Dichten, Tafelspelen ende Refereynen‹ hat Enklaar denn auch bemerkt, daß wir unter den Ursachen, die jemanden zum Aernoutsleben führen, wieder-

[31] Spruit, *De rechtspositie*, S. 189.

holt Arbeitsscheu erwähnt finden. »Arm volck, dat ghemackelijk leven wil ende niet wercken« und »die luy is ende niet wel en lust te doen« gehören von Natur aus zur Landstreichergilde. »Die in haer ionckheyt niet en wilden wercken, comen in den wech« oder auf die Straße[32].

Außer durch Faulheit kann man auch durch Spielsucht gegen die Normen einer arbeitsamen Existenz verstoßen. Diejenigen, die die etwas kleinstädtische Welt um den Ersten Weltkrieg noch aus eigener Anschauung gekannt haben, wissen, daß diese Gesellschaft den Schauspieler nicht achtete – obwohl sie sich gelegentlich an seiner Leistung delektierte –, denn außer daß er angeblich ein ungeregeltes Leben führte, verdiente er sich seinen Unterhalt mit etwas so Unfeinem wie »Spiel« – also nicht mit »Kunst«! –, und er übte eigentlich keinen ordentlichen Beruf aus. Welche psychologischen Faktoren für diese Verachtung mitbestimmend waren – sei es, daß wir sie in stark gemilderter Form noch heute hinsichtlich des neueren Sportprofessionalismus erkennen –, wollen wir hier nicht ergründen. Oberflächlich besehen erinnert diese Moral ein wenig an die Fabel von der Ameise und der Grille.

Der Spielmann arbeitet nicht. Trotzdem geht es ihm gut. Das ist gegen die natürliche Ordnung. Während wir Ehrbare so hart unser Bestes tun, um uns nützlich zu machen, kommt dieser da leicht mit Spiel und Zeitvertreib durchs Leben. Was ist das anderes als eine vom Spießbürgertum kultivierte Hypertrophie einer durch das christliche Mittelalter entwickelten Arbeitsmoral? Die höheren Stände können ihr *otium* denn auch *cum dignitate* dekorieren, indem sie von freier Wissenschaft und Kunstausübung sprechen. Der Bürger kennt sich da nicht so gut aus. In seinen Regionen gilt das biblische Gesetz: Im Schweiße deines Angesichts sollst du dein Brot verdienen; auch wenn schon damals die Interpretation nicht mehr allzu wörtlich geschah. Aber Schweiß hin oder her, die Arbeit war für die bürgerliche Gesellschaft höchstes Lebensgesetz. Es erschien beinahe als widernatürlich, mit etwas Unehrsamem wie Spiel und Possenmacherei durchs Leben kommen zu wollen. Professionalisierung dessen, was zur Freizeitkultur gehört, wurde noch nicht als ehrsam begriffen. Was sage ich? Die Begriffe waren noch nicht einmal geprägt.

[32] Enklaar, *Uit Uilenspiegels kring*, S. 14.

1. Der Geist der Renaissance

Zwei Geistesströmungen leiten am Ausgang des Mittelalters die Neuzeit ein. Auf allen Gebieten des menschlichen Lebens, also auch in der Welt von Arbeit und Beruf, ist ihr Einfluß nachweisbar. Die eine, Renaissance genannt, entspringt dem Bereich der menschlichen Aktivität und Schöpferkraft: Kunst, Politik, Pflege der Wissenschaft, wirtschaftliche Aktivität. Sie hat jedoch nicht versäumt, den moralischen Qualitäten des Menschen eine neue Gestalt zu geben. Humanismus und – in einem späteren Stadium – Rationalismus und Aufklärung sind nicht nur intellektuelle, sondern auch sittliche Kraftquellen, die die Entwicklung der menschlichen Formen des Zusammenlebens in hohem Maße stimulieren. Die andere Geistesströmung, die Reformation, findet ihre innere Grundlage in der religiösen Erfahrung und den daraus postulierten moralischen Werten. Aber gerade weil der moralische Wert innerhalb des Rahmens menschlichen Handelns erlebt wird, haben verschiedene Formen der Verbindungen, besonders auf wirtschaftlichem und sozialem Gebiet, dadurch einen tiefgehenden Einfluß erfahren.

Beginnen wir mit der Renaissance. Wir wissen zwar nicht genau, wo dieser Beginn liegt. Richtet man den Blick auf die staatlichen und gesellschaftlichen Einrichtungen, dann fällt oft ein großes Maß an historischer Kontinuität auf. Die agrarische Reform in England unter Heinrich VII. war eine wichtige soziale Veränderung. Aber sie kann auch im Geist des Mittelalters verstanden werden. Unter demselben Fürsten und unter Wolsey hat das aus dem Mittelalter datierende englische Parlament zwar zeitweise Verfallsperioden erlebt, aber schließlich ist die Institution durch Heinrich VIII. doch wieder gestärkt worden. »Ebenso überdauerte eine andere große mittelalterliche Errungenschaft, das englische common law die Tudorperiode und wurde damit zur Grundlage des modernen englischen Lebens und seiner Freiheiten.«[1] Neigt man dazu, jeweils

[1] G. M. Trevelyan, *Illustrated English social history*, dtsch. Übers., *Kultur- und Sozialgeschichte Englands*. Hamburg 1948, S. 101.

Persönlichkeiten zu nennen, so scheint das Willkürliche einer Grenzziehung zwischen Mittelalter und Neuzeit vielleicht noch offenkundiger. Das ergibt sich zum Beispiel »aus der Schwierigkeit, die sich bei Einreihung von Persönlichkeiten wie Petrarca und Boccaccio, Gentile da Fabriano und Pisanello, Jean Fouquet und Jan van Eyck in die eine oder die andere dieser Kategorien ergibt. Wenn man will, gehören schon Dante und Giotto zur Renaissance, Shakespeare mit Molière noch zum Mittelalter«. Der Autor, dem dieses letzte Zitat entnommen ist, geht in seiner Ablehnung einer historischen Zäsur im 15. Jahrhundert so weit, daß er über diese Zeit sagt, daß darin »zwar manches zur Vollendung gelangt, doch so gut wie nichts Neues beginnt«[2].

Indes kann man sich des Eindrucks nicht erwehren, daß das Lebensgefühl der Renaissance denen, die es besaßen, doch wohl das Gefühl des Neuen gegeben hat. Wann es entstand, läßt sich nicht genau fixieren, und es wäre für verschiedene Gegenden übrigens auch ziemlich verschieden anzusetzen. In Italien offenbaren sich die Symptome am frühesten, jedenfalls bereits zu Beginn des 14. Jahrhunderts. Dennoch bietet uns diese Feststellung keinen guten Ausgangspunkt. Das Lebensgefühl ist ein zu subjektives Kriterium, um darauf eine historische Zeiteinteilung aufzubauen. Wenn wir bedenken, daß die Zeitabgrenzung nur aus praktischen Gründen Sinn hat, dann bringt es zusätzliche Schwierigkeiten, die Trennungslinie so früh wie möglich ziehen zu wollen. Obgleich Figuren und Ereignisse aus dem italienischen Trecento nicht übersehen werden dürfen, erscheint es zur globalen Abgrenzung der in diesem Buch behandelten Zeitperiode günstiger, an einen Zeitpunkt zu denken, an welchem die Renaissance im ganzen Abendland zu wirken beginnt. Es dürfte klar sein, daß in einem solchen Augenblick das Mittelalter nicht sofort aufhört. Mittelalterliche Ideale und Auffassungen, Strukturen und Zustände setzen sich bis zur Moderne fort, ebenso wie sich ein in der Renaissance geltendes Lebensgefühl schon während des Mittelalters angekündigt hatte. Wir glauben, uns nicht zu weit von der üblichen Linie zu entfernen, wenn wir – wie gesagt ziemlich willkürlich – die Renaissance mit dem Anfang des 16. Jahrhunderts beginnen lassen.

Wem das Jahr der Jahrhundertwende als eine runde, aber dennoch wenig konkrete Jahreszahl erscheint, möge beden-

[2] Arnold Hauser, *The social history of art*, dtsch. Übers., *Sozialgeschichte der Kunst und Literatur*. München, 1958, I, S. 281.

ken, daß die Entdeckung oder Wiederentdeckung Amerikas 1492 stattfand. Er könnte dabei zugleich eine Parallele zu den Ereignissen am Beginn der bereits behandelten Periode des Hochmittelalters ziehen. Die Renaissance des 12. Jahrhunderts wurde – so kann man es sehen – durch den ersten Kreuzzug 1096 eingeleitet, als das Abendland sich einen Weg zu den geistigen und materiellen Schatzkammern des Nahen Ostens zu bahnen begann. Die Parallele enthält zugleich einen bezeichnenden Gegensatz: Gottfried von Bouillon und Kolumbus; mit ihren Ideen und Unternehmungen begegnen wir zwei einander entgegengesetzten Welten. Der erste folgt einem Aufruf Papst Urbans II. Dieser Aufruf ist beseelt von der Idee der Christenheit, die sich unter Führung der Kirche für immer dem Griff der »Heiden« entwinden sollte. Kolumbus dagegen tritt mit Plänen auf, die, ob er sie nun selbst entworfen hatte oder nicht, doch dem Eigeninteresse entsprungen sind und die er an verschiedenen Fürstenhöfen an den Mann zu bringen versucht und von denen er materiellen Vorteil und persönliche Ehre erwartet.

Ist dieser Entwurf sehr Schwarz-Weiß-Malerei? Spielen Ehre und Vorteil nicht ebenso ihre Rolle in den Motiven, die die Kreuzfahrer faktisch bewegten? Das ist schwer zu leugnen: Bei den mittelalterlichen Adeligen hat der Abenteuertrieb, das Verlangen, Ruhm, Macht und Vermögen zu erwerben, eine – nicht einmal immer unausgesprochene – Rolle gespielt, während den Hörigen ausdrücklich persönliche Befreiung in Aussicht gestellt wurde, wenn sie sich zur Teilnahme bereit erklärten. Und was Kolumbus betrifft, so hat dieser nicht versäumt, beim Vortrag seiner Pläne am spanischen Hof auf die Möglichkeiten großartiger Missionierungsarbeit hinzuweisen. Die Kreuzzüge haben, wie es mit jedem Kriegshandwerk geschieht, in Gewalt und Mord, in Plünderung und Unterdrükkung gemündet. Die katholischen Könige Spaniens und Portugals im 16. Jahrhundert haben – unter ähnlichen Umständen – ihre Chance ergriffen, die Ausbreitung ihrer religiösen Ideale zu verwirklichen. Die Geschichte scheint zu allen Zeiten ein unentwirrbares Knäuel von Verbrechen und einem Hang zum Heiligen zu sein.

Und doch bleibt im tiefsten Kern ein Unterschied bestehen. Als ausschlaggebendes Motiv für den Kreuzzug gilt ein religiöses Ideal: die Befreiung des Heiligen Grabes zu Jerusalem, aus dem gemeinsam mit Christus die christliche Menschheit erstanden ist. Kolumbus setzt Segel auf der Suche nach einem hinter dem bereits bekannten Osten liegenden Gebiet, aber er tut es als Vertreter eines säkularen Ideals, das ein Europa weltlicher Mächte beseelt: Die Weltkenntnis zu erobern und dem irdischen System des menschlichen Lebens dienstbar zu machen. Sowohl die Kreuzzüge wie die Entdeckung Amerikas haben das Weltbild erweitert, und beide Unternehmungen hatten ein Aufleben von Verkehr und Handel zur Folge. Aber während das bei den Kreuzzügen ein unbeabsichtigtes Ziel war, lag es völlig auf der Linie der Absichten, wenn nicht bei Kolumbus persönlich, so doch bei den Förderern der großen Entdeckungsreisen. Hier, in dieser noch immer christlich denkenden Zeit, ist die Möglichkeit der Verbreitung des Evangeliums über die Welt höchstens ein erwünschtes und freudig begrüßtes Nebenprodukt.

Der Übergang vom 15. zum 16. Jahrhundert ist also für uns der Beginn. Das Ende der hier zu behandelnden Periode setzen wir im ausgehenden 18. Jahrhundert, bei der großen Französischen Revolution, an. In diesem Zeitraum von dreihundert Jahren hat sich das Gesicht des Abendlandes stark verändert. Geographisch gesehen wurde der Westen durch die Entdekkung der Neuen Welt im Prinzip sehr beträchtlich erweitert, und der Schwerpunkt verlagerte sich schon allmählich vom Mittelmeer zum Atlantik. Aber auch die Ideologien und die staatlichen und gesellschaftlichen Strukturen erlebten im Lauf der Zeit eine Veränderung. Dennoch ist die Zeitwende, die wir Renaissance zu nennen pflegen, für die ganze Periode bestimmend. Die Französische Revolution kann als eine, wenn auch nur vorläufige und teilweise Vollstreckung des in Gang gekommenen Prozesses gesehen werden.

Ebenso leicht wie mit der Frage der Zeitbestimmung machen wir es uns mit der Bedeutung des Begriffs. Es ist klar, daß das Wort Renaissance auf eine vergangene Zeit weist. Es ist ganz unmißverständlich, auf welche Vergangenheit hier hingewiesen wird. Die klassische Kultur, wie sie im alten Hellas blühte, ist es, zu deren Quellen die Intelligenz zurückkehren wollte, weil es die Quellen sind, aus denen Europa erstanden ist. Rückkehr zu den Ursprüngen, sich an den reinen Quellen der Weisheit und Schönheit zu laben, das ist der Grundton des Wiedergeburtsgefühls[3]. Wenn auch diese Rückkehr nicht sklavische

[3] J. Huizinga, *Het probleem der Renaissance*, dtsch. Übers., *Wege der Kulturgeschichte*. München 1930, S. 93.

Nachfolge bedeutet, so läßt der Begriff doch deutlich eine Inspiration durch die Vergangenheit erkennen. Das braucht niemanden zu verwirren, der begreift, daß bei jeder Geburt, auch der Wiedergeburt, der Akzent auf dem neuen Leben liegt. Mag das für das Gebiet der »höheren Kultur« auch nicht unmittelbar akzeptabel erscheinen, so braucht man die Aufmerksamkeit nur ein wenig auf das wirtschaftliche Prinzip – das in der modernen Zeit im wesentlichen formgebend zu sein scheint – und damit auch auf die Arbeitsordnung zu lenken, um zu begreifen, daß es sich wirklich um eine neue Welt handelt, die im Entstehen ist. Nicht in dem Sinne, daß sie im Vergleich zur unmittelbar vorhergegangenen Zeit nur Neues bringt. In den meisten Fällen läßt sich keine scharfe Trennungslinie zum Mittelalter ziehen. Wohl aber ist das Leben in Beruf und Betrieb insofern neu, als man sich, trotz der wiederholten Rezeption von römischem Recht und trotz einiger Schulauffassungen von Kommentatoren, keiner Nachfolge bewußt ist.

Ebenso einfach, wie wir bei der Frage der Periodisierung den Knoten durchtrennt haben, setzen wir uns nun über die terminologischen Fußangeln und Fesseln hinweg. Mehr Schwierigkeiten bereitet uns die Bestimmung dessen, was der eigentliche Inhalt des historischen Prozesses ist, den wir Renaissance nennen. Wie so häufig bei solchen komplexen Erscheinungen und Wertbegriffen glaubt man ziemlich genau zu wissen, was damit gemeint sei, bis der Augenblick anbricht, an dem man gezwungen wird, sie zu erklären. In solchen Fällen ist es nicht ungebräuchlich, der Schwierigkeit durch Anführung eines Zitats zu entgehen, für das schließlich ein anderer die Verantwortung trägt. Hoffentlich wird man es billigen, daß nun auch wir diesen Weg beschreiten, um so mehr, wenn man weiß, daß das Zitat von niemandem Geringeren als Huizinga stammt. Nach einer Reihe von Metaphern läßt er eine imaginäre Person sein Credo, wie er es nicht ohne einen Anflug von Ironie nennt, aufsagen: »Die Renaissance ist das Aufkommen des Individualismus, das Erwachen des Schönheitsdranges, der Triumphzug von Weltlust und Lebenglück, die Eroberung der irdischen Wirklichkeit durch den Geist, die Erneuerung der heidnischen Lebensfreude, die Bewußtwerdung der Persönlichkeit in ihrem natürlichen Verhältnis zur Welt.«[4]

[4] Huizinga, S. 99.

Man muß zugeben, daß diese Umschreibungen keinerlei Garantie für irgendeine »Exaktheit« bieten. Niemand war davon überzeugter als Huizinga selbst, wie aus einem in anderem Zusammenhang gemachten Ausspruch hervorgeht, daß Renaissance eine historische Idee bleibt, »unter die man alles fassen kann, was man darunter fassen will«[5]. Wenn man ein wenig mehr Klarheit durch eine etwas weniger formale Annäherungsweise erlangen will, indem man sich nämlich fragt, welche Gebiete menschlicher Tätigkeit unter dem Einfluß der Renaissance zu neuer Entfaltung gelangt sind, so neigt man oft dazu, den Blick in erster Linie auf die Schönen Künste zu richten. So auch Huizinga: »Wie heißt dieser Aufzug von Gestalten, die an euch vorbeiziehen, wenn ich Renaissance sage?« Er läßt imaginäre Beantworter verschiedene Namen aufzählen, aber unter diesen sind es doch die bildender Künstler, die zuerst auftauchen: Michelangelo, Botticelli, Raffael... Sofort nach diesen kommen die Literaten: Ariost, Rabelais, Ronsard, Hooft. Für den akustischer Veranlagten kann das durch das Wort Renaissance erzielte Bild auch ein Klangbild sein. Ein Lied zum Beispiel von Francesco Landini, dem blinden Florentiner Musiker und Literaten, der sich übrigens selbst noch zum Mittelalter rechnete[6]. Die Renaissance, vor allem in Italien, ist ein Frühling in Form, Farbe und Klang. In diesem Geist hat Walter Pater seinem Essayband über die Renaissance den Untertitel ›Studies in art and poetry‹ gegeben[7].

Renaissance bleibt in erster Linie Harmonie und Schönheit, wenn der mehr nach innen orientierte Blick die klassische Literatur und Philosophie deutlicher wahrnimmt. Das Ideal der großen Humanisten hat immer einen ästhetischen Hintergrund. Dieser Aspekt ist so wichtig, daß Burckhardt Rabelais nur widerwillig in seine Betrachtungen einbezieht, denn »der gewaltige, stets barocke Franzose gewährt uns ungefähr ein Bild davon, wie die Renaissance sich ausnehmen würde ohne Form und ohne Schönheit«[8]. Aber Burckhardt hat in seinem berühmten Werk ›Die Kultur der Renaissance in Italien‹ selbst noch eine andere Seite berührt. Er fängt an mit »dem Staat als

[5] J. Huizinga, *Renaissance en Realisme*. In: Cultuurhistorische Verkenningen. Haarlem 1929, S. 87.

[6] Hélène Nolthenius, *Renaissance in Mei*. In: Prisma 504. Utrecht-Antwerpen 1956, S. 135.

[7] Walter Pater, *The Renaissance*. London-New York [7]1893.

[8] Jacob Burckhardt, *Die Kultur der Renaissance in Italien*. Wien o. J. S. 247.

Kunstwerk« und schildert darin den »Staat als berechnete bewußte Schöpfung«[9]; der durch Willkür beherrschte und ausschließlich auf die Person des Fürsten gerichtete Tyrannenstaat, wohl zu verstehen, in dem also kein eigentlich objektiviertes Kunstwerk zu erkennen ist, wohl aber Geltungsdrang, Talent und subjektive Zielstrebigkeit des Individuums zum Ausdruck kommen, die »hier (in Italien) überall mächtiger (sind) als die Gesetze und Bräuche des sonstigen Abendlandes«[10]. Im 15. Jahrhundert sind es vor allem die Kondottiere, die diese Form von Kreativität oft auf erschreckend unschöne Weise dokumentieren. Dennoch haben diese Potentaten mit ihrem Machtwillen und gegenseitigen Streit das Wachstum einer größeren italienischen Einheit gehemmt, während anderswo in der westlichen Welt die territoriale, d. h. nationale Staatsbildung beträchtliche Fortschritte machte.

Staatenbauer und -lenker – nicht zuletzt auch kirchliche – nehmen in dieser Zeit vielfach an der Kunstproduktion teil, indem sie große Aufträge erteilen. Auf diese Weise verleihen sie dem Drang der Renaissance nach Schönheit Ausdruck, die zugleich menschliche Größe und Macht bedeutet. Mehr denn je rufen die großen Künstlernamen Assoziationen mit denen ganz anderer, ebenso typischer Renaissancegestalten hervor. Wer denkt bei der Erwähnung Michelangelos nicht an Julius II., dessen anspruchsvollen Aufträgen das Genie beinahe nicht gewachsen war? So stellen wir spontan eine Verbindung zwischen Gozzoli und dem Geschlecht der Medici her, zwischen Leonardo da Vinci und den Sforzas oder, um auf ein ganz anderes Gebiet überzugehen, zwischen Holbein und Erasmus, Morus und den Reformatoren, zwischen Dürer und Jacob Fugger und dem weiteren bürgerlichen Kapitalistentum Süddeutschlands. Diese ganze Welt ist für unseren Zweck wichtig; eine Beziehung zwischen dem freien Künstler und seinem Mäzen, aber auch das Wachsen eines intellektuellen Laienstandes, das neue Staatswesen mit seinem intensivierten System von Beziehungen, das Aufkommen des Kapitalismus.

Auch auf allen Gebieten der Wissenschaft, die in ihrer sozialen Struktur eng verwandt ist mit den Schönen Künsten, vollzieht sich eine Erneuerung unter der Schirmherrschaft von mehr oder minder gelehrten Mäzenen. Zunächst gilt das

[9] Burckhardt, S. 2.
[10] Burckhardt, S. 12.

gesteigerte Interesse der klassischen Literatur und Philosophie, »der Wiedererweckung des Altertums« durch die Humanisten, wobei man nicht selten ein bewundernswertes Gleichgewicht mit dem christlichen Gedankengut und, wie bei Dante, auch mit der nationalen Eigenart zu bewahren wußte[11]. Überdies erzielte man in der Kenntnis des menschlichen Körpers und in der Medizin wesentliche Fortschritte. 1543 erschien das bahnbrechende anatomische Werk ›De corporis humani fabrica‹ des Südniederländers Vesalius. Und vergessen wir auch nicht die Entwicklung der Rechtswissenschaft, die zweifellos im Zusammenhang mit der wachsenden Problematik der Staaten steht! Man hat einmal bemerkt, daß die Rechtswissenschaft, als die Renaissance sich auf dem Gebiet der Kunst noch in ihrem Anfangsstadium befand, schon beinahe vollendet war. Man könnte hier sogar kaum von einer Wiedergeburt sprechen, da die Anwendung des römischen Rechts eigentlich niemals restlos verschwunden war. In diesem Zusammenhang verwies man auf die Gründung der Rechtshochschule zu Bologna durch Irnerius im 11. Jahrhundert[12]. Gehört dieses Faktum aber nicht vielmehr einer ganz anderen Renaissance an, der »Renaissance des 12. Jahrhunderts«? Die Blütezeit Bolognas dauerte drei Jahrhunderte. Im 14. Jahrhundert, dem italienischen Trecento, geht es bergab. Aber das ist gerade die Periode, von der die Kulturhistoriker sprechen, wenn sie »den« Anfang der Renaissance meinen. Besonders bedeutsam für die kommenden Jahrhunderte wurde die Entwicklung auf den Gebieten der Philosophie, Astronomie, Mechanik und Physik und später auch der Chemie. Typisch für die Naturwissenschaft ist eine scharfe und vorurteilsfreie Beobachtung der Naturerscheinungen. Auch in dieser Hinsicht findet eine Bejahung des klassischen Erbes statt. Neben historischen und ästhetischen Zusammenhängen haben wir es hier auch mit soziologischen zu tun. Bildende Künstler waren nicht nur an der literarischen klassischen Kultur interessiert. Sie konnten vielmehr auch Mathematiker und Naturkundige von Format sein, deren Kenntnis man sich in der Kriegskunst zunutze machte. Wir stoßen hier wiederum auf einen ganz anderen Aspekt der Renaissance als den der Schönheitssehnsucht. Der neue Mensch ist nicht immer ein selbstgenügsamer, glücklicher

[11] Burckhardt, S. 114.

[12] A. Pitlo, *De ars notariatus en haar beoefening*. In: W. P. N. R. 1940, S. 306.

Mensch auf Erden, sondern auch ein engagierter Sucher nach Erkenntnis und Beherrschungsmacht, ein Getriebener sogar wie Michelangelo.

Der Erkenntnisdrang wird nicht immer durch ruhige Reflexion befriedigt. Eines der wesentlichen Charakteristika der Naturwissenschaft ist das Operative, das sich im Experiment ausdrückt. Dabei ergibt sich nicht nur eine enge gegenseitige Abhängigkeit von sinnlichem und rationalem Verstehen, »sondern auch eine solche zwischen Erkenntnis und Handeln, denn daß das Organ im Experiment etwas registrieren kann, hängt von einem vorausgehenden Eingriff in die Wirklichkeit ab. Die Dinge müssen durch eine Aktivität unserer Hände bearbeitet werden, um das Organ zu befähigen, zu dem durchzudringen, was wir sehen wollen. Diese operative Aktivität ist aber wiederum von unserer Kenntnis abhängig«. Auch hier also gegenseitige Abhängigkeit. Daraus folgt zugleich, daß Naturwissenschaft und Technik wesentlich aufeinander bezogen sind. Es gibt keine Naturwissenschaft, die nur die Erkenntnisse will, ebenso wie es keine Technik gibt, die nur für die praktische Nutzung da wäre[13].

Diese Art Wissenschaft mit Hilfe einer experimentellen Technik zu betreiben, hat die Entwicklung einer auf wissenschaftlichen Erkenntnissen basierenden Technik und ihre Anwendung im wirtschaftlichen Produktionsprozeß vorbereitet. Diese Erscheinung gehört hauptsächlich zu einer späteren, zu unserer Zeit, auch wenn man bereits hinsichtlich der zweiten Hälfte des 18. Jahrhunderts von einer »industriellen Revolution« gesprochen hat. Die naturwissenschaftliche Sicht, zu der die Erkenntnisse der Gelehrten wie Kopernikus, Galilei, Huyghens, Newton beitrugen, ist in gewissem Sinne bereits typisch für den Renaissancemenschen, den Menschen, der nicht mehr das passive Objekt der Schöpfung ist, sondern als progressiv denkendes Wesen seine eigene Welt erschafft, oft trotz seiner selbst, denn »die Renaissance als Ganzes bleibt noch der alten Haltung treu ergeben und glaubt an die Autorität. Erst Descartes ist hier der Wendepunkt«[14]. Wie die wissenschaftliche Idee und die persönliche Verarbeitung divergieren können, lehrt die Tatsache, daß Kopernikus, der sein Lebenswerk beinahe dreißig Jahre unveröffentlicht gelassen hatte,

[13] A. G. M. van Melsen, *Natuurwetenschap en techniek; een wysgerige bezinning.* Utrecht-Antwerpen. 1960, S. 82.

[14] Huizinga, *Het probleem der Renaissance.* In: *Wege der Kulturgeschichte*, S. 134.

seine Einstellung zur Bewegung der Erde um die Sonne, als das Buch endlich im Druck erschien, doch als eine bezweifelbare Hypothese betrachtete und sich im voraus einem möglichen ablehnenden Urteil der Kirche unterwarf.

Noch beachtlicher ist, daß der Begriff der Unbegrenztheit keine unmittelbaren Folgen für die gängigen Auffassungen über die zentrale Stellung des Menschen in der Welt gehabt hat. »Die Renaissance stellt mit anderem, aber nicht weniger starkem Nachdruck als die alte Weltauffassung Erde und Mensch in den Mittelpunkt der Welt. Ja, der ausgesprochen anthropozentrische Gedanke blüht eigentlich erst auf im 18. Jahrhundert: die teleologische Auffassung der Schöpfung als einer weisen Einrichtung zu Nutzen und Belehrung des Menschen. Auf diesem Gebiet liegt die Preisgabe der alten Denkweise erst im 19. Jahrhundert.«[15] Dennoch bleibt der Ursprung des kopernikanischen Weltbildes mit der Idee der Renaissance untrennbar verbunden. Diesen Zusammenhang hielt Funck-Brentano für so ausschlaggebend, daß er die »Nacht der Gotik« vor dieser Dämmerung weichen zu sehen glaubt. Im selben Atemzug nennt der Autor – wegen der Alliteration? – den Namen von Kolumbus, dem Seefahrer, der – ob er nun die Welt im geographischen Sinn entdeckt hat oder nicht – jedenfalls der Öffnung der Welt für menschliche Expansion im kommerziellen Sinne als Symbol dient[16].

Dem nüchternen Realitätssinn und der Neigung zu unnachgiebiger Konsequenz, der die Naturwissenschaft charakterisiert, begegnen wir auch bei der näheren Untersuchung politischer und gesellschaftlicher Probleme. Unbarmherzig ist diese Denkungsart in Macchiavellis Ratschlägen an den absolutistischen Fürsten vorhanden, oft ebenso unbarmherzig in den Auffassungen und Praktiken des Kapitalisten. Auch dieser letzte ist eine nicht zu übersehende Figur in dem mit der Renaissance einsetzenden Zeitbild. Auch er ist erfüllt von der Idee der Schöpferkraft und menschlichen Größe. Seine Unternehmungen können mindestens mit ebenso viel Recht wie die Staatenbildung als Kunstwerke bezeichnet werden. Sie nehmen ungeahnte Proportionen an und gehorchen immanenten Gesetzen. Es wäre aber falsch, den Kapitalisten als einen Barbaren in kultureller Hinsicht darzustellen, für den nur Geld

[15] Huizinga, ebd. S. 194.
[16] Frantz Funck-Brentano, *La Renaissance*. Paris 1935, S. 21.

einen Wert besitzt. Nichts ist weniger wahr. Er hat eine gute Erziehung genossen und ist oft interessiert an der humanistischen Gedankenwelt. »Es ist interessant, daß diese große literarische und philosophische Bewegung ihren Anfangspunkt bei der handeltreibenden Bourgeoisie fand.«[17]

Die Arbeitsidee, in diesen Kreisen lebendiger als bei anderen Gesellschaftsgruppen, tendiert stark zu einer Schöpfungs- und Beherrschungsmacht. In diesem Sinne ist für Marsilio Ficino der Mensch eine Art Gott oder wenigstens Halbgott[18]. Dieser Situation entspricht nur eine vollkommene Freiheit. Es ist aber klar, daß nicht alle Menschen Halbgötter sein können. Es gibt auch Arbeit, der die Freiheit und Ursprünglichkeit der schöpferischen Tätigkeit fehlt, die nichts anderes als Imitation und Wiederholung bedeutet und auch in den äußeren Umständen durch Unterwerfung gekennzeichnet wird. Erkennt der Renaissancemensch nicht die Wirklichkeit einer durch Ungleichheit erreichten Unfreiheit? Thomas Campanella »erkennt der Arbeiterklasse einen ebenso großen Wert in allem zu wie den übrigen Klassen der Gesellschaft«, und von einem ähnlichen Ideal träumt Thomas Morus in seiner ›Utopia‹. Auf der gleichnamigen Insel »gibt es weder Müßiggänger noch soziale Kasten; jeder arbeitet und jeder nimmt abwechselnd an allen Arten von Arbeit, geistiger und materieller, teil«[19]. Vergessen wir nicht, daß es sich hier um keine Beschreibung einer bestehenden Wirklichkeit handelt. Man mag sich Utopia als eine vollkommene Nichtexistenz vorstellen oder nicht, jedenfalls ist es keine faktische, sondern eine normative Größe. Es lag wohl in der Absicht von Morus – und von allen weiteren Verfassern von »Staatsromanen« –, durch das Aufzeigen einer Situation zu frappieren, die in offenkundigem Gegensatz zu den gängigen Auffassungen und Zuständen stand. Unter dem Schein einer fabelartigen Geschichte stellt der Autor geschickt seine moralischen Thesen auf.

Dieser moralische Humanismus bildet einen Teil des Renaissancegeistes. Er bewegt sich während des 16. Jahrhunderts noch nicht wie in späterer Zeit auf der Ebene eines trockenen rationalen Demonstrationstriebs, sondern benützt allerlei Stilformen, das Märchen, die Allegorie, die Reiseerzählung, den Aphorismus. Außer wenn der Autor nicht imstande ist, sich

[17] Funck-Brentano, S. 83.

[18] Adriano Tilgher, *Le travail dans les moeurs et dans les doctrines*. Paris 1931, S. 57.

[19] Tilgher, S. 59.

ausreichend von seinem Thema zu distanzieren, wie Sebastian Brandt in seinem ›Narrenschiff‹, sind ihm Humor und Ironie in jeder Schattierung, vom milden Lächeln bis zum schenkelschlagenden Lachen, nicht unbekannt. Breughels komische Sprichwörter und Volksbräuche, Rabelais' platte Arztwitze, Erasmus' spitzfindige Paradoxa, sie halten dem Menschen einen Spiegel vor, in welchem er sich ganz anders sieht, als er auszusehen hoffte und also auch erwartete. Es entsteht ein leichter Schock, eine Verlegenheit: Bin ich das? Ist das die Wahrheit? Im 16. Jahrhundert waren derartige Spiegel in Form eines Stiches, der die menschliche Kurzsichtigkeit hänselte, beim Volk sehr verbreitet. Die Darstellung enthielt dann »einen auf einem Podest stehenden Spiegel, flankiert von einer Kerze und einer Brille. Im Spiegel erblickt man eine Eule. Auf der Umrahmung der Zeichnung steht: Eulenspiegel; über dem Stich, innerhalb der Umrahmung: Goein dach, bruer«. Die letzten Worte bedeuteten soviel wie: Bitte, da hast du's! Das Dargestellte weist deutlich auf das Sprichwort: Was nützen Kerzen und Brille, wenn eine Eule nicht sehen will. Vermutlich sind es zwei solche Drucke, die Albrecht Dürer auf seiner niederländischen Reise zu Antwerpen seinem Tagebuch zufolge um den 2. September 1520 für den Betrag von 1 Stuiver gekauft hat[20].

Der Eulenspiegel ist eine volkstümliche Version der Ironie der Humanisten. Diese Ironie ist dem Predigtton abhold, aber dennoch moralisierend. Sie enthält ein Element gesellschaftlicher Kritik, aber zugespitzt auf die moralische Haltung des Menschen. Gleichzeitig aber ist es eine geistige Spielform, und man kann nie genau angeben, welche Bedeutung überwiegt, die ernste oder die humorvolle. Als Ausfluß römischen Geistes, der Ernst und Willen mit Humor zu kombinieren weiß und Interesse für die Dinge außerhalb seiner selbst hat, ohne sie allzu ernst zu nehmen, der das Wesen der Dinge vor allem auch in ihrer schönen Form genießen will[21], hat diese Haltung vor allem das 16. Jahrhundert beherrscht. Das 17. Jahrhundert ist

[20] Es ist merkwürdig, daß ENKLAAR, von dem die zitierte Bildbeschreibung stammt (D. TH. ENKLAAR, *Uit Uilenspiegels kring*. Assen 1940, S. 23), nicht auf die Idee gekommen ist, daß sie auch wirklich »Eulenspiegel« genannt wurden, und meinte, daß die Eintragung Dürers »1 Stüber für zween Eulenspiegel« sich auf zwei Exemplare des Volksbuchs, das gerade erschienen sein sollte (S. 12) bezog. Der Preis eines Buches dürfte wohl etwas höher gelegen haben als einen halben Stuiver.

[21] HUIZINGA, *Het probleem*, S. 139.

pathetischer, das 18. Jahrhundert rationaler. Aber erst am Ende unserer Epoche, als man über den Menschen hinaus auch wirklich die »Gesellschaft« entdeckt hat, wird diese Kritik in blutigen Ernst umschlagen.

2. Politik, Kunst und Wissenschaft

Mit dieser Dreizahl von Begriffen ist alles bezeichnet, was nach Renaissanceauffassung menschliche Größe in der gesellschaftlichen Dimension ausmacht. Das besagt natürlich noch nicht, daß innerhalb dieser Aktivitätsformen keine Abstufungen bestünden. Wirklich groß ist nur das Genie, das politische Genie in erster Linie. Mit seiner Tatkraft in Krieg und Frieden schafft und bildet es den Raum, innerhalb dessen sich das Leben der Gruppen vollzieht. Es erhebt sich hoch über die Tretmühlen des gewöhnlichen Alltags und unterhält das Feuer seiner schöpferischen Potenz, indem es sich mit anderen kreativen Geistern auf allen Gebieten der Wissenschaft und Kunst umgibt. Auch sie müssen vorzugsweise Genies sein, keine Praktiker und Handwerksmeister, sondern Teufelskünstler, Universelle, Entdecker und Erfinder, Originale, aber solche, die an den reinen Quellen der klassischen Kultur getrunken haben. Mit ihnen kann er als Gleicher unter Gleichen verkehren, während er sie auch durch materielle Bande an sich bindet. In der Geistesverwandtschaft liegt das Wesen des Mäzenatentums. Der Mäzen legt eine große Freigebigkeit hinsichtlich der von ihm geförderten Künstler und Gelehrten an den Tag, aber er leitet daraus nicht die Haltung des Arbeitgebers ab, der bezahlen kann und infolgedessen auch anschaffen darf. Im Genie seiner selbstgewählten Umgebung reflektiert wie in einem Spiegelsaal sein eigenes Genie.

Diese Verwandtschaft zwischen Mäzen und Schützling macht es, daß ihre Beziehung zueinander nicht als eine Art Arbeitsverhältnis verstanden wird. Ebensowenig wie die Staatskunst und die Kriegskunst gilt die kreative Leistung des bildenden und bauenden Künstlers, des Dichters und Denkers als Arbeit in dem Sinne, daß sie den Regeln des geltenden Rechts oder den Regeln wirtschaftlicher Rationalität unterworfen wären. Der schöpferische Mensch handelt aus eigenem freien Antrieb, er gleicht den Göttern des Olymp, erhaben über das selbstgeschaffene Gesetz. Hinter dieser Auffassung verbirgt sich ein berauschender Selbstbetrug, der gerade so lange existieren kann, wie die Reichtumsquellen von selbst zu fließen scheinen. Mit dem Beginn des bürgerlichen Einflusses auf den Staat und mit dem Wachsen der Fiskalität sind diese Ideen zum Tode verurteilt. Zwar bleibt auch weiterhin die Figur des Regierenden, des Princeps, sogar in späterer Zeit unterscheidet sie sich noch immer von der des höchst denkbaren Staatsamtes, und die Identifizierung seiner Funktion mit dem allgemeinen Interesse veranlaßt auch dann noch keine Regelung seines Auftretens nach arbeitsrechtlichem Modell; dennoch wird seine Eigenmächtigkeit allmählich, und zwar auf dem Wege politischer Prozeduren, beträchtlich unterhöhlt. Und was die kongeniale Umgebung betrifft: Das Mäzenatentum ist zwar geblieben, aber die ursprüngliche Grandezza, die es aus den Spielregeln des normalen Arbeitssystems heraushob, ist alsbald auf bürgerliche Proportionen des reich dotierten Auftrags zusammengeschrumpft.

Nachdem das Mäzenatentum als kongeniale Lebenssphäre verblühte, wurde es noch lange als Demonstration von Macht und Reichtum durch weltliche und kirchliche Fürsten gepflegt, die aus ihm Glanz ableiteten für das, was sie repräsentierten. In diesem Sinne kann es leicht von Städten und Staaten übernommen werden, in denen der absolutistische Fürst durch eine bürgerliche Verwaltung ersetzt wurde. Aber auch der reich gewordene Einzelbürger hat sich, um seinen Stand hochzuhalten, schon früh Mäzenatenallüren zugelegt. Bei Cosimo de Medici, dem Begründer des fürstlichen Kapitalistengeschlechts, fällt eine merkwürdige Vermischung von ritterlicher Großmut und bürgerlichem Rationalismus auf, so wie er auch Offenheit gegenüber dem bedürftigen Mitmenschen mit Härte gegen seinen Widersacher in sich vereinigte. »Ich kenne meine Mitbürger«, soll er einmal gesagt haben, »in fünfzig Jahren werden nur einige Gebäude, die ich gegründet habe, die Erinnerung an mich wachhalten.« Den Künstlern, die für ihn arbeiteten, schenkt er große Geldsummen, »und doch war er, von einer großen Feinfühligkeit in seinen persönlichen Beziehungen zu ihnen geleitet, die Einfalt selbst. Er war der Erste im Staat, und kein Konkurrent übertraf ihn an Glück oder Autorität, aber die Künstler, Dichter und Gelehrten betrachtete er ehrlich als seinesgleichen. Wenn es sich um einen Schriftsteller von Talent handelte, hielt er seinen Zorn zurück, und seine unversöhnliche Rachsucht legte sich. Der bekannte Dichter Filelfo bedroht ihn mit seinem Degen und seiner nicht minder scharfen Feder: Cosimo gibt aber Befehl, ihm die Tore von Florenz wieder zu öffnen, und Filelfo setzt dort in friedlicher Ruhe und bis zu seinem Tode sein Studium der Divina Commedia fort«[1]. Aber der Kaufmann verleugnet sich nicht, wenn er von den Manuskripten der alten Autoren, die er sammelte und allen zugänglich machte, doch auch wieder etwas verkaufte, sobald er eine Gelegenheit erkannte, das mit gutem Gewinn tun zu können[2].

Viel bürgerlicher und als solcher typischer Repräsentant einer neu aufkommenden Kapitalistenklasse ist Jacob Fugger. Wie verhält sich dieser Mann gegenüber der Kunst? »Er beschäftigt Künstler – Vermögen verpflichtet –, aber er hat nichts von einem Mäzen oder Humanisten.«[3] Etwas derartiges zeigt sich eigentlich erst in der dritten Generation, jener Generation, die den erworbenen Reichtum zu genießen beginnt. In den bürgerlichen Kreisen wird nun sehr viel musiziert, und auch in anderer Hinsicht kann der Sinn für Schönheit durchaus ehrlich vorhanden sein. Die Wissenschaft wird ebenso in die Interessensphäre einbezogen. Man beschränkt sich nicht mehr ausschließlich auf kirchliche und karitative Stiftungen, sondern setzt sich auch für die Einführung von Stipendien ein. Durch Zulagen und Sinekuren erkauft man sich die Freundschaft und Dankbarkeit – um von der Schmeichelei einmal abzusehen – von Gelehrten und Literaten[4]. Im Kontakt zwischen dem reichen Bürgertum mit der Wissenschaft und Kunst tritt nun ein Element in Erscheinung, das vielleicht am ehesten als Kulturkonsum angedeutet werden kann. Die gesteigerte Nachfrage nach Kulturgütern hat auch dazu geführt, die Mentalität der Kulturproduzenten auf eine Art zu kommerzialisieren, die man heutzutage nicht mehr mit ihrer Würde vereinbaren könnte.

Die Frage erhebt sich, welche Konsequenzen das eine oder andere für die Auffassungen über die Rechtslage derer gehabt hat, die diese kulturellen Leistungen schufen oder andere höhere Dienste leisteten, sowie für jene, denen diese Arbeiten oder Leistungen zugedacht waren. Es ist gewiß nicht immer

[1] F. Funck-Brentano, *La Renaissance*. Paris 1935, S. 59, 61.
[2] Funck-Brentano, S. 57.
[3] Pierre Jeannin, *Les marchands au* XVIe *siècle*. Paris o. J., S. 13.
[4] Jeannin, S. 143f.

leicht, bezüglich der Struktur der »höheren« Berufe positive Unterscheidungskriterien in aller Schärfe zu treffen. Auf diese Frage werden wir noch zurückkommen[5]. Für den Augenblick wollen wir aber bei der Andeutung einer Grundstimmung bleiben, die, so sehr sich auch die Abstufung im Lauf der Zeit verändern kann, doch immer die Werte »Persönlichkeit« und »Freiheit« enthält. Zusammen bestimmen diese Werte hauptsächlich das »individualistisch« genannte Äußere der Nachrenaissancezeit.

Persönlichkeit ist vor allem der Ausgangspunkt des über das Handwerk hinauswachsenden Künstlers. Wie Hauser bemerkte, beherrscht der Persönlichkeitswert die Vorstellungswelt des »Genies« vollkommen. »Der wichtigste Schritt in der Entwicklung des Geniebegriffs ist der von der Leistung zur Leistungsfähigkeit, vom Werk zur Person des Künstlers, von der Wertung des restlosen Gelingens zu der des Wollens und der Idee.« Die Persönlichkeit bestimmt die Originalität des Werkes, und gerade diese Ursprünglichkeit ist es, die einen wichtigen Maßstab für das Niveau darstellt. Dieser bewußte Subjektivismus erklärt auch das gesteigerte Interesse für den Entwurf, das Fragment, das Unvollendete. »Die Zeichnung, die Skizze wurde für die Renaissance nicht nur als künstlerische Gestaltung, sondern auch als Dokument, als Niederschlag des künstlerischen Schaffensprozesses bedeutungsvoll; man erkannte in ihr eine besondere, von dem fertigen Kunstwerk verschiedene Ausdrucksform; man schätzte an ihr, daß sie die künstlerische Erfindung bei ihrem Ausgangspunkt, in ihrem vom Subjekt fast noch ungelösten Zustand erfaßt.«[6]

Mehr und mehr verschwindet in der Kunst der objektive Wahrheitsgehalt des Dargestellten hinter der Selbstoffenbarung des Künstlers. Er macht sich frei von Lehrmeinungen und Normen, die einem außerhalb der Kunst liegenden Bereich entstammen. Ein vorher gänzlich unbekannter Ästhetizismus entsteht, eine Prätention völliger Unabhängigkeit des Schönheitserlebens, von der Hauser sagt, daß sie ebensowenig antik wie mittelalterlich ist, »denn wenn auch die Übertragung der Gesichtspunkte und Maßstäbe der Kunst auf das Leben der späteren Antike nicht fremd war, so wäre doch eine Parallele zu dem aus der Renaissance berichteten Vorfall, daß ein Gläubiger

[5] Vgl. letztes Kapitel dieses Bandes.

[6] Arnold Hauser, *The social history of art*, dtsch. Übers., *Sozialgeschichte der Kunst und Literatur*. München 1958, I, S. 350, 351.

auf dem Totenbett das Kruzifix, das ihm gereicht wird, wegen seiner Häßlichkeit zu küssen verweigert und ein schöneres verlangt, in keiner früheren Zeit denkbar«[7]. Man kann dies die Hypertrophie des Selbstbewußtseins beim ästhetischen Menschentyp nennen. Im 18. Jahrhundert wird sich das als Degeneration in der Haltung von Singularität und Unverstandenheit des »Artisten« äußern. Wie dem auch sei, der Kern der sich in der Kunst offenbarenden Persönlichkeitsauffassung scheint in der Idee der völligen Autonomie und Freiheit des Individuums zu liegen.

Freiheit, das bedeutet seit dem Spätmittelalter in erster Linie geistige Freiheit, ein früher unbekannter Begriff, der aber vor allem seit der Renaissance nicht mehr aus der Gesellschaftsordnung wegzudenken ist. Innerhalb der Berufswelt spielt er natürlich überall dort eine Rolle, wo ein geistiges Substrat die Aktivität von innen her bestimmt, oder wo er zumindest auf dem Wege intellektueller Schulung in gewissem Maße auf den Bereich der praktischen Anwendungen ausstrahlen kann. In diesem Prinzip geistiger Freiheit hat der für die Neuzeit so wesentliche Individuationsprozeß seinen Ursprung. Wie es sich in der bildenden Kunst so sichtbar zeigt, kann die Grundkonzeption verschiedener Persönlichkeiten zu einer sozialen Einheit von Stilformen führen. Der Renaissancemensch ist ein Gott, der über seinen irdischen Himmel herrscht, das Barock läßt den heroischen Menschen alle Begrenzungen von Raum und Zeit durchbrechen, der klassizistische Mensch lebt im klaren Licht der Logik. Aber innerhalb der zeitlichen Stileinheit, innerhalb des Geistes des 16. und 17. oder 18. Jahrhunderts ist es doch das Individuum, das frei seinen Weg bestimmt, seinem schöpferischen Vermögen Raum gibt, Entfaltung fordert für seine Persönlichkeit.

Sofern es für seine Leistungen einer Motivierung bedarf, liegt sie auf der Hand: was er zu bieten hat, ist einmalig. Er steht mit seinem Werk weit über der gewöhnlichen täglichen Arbeit, die zum Lebensunterhalt notwendig ist. Das Niveau seiner Tätigkeit ist nicht nur eine relative Größe. Es unterscheidet ihn als leistendes Individuum essentiell von der großen Masse der Arbeitenden. Abgesehen vom Politiker beherrscht dieses Selbstbewußtsein den Künstler wohl am stärksten. Wenn man die spätere physiokratische Unterscheidung zwischen der

[7] Hauser, S. 354.

classe productive und der *classe sterile* schon eher vermutet hätte, so hätte bereits der Renaissancekünstler nicht gezögert, sich in die erste Kategorie einzureihen. Besser als die Physiokraten hätte er vielleicht begriffen, daß es im menschlichen Produktionsprozeß weniger um das Schöpfen von neuem Stoff, sondern um das Schöpfen neuer Werte geht, und welcher Wert wurde während der Renaissance höher – auch als »Tauschwert« – veranschlagt als der Kunstwert? Verglichen mit aller anderen Arbeit erschien die Kunst als einzige produktiv. Sie war ein Teil des göttlichen schöpferischen Prozesses, dem gegenüber alle bürgerliche Produktion steril schien.

Auf gleichem Niveau mit der Kunst steht die Wissenschaft. Die Verbindung zwischen beiden Formen von Kreativität läuft über die Welt der Belletristik. Es ist unmöglich, in der Renaissancewelt zwischen Dichtern und Gelehrten zu unterscheiden. Der Humanist kleidet sein wissenschaftliches Werk in eine literarische Form, der Literat verdient diesen Namen nur, wenn er sich auf eine breite intellektuelle Entwicklung berufen kann. Breite, Vielseitigkeit, am besten Allseitigkeit wird am meisten neben Ursprünglichkeit begehrt und bewundert. Dieses Kulturniveau läßt sich gewiß weder genau bestimmen noch durch schulische Entwicklung erreichen. Die auffallendste Erscheinung in der intellektuellen Gesellschaftskultur ist der Autodidakt oder besser, der Mann, der wie Leon Battista Alberti zu Beginn des *quattrocento* solch eine wunderbare Sensibilität für alle Dinge der Außenwelt besitzt, daß ihm die Fertigkeiten und die Einsicht als solche gleichsam spielerisch zugefallen zu sein scheinen[8]. Bei einem solchen Menschen, nicht bei jemandem, der sich nur mit fachgebundener Buchstabenknechterei abgab, konnte man wahrer humanistischer Bildung begegnen.

»Zu dem neuen Begriff von ›Dignität‹ gehört, daß ein hochstehender Mann auch humanistisch gebildet sein muß, wobei die Meinung vor allem die ist, daß solche Bildung erhöhte geistige Selbständigkeit und ausgebildete Urteilsfähigkeit bedeute, also ein produktives, kein totes Kapital darstelle. ›Pöpel‹ nennt Galateo ›die Ungebildeten, ob sie auch sonst große Herren oder erlaucht heißen‹.« Der Mann von Kultur macht Front nach zwei Seiten: gegen die dumme Masse, das revolutionäre Proletariat, gegenüber welchem er »seine konservative

[8] Jacob Burckhardt, *Die Kultur der Renaissance in Italien*. Wien o. J., S. 80f.

Ader entdeckt«; aber auch gegen etablierte reaktionäre Mächte in Klerus und Feudalität. »Man höre nur Poggios antifeudalistisches Ressentiment: ›Vom wahren Adel ist einer nur um so viel weiter entfernt, je länger seine Vorfahren kühne Missetäter gewesen sind‹.« In dieser Ideologie glaubt von Martin eine Form geistiger Konkurrenz zu erkennen, »die den wirtschaftlichen und politischen Konkurrenzkampf zwischen Bürgertum und Adel begleitet und unterstützt«. Die Intelligenz verbindet sich darin mit der Geldmacht. Wenn man den Arbeitsbegriff in einer für die damalige Geisteshaltung zu modernen Version auffaßt, kann dieser Zusammenhang folgendermaßen gesehen werden: »in das bürgerliche Zeichen der Arbeit – sei es nun wirtschaftliche Arbeit oder das ›studium humanitatis‹. Arbeit ist ›virtus‹, weil sie Ausdruck eigener Leistung ist – individueller Leistung, unabhängig von Geburt und Stand.«[9]

Zum literarisch wissenschaftlichen Betrieb gehörte auch die Buchdruckerkunst. Buchdrucker sind ganz in den Kreis der humanistischen Kulturförderer inkorporiert. Oft sind sie selbst Gelehrte oder Autoren von Rang wie Plantijn in Antwerpen, Coornhert in Haarlem. Aber die Buchdruckerei ist nicht nur ein wissenschaftlicher, sondern auch ein spekulativer Betrieb. So kommt es, daß der Mäzen auch auf diesem Gebiet ein fruchtbares Aktionsfeld findet. Sollte hier ein Zusammenhang mit dem Umstand liegen, daß sich Notare, denen man nachsagt, sie kennen den Weg, wie man zu Geld kommt, so oft mit dem Buchdruckerfach beschäftigt haben[10]? Oder kam ihnen die Kenntnis von Recht und Verwaltungsverhältnissen in dieser international verbreiteten, aber noch wenig geordneten Betriebswelt zustatten? In der Notarsseele, von vielen zu Unrecht als verstaubt und spröde verschrien, scheint sich oft ein Dichter zu verbergen. Der erwähnte Coornhert war Notar; er entdeckte die schon zwei oder drei Jahrhunderte alten Spuren italienischer Amtskollegen, die sich durch Ausübung der »ars dictandi« zu anerkannten Schriftkundigen entwickelt hatten. Die Existenz einer solch alten literarischen Tradition wird unterstützt von der Tatsache, daß die Bruderschaft der Notare zu Bologna bereits 1246 unter die Examensforderungen das Verfassen eines Aufsatzes in Latein und Italienisch aufgenommen hatte[11].

[9] A. von Martin, *Soziologie der Renaissance*. Frankfurt a. M. ²1949, S. 65, 67.

[10] Es waren deutsche Notare, die die Buchdruckerkunst nach Italien brachten.

[11] A. G. Lubbers, *Het notariaat*. Bussum 1963, S. 10.

Wie immer hinkt die Realität um einiges hinter den theoretischen Konzeptionen über menschliche Würde und geistige Freiheit der Humanisten und gelehrten Schriftsteller her. »Den Idealen geistiger Freiheit entspricht noch nicht das Maß der gesellschaftlichen und wirtschaftlichen Unabhängigkeit. Die Humanisten und bildenden Künstler bleiben zunächst noch von der Gunst der Höfe und einzelner wohlhabender und einflußreicher Bürger abhängig. Sie erstreben und erhalten Staatsgehälter, Pensionen und Pfründe, Benefizien.« Vor allem die gelehrten Schriftsteller erhalten im 16. Jahrhundert oft fürstliche Geschenke und Bezahlungen. Jedoch »je mehr der Geist der Renaissance fortwirkt und auch breitere Schichten erfaßt, desto freier werden die Schriftsteller von den reichen Mäzenen, um so bereiter freilich, statt der Fürstengunst nunmehr der Gunst des breiten Publikums ihren Tribut zu zahlen«[12]. Natürlich wurde diese Entwicklung stark durch die Erfindung und Ausübung der Buchdruckerkunst gefördert. Es entsteht ein breiter Markt für literarische Produkte, und dort hat auch der Journalist seinen Ursprung. Dennoch darf man sich die Dinge nicht so vorstellen, daß die Buchdruckerkunst eine Goldgrube für alle gelehrten Autoren gewesen wäre. Die Auflagen wissenschaftlicher Werke sind durchwegs ziemlich begrenzt geblieben, und in Zusammenhang damit und wegen des großen Risikos des Druckers waren die Einkünfte der Gelehrten aus Veröffentlichungen sicher nicht sehr hoch. Im Jahr 1594 bezahlte ein Frankfurter Verleger einen halben Taler pro Folioblatt[13]. Dies mag wohl die Ursache dafür sein, daß Autoren ihre Werke oft mächtigen und als großzügig bekannten Persönlichkeiten widmeten.

Auch der erfolgreiche Journalist bewegte sich noch geraume Zeit zwischen der Gunst von Fürsten und der des Publikums. Das tat bereits Pietro Aretino, einer der »Urväter des Journalismus«, zugleich der »größte Lästerer der neueren Zeit«. Er ließ sich sowohl durch Franz I. wie Karl V. zum Freund halten und mit Geld beschwichtigen. Gleichzeitig wandte er sich periodisch mit einer Sammlung seiner Briefe und Artikel an ein breiteres Publikum, nachdem sie bereits in bestimmten Kreisen zirkuliert hatten[14]. Auf einer gerissenen Zweizüngigkeit – Schmeichelei von Fürsten, die ihn wegen seiner scharfen Feder fürchteten,

[12] J. F. Volrad Deneke, *Die freien Berufe*. Stuttgart 1956, S. 51, 52.
[13] Emil Reicke, *Der Gelehrte in der deutschen Vergangenheit*. Leipzig 1900, S. 115.
[14] Burckhardt, S. 94f.

Werben um Popularität bei einem Publikum, das ihn den »göttlichen« Aretino nennt – beruhen sein Erfolg, sein Vermögen und seine Macht. Mit diesem letzten Wort ist ein neuer Aspekt der Geisteshaltung der Renaissance, die zumindest einen Teil der Intellektuellen erfüllt, angesprochen. Neben Subjektivismus und Ursprünglichkeit, neben Hang zu Freiheit und Eigengesetzlichkeit, nun auch das Streben nach Macht. Damit schließt sich der Kreislauf, der von der Politik über das Mäzenatentum zur Kunst und Wissenschaft läuft und von der literarischen Bildung über das Publizitätsmedium der Druckpresse zur Politik zurückkehrt.

Von Anfang an haben kongeniale Künstler und Gelehrte Teil an der Macht des Politikers gehabt. Sie waren die Vertrauten und Berater von Fürsten und wurden nicht selten mit diplomatischen Missionen betraut. Dieser Anteil an der Staatsmacht stellte an sich keinerlei Problem dar. Es handelte sich um eine integrierte Macht, und sie wurde durch den offiziellen Machthaber geschickt ausgebeutet. Erst als die persönliche Bindung an den Mäzen verschwindet, kann eine Veränderung in der Machtposition entstehen. Das war faktisch beim bildenden Künstler nicht der Fall und durchwegs ebensowenig bei den Männern der Wissenschaft. Sie widmen sich freien Aktivitäten, wobei sie sich nicht zu sehr um das gesellschaftliche Gefüge kümmern, oder – was letztere angeht – sie begeben sich in eine untergeordnete amtliche Stellung. Auch Vertreter neuer wissenschaftlicher Fachgebiete – Chemie, Technik und Wirtschaft –, die als »Projektmacher« die Obrigkeiten von Stadt und Land mit ihren mehr oder minder genialen Phantasien wiederholt zu überreden wußten, bleiben doch eigentlich außerhalb des politischen Spektrums. Was sie erwerben wollen, ist Geld, nicht Macht. Nur der freie Literat kann, insofern er seinen Stoff auf das gesellschaftliche Milieu abstimmt, ein isolierter politischer Faktor sein, der konkurrierend zur legitimen Macht auftritt, wenn er nicht rechtzeitig durch sie aufgefangen wird.

Eine solche Entwicklung vollzieht sich seit dem 16. Jahrhundert in der Tat. Sie erreicht einen Höhepunkt in der Zeit der Aufklärung. Ohne daß damit notwendigerweise ein finanziell wirtschaftlicher Aufstieg verbunden wäre, werden Literaten und Publizisten im 18. Jahrhundert »die geistigen Führer des Abendlandes«. Die Höfe der absoluten Fürsten öffnen sich ihnen wieder. »In England, das den modernen Typ des

Politiker-Publizisten vielleicht am frühesten ausgebildet hat, steigen Literaten zu den höchsten Würden empor.«[15] Gleichzeitig aber wird in diesem Typ von Intellektuellen die Funktion der Gesellschaftskritik vorbereitet, die vor und besonders nach der Französischen Revolution die sozialen und politischen Grundfesten der abendländischen Gesellschaft wiederholt zum Wanken brachte. Die Politik ihrerseits hat nichts unterlassen, wenn schon nicht die Wissenschaft, so doch die Resultate und Anwendungen der Wissenschaft in das Staatswesen zu integrieren. Zwar erscheint dieses Staatswesen nach dem Mittelalter in erster Linie als Macht, viel später erst als Menschengemeinschaft. Aber Macht bedeutet in diesem Zusammenhang doch auch bereits Einfluß auf das Gesellschaftsgefüge, im Frieden und im Krieg.

Am deutlichsten manifestiert sich der Genius der Politik im Krieg. Mehr als in einer effizienten Staatsverwaltung hat sich seine Ursprünglichkeit, seine Kreativität darin auszudrücken versucht. Kriege sind die großen dramatischen Geschehnisse, in denen das menschliche Schicksal Gestalt gewinnt. Demgegenüber erscheint die Tätigkeit in Kanzleien und Gerichtshöfen nur Routinearbeit von wesentlich niedrigerem Gehalt. In seinen Betrachtungen über den ›Staat als Kunstwerk‹ hat Burckhardt ein Kapitel über den Krieg als Kunstwerk und nicht über die amtliche Organisation als Kunstwerk aufgenommen[16]. Dennoch ist es merkwürdig, daß gerade der Ersatz persönlicher Ausdrucksmöglichkeit durch Verwissenschaftlichung und Rationalisierung des Kriegsbetriebes die Qualifikation »Kunstwerk« zu rechtfertigen scheint. Tatsächlich zeigt es sich, daß der Militarismus nach der Renaissance in gewisser Weise »verbürgerlicht« und die militärischen Organisationsstrukturen in gewissem Sinne sogar Vorbild für die Bildung viel neuerer Organisationen der Zusammenarbeit auf der Ebene bürgerlicher Betriebsamkeit waren[17]. Der Kernpunkt dieser Entwicklung scheint in dem Element von Rationalität zu liegen, das letzten Endes wesentlich für jede bewußt angestrebte »Organisations«-form ist.

[15] Volrad Deneke, S. 55.

[16] Burckhardt, S. 58f.

[17] J. A. A. van Doorn, *Sociologie van de organisatie; beschouwingen over organiseren in het byzonder gebaseerd op een onderzoek van het militaire systeem*, Leiden 1956. J. A. A. van Doorn, *Militaire en industriële organisatie; een sociologische vergelyking*. Leiden 1962, S. 5f.

Vor dem Spätmittelalter war davon noch keine Rede gewesen. »Die agonalen Züge des Kriegsbetriebes arbeiteten der militärischen Zweckmäßigkeit oft entgegen; von Versuchen, den Lauf der Geschehnisse rational zu beherrschen, ist wenig zu spüren.«[18] Es ist nicht ohne weiteres die Technik der Kriegsführung, die bestimmend war für die wiederholten Niederlagen des Rittertums gegen Volksheere und gemietetes Fußvolk; »auch diese Technik war nur das Symptom, auch in ihr kam nur der Rationalismus der neuen bürgerlichen Welt zum Ausdruck, in die sich das Rittertum durchaus nicht hineinfinden konnte.«[19] Es ist übrigens derselbe Rationalismus, der den macchiavellistischen Fürsten in seiner Konzeption der »Politik« bewegt: kühle Berechnung bei seiner sehr subjektiven Gestaltung der Macht nach eigengesetzlichen Gesichtspunkten, vollkommen unabhängig von traditionellen Vorstellungen und ethischen Forderungen. Wenn man bedenkt, daß die Kreativität der Renaissance ganz von diesem Rationalismus durchzogen ist, dann kann man im Soldatentum durchaus einen verwandten Zug zum Politiker entdecken. Kein Wunder, denn die Politik dieser Zeit ist zu einem guten Teil aus dem Krieg erwachsen.

Dennoch geht im weiteren Zeitverlauf die einmalige Position des Krieges verloren. Auch er wird in einen Apparat integriert, der seine Freiheit beschränkt, seine Subjektivität unterdrückt. Gerade hier, mehr noch als in der amtlichen Organisation, nimmt die hierarchische Struktur schon bald überhand, so daß kein Raum für persönliche Kreativität und subjektive Macht bleibt. Auch er, der Berufsmilitär, wird eine Figur der zweiten Kategorie, die – was unsere Betrachtungen betrifft – in das nächste Kapitel gehört, neben die Berufe im bürgerlichen Sektor des öffentlichen Dienstes, auch neben jene Dienstleistungsberufe, für die eine gewisse intellektuelle Ausbildung erforderlich ist. Wenn wir – wie wir es nun tun wollen – auf diese Weise vom schöpferischen zum leistenden Menschen herabsteigen, vom Genie zum Funktionär, um es mit einem zu modernen Wort auszudrücken, dann heißt es aufs neue zu bedenken, daß es diese niedrigeren Regionen immer gegeben hat, sowohl im Staatsapparat wie in den Bereichen von Wissenschaft und Kunst, wenn wir sie auch durch den Glanz des Vordergrundes nicht so direkt bemerkt haben.

18 Van Doorn, *Sociol. v. d. org.*, S. 68.
19 Hauser, S. 268.

Zugleich müssen wir aber feststellen, daß auch diese niedrigeren Regionen, verglichen mit den meisten bürgerlich-wirtschaftlichen Berufen, noch immer hoch veranschlagt blieben. Es ist gerade ein Kennzeichen der Nachrenaissance, daß – neben der bürgerlichen Unternehmerschaft, wo die Figur des einfachen Handwerkers in die Anonymität der »Volksklasse« zurücksinkt – auch das öffentliche Amt, die Künstlerschaft und der intellektuelle Beruf in der gesellschaftlichen Wertung beträchtlich gestiegen sind und damit diejenigen, die sich ihm widmen, auch in persönlich-gesellschaftlicher und, wenn auch weniger allgemein, in wirtschaftlicher Position. Wenn hier auch keine völlig klare Parallele zum klassischen Ideal zu erkennen ist, so finden sich doch Reflexe dieses Ideals – oder jedenfalls der Renaissanceinterpretation dieses Ideals – in der Welt der Berufe der Neuzeit. Gefühle von Status und Niveauunterschied beginnen nun neben Begriffen wie Freiheit und individuelle Leistung eine größere Rolle zu spielen.

3. Öffentlicher Dienst und intellektuelle Berufe

Eine ritterliche Haltung gibt es im Kriegshandwerk zwar nicht mehr, und bis zum Berufsmilitär als Träger eines öffentlichen Amtes wird es noch eine Weile dauern, denn vorerst haben wir es mit dem Abenteurer zu tun, dessen sehr einfaches Motiv die Glückssuche ist. Das galt sowohl für den gemeinen Soldaten wie für die Anführer. »Für den Landsknecht war der Militärdienst nur eine Vertragsfrage: Er war feil für den Meistbietenden.«[1]

Aber die Hauptleute und Befehlshaber sind von der gleichen Art. Die Söldner operieren oft kollektiv als »Compagnie«, gewöhnlich unter Führung eines gewählten »adeligen Veterans«, der als eine Art Vormann auftritt und also auch sein Geld verdienen muß. In den italienischen Unruhen des 14. Jahrhunderts treten viele Ausländer als Kämpfer auf, »eine Fremdenlegion, gefüllt mit Desperados von deutschem, flämischem, ungarischem, später vor allem englischem und bretonischem Ursprung«. Die meisten »Bandenführer« kommen

[1] J. A. A. van Doorn, *Sociologie van de organisatie; berchouwingen over organisieren in het bijzonder gebaseerd op een onderzoek van het militaire systeem*. Leiden 1956, S. 63.

indes aus Deutschland, wie Herzog Werner von Urslingen, der sich »Herr der Großen Compagnie, Feind von Gott, von Mitleid und Erbarmen« nannte, und Graf Landau, der von Einschüchterung zu leben scheint und in Trunksucht endet[2]. Es ist nur allzu deutlich, daß diese ganze Unterwelt, deren sich die politischen Machthaber – Päpste, Fürsten und städtische Magistrate – bedienen müssen, um sich im Kampf um ihre gehobene Existenz behaupten zu können, nicht zum Staatswesen selbst gehört. Wenn sich irgendwo im Berufsleben das Gewinnstreben in absoluter Form und völlig unverhüllt darbietet, dann beim Söldnerheer.

Im 16. Jahrhundert war die Bildung eines Heeres durch adeligen Lehnsdienst und kraft allgemeiner Wehrpflicht noch nicht verschwunden. Diese Methoden wurden aber immer schwieriger, so daß die Werbung von Söldnern sich immer mehr einbürgerte[3]. Im Jahr 1521 haben die Staaten von Holland eine Verordnung geplant, die die Errichtung einer Bürgermiliz zum Ziel hatte. Mangels Organisationsvermögens und mehr noch vielleicht mangels eines sich über die eigene Wohnstatt erhebenden Nationalgefühls mußte dieser Versuch aber scheitern[4]. Man muß also wohl zur Schließung einer »Kapitulation« übergehen, wobei eine existierende Formation in Dienst gestellt wurde, oder zur Erteilung einer »Kommission« an einen Offizier, der damit die Organisation einer individuellen Werbung auf sich nahm[5]. Der niedrigste Mann in der Werbeorganisation ist der Werbesergeant. Er muß eher als berufsmäßiger Arbeitsvermittler, denn als Vormann im alten Sinn des Wortes betrachtet werden[6], denn er bringt keinen von ihm geführten Trupp ein, sondern schaltet sich bei der individuellen Anmeldung ein. Später, als man im Zusammenhang mit dem großen Risiko und den hohen Kosten gelegentlicher Werbung zur Errichtung eines stehenden Freiwilligenheers[7] übergeht, wird die Anwerbung eine feste Heeresfunktion[8].

[2] Hélène Nolthenius, *Renaissance in Mei*, Prisma 504. Utrecht-Antwerpen 1956, S. 93, 95, 96.

[3] Eugen von Frauenholz, *Das Heerwesen in der Zeit des freien Söldnertums*, II *Das Heerwesen des Reiches in der Landsknechtszeit*. München 1937, S. 29.

[4] J. W. Wijn, *Het krijgswezen in den tijd van Prins Maurits*. Utrecht 1934, S. 8–9.

[5] Wijn, S. 10–11.

[6] Verg. J. A. A. van Doorn, *Militaire en industriële organisatie; een sociologische vergelijking*. Leiden 1962, S. 8.

[7] Wijn, S. 13–15.

[8] Eugen von Frauenholz, *Das Heerwesen in der Zeit des dreißigjährigen Krieges*, I *Das Söldnertum*. München 1938, S. 20.

Was bis zur 2. Hälfte des 16. Jahrhunderts wenig rationell in der Organisation geblieben ist, sind der Mangel an gestaffelter Hierarchie und Disziplin[9]. In gewissem Sinne blieben hier traditionelle Vorstellungen erhalten. »Die Ritterschaft kannte kein Offizierskorps; eine solche Einrichtung hätte der ganzen Auffassung des Standes widersprochen, die von jedem Ritter ein Höchstmaß von kriegerischer Tüchtigkeit forderte, das im Prinzip nicht übertroffen werden konnte.«[10] Eine Aussöhnung mit der Idee der Hierarchie schien nur möglich, indem man ausschließlich adelige Personen in die Offiziersränge aufnahm. Auf diese Weise wird aber leicht eine auf Zweckmäßigkeit gerichtete Hierarchie einem disfunktionalen Standesbegriff geopfert. Auf derselben Ebene lag die oft getroffene Unterscheidung zwischen dem Recht von Reiterei und Fußvolk. Noch 1617 glaubte Wallenstein das tun zu müssen[11]. Dagegen haben Länder, die weniger mit adeligen Traditionen belastet waren wie Holland, Dänemark und Schweden ein gemeinschaftliches Recht für beide Waffengattungen geschaffen, Holland am frühesten, nämlich 1590. Mangel an Disziplin hing natürlich auch mit dem Umstand zusammen, daß der Söldner sich aus der niedersten Volksschicht rekrutierte, aus Abenteurern, Ausgestoßenen, Landstreichern und Banditen. Um daraus ein gut diszipliniertes Heer aufzubauen, bedurfte es einer strengen Kriegszucht. Dem entsprach der erwähnte ›Artickels-Brieff‹[12] der Republik der Vereinten Provinzen. Das alte Strafrecht hatte aber vor allem eine Abschreckungsfunktion, und es fragt sich auch hier, ob es wohl in seiner vollen Strenge angewandt werden konnte.

Dennoch hat sich besonders Prinz Maurits große Verdienste in der Entwicklung von Hierarchie und Disziplin erworben. Aber außer diesen Elementen gelang es ihm, im stehenden Berufsheer auch die Techniken der Kriegführung rationaler auszubauen. Van Doorn vergleicht ihn mit Taylor, und die militärorganisatorische Entwicklung, die von ihm eingeführt wurde, mit der Entwicklung der industriellen Unternehmung[13]. So wie hier die Eigentumsrechte hinter einem rationalistischen

[9] van Doorn, *Soc. v. d. org.*, S. 66f.

[10] Eugen von Frauenholz, *Das Heerwesen in der Zeit des freien Söldnertums*, I *Das Heerwesen der Schweizer Eidgenossenschaft*. München 1936, S. 52.

[11] von Frauenholz, *Söldnertum, S. 23*.

[12] von Frauenholz, *Söldnertum*, S. 329f.

[13] van Doorn, *Mil. en ind. org.*, S. 9.

Funktionalismus zurücktreten, so verhielt es sich dort mit den Adelsrechten. Man könnte sagen, »daß auf beiden Gebieten eine zunehmende Professionalisierung von Spitzenpositionen erkennbar ist; eine Evolution des Standes- und Klassenvorrechts zum Beruf«[14]. Die Übereinstimmung sollte nicht zufällig sein. Sie hatten beide mit einem Proletariat als Rekrutierungsfeld zu tun, und ihr mechanistisches Menschenbild war denn auch darauf eingestellt.

»In dieses Schema passen keine persönlichen, geschweige denn paternalistischen Verhältnisse. Die Hierarchie wird straffer und funktioneller. Alte demokratische Rechte wie das Vorschlagsrecht niederer Ränge durch die Truppe verschwinden im Lauf des 17. Jahrhunderts. So wird auch die alte handwerkliche Bindung zwischen Meister und Lehrling verdrängt. Der Vormann wird Fabrikarbeiter, so wie der Vormann der Söldner Unteroffizier wird, eine strikt hierarchische, ins Management inkorporierte Figur.« Wie dem auch sei, in der ganzen hierarchischen Linie, von unten nach oben, tritt eine Veränderung in der Rechtsposition ein, die van Doorn übrigens nicht beschreibt. Er weist zwar darauf hin, daß es nicht schwierig ist, »die Begriffe ›Entfremdung‹ und ›Verdinglichung‹, die so oft zur Charakterisierung der Position des Industrieproletariats des 19. Jahrhunderts gebraucht werden, ebenso auf den Berufssoldaten der alten Heere anzuwenden«[15]. Indes darf man nicht vergessen, daß die Position des Berufsmilitärs, anders als die des Arbeiters, auf die Dauer fest wird, was wohl mit einer gewissen Überspezialisierung zusammenhängt, die ihn weniger für private Funktionen geeignet macht. Da auch noch beim späteren Berufsheer in den höheren Rängen gewisse aristokratische Traditionen erhalten geblieben sind, spiegelt die militärische Gesellschaftsschicht ziemlich klar die Klassentrennung in der Neuzeit wider. In viel geringerem Maße ist das bei der Friedens- oder »Bürger«-gesellschaft der Fall. Hier begegnet man neben den angesehenen Ämtern zwar auch kleineren Pöstchen, aber die Unterschiede sind weniger eklatant als beim Heer. Obgleich Bauern und Bürger den Beamten nicht immer wohlgesonnen waren, ist doch auch die niedrigere Laufbahn durchwegs geachtet oder zumindest begehrt. Durch die allmähliche Ausdehnung der obrigkeitlichen Einflußnahme

[14] Ebd., S. 10.
[15] Ebd., S. 12, 13.

auf das gesellschaftliche Leben bis zur Zeit der Aufklärung, als eine Reaktion gegen den beaufsichtigenden »Polizeistaat« eine Rückkehr zum »Rechtstaat« forderte, hat sich die Zahl der Beamten vermehrt. Nicht immer griff die Obrigkeit tief in das wirtschaftliche Leben der Bürger ein, und jedenfalls waren ihre Motive oft von den gegenwärtigen sehr unterschieden. Die Einflußnahme hing nicht selten mit dem fiskalischen System zusammen, das den indirekten Steuern einen gewichtigen Platz einräumte. So sehen wir, daß in den Städten zahlreiche Posten Beziehung zu allerlei Abgaben haben.

Ein gutes Beispiel für die Diversität der verschiedenen Funktionen in einer Stadt zeigt die Eidesformel im Stadtrecht von Deventer[16]. Es sind darin die Eidformeln für die 12 Schöffen und 4 Räte vorgeschrieben, für die neugewählten »gemeentluyden« und für die anderen »Offizianten« der Stadt. Wer sind diese Offizianten? Die Umschreibung ist offensichtlich ziemlich weitläufig, und mit der Rangordnung hat man es nicht so genau genommen; abgesehen von den »Fahnenträgern«, denn die kommen, wie es sich gehört, zuerst. Danach folgen die neu aufgenommenen Bürger, die natürlich überhaupt keine »Offizianten« sind, aber trotzdem einen Eid ablegen müssen. Dann kommen die vier Hutträger, der Stallknecht und die Stadtausreiter, die neben einem individuellen auch ein gemeinsames Gelöbnis als Diener ablegen müssen: »Wenn Schöffen und Rat mitsammen oder mit einigen Ratsleuten im Weinhaus oder anderen Plätzen in der Stadt Dienst zum Mahle sitzen, sollen mindestens zwei Diener stehen bleiben und abwechselnd dienen, solange die Herren sitzen: Und wenn einer der Herren nach Hause geht, soll einer der Diener mitgehen: Und sollen auch die Diener sich ohne Consens der Herren, weder innerhalb noch außerhalb Deventers, wenn die Herren schon schlafen, nicht gütlich tun an Wein, Bier, Branntwein oder anderem, bei Verlust ihres Dienstes, so wie auch die Diener keine Frauen, Mägde oder Kinder auf der Herren Mahlzeiten mitbringen sollen, ausgenommen die Frauen solcher Diener, so der Stadt Silberwerk und Leinwand anvertraut wurde.«[17]

Wenn wir uns nun wieder der Reihe von Stadtfunktionären zuwenden, bemerken wir weiter: die laufenden Boten, die Torschreiber, die Prokuratoren – die eine besondere Betrach-

[16] *Rechten ende gewoonten der Stadt Deventer;* Tot Deventer, bij Nathanael Cost, Drucker ordinaris der Ed:Mog:Heeren Staten van Over-Yssel, anno 1644.

[17] *Rechten van Deventer*, S. 21–22.

tung verdienen –, die Torschließer, den Stadtwaagmeister, den Stadtwächter, den Eicher und die Hebammen. Diese Hebammen müssen Tag und Nacht zur Hilfeleistung bereit sein, und sie müssen schwören, daß sie aus jenen »Frauenspersonen, die keine echten Männer haben, in deren Not die Namen derer herausfragen, von denen sie befruchtet wurden, und diese Namen den Herren Bürgermeistern dann mitteilen...«[18].

Ohne irgendeinen Zusammenhang übrigens mit den Hebammen folgen nun die Fruchtmeister und danach die Salzmesser, die Bierträger, die Metzger, die Kornmesser, die Eicher trockener und nasser Waren, die Saatwieger, der Kalkmesser, die Marktmeister, die Torfmesser, der Pfandverkäufer, die Zöllner zu Wasser und zu Lande, die Kranmeister und die Eichmesser. Die meisten dieser Funktionäre hatten wahrscheinlich kein Jahresgehalt. Dennoch standen sie im öffentlichen Dienst. Sie mußten alle geloben oder schwören, ihren Dienst treu auszuüben. Der Ernst des 17. Jahrhunderts mutet uns wohl ein wenig komisch an, etwa wenn wir den Kalkmesser sagen hören: »Ich versichere und schwöre, daß ich die Tonnen zweimal schütten werde und dann füllen...«[19].

Eine große Zahl von Funktionen wie die des Sieglers, des Deichgrafen, Wirts, Zimmermeisters, Aufsehers des Spinnhauses, Aufsehers von Brot und Kuchen, Provisors von Krankenhäusern und Waisenhaus werden auf Schöffen und Räte verteilt. Das niedere Gericht setzt sich aus Bürgermeistern zusammen, das hohe aus Schöffen und Rat. Selbstverständlich finden wir bei den Gerichten auch amtliche Funktionäre. Die eigentlichen Richter wurden im germanischen Recht aber noch lange Zeit durch das Volk gewählt, wie das anfänglich auch für den Vorsitzenden galt, der ausschließlich als »Richter« bezeichnet wurde, obgleich er kein Stimmrecht hatte[20]. Vom 16. Jahrhundert an findet eine allmähliche Umgestaltung der Schöffengerichte statt. Die kleinen verlieren schon ziemlich früh ihre Bedeutung, aber die mittleren und größeren können sich noch gut behaupten, da sie Rechtsgelehrte unter die Schöffen aufnehmen. Auf die Dauer entwickeln sie sich auf diese Weise – ebenso wie die Hofgerichte – zu gelehrten Gerichten. Im Hofgericht führt zunächst noch ein Beamter des Herrn den Vorsitz, vermutlich ebenfalls ohne Stimmrecht,

[18] Ebd., S. 25.
[19] Ebd., S. 27.
[20] Erich Döhring, *Geschichte der deutschen Rechtspflege seit 1500*. Berlin 1953, S. 36.

aber später wird auch er ein Rechtsgelehrter, der im Kollegium Sitz hat[21].

In der Entwicklung der Rechtspflege der neueren Zeit lassen sich eigentlich zwei verschiedene Tendenzen erkennen: Einerseits tritt der Beamtenrichter an die Stelle des Volksrichters, andererseits tritt der juristisch Ausgebildete in den Rechtskollegien in den Vordergrund. Dennoch blieb die Justiz bis ins 18. Jahrhundert großenteils in Laienhänden, während auch die alte ehrenamtliche Auffassung in gewissem Sinne in der Richterschaft als Nebenfunktion fortgesetzt wird[22]. Ehe es übrigens soweit ist, daß das gelehrte Element unmittelbaren Einfluß auf das Schöffengericht erhält, gab es wohl dadurch einen indirekten Einfluß, daß die wichtigeren Städte römisch-rechtlich gebildete *syndici* oder Stadtadvokaten einstellen, die die Prozeßakten aufstellen müssen und den Sitzungen als *assessores* zunächst nur mit beratender Stimme beiwohnen[23]. Es dürfte klar sein, daß es sich hierbei nicht um Advokaten im modernen Wortsinne und am allerwenigsten um die gegenwärtige Kopplung der Funktionen Anwalt – Prozeßbevollmächtigter handelt.

Der Prozeßbevollmächtigte – dem wir in Deventer bereits als Prokurator begegneten – übte eine ganz eigene Funktion aus. Die Trennungslinie ließ sich indes nicht immer und überall gleich ziehen. In England, wo die Trennung noch immer besteht, ist der *solicitor* (Rechtsvertreter) nur Berater-Vertreter, der rechtskundige *barrister* (Rechtsanwalt) aber fertigt nicht nur die Prozeßakten an, sondern ist auch Verteidiger, und diesem Teil seiner Aufgabe verdankt er vor allem sein Ansehen[24].

In den deutschen Ländern scheint das Plädoyer vor dem 18. Jahrhundert in einen schriftlichen und einen mündlichen Teil zu zerfallen, wovon nur der erste als juristisch relevant dem Advokaten zufiel. Er war der außergerichtliche juristische Berater und Helfer des Mandanten[25]. Der Prozeßbevollmächtigte dagegen beschränkte sich auf die mündliche Vertretung des Mandanten während des Prozesses. Er fertigte keine juristischen Akten an und mußte deshalb auch keine so umfangreiche

[21] Adolf Stölzel, *Die Entwicklung des gelehrten Richtertums in den deutschen Territorien.* Aalen ²1964, 1, S. 276.

[22] Döhring, S. 36–37.

[23] Stölzel, I, S. 176–177.

[24] A. M. Carr-Saunders und P. A. Wilson, *The professions.* Oxford 1933, S. 54–55.

[25] Adolf Weissler, *Geschichte der Rechtsanwaltschaft.* Leipzig 1905, S. 168.

juristische Ausbildung haben; in der Regel genügte ein einjähriges Universitätsstudium[26].

Diese Unterscheidung enthielt eine ältere, und zwar die zwischen »Vorsprecher« und »Anwalt«. Der »Vorsprecher« war im mittelalterlichen Recht eine nicht bevollmächtigte Hilfe der Partei gewesen[27], der aber nicht nur dem Parteiinteresse diente, sondern zugleich als Helfer des Gerichts auftrat, um nämlich den richtigen formalen Rechtsspruch zu finden. Demgegenüber war der »Anwalt« der eigentliche Vertreter der Partei, und als solcher war er unabhängig vom Gericht[28]. Der »Vorsprecher« oder »vorspreke«, der oft aus dem Kreis der »Urteilsfinder« ausgewählt wurde, scheint also ein Vertreter »des Rechts«, das als eine absolute Objektivität gegenüber dem Parteiinteresse zu gelten hat. Über dieses Wertbewußtsein läuft die Verbindung zum Advokaten, der als Rechtskundiger nach früherer Auffassung dem damit unter Umständen widersprechenden Parteiinteresse nicht dienen darf. Andererseits ist die nebenfunktionale Zugehörigkeit zum Gericht gerade auf die Prozeßbevollmächtigten übergegangen, die in der Regel in begrenzter Zahl angestellt waren – während Advokaten unbegrenzt zugelassen wurden[29] – und die an vielen Orten neben ihrem Honorar auch eine kleine feste Besoldung erhielten[30]. Es ist übrigens nicht gut möglich, die historische Entwicklung der Funktionen so geradlinig aufzuzeigen. Die Evolutionslinien überschneiden sich, und manchmal scheint es, als ob die einzelnen Funktionen ausgewechselt wurden. Betrachtet man den »vorspreke« als den Mann, der wirklich spricht, also als den Gerichtsdiener, dann muß man seine Funktion in späterer Zeit geradezu in die des Prozeßbevollmächtigten münden sehen[31].

Wie dem auch sei, lange Zeit hat sich die Auffassung behauptet, daß Verteidiger dem subjektiven Interesse nicht bis zum Äußersten dienen dürften. Aus dem Mittelalter übernahm man die Vorstellung, daß das Recht objektiv erkennbar ist und daß alle, die mit der Rechtspflege zu tun hatten, sich nicht gegen dieses objektive Recht wenden dürfen. So muß auch unser Deventer Prokurator schwören, daß er nicht nur die Fälle der

[26] Weissler, S. 170.

[27] J. W. Planck, *Das Deutsche Gerichtsverfahren im Mittelalter*, I. Braunschweig 1878, S. 194.

[28] Döhring, S. 121.

[29] Weissler, S. 187.

[30] Döhring, S. 121.

[31] Weissler, S. 163.

Klienten ordnungsgemäß behandeln und Parteien nicht »über das gehörige Maß an Belohnung« hinaus belasten wird, sondern daß er »Fälle, die offenkundig unrecht sind«, nicht zur Verteidigung übernehmen wird[32]. Wie weit sich das mündliche Plädoyer von diesem Ideal entfernen kann, zeigen indessen bereits die Leitfäden, die den Advokaten in der kanonischen Prozeßführung nicht gerade immer skrupulöse Ratschläge an die Hand geben[33]. Über die Advokaten – womit in diesem Zusammenhang wohl in erster Linie die Verteidiger gemeint sind – haben sich übrigens die Moralisten immer erregt, die Spottvögel ihre Witze gerissen.

Das war natürlich schon im Florenz des 14. Jahrhunderts der Fall: »Du hast Jura in Bologna studiert? Zeitvergeudung! Gewalt hättest du studieren müssen, damit kommt man viel weiter.« Daß die Juristen dennoch ihr Auskommen hatten, das verbürgen die in Ironie verpackten Klagen über die unerschwinglichen Kosten des Prozessierens. Wer sich ihres Beistandes bedient, dem ergeht es wie dem dummen Bauern, der seinen studierten Sohn den Kapaun »nach den Regeln der Grammatik« tranchieren läßt und der mitansehen muß, wie der Sohn mit dieser Vollmacht das ganze Fleisch auf seinen eigenen Teller räumt und die Knochen unter den Tischgenossen verteilt[34]. Es scheinen wohl übrigens immer Bauern zu sein, die eingeseift werden nach dem bekannten Spruch: »Wer rechten will um eine Kuh, verliert die zweite noch dazu«, der bereits auf einem Gemälde von Peter de Bloot aus dem Beginn des 17. Jahrhunderts steht, welches das Sprechzimmer eines Advokaten darstellt. Bauern oder Bürger, hier gibt es keinen großen Unterschied, nur die Wohlhabenden konnten sich den Luxus leisten, einen Advokaten zu nehmen[35].

Die Festsetzung des geschuldeten Betrags stand wohl durchwegs einseitig dem Dienstverleiher zu. Im Lauf des 16. Jahrhunderts sind auch gewohnheitsrechtlich bestimmte Tarifnormen – pro Verrichtung oder pro geschriebenes Blatt – entstanden, wobei eine Differenzierung nach unten zugunsten Mindervermögender angewandt wurde. Hier und da wurden auch damals Tarifordnungen erlassen, aber es scheint doch noch einigermaßen Spielraum für eine Berechnung *ex aequo et bono* ge-

[32] *Rechten van Deventer*, S. 23.

[33] Weissler, S. 191f.

[34] Nolthenius, S. 115.

[35] A. J. M. Kunst, *Europees rechtsleven in Erasmus' tijd*. Zwolle 1963, S. 20.

blieben zu sein, wobei auffällt, daß die Vereinbarung *pars quota litis* – Bezahlung in Prozenten – je nach Bedeutung des Falles – noch nicht üblich war[36]. Auch eine ständige Wahrnehmung aller vorkommenden Prozeßfälle zugunsten von Städten und Abteien gab es bereits bei bekannten Advokaten, die dafür ein Jahresgehalt erhielten[37], ohne daß damit aber der Gedanke an irgendein Lohndienstverhältnis verbunden gewesen wäre. Die Auffassung des Berufs als eine »öffentliche Funktion«, die soziale Verpflichtungen einschloß[38] und das Interesse des Klienten als Maßstab zur Berufsausübung in den Vordergrund rückte[39], ist ebenfalls in dieser Zeit entstanden. Ein solches Berufsethos weist durchwegs sowohl auf eine angesehene wirtschaftliche Situation als auf einen ansehnlichen sozialen Status hin, wenn auch in diesem Punkt keine festen Kausalitäten festzustellen sind.

Seit dem 17. Jahrhundert sinkt das Ansehen des Advokaten allmählich[40], und während des folgenden Jahrhunderts gerät der Stand absolut in Verfall. Das muß an sich noch nicht einen wirtschaftlichen Rückgang oder einen Verfall des selbständig ausgeübten Berufs bedeuten. Es ist möglich, daß eine überspitzte individuelle Freiheit die Berufsnormen durchbricht und dadurch auch die Einkommensmöglichkeiten vergrößert werden. Eine Reaktion, sowohl auf die persönliche Machtstellung als auf die sich einschleichende Korruption, tritt in den absolutistischen Staaten zutage. »Der absolutistische Staat bedarf keines Wächters individueller Rechte gegen Übergriffe der Kollektiv-Funktionäre.«[41] Im Jahr 1697 schaffte Peter der Große die Advokatur einfach ab. In Preußen wurde sie als freier Beruf durch amtliche »Assistenzräte« und »Justizkommissare« ersetzt. Anderswo ist es nicht dazu gekommen, was noch nicht heißen muß, daß eine Erneuerung des Berufswerts – die sich nach der Französischen Revolution auch wirklich vollzog – dort nicht nötig gewesen wäre.

Fluktuationen waren auch im Notariat festzustellen. Während des Mittelalters wurde diese Funktion ausschließlich von Geistlichen ausgeübt, denn die Laien besaßen durchwegs nicht

[36] Döhring, S. 149.
[37] Döhring, S. 151.
[38] J. F. Volrad Deneke, *Die freien Berufe*. Stuttgart 1956, S. 48.
[39] Döhring, S. 150.
[40] Döhring, S. 130.
[41] Volrad Deneke, S. 49.

die notwendige Ausbildung. Die eigentliche Notariatstätigkeit stand noch nicht auf eigenen Füßen, sondern war ein Anhängsel des Kanzleramts. Der Kanzler, der eine öffentlich-rechtliche Funktion ausübte, erhielt daneben die Befugnis, authentische Akten auf privatrechtlichem Sektor aufzustellen. Diese letzte Befugnis, die den Notar kennzeichnet, blieb noch geraume Zeit in Händen Geistlicher, auch als weltliche Autoritäten allerorten Ernennungen aussprachen.

Im Laufe des 15. Jahrhunderts aber üben auch Laien diesen Beruf aus, wodurch man sich ganz von selbst mit einem durchschnittlich niedrigeren Entwicklungsstandard begnügen muß. Der Mißbrauch des Ämterverkaufs und in dessen Folge eine unbegrenzte Anzahl von Ernennungen läßt das Niveau der Notare beunruhigend sinken. Während des 16. Jahrhunderts kann man noch nicht recht von einer Wiederbelebung des Notarberufes sprechen. »Die Notare dieser Zeit sind oft trübe Zerrbilder dessen, was ein Jurist sein sollte.« Das 1585 zum ersten Mal gedruckt erschienene notarielle Handbuch ›Ars Notariatus‹ des Antwerpener Notars Jaques Thuys – das erste Werk dieser Art in niederländischer Sprache – hat der Praxis wohl Dienste erwiesen, war aber im Kern der Sache nicht viel mehr als eine ziemlich unkritische Übersetzung älterer Traktate[42].

Indessen waren unter Karl V. für die Niederlande bereits 1524 und 1531 Verordnungen erlassen worden, die durch das Ablegen eines Examens und eines Amtseides, durch Zulassung einer örtlich gebundenen Höchstzahl von Notaren und eine Art von Beaufsichtigung, eine gewisse Ordnung herstellen sollten. Diese Vorschriften wurden aber vielfach umgangen. Erst im 18. Jahrhundert kann man von einer deutlichen Renaissance sprechen, was übrigens noch längst nicht besagt, daß der gesellschaftliche Status des mit der richterlichen Macht verbunden gebliebenen französischen Notariats damals bereits erreicht wurde. Mit der Zeit erhielt das Amt ein intellektuelles Niveau, eine Entwicklung, die schließlich durch die napoleonische Gesetzgebung verstärkt wurde[43].

Der intellektuelle Beruf, der in der Neuzeit den größten Aufstieg erlebt, ist vielleicht der medizinische. Ebenso wie bei anderen Künsten hat die Entwicklung schon früher eingesetzt. Diepgen spricht über die »Renaissance der Medizin vom 14.

[42] A. Pitlo, *De 17e en 18e eeuwsche notarisboeken en wat zij ons omtrent het oude notariaat leeren.* Haarlem 1948, S. 20–23, 25f.

[43] Pitlo, S. 305f.

und 15. Jahrhundert«[44]. Diese entspringt einem zunehmenden Realismus und Empirismus, wobei zu erwähnen ist, daß Umstände wie die große Pestepidemie des 14. Jahrhunderts dazu wohl Anlaß boten[45]. Einen großen Fortschritt bedeutete die experimentelle Anatomie des Vesalius, der Sektionen an Leichen vornehmen ließ, eine Arbeitsweise, die auf die Zeitgenossen einen gewaltigen Eindruck gemacht haben muß und die auch schwer umstritten war[46]. Der Erneuerungswille der Zeit verhinderte aber nicht, daß dem empirischen Charakter der medizinischen Ausbildung an den Universitäten ziemlich enge Grenzen gesetzt wurden. So gesehen blieb die Ausübung der medizinischen Praxis selbst ein wesentlicher Erkenntnisquell, auch wenn diese Praxis durch nicht wissenschaftlich ausgebildete Personen betrieben wurde. Besonders der Praktiker auf chirurgischem Gebiet wurde, von Ausnahmen abgesehen, lange Zeit nur nach der bewährten Methode der Handwerker, das heißt von einem Handwerksmeister, ausgebildet. Während der Akademiker sich in der Regel der Inneren Medizin zuwandte, wurde gewöhnlich das ganze Gebiet der Wundarzneikunst als »Handwerk« den Männern der Praxis überlassen[47].

Der hier getroffene Unterschied hat nichts mit dem Unterschied zwischen Befugnis und Quacksalberei zu tun. Der in einer Stadt lebende und einer Gilde angehörende Wundarzt, Barbier und Zahnzieher hatte auf seinem Gebiet oft ein sehr beachtliches Niveau. Der nicht oder noch nicht seßhafte Mann ist immer schwieriger zu beurteilen. Er wird leicht als Quacksalber angesehen, mag er nun zur Klasse der »Zahnbrecher« und »Steinschneider« oder der »Urinbeschauer« gehören. Aber es wurde behauptet, daß man gut daran täte, »bei der Betrachtung medizinischer Zustände in der Vergangenheit nicht zu streng an dem Unterschied zwischen Arzt und Quacksalber festzuhalten«. Sogar in der modernen Zeit sei die Grenze zwischen beiden nicht immer gleich scharf zu ziehen[48]. Ein Gutteil dieser »reisenden Meister«, deren Kenntnisse »längst nicht immer jenem der befugten Mediziner nachstand«, soll aus einem Gelehrtenproletariat bestanden haben, aus entlaufenen Geistlichen und fahrenden Studenten, deren Zahl mit der Gründung deut-

[44] Paul Diepgen, *Geschichte der Medizin*, I. Berlin 1949, S. 233.
[45] Diepgen, I, S. 239.
[46] Diepgen, I, S. 264.
[47] Diepgen, I, S. 273.
[48] D. Th. Enklaar, *Varende luyden*. Assen 1937, S. 19.

scher Hochschulen stark gewachsen war. Diese Studierten und Studierenden oder Leute, die jedenfalls einmal studiert haben, »waren die Ärzte des flachen Landes, indem sie auf dem Weg von Hochschule zu Hochschule die Heilkunde ausübten...«. Das Vertrauen in ihre Gelehrsamkeit, das sie den Bauern einzuflößen wußten, war nicht ganz fehl am Platz. So hätten sie für das Land draußen ein Segen sein können, wenn nicht ihre Moral durch ihre Geldsucht getrübt gewesen wäre[49].

Wie es um die medizinische Befähigung der fahrenden Leute auch bestellt gewesen sein mag, sozial gesehen rechnete man sie vorwiegend zu den Betrügern. Als Einleitung zu einem neuen Streich Till Eulenspiegels stellt das alte Volksbuch einmal fest: »Gute Meister schlägt man oft wegen einer kleinen Summe Geldes aus, aber diesen Landstreichern glaubt man, und dann muß man doppelt zahlen.« Diejenigen, die keine Zeugnisse vorlegen oder keinen Beweis ihrer Fähigkeiten erbringen konnten, wurden in den Städten nicht zugelassen. Verbotsbestimmungen hinsichtlich Urinbeschau und Rezeptieren durch andere als in der Medizin promovierte Doctoren und Lizentiaten, existieren fast überall. Ob sie auch strikt gehandhabt wurden, ist fraglich. In Den Briel zum Beispiel sah man sich gezwungen, sie etwa jedes Vierteljahrhundert neu zu erlassen[50]. Ausführlicher sind durchwegs jene Verordnungen, die sich auf Ausübung der handwerklich betriebenen Chirurgie beziehen. So haben Bürgermeister, Schöffen und Räte von Utrecht schon 1434 eine Zunftprüfung für die zur Zunft der Barbiere gehörenden Zahnzieher und Chirurgen mit der Begründung eingeführt, daß »Unkundige und Unbedarfte in allen Künsten und insbesondere in jenen, die Leben und Gesundheit des Menschen berühren und angehen, die darin arbeiten, große Verderbnis im Volk anrichten«[51]. Die Prüfung mußte in Gegenwart des Altmeisters der Wantschneiderzunft abgelegt werden, die bezüglich des Schneidens offensichtlich kompetent waren. Diese Bestimmung wird beinahe wörtlich im Jahre 1545 wiederholt[52].

Dennoch gibt es Anhaltspunkte für die hin und wieder vertretene Meinung, daß die Chirurgie nicht nur ein Fach sei, das

[49] Enklaar, S. 33–34.

[50] H. de Jager, *De middeleeuwsche keuren der stadt Brielle*. In: Oude Vaderlandsche Rechtsbronnen. s' Hage 1901, S. 241–242.

[51] J. C. Overvoorde und J. G. Ch. Joosting, *De gilden van Utrecht tot 1528*, II. 's Hage 1896, S. 22–23.

[52] Overvoorde und Joosting, S. 29.

sich einfach erlernen lasse, sondern eine Fähigkeit, die einer – sogar bei Frauen anzutreffenden – Veranlagung entspringt. Eine Haarlemer Verordnung von 1561 für die Barbiere und Chirurgen sagt nämlich, nachdem sie die normalen Forderungen der Stadtzugehörigkeit, der Lehrjahre und Zeugnisschriften festgelegt hat: »So von jemandem befunden wird, er habe einzigartige Kenntnis der Chirurgie, so soll man denselben admittieren und zulassen durch den Rat der Bürgermeister, auch wenn er oder sie in der Zeit der zwei Jahre keinem Meister gedient und genügt haben.«[53] Solche Ausnahmen von der Regel, die gleichzeitig Monopolbruch bedeuten, wurden meist aber nur zugunsten derer getroffen, die eine Universitätsurkunde vorlegen konnten. Zu Utrecht galt 1494 das Monopol des Handwerks, »doctores ausgenommen«[54], eine Ausnahme, die 1545 auf die Lizentiaten ausgedehnt wurde[55].

Die klare Trennung zwischen den Gelehrten der Heilkunde und den chirurgischen Handwerkern wurde im allgemeinen bis zum Ende des 17. Jahrhunderts aufrechterhalten. Das Wort »Zahnarzt« zum Beispiel stammt aus dem Beginn des 18. Jahrhunderts[56]. Aus dem einstweiligen Reglement für die *maîstres chirurgiens* der Stadt Nivelles von 1687[57] geht deutlich hervor, wie die Verhältnisse lagen. Lehrlinge sind in ein Register einzutragen. Nach zwei Jahren Lehrzeit und drei Jahren Praxis bei einem Meister – in dieser oder einer anderen Stadt – kann man sich als Meister niederlassen. Die Meisterprüfung steht offensichtlich unter Aufsicht der Ärzte. Das Examen, das aus der Ausführung dreier Aderlasse, im Fuß, im Arm und in der Hand, sowie aus dem Ziehen eines Zahnes besteht, wird nämlich außer durch den Vorstand und einen Altmeister von zwei durch den Magistrat zu benennenden Ärzten abgenommen. Obgleich eine regelmäßige Praxisausübung ohne erfolgte Meisterprüfung bei Strafe von zehn Gulden Buße verboten ist, bedeutet das nicht, daß man nicht gelegentlich die Dienste Fremder beanspruchen konnte. Es besteht sogar die Pflicht, das Instrumentarium solchen Fremden zum Gebrauch zu überlassen. Auch Ärzte der Stadt und von anderswoher haben immer das Anrecht auf Benutzung des Instrumentariums.

[53] J. Huizinga, *Rechtsbronnen der stad Haarlem.* 's Hage 1911, S. 416–417.

[54] Overvoorde und Joosting, S. 26–27.

[55] Ebd., S. 32.

[56] H. Christian Greve, *Vom Zahnhandwerk zur Zahnheilkunde.* München 1952, S. 9.

[57] Archieven van het Koninkrijk België in Brüssel; Nr. 327 des *Inventaire des archives de la ville de Nivelles sous l'Ancien Régime*, von Louis Bril, Tongeren 1940.

Trotz der Tatsache, daß die Universitäten erst spät ein spezielles Interesse für die Chirurgie bekunden, gab es auch schon im 16. Jahrhundert[58] gelehrte Mediziner, die auf diesem Gebiet arbeiteten. Vor einem chirurgischen Spezialgebiet allerdings haben sie sich durchwegs sorgfältig zurückgehalten, nämlich vor der Blasenoperation. Schon Hippokrates ließ den jungen Arzt schwören, »keine Blasenoperationen auszuführen, sondern diese dem Spezialisten zu überlassen«. Es mag für die Urologie schmeichelhaft scheinen, die erste Spezialdisziplin gewesen zu sein, in Wahrheit waren die Resultate der Operationen so miserabel, daß sie dem Ruf des Arztes nur schaden konnten, und Hippokrates befürchtete, daß seine Schüler derselben Mißachtung anheimfallen würden wie die reisenden Steinschneider, die keine Ausbildung genossen hatten. Auch die Chirurgen haben bis zum 18. Jahrhundert im allgemeinen diese gefährliche Operation nicht durchgeführt. Noch 1714 wird in Verbrugges ›Examen van Land- en Zeechirurgie‹ das Verbot erwähnt; »nur ein einzelner wie der flämische Heilmeister Scellinck getraute sich an die Operation, ohne sich um das Odium zu kümmern, welches er sich selbst dadurch erwarb«[59]. Einzelne Chirurgen wagten sich heimlich daran, aber die meisten und sogar die Barbiere fanden, daß es »unter ihrem Stand« war. »So blieb die Operation in ganz Europa in Händen obskurer Leute, die nach der Operation schnell abreisten, um der Rache der Familie zu entgehen.«[60]

Ein solch vorsichtiger Standpunkt ist von chirurgischen Handwerkern, aber auch von den gelehrten Ärzten wohl zu billigen. Er lehrt uns indes einiges über die Art der medizinischen Berufsethik. Sie hatte bestimmt mit zum Ziel, das Ansehen des Medizinerstandes hochzuhalten. Die Ablehnung jedes anderen operativen Eingriffs seitens der akademisch gebildeten Ärzte beruhte vielleicht auf ähnlichen Motiven. Das Streben nach Selbstverwaltung zeigt sich auch deutlich bei den *collegia medica*, die gegen Ende des 16. Jahrhunderts in vielen Städten errichtet wurden. »Ihre Statuten grenzen die Stellung des Arztes gegenüber den übrigen Heilkundigen deutlich ab und erheben sie zu einer Aufsichtsbehörde nicht nur ihrer eigenen Mitglieder, sondern auch des gesamten Medizinalwesens.« Berufsnormen werden aufgezeichnet, das Berufs-

[58] Greve, S. 14.
[59] W. A. Moonen, *Primum non nocere*. Utrecht-Nijmegen 1965, S. 5.
[60] Moonen, S. 6.

geheimnis wird strenger aufgefaßt, Behandlungspflicht, Berufsverhalten und Honorar werden geregelt. »Eine eigenartige Verquickung esoterischer Standesinteressen, ärztlich-wirtschaftlicher und wissenschaftlicher Belange mit amtlicher Überwachung des ganzen Volksgesundheitswesens! Die Ethik, die in der Antike Privatsache gewesen und im Mittelalter ganz vom Religiösen beeinflußt war, von dem sie sich allerdings auch jetzt erst langsam löst, ist auf dem Wege, sich nach rein weltlichen, allgemein verpflichtenden Normen auszurichten.«[61]

Mit der Entwicklung des fürstlichen Absolutismus in den Territorialstaaten wird die Gesundheitsfürsorge stärker in den amtlichen Bereich einbezogen. Jetzt, wo jedes deutsche Fürstentum seine eigene Kleinuniversität bekommt, gibt es die allgemeine Anerkennung der medizinischen Ausbildungen nicht mehr. Die Niederlassung des Arztes wird von der besonderen Zustimmung der Regierungen abhängig. In den deutschen Ländern entstehen – nach dem Vorbild Brandenburgs aus dem Jahr 1685 – zentrale amtliche medizinische Akademien[62]. Während des 18. Jahrhunderts ist die staatliche Einflußnahme auf Ausbildung und Praxis der Ärzte in den absolutistisch regierten Staaten noch weiter angewachsen. In Frankreich sind es übrigens besonders die medizinischen Fakultäten, die einen wichtigen kontrollierenden Einfluß behalten haben. England und Amerika dagegen haben ihre traditionelle Vorliebe für Freiheit auch auf diesem Sektor gewahrt, während man die medizinische Ausbildung durchwegs nicht an der Universität, sondern an privaten Unterrichtsinstituten erhielt[63].

4. Reformation, Arbeit und Kapitalismus

Die Geschichte der Reformation ist voll von sozialen Momenten. Sie vollzieht sich nicht außerhalb der sozialen Bewegungen und Bewegtheit der Zeit. In den Lehren der Reformatoren finden sich denn auch zahlreiche Ideen über Einrichtungen der

[61] Diepgen, I, S. 274.
[62] Diepgen, I, S. 319.
[63] Diepgen, II, 1 (1951), S. 67–68.

Gesellschaft. Theologen der katholischen Kirche haben sich schon immer zum Thema Staat, Eigentum, Arbeit und allerhand anderen Themen geäußert, die genau genommen in den profanen, nicht in den kirchlichen Bereich gehören. Für sie gründet die Übernatur auf der Natur, und so ist es für die Kirche also wichtig, das profane Leben zu einer gesunden »natürlichen« Basis für das religiöse Leben zu machen. Obgleich einige der Reformer in ihrer gesellschaftlichen Moral weiterhin eine deutliche Verwandtschaft mit den seit einigen Jahrhunderten wirksamen Lehren des Thomismus aufweisen, läßt sich bei der Geistesströmung der Reformation im allgemeinen doch eine Radikalisierung hinsichtlich der Auffassung über das Verhältnis zwischen profanem Leben und Religion feststellen. Und zwar dahingehend, daß die Unterscheidung eigentlich keinen Sinn mehr hat. Das Leben ist ein unteilbares Ganzes und wird als solches vom souveränen Willen Gottes beherrscht. Die Theologie ist völlig dominant, wenn es um die Normierung des menschlichen Verhaltens geht. Keine Philosophie der natürlichen Vernunft, keine anthropozentrische Moral kann die reine Lehre Christi ersetzen. Der Mensch muß nur nach dem Buchstaben und Geist der Bibel leben, um zufrieden zu sein und mit einem ruhigen Gemüt durch den Wirbel des irdischen Lebens gehen zu können.

In der Welt von Arbeit und Beruf kommt diese Auffassung besonders klar zum Ausdruck. Die sittliche Bedeutung der Arbeit wurde ganz gewiß schon in einer viel früheren Zeit erkannt. Jetzt aber erhält die Berufsarbeit eine direkte religiöse Deutung. Arbeit ist Berufung von Gott. Anhand der Texte Calvins wird deutlich, daß dessen Arbeitsauffassung keine profane ist, sondern eine religiöse, sakrale[1]. Die Arbeit ist nicht Selbstzweck, weder persönlich noch sozial, nicht Rechtfertigung der Existenz, sondern göttlicher Auftrag. Ein bleibender Auftrag bis zum Tode, »und nicht nur, um nach Gott zu leben, sondern um nach ihm zu sterben«[2].

Auf diese Weise hat Calvin die biblische Bedeutung der Arbeit im christlichen Denken und Leben wiederhergestellt. Luther, der sich zu einer ähnlichen Auffassung bekannte, hat die Arbeit in die Polemik über die Lehre der guten Werke einbezogen. Nicht nur Beten und Almosengeben, auch Arbeit

[1] André Biéler, *La pensée économique et sociale de Calvin*. Genève 1959, S. 397f.
[2] Biéler, S. 399.

kann Dienst an Gott bedeuten. Es kommt nur – wie das auch bei den anderen Werken schließlich entscheidend ist – darauf an, ob die normale Berufsarbeit unter der Inspiration des Glaubens verrichtet wird. »Denn nicht die Werke an sich sind gottgefällig, sondern sie sind es auf Grund des Glaubens, durch den sie eingegeben werden.«[3]

Diese Arbeitsauffassung des Protestantismus stellte den Ausgangspunkt für eine Theorie dar, die besagt, daß das Entstehen des modernen Kapitalismus auf geistige Grundlagen zurückgeht, die von der Reformation freigelegt wurden. Obwohl diese Theorie als ideologisches Korrektiv zum historischen Materialismus von Marx Anerkennung verdient, darf sie nicht in der Folge zu dem Glauben führen, der kapitalistische Geist mit seinem autonomen und ungehemmten Gewinnstreben sei auch nur einigermaßen in Übereinstimmung mit den Absichten der Reformatoren gewesen. Arbeitsaskese und Verachtung des Lebensgenusses zum Beispiel als Ergebnis der Tätigkeit von Kapitalanhäufung sind nur partielle Elemente einer Lebenshaltung, von der man bei Calvin zwar etwas wiederfindet, aber diese Konstante »wird in der reformierten Theologie immer so harmonisch gegen eine entgegengesetzte Tendenz abgewogen«, daß man den Reformator bestimmt nicht verantwortlich machen darf für »Übertreibungen und Deformationen des Glaubens, die den Kapitalismus haben entstehen lassen sollen«. Im Gegenteil, er hat sie immer als Untugenden abgestempelt[4].

Die Suche nach den ideologischen Wurzeln des Kapitalismus hat Sombart in die Richtung des Judentums geführt[5], Weber in die des Protestantismus[6]. Es handelt sich hier um zwei ganz verschiedene Betrachtungsweisen. Während das international verbundene Judentum der Vergangenheit eigentlich nicht als Faktor der abendländischen Kultur selbst betrachtet wurde, schienen die englischen, schottischen, niederländischen und nordamerikanischen protestantischen Sekten dafür gerade besonders charakteristisch. Sombart beschreibt denn auch nur eine einzelne Ursache, und zwar eine, die gewissermaßen als eine von außen kommende, externe gesehen werden muß. Auch ist sie nicht ausschließlich ein Moment ideologischer Art

[3] Pierre Jaccard, *Histoire sociale du travail de l'antiquité à nos jours*. Paris 1960, S. 163.
[4] Biéler, S. 495.
[5] Werner Sombart, *Die Juden und das Wirtschaftsleben*. Leipzig 1911.
[6] Max Weber, *Gesammelte Aufsätze zur Religionssoziologie*, I. Tübingen 1922.

(das Judentum), sondern gleichzeitig faktischer Art, weil es sich hier um eine stark abgeschlossene Bevölkerungsgruppe (die Juden) handelt. Weber dagegen isoliert vielmehr das ideologische Moment, welches für ihn auch letztlich das entscheidende ist. Die Untersuchungen Webers werden vielleicht auch deshalb viel mehr beachtet als die Sombarts. Kurze Zeit nach Erscheinen von Webers soziologischer Studie über die protestantische Ethik und den Geist des Kapitalismus (1904 und 1905)[7] hat der Theologe Troeltsch einige seiner Thesen wiederholt[8]. Alsbald gab vor allem Webers Theorie Anlaß zu lebhafter Diskussion, wobei verschiedene Autoren meinten, sie korrigieren zu müssen. Es ist aber die Frage, ob es sich dabei nicht meist nur um Akzentverschiebungen oder feinere Differenzierung handelte.

Aus dem Schmelztiegel der Kritik sind allerdings verschiedene Dinge ans Tageslicht getreten, die, um die theologische Inspiration der Reformatoren nicht zu unterschätzen, Beachtung verdienen. Sie laufen alle darauf hinaus, daß durch die bewußt »idealtypisch« konzipierte Theorie die Wirklichkeit niemals mit dieser voll übereinstimmen kann. Der moderne Kapitalismus war ein sich entwickelnder Komplex gesellschaftlicher Erscheinungen, eine menschliche Praxis also, die die reine theologische Auffassung der Reformatoren nirgends adäquat widergespiegelt hat. Erstens ist es ein späteres Geschlecht, das die Entwicklung des Kapitalismus mitgemacht und vollzogen hat, ein Geschlecht, das die Werte der Reformation auf eine andere Weise als die ursprünglichen Reformatoren erlebt hat. Zweitens waren die religiösen Reformer wohl wie alle anderen auch Kinder ihrer Zeit, und dieses Einbezogensein in das aktuelle Leben bewirkt, daß die Weise, in der ihre Ideale Gestalt angenommen haben, mit durch die faktische Situation bestimmt sind. Dasselbe läßt sich mutatis mutandis von den späteren Reformierten sagen, gewiß dann, wenn sie mitten im Wirtschaftsleben standen. Und schließlich sei nicht vergessen, daß aller »Geist« in dieser Welt immer pluriform ist; zum Entstehen des »kapitalistischen Geistes« haben zweifellos noch andere geistige Strömungen als die des Protestantismus mitgewirkt. Nach einer kurzen Zusammenfassung

[7] Archiv für Sozialwissenschaften 1904–05, Bd. 20 und 21. Wir folgen hier der Neuauflage der unter 6 erwähnten Sammlung.

[8] Ernst Troeltsch, *Die Soziallehren der christlichen Kirchen und Gruppen*. Tübingen 1912.

der wichtigsten Thesen Webers werden diese Punkte im folgenden etwas näher behandelt.

Um Weber zu verstehen, muß man sich klar machen, daß er die protestantische Ethik nicht als Lehre erklären oder beurteilen, sondern ihre Wirkung im Menschen als faktisches Motiv des Handelns begreifen wollte. Mehrmals verwendet er denn auch den Begriff Ethos anstelle von Ethik. Die Arbeitsauffassung in den protestantischen Lehren, die wir bereits erwähnt haben, bildet für Weber nur einen Ausgangspunkt. Er ist es, der darauf verwiesen hat, daß die Anwendung des Begriffes »Berufung« (»vocation« im Fränzösischen und Englischen) auf die Handarbeit unter Luthers Einfluß im germanischen Sprachraum das Wort Beruf als Bezeichnung dieser oder jener professionellen Tätigkeit entstehen ließ[9]. Es ist aber entscheidend, daß die professionelle Moral von einer Gruppe praktiziert wird, wodurch im gesellschaftlichen Leben dauerhafte Haltungen entwickelt werden, die man als Tugenden bezeichnet. Solche Haltungen beziehen sich sowohl auf die Arbeit an sich und ihren Ertrag als auch auf die gesellschaftliche Funktionalität.

Wenn der Mensch das Gesetz Gottes ernst nimmt, der verlangt, daß das Weltall nach seinem Plan und zu seiner Ehre gestaltet wird[10], dann wird die Arbeit für ihn eine harte Pflicht. Es kann ihm nicht genügen, dann und wann zu arbeiten; rastlose Berufsarbeit wird von jedem verlangt. »Der Gott der Calvinisten verlangte von den Seinen nicht einfach ein paar ›gute Werke‹, sondern eine zum System aufgebaute Werkheiligkeit.«[11] Arbeit und Beruf sind im übertragenen Sinne auch auf den Dienst am Mitmenschen gerichtet, und dadurch nimmt die Arbeitsethik in gewissem Sinne einen utilitaristischen Zug an. Man muß etwas gesellschaftlich Nützliches tun, um zum Ruhme Gottes beizutragen. Im arbeitenden Menschen entwickelt sich so von selbst eine Arbeitsaskese, die ihn zu methodischer Arbeit und Spezialisierung und damit zu gesteigerter und verbesserter Leistung antreibt. Er entwickelt eine Ablehnung gegenüber bequemem Traditionalismus und der vorkapitalistischen Mentalität, die von einem fixierten notwendigen Lebensunterhalt ausgeht und sich nur fragt, wieviel man leisten muß, um dieses Fixum zu erreichen. In der

9 Weber, S. 63f.
10 Weber, S. 99.
11 Weber, S. 114.

neuen Moral wird das Arbeitsergebnis eine autonome Größe. Um das höhere Niveau zu erreichen, werden die Löhne der Arbeiter also nicht erhöht in der Hoffnung, dadurch ihre Arbeitslust zu steigern, der Akkord wird vielmehr gerade immer wieder beschnitten[12].

Die Folge ist, daß die Gewinne steigen. Auch der Gewinn wird ein Selbstzweck. Gewinnstreben und Vermögensvermehrung werden praktisch als eine sittliche Pflicht anerkannt. Es handelt sich hier nicht um eine gelegentlich vorkommende Gewinnsucht, wie dies bei italienischen und süddeutschen Kaufmannsgeschlechtern der Fall war. Die römisch-katholische Vergangenheit mochte für die Unbemittelten aus der Not denn auch eine Tugend gemacht haben, die puritanische Welt macht aus dem Gewinnstreben Tugenden, wie Pünktlichkeit, Fleiß, Nüchternheit; auch Nüchternheit, denn große Einkünfte dienen nicht dazu, den Lebensstandard zu erhöhen. »Das sittlich wirklich Verwerfliche ist nämlich das Ausruhen auf dem Besitz.«[13] Die erworbenen Reichtümer müssen ihrerseits wieder die Produktivität steigern. Dieser Kreislauf wird geschlossen durch Menschen, die Askese außer im Berufsleben auch in ihrem ganzen weiteren Dasein heroisch ausüben. Der Begriff Rationalität verblaßt gegenüber dieser Haltung. Geld und immer mehr Geld verdienen unter Vermeidung alles unbefangenen Genießens wird so sehr »als Selbstzweck gedacht, daß es als etwas gegenüber dem ›Glück‹ oder dem ›Nutzen‹ des einzelnen Individuums jedenfalls gänzlich Transzendentes und schlechthin Irrationales erscheint«[14].

Das Geheimnis dieser Askese glaubt Weber in der Prädestinationslehre zu finden. Die Werkheiligung, von der bereits die Rede war, bedeutet nicht eine Erneuerung jener Lehre, daß das Verrichten guter Werke Gnade verschaffen könnte[15]. Der Calvinist glaubt, daß er ausschließlich durch Gottes souveränen Ratschluß erlöst wird. Dadurch werden sein Eifer und seine Aktivität nur angespornt. Im Erfolg seiner ständigen profanen Tätigkeit verwirklicht sich sein Glaube. Alle Werke der Auserwählten tragen das Signum der göttlichen Segnung. In den Früchten der Arbeit hofft er etwas von Gottes Plänen mit seinen Auserwählten offenbart zu finden. Die Zeichen der Auser-

[12] Weber, S. 44–45.
[13] Weber, S. 166.
[14] Weber, S. 35.
[15] Weber, S. 113f.

wähltheit sind gleichsam »das technische Mittel, nicht: die Seligkeit zu erkaufen, sondern: die Angst um die Seligkeit loszuwerden«[16].

Spätere Autoren, wie etwa Tawney, haben darauf verwiesen, daß Weber sich eigentlich mit späteren, aus dem Calvinismus entstandenen Strömungen beschäftigt und daß er sich damit weit von der ursprünglichen Lehre Calvins entfernt habe[17]. Das ist durchaus richtig, und Weber scheint sich dessen wohl auch selbst bewußt gewesen zu sein. Er stützt sich mehr auf Materialien des 17. und 18. Jahrhunderts als auf die frühesten Quellen des Protestantismus. Er widmet den späteren protestantischen »Sekten«[18] ein ausführliches Kapitel, hat aber auch zuvor wiederholt die Puritaner und Methodisten genannt. Die Gegensätze zwischen Glaubenslehre und profaner Praxis, die vor allem in späterer Zeit zutage treten, sind ebensowenig ihm wie den damaligen Kirchenführern entgangen, die sich auch nicht recht zu helfen wußten. Der Methodist John Wesley erkannte ganz genau, daß seine Gläubigen ebenso reich an Stolz und Hochmut, an fleischlichen und weltlichen Lüsten wurden wie an Gut und Geld und daß diese Situation die Religion zwar formal erhielt, aber den Geist daraus weichen ließ. Er war aber rational genug, daß er das, was er den »fortwährenden Verfall der reinen Religion« nannte, nicht dadurch zu bremsen versuchte, daß er Fleiß, Sparsamkeit und Reichtum als verwerflich hinstellte[19].

Das typischste Beispiel eines Vertreters kapitalistischen Geistes ist für Weber denn auch Benjamin Franklin, der nordamerikanische Puritaner[20], dessen sachliche Aphorismen (Zeit ist Geld, Kredit ist Geld, Geld ist produktiv, Pünktlichkeit im Fall von Schulden mehrt den Kredit) nicht ausschließlich religiös klingen. Wie Sombart bemerkt hat[21], kann man bei dem Italiener des 15. Jahrhunderts, Leon Battista Alberti, vielseitig gelehrt wie Franklin, nur obendrein Humanist, Architekt und Kanoniker, in dessen Werk ›Del governo della famiglia‹ die gleiche Tonart vernehmen. Dennoch bleibt – darin muß man Weber zustimmen – ein wesentlicher Unterschied des

[16] Weber, S. 110.

[17] R. H. Tawney, *Religion and the rise of capitalism*, Penguin Books 1948, S. XI.

[18] Weber, S. 207f.

[19] Weber, S. 197.

[20] Weber, S. 32f.

[21] Werner Sombart, *Der Bourgeois*. München-Leipzig 1913, S. 136.

geistigen Hintergrunds. Die innere Motivation bei Franklin ist, anders als bei den Kaufleuten des 15. und 16. Jahrhunderts, eine ethische. Das wirtschaftliche Handeln ist bei ihm nicht nur einfach rational begründet, es ist aus seinem puritanischen Blickwinkel sittliche Pflicht. Dieses Ethos scheint Weber entscheidend für das, was er den modernen kapitalistischen Geist nennt. Damit wird das Entstehen dieses Geistes aber auf ein späteres Jahrhundert als auf das der Reformatoren verschoben. Offensichtlich hat sich die christliche Erlebniswelt in dieser Zeitspanne beträchtlich verändert. Dazu kommt noch etwas. Wenn wir den Begriff »kapitalistischer Geist« als einen Wertbegriff verstehen, der einen Teil der Kultur der Gesellschaft ausmacht in dem Sinne, daß er als allgemein anerkannte Norm in der Tradition verankert ist und wirklich von Geschlecht zu Geschlecht überliefert wird, dann ist die Herrschaft dieses kapitalistischen Geistes in der Tat nicht so früh anzusetzen. Im 15. und 16. Jahrhundert gab es bereits Kaufleute, die den Geist zu haben glaubten. Die Gesellschaft betrachtete das aber nur mit scheelen Blicken. Es fragt sich sogar, ob ihre Kinder die weisen Lehren durchwegs übernommen und weitergetragen haben. Das wird wohl noch der Fall gewesen sein, so weit sich diese Lehre auf das Geschäftemachen, die Art, Geld zu verdienen, bezog. Die erste Generation läßt aber nie nach, daraus eine Weisheit zu machen, die sich auf die ganze Lebenshaltung erstreckt. Nicht nur Rationalität im Betrieb, auch Nüchternheit im Leben ist die Forderung. Diese letztere akzeptieren die Kinder selten. Die allgemein anerkannte Norm ist: Wenn gut verdient wird, läßt sich auch gut davon leben. Die holländischen Bürger des 18. Jahrhunderts warfen zwar das Geld nicht zum Fenster hinaus, wohl aber hatten sie eine größere Verbrauchermentalität als ihre Väter. Sie waren übrigens oft keine aktiven Kaufleute mehr, sondern legten ihr Geld an. Sie bauten große Landhäuser an der Vecht und lebten viel aufwendiger als ihre Vorfahren.

Von kapitalistischem Geist als gesellschaftlich anerkanntem Wertbegriff kann man erst bei den schottischen und amerikanischen Puritanern seit Ende des 17. Jahrhunderts sprechen. Franklin ist nicht einfach ein Individuum, sondern die Stimme einer Gruppe, die sich auch in ihrer Zeit durchzusetzen weiß. Hier spricht nicht ein durch Arbeitsamkeit, Sparsamkeit und Glück reich gewordener Mann, dem die Nüchternheit zur zweiten Natur geworden ist, sondern ein Mann, der weiß, daß seine moralische Lebenshaltung auch materielle Früchte getragen hat. Es besteht ein zwingender Zusammenhang, eine innere Harmonie zwischen diesen Dingen. Es ist viel mehr als eine persönliche Erfahrung. Es ist ein objektives Faktum, das die Gesellschaft als wahr erkennt. Nicht jedem ist es gegeben, die Wahrheit in seinem persönlichen Leben zu realisieren, aber man muß danach streben oder jedenfalls darauf hoffen.

Heißt all das, daß die puritanische Moral keinerlei Verbindung zur Reformation besitzt? Es führte zu weit, das zu behaupten. Wenn die säkularisierte bürgerliche Moral nicht die logische Konsequenz der Lehre Calvins, sondern vielmehr »eine ernste Degradierung der protestantischen Moral durch Bräuche der profanen Gesellschaft« ist[22], so wird doch ipso facto eine Verbindungslinie anerkannt. Ihr Vorhandensein zeigt sich noch stärker, wenn man bedenkt, daß auch die Reformatoren Menschen waren, die mitten im Leben standen und sich zu Dingen äußern mußten, die in der Sphäre von Arbeit und Produktion lagen. Ihre Auffassungen darüber lassen sich nicht artikulieren, ohne das relativierende Element zu berücksichtigen, welches nun der rote Faden in der Entwicklung der geistigen Strömungen ist. Um in unserem Fall diesen Faden zu entdecken, kehren wir am besten zu der Arbeitsauffassung der Reformatoren zurück.

Ebenso wie bei Calvin ist die Ausgangssituation bei Luther so breit wie möglich aufgefaßt. Jeder Dienst an anderen, der im Berufsleben und also im Hinblick auf eigenes Einkommen verrichtet wird, ist Arbeit. Solche Arbeit ist gottgefällig; in seinem Werk erfüllt der Mensch das Gebot Gottes, ganz gleich, ob er Bauer oder Bürger, Herr oder Knecht, Schulmeister oder Schuster ist. Einerseits reagiert diese Lehre auf den Rangunterschied zwischen höherer und niederer Arbeit, ein Unterschied, der noch immer bestand und vermutlich wohl immer fortbestehen wird, andererseits protestiert der ehemalige Mönch gegen das »arbeitslose« Dasein der zahlreichen Klosterinsassen, das die Scholastiker immer mit der Behauptung verteidigten, daß Gebet und Kontemplation höher im Weltgefüge zu veranschlagen seien als die übrige gleichfalls notwendige Arbeit.

Hier tritt bereits ein durch die Fakten inspiriertes Element in dem Gedankengang zutage. Die alten Klosterorden hatten in ihrer Ordensregel der Handarbeit zwar einen Platz einge-

[22] Biéler, S. 496.

räumt. Aber dieser Platz war nur unbedeutend. Einige Stunden Arbeit galten für die geistige und körperliche Gesundheit der Klosterinsassen als nützlich und notwendig. Ihre eigentliche Aufgabe aber war die Erfüllung des *opus Dei!* Wahrscheinlich in Übereinstimmung mit den Bedürfnissen einer veränderten Welt behaupten die Reformatoren, daß sich ein Leben nach den Geboten Gottes nicht anders als in beruflicher Arbeit vollziehen kann. Nicht nur das negative »wer arbeitet, sündigt nicht«, ist wahr. Durch Arbeit leistet man etwas positiv Nützliches für den Mitmenschen, während man mittels des Gelderdienstes die Bedürfnisse und die Diener der Kirche unterstützen kann.

Die Reaktion macht nicht Halt beim Niveau des Arbeitsgefüges. Luther leugnet das Existenzrecht eines eigenen geistlichen Standes: »alle Christen sein warrafftig geystlichs stands«. Später mag er um einiges von diesem extremen Standpunkt abgerückt sein. Dennoch lehnt er die scharfe Trennung zwischen den Lebensbereichen des Dieners Gottes und des Laien ab. Nicht nur der erste, auch der Bauer und der ehrsame Handwerker werden von Gott zu ihrer gesellschaftlichen Aufgabe gerufen. Ebenso der Händler; oder wenigstens der Kleinhändler. Aufs neue kommt im Gedankengang des Reformators, eines Kindes seiner Zeit und seiner zum Teil bäuerlichen, zum Teil kleinbürgerlichen Umgebung[23], ein relativierendes Element zum Durchbruch. Seine objektive Arbeitswertlehre erkennt auch für den Kaufhandel an, daß Unkosten, Mühe, Arbeit und Risiko belohnt werden müssen[24], aber die Gewinnentnahme lehnt er ab. Diese Auffassung lebt aus dem Kampf gegen die »Monopole« der Großkaufleute, Handelspraktiken, die das Leben der einfachen Bevölkerung verteuerten. »Kernpunkt dieser frühkapitalistischen Handelswelt war Jacob Fugger von Augsburg, gestorben 1525, ein Zeitgenosse und Gegner Martin Luthers, dessen bäuerlicher Horizont in scharfem Gegensatz zu diesem reichen und höfischen wirtschaftlichen Renaissancemenschen stand.«[25]

Diese antikapitalistische Haltung blieb jahrhundertelang typisch für das Kleinbürgertum in Deutschland. Sie beruht eigentlich auf einem mittelalterlich konservativen Standpunkt.

[23] Z. W. Sneller, *Economische inzichten van Maarten Luther*. In: Christendom en historie. Zutphen 1937, S. 130.

[24] Sneller, S. 133.

[25] Sneller, S. 137–138.

Luther ist gewiß kein Mensch der Neuzeit, vielmehr ein rebellierender mittelalterlicher römisch-katholischer Mönch. Leute dieses Schlages gab es in der Vergangenheit schon öfter, und durchwegs hatten sie für den kleinen Mann Partei ergriffen. Diese sympathische Rolle wird auch von Luther übernommen. Als Deutscher ist er obendrein Romgegner, und er scheint mehr gegen Mächte als gegen rein theologische Auffassungen zu reagieren. Diese historische Fixierung wirkte bewußt in einer dem Kapitalismus feindlichen Richtung. Gleichzeitig mit der Ablehnung des Gewinnstrebens findet aber eine Verabsolutierung des aktiven Lebens statt, wodurch unbewußt ein anderes wesentliches Element des kapitalistischen Arbeitsgefüges vorbereitet wird. Geistige Orientierung auf das Berufsleben, Beruf als Berufung, wird nicht immer von Initiative und Erneuerungswillen begleitet. Das kapitalistische System braucht auch arbeitswillige Arbeiter und hingebungsvolle Beamte, die sozial konservativ genug sind, um ruhig und untergeordnet zu bleiben, aber wirtschaftlich nicht traditionalistisch, so daß sie bereit sind, sich stärker einzusetzen, als es für die bloße Existenz erforderlich wäre. Deutschland hat diese im Luthertum heranwachsen sehen. Ebenso wie Luther selbst, erschreckt durch die Exzesse des religiösen Individualismus, langsam zu einem Bündnis mit den weltlichen Autoritäten getrieben wurde, so hat seine Arbeitsethik auch bewirkt, daß sich der Mensch mit der sozialen Situation abfand, in die er durch Gott nun einmal gestellt war. Die statische Berufsauffassung ist zwar einer für den Kapitalismus erforderlichen Berufsmobilität nicht zugute gekommen. Ein günstiger Faktor bestand aber darin, daß nicht nur die Landbevölkerung und die kleinen Bürger der Städte, sondern auch die Lohnarbeiter in der Arbeit Selbstbestätigung gefunden haben.

Calvin war gesellschaftlich gesehen beinahe der Antipode Luthers. Zwar wiesen auch seine sozialen Ideen eine gewisse Verwandtschaft mit denen der Scholastiker auf, insofern diese eine gemäßigte Auffassung über den Kaufhandel hatten und die statische Auffassung des Lebensunterhalts nach Stand und Status nicht überbetonten. Man braucht ihn nicht auf eine Linie mit dem Florentiner Antonius zu stellen, der in der ersten Hälfte des 15. Jahrhunderts gelebt hat, »einer der lebenskundigsten Männer seiner Zeit, der offenen Blicks durch die Straßen von Florenz ging, dem keiner von den Tausenden geschäftlicher Pfiffe und Kniffe seiner lieben Landsleute verborgen blieb, der im Transportversicherungswesen ebenso zuhause war wie im Wechselgeschäft, in der Seidenindustrie ebenso wie im Tuchhandel«[26]. Aber dennoch verschloß auch Calvin, der »alle Züge des westeuropäischen Städters« besaß, die Augen nicht vor der wirtschaftlichen Bedeutung der frühkapitalistischen Strukturveränderungen[27]. Zwar stand er dem Handel, dem Kapital und dem Zins mit einer gewissen Reserve gegenüber; nichtsdestoweniger ist er, »der Theologe und Rechtsgelehrte, geformt in dem bewegten Milieu von Paris und Orleans, der Verbannte, der außerhalb seines Vaterlandes herumzog, und der den Handel Straßburgs, Basels und Genfs mit eigenen Augen sah und mit dem Wirtschaftsleben eine Menge Schwierigkeiten hatte – dennoch ist Calvin derjenige, der als erster und am schärfsten unter den Reformatoren die produktive Kraft des Kapitals, die Notwendigkeit des Kredits und die Berechtigung des Zinses erkannt hat«[28].

Wenn man also annehmen darf, daß Calvin die neue wirtschaftliche Strömung nicht als Konsequenz seiner Theologie, sondern wohl kraft seiner persönlichen Zeitgebundenheit grundsätzlich bejaht hat, dann ist es nicht weiter verwunderlich, daß eine Anzahl seiner viel später lebenden Anhänger, die weit stärker mit der Veränderung der Zeiten konfrontiert wurden, dasselbe nachdrücklicher getan haben. Das läßt zugleich Tawneys Behauptung akzeptabel erscheinen, daß der Puritanismus nicht nur die sozialen Auffassungen beeinflußt hat, sondern gleichzeitig stark von wirtschaftlichen und sozialen Veränderungen beeinflußt wurde[29]. Die gesellschaftlichen Erscheinungen waren im 18. Jahrhundert bereits dem Einfluß des Rationalismus ausgesetzt. In seiner Kritik an Weber hat Sombart dem rationalistischen »Bürgergeist« viel Einfluß auf die Entstehung des Kapitalismus zugeschrieben. Weber hält diese Argumentation für wertlos, faßt aber den Begriff Rationalismus auch in dem begrenzten Sinn einer typisch französisch-italienischen Geistesströmung auf. Mir erscheint es notwendig, eine Art Verschmelzung calvinistischer Vorstellungen mit einem profanen Individualismus und Rationalismus anzunehmen, um das Entstehen einer kapitalistischen Ethik erklären zu können.

[26] Sombart, *Bourgeois*, S. 315–316.
[27] P. J. Bouman, *Van Renaissance tot Wereldoorlog*. Amsterdam 1938, S. 48–49.
[28] Sneller, S. 157.
[29] Tawney, S. XIII.

Schließlich sei darauf verwiesen, daß der kapitalistische Geist noch nicht der Kapitalismus ist. Eines der Verdienste Sombarts ist es, diesen Hinweis gegeben zu haben. Für ihn bedeutet Kapitalismus sowohl Geist wie Struktur. Die Annahme einer einseitigen Kausalität, so als hätte ausschließlich der kapitalistische Geist das kapitalistische System erzeugt, ist für ihn denn auch ebenso falsch wie die marxistische Behauptung, die Ideologie sei nur eine Folge der Produktionsverhältnisse. Daß Geist und Struktur sich in einem gegebenen Moment trennen können, erkannte auch Weber durchaus. Benjamin Franklin besaß einen stark ausgeprägten kapitalistischen Geist zu einem Zeitpunkt, in dem sich seine Buchdruckerei formal nicht von irgendeinem anderen Handwerksbetrieb unterschied. In meiner Terminologie, sagt Sombart, bedeutet das: »erst das Wirtschaftssystem charakterisiert eine Wirtschaftsepoche, wenn es in ihm vorherrscht«[30]. Genau genommen kann das heißen, daß zur Zeit Franklins noch nicht die Rede von einem kapitalistischen System gewesen sein kann. Aber jedenfalls dürfte klar sein, daß individuelle Träger eines von Pflichtmoral solchermaßen erfüllten profanen Rationalismus, daß er ins Irrationale umschlägt, nicht in der Lage sind, den gefestigten Traditionalismus zu durchbrechen, eine Geisteshaltung und eine Praxis, die schließlich einen Schein der Billigkeit in ihrer Anpassung an den Bequemlichkeitstrieb des Menschen besitzen. Zurecht hat Sombart denn auch das Entstehen des Kapitalismus auf das Zusammenwirken einer Reihe von Ursachen zurückgeführt, die sich darum so schwer ganz befriedigend analysieren lassen, weil sie in Wechselbeziehung zueinander stehen.

Sombart weist außer auf die sittlichen Mächte, unter denen der Protestantismus ja nur eine ist, auf die Anlage der Völker hin, die sie in manchen Fällen zur Erfüllung einer Rolle im wirtschaftlichen Fortschritt vorausbestimmte, in anderen Fällen nicht. Neben Völkern mit einem seigneuralen Adel, in denen die Mittelklasse traditionell denkt und das kleinste amtliche Pöstchen einem rastlosen Geschäftsleben vorzieht, gebe es Völker, die gleichsam dazu vorausbestimmt wären, die moderne wirtschaftliche Entwicklung zu vollziehen: die von Natur aus aggressiven Heldenvölker, vor allem aber die friedliebenden Völker mit einem Sinn für Verhandlung[31]. Und

[30] Sombart, *Bourgeois*, S. 7.
[31] Sombart, *Bourgeois*, S. 269f.

weiterhin seien Milieufaktoren wichtig gewesen[32], von denen Sombart die staatliche Organisation, individuelle Massenumsiedlungen, die Vermehrung des Geldvorrats, die Entwicklung der Technik anführt: Man könnte hinzufügen: Die Erweiterung der bekannten Welt, die sozialen Konflikte und last not least der Bevölkerungsdruck. Sombart schließt, indem er den Kapitalismus selbst unter den sozialen Faktoren nennt. Das scheint eine Tautologie zu sein, ist aber keine. Jedes soziale System ist schließlich ein vielfältig zusammengefügtes Ganzes, dessen Teile sich gegenseitig beeinflussen. Die Feststellung hat darüber hinaus das Verdienst, die Aufmerksamkeit auf den Umstand zu lenken, daß es sich um einen historischen Prozeß handelt, um einen Prozeß, der seiner Art nach nie einen geradlinigen Verlauf zeigt, sondern sich immer als Kreislauf vollzieht.

5. Die wirtschaftliche Motivation

Abenteurer und Kaufleute hatten bereits im 12. Jahrhundert mit ihrem Freiheitsstreben die Normen der Gesellschaft provoziert und ihre Bande zerrissen. Ist es eigentlich etwas Neues, wenn Individualismus und persönlicher Geltungstrieb in der modernen Zeit – auch innerhalb des modernen Betriebslebens – triumphierten? Weber hat das Neue und Unerhörte in einem von religiösem Pflichtbewußtsein grenzenlos und also bis zum Irrationalen hin gesteigerten wirtschaftlichen Rationalismus gesehen. Faktisch zeigt sich diese Erscheinung aber erst, als die neue Wirtschaftsbewegung bereits ein paar Jahrhunderte lang existiert. Man könnte sagen, daß Weber nur eine Analyse des puritanischen Kapitalistentums, nicht die »des« kapitalistischen Geistes vorgenommen hat. Verfolgt man seinen Gedankengang zurück in die Vergangenheit, dann landet man in sehr begrenztem Sinne bei Calvin. Die Askese in ihrer Doppelbedeutung von Verurteilung der sündigen Welt und Rationalisierung des Verhaltens[1], ergibt eine Lebensweise, die sich ganz gewiß von der Glanz- und Genußsucht des Renaissance-

[32] Sombart, *Bourgeois*, S. 361f.

[1] Ernst Troeltsch, *Die Soziallehren der christlichen Kirchen und Gruppen.* In: Gesammelte Schriften 1. Tübingen 1919, S. 647.

menschen unterscheidet. Aber der äußerst konsequenten Anwendung der Askese auf das Gebiet der wirtschaftlichen Betätigung scheint doch ein psychologischer Zug zugrunde zu liegen, der eng mit dem Individualismus und Nonkonformismus verwandt ist, welcher anstelle der mittelalterlichen Konzeption von einer allumfassenden christlichen Ordnung ein säkulares Ideal menschlicher Größe durch vollkommene Selbstbestimmung aufgestellt hat.

Der Ursprung dieses Renaissance-Ideals ist nicht bürgerlich, sondern aristokratisch, und seine Verwirklichung ist auch nur möglich für wenige, nicht für die Masse. Aber zwischen diesen wenigen und diesen vielen stoßen wir auf das Bürgertum verschiedener Abstufungen. Neben den traditionell führenden Ständen von Adel und Geistlichkeit hatte sich in der vorhergegangenen Zeit bereits ein differenzierteres städtisches Bürgertum entwickelt. Dessen fortschrittliche Elemente scheinen dazu bestimmt, der Gesellschaft der Zukunft neue Gestalt zu geben. Die Kultur des 16., 17. und 18. Jahrhunderts bleibt trotzdem zum guten Teil noch fürstlich geprägt. In Kunst und Literatur des 16. Jahrhunderts lassen sich zwar bürgerlich-realistische Züge im Übermaß nachweisen, aber sind diese nicht eher Nachwirkungen der vorangegangenen Zeit? Jedenfalls äußerte sich dieser ästhetische Realismus bereits »im Laufe des Mittelalters unabhängig von der Renaissance an mancher Stelle«. Ohne »ein gewisses Zusammengehen von Realismus und Renaissance« zu leugnen, meint Huizinga, daß der Realismus schließlich doch von der Renaissance besiegt wird: »Mit der Renaissance wird die Form heroisch.«[2] Aber ist mit dieser Typisierung nun alles gesagt? Erasmus, zweifellos ein Renaissancegeist, ist ein Mann, »der zu verständig und zu gemäßigt war für das Heroische«[3].

Auf politischer Ebene nehmen wir zuerst und vor allem eine beträchtliche Machtbildung monarchistischer Prägung wahr, wenn auch in dem Bild als Ganzem ebensowenig die bürgerliche Aristokratie fehlt. Es mag etwas zu weit führen, dem Bürgertum bereits aristokratische Allüren zuzuschreiben, denn in der ruhmreichen Republik der Vereinigten Niederlande jedenfalls – bürgerlich im besten Sinne des Wortes – können die Träger der Kultur um 1600 »noch kaum als eine echte

[2] J. Huizinga, *Renaissance en realisme*, dtsch. in: *Wege der Kulturgeschichte*. München 1930, S. 151, 154, 159.
[3] J. Huizinga, *Erasmus*. Haarlem [4]1947, S. 203.

Aristokratie bezeichnet werden, geschweige denn als eine Regentenklasse«[4]. Der Wohlstand ist bereits vorhanden, das Pathos des Reichtums kommt erst später. In der Barockzeit, der Epoche des Absolutismus, wird die Kultur fast überall in Europa eine typische Hofkultur. Der Hof gibt nicht nur den Ton an, er ist vielmehr selbst Schöpfer einer Kultur, wobei er sich des Adels bedient[5]. Aber unter dieser Oberschicht gewinnen die bürgerlichen Gruppen überall an Bedeutung, insbesondere jene, welche durch Entwicklung und wirtschaftliche Regsamkeit in eine bessere Ausgangsposition geraten sind. Es ist eine nicht zu unterschätzende Tatsache: Die Bürger bilden das *pays réel*, auf welchem die Fürsten thronen.

Das Bürgertum interpretiert die Ideale von Größe der Renaissance natürlich auf seine Art. Wirtschaftliche Ziele spielen hier eine wichtige Rolle. Zum ersten Mal in der Geschichte des Abendlandes seit dem Spätmittelalter, ist es Bürgern gelungen, einen beträchtlichen Teil dessen, was Sombart »Reichtumsmacht« genannt hat[6] – das Vermögen, kraft Besitz über andere zu herrschen –, an sich zu ziehen. Unter diesem Gesichtspunkt konnte von Martin die Renaissance als soziologisches Phänomen charakterisieren, als einen bürgerlichen Dynamisierungsprozeß. »Die Renaissance, als Beginn der ›Neuzeit‹, bedeutet eine Mobilisierung der bis dahin vorwiegend statischen Gesellschaft und des bis dahin weitgehend traditionell gebundenen Geistes – eine Mobilisierung, die auf das wirtschaftliche, gesellschaftliche und kulturelle Tonangebendwerden der städtischen Elemente zurückgeht. Das Bürgertum emanzipiert sich von den bisherigen Bindungen ständischer und kirchlicher Natur, indem aus dem mittelalterlichen Kleinbürgertum mittelständischen Gepräges ein Zusammenhang mit dem Aufkommen der Geldwirtschaft ein neues Großbürgertum hervorgeht, das sich seiner Macht bewußt ist. Diese neue Macht ist, im Gegensatz zu der auf militärisch-politischer Grundlage beruhenden Macht des Mittelalters, wirtschaftlichen Ursprungs: ›Reichtumsmacht‹.« (Sombart)[7]

Diese Feststellung ist natürlich nicht so absolut zu verstehen,

[4] J. Huizinga, *Nederlands beschaving in de zeventiende eeuw*. Haarlem 1941, S. 63.

[5] Alfred von Martin, *Geist und Gesellschaft; soziologische Skizzen zur europäischen Kulturgeschichte*. Frankfurt a. M. 1948, S. 92.

[6] Werner Sombart, *Der moderne Kapitalismus*. München-Leipzig 1921, I, 2, S. 581.

[7] V. Martin, S. 92.

als wäre die ganze städtische Bevölkerung gesellschaftlich aufgestiegen. Der beschriebene Aufstieg läßt sich nur bei einem kleinen Teil wahrnehmen. Das Resultat eines aktivierten Wirtschaftsstrebens ist also, daß sich der Differenzierungsprozeß in der bürgerlichen Gesellschaft weiter fortsetzt, daß die Spannungen zwischen höherem und niederem Bürgertum, sowie übrigens auch zwischen Herr und Knecht zunehmen. Die Veränderungen, die in der bürgerlichen Mentalität hinsichtlich der Berufs- und Geschäftsmoral entstehen, lassen sich im allgemeinen im Rahmen einer in der Renaissance üblichen Geisteshaltung von Individualismus und Machtwillen verstehen. Trotzdem lassen sich im Umkreis der Produktion und des Gewerbes diese Charakterzüge zunächst nur bei ziemlich wenigen Individuen deutlich nachweisen, und zwar vornehmlich bei Kaufleuten und Bankiers, die die »Großindustrie« finanzieren. Daneben treten zwar auch Vertreter des Handwerks selbst in Erscheinung, die bereit sind, mit dem traditionellen Berufsgeist zu brechen. Im 17. und 18. Jahrhundert erst beginnt sich die Mentalität auf breiter Front zu verändern. Langsam zeigt sich nun auch beim niederen Bürgertum eine Bereitschaft, das rationale wirtschaftliche Werksystem zu akzeptieren.

Zum Verständnis dessen, was sich seither in der abendländischen Mentalität vollzogen hat, gibt es vielleicht nichts Besseres, als sich im Geist in den Orient zu versetzen, wo man sich von altersher recht gut auf den Handel versteht, wo aber das Betreiben des Handels trotzdem noch immer von einer Förmlichkeit umgeben ist, die das Menschliche in der Relation auszudrücken versucht, und zwar auf eine Weise, die unserem heutigen westlichen Gefühl manchmal doch recht »unsachlich« vorkommt. Im jordanischen Jerusalem forderte mich ein Kaufmann nach Abschluß des Kaufs einmal auf, zehn Gulden extra zu bezahlen, »aus Freundschaft« wie er sagte, wobei er sich auf einen vermeintlichen Amsterdamer Brauch berief. Zu einer solchen Liberalität sind wir besonders nach einem »Spiel« von Fordern und Herunterhandeln bestimmt nicht mehr fähig. Die Bitte erscheint uns zunächst einmal als »ungerechtfertigt«, doch ist eine solche Handlungsweise früher – gewiß im 15. Jahrhundert und vermutlich auch noch später – bei der Lohnzahlung für eine angenommene Arbeit im Handwerk nicht unüblich gewesen, wenn dieses Werk zur vollen Zufriedenheit des Auftraggebers ausgefallen war. Man muß dabei übrigens bedenken, daß der vorher festgesetzte Lohn ein Höchstbetrag sein konnte[8], so daß die Möglichkeit für einen gewissen Zahlungsspielraum bestand.

Die alte Geschäftsmoral stand noch nicht außerhalb »des Lebens«, sie bildete einen Teil der vielfältigen menschlichen Beziehungen. Man wollte bei seiner geschäftlichen Transaktion den Umständen des anderen Rechnung tragen und unterstellte von vornherein, das »Leben und Leben-Lassen« als gesunde Devise. Das neue wirtschaftliche Wertsystem dagegen ist individuell und absolut rationell. Es erhebt das eigene Gewinnstreben zur absoluten Maxime und abstrahiert mit größerer Leichtigkeit von den »nicht zur Sache gehörigen« Normen der gesellschaftlichen Moral. Dieser an sich keineswegs zur Immoralität neigenden, wohl aber amoralischen Auffassung, konnten zunächst nur jene beipflichten, die unabhängig von den normalen gesellschaftlichen Bindungen lebten oder sich bewußt außerhalb stellten. Es ist also häufig der Fremde, der, wie so oft, auch hier die neuen Wege bahnt. Fremde, das waren nicht selten Emigranten um des Glaubens willen. Sie sind nicht unbeträchtlich an Zahl. In der City von London sollen 1621 etwa 10000 Hugenotten in 121 verschiedenen Berufszweigen gearbeitet haben[9]. Fremde waren überdies auch die Juden, die, auch wenn sie irgendwo seßhaft waren, doch nicht im eigentlichen Sinn als Bürger galten und keinen Zutritt zu den korporativen Organisationen hatten. Diese faktischen Umstände, zu denen noch ihre geographische Verbreitung und ein oft ansehnliches Geldvermögen kamen, ließen die Juden als besonders geeignet scheinen, eine Rolle in der Entwicklung des Kapitalismus zu spielen[10].

Es sind vor allem die Juden, die dem traditionalistischen Bürger Anlaß boten, sich an der harten Geschäftsmoral zu stoßen, die keinen anderen Maßstab als Geld und Gewinn gelten läßt[11]. Im 17. und 18. Jahrhundert reißen diese Klagen über die Juden, die den anderen Bewohnern von Stadt und Land das Brot vom Mund schnappen, nicht nur in Deutschland, sondern auch in England und Frankreich und anderswo

[8] Karl Rothenbücher, *Geschichte des Werkvertrags nach deutschem Rechte.* Breslau 1906, S. 90–91.

[9] R. W. C. Taylor, *Introduction to a history of the factory system.* London 1886, S. 336.

[10] Werner Sombart, *Die Juden und das Wirtschaftsleben.* Leipzig 1911, S. 198f. Über den Einfluß des Neukonformismus vgl. Sombart, *Der moderne Kapitalismus.* München-Leipzig [4]1921, I, 2, S. 881.

[11] Sombart, *Die Juden,* S. 137.

nicht ab. Aus diesen Klageliedern geht nur hervor, daß zwei verschiedene wirtschaftliche Wertsysteme aufeinanderstoßen und der Durchschnittsbürger vorläufig noch an der alten Auffassung vom »billigen Lebensunterhalt« festhält. Das hemmungslose Gewinnstreben gilt in der öffentlichen Meinung dieser Zeit noch als ungehörig. Die Kunst der Schaufenstergestaltung wird in der ersten Hälfte des 18. Jahrhunderts in London noch nicht geschätzt, die Anzeigenwerbung beginnt sich nun erst langsam zu entwickeln, die Praxis des Unterbietens wird in der 5. Auflage (1745) von Defoes ›Complete English Trademan‹ noch immer als schamlos hingestellt[12]. Aber das wird sich bald ändern. Die wirtschaftliche Motivation wird mit der Zeit das bereits zur Anstandsnorm degradierte ethische Bewußtsein ablösen.

Der Rationalismus und die optimistische Fortschrittslehre der Aufklärung haben das ihre dazu beigetragen, die Auffassungen über Arbeit und wirtschaftliche Betätigung definitiv zu säkularisieren. Nicht Rousseau mit seinem Kulturpessimismus und seiner Verherrlichung des freien Naturstaates – was auf die Arbeit bezogen bedeutet, daß der einfache, aber fähige, örtlich ungebundene Handwerker von Menschen und Vermögen am unabhängigsten ist –, sondern Montesquieu, Voltaire und die Enzyklopädisten haben Beruf und Betrieb und das Streben nach Wohlfahrt als autonome Kulturwerte erkannt. Sie preisen Arbeit und freie Wirtschaftsaktivitäten nicht, weil davon der notwendige Lebensunterhalt abhängt, sondern wegen des Reichtums und Überflusses, den sie verschaffen, was eine Forderung der Zivilisation und des menschlichen Fortschritts ist[13]. Diese Vorstellungen werden das gehobene Bürgertum am stärksten angesprochen haben. Doch dürfen wir nicht glauben, daß die Kleinbürger dafür völlig unempfänglich geblieben wären. Auch sie waren eine gesellschaftliche Kategorie geworden, die gelernt hat, sich von schlechter Situierten, vom »gewöhnlichen« Arbeiter abzusetzen. Der Lebensunterhalt nach Status und Stand ist seit dem Mittelalter immer mehr zu einem relativen Begriff geworden. Das Streben, seinen Anteil und seine Position zu erhalten, hat es dem bürgerlichen Handwerksmeister gewiß nicht erleichtert, den Weg des biblischen Christentums weiterzuwandeln, ohne hin und wieder auch einen Blick auf die weltlichen Dinge zu

[12] Sombart, *Die Juden*, S. 145–147.

[13] Adriano Tilgher, *Le travail dans les moeurs et dans les doctrines*. Paris 1931, S. 62f.

werfen. Der fortwährende Kompromiß zwischen Glaube und profaner Welt ist beim Bürger des 18. Jahrhunderts evident[14].

Die seit der Renaissance sich entwickelnde wirtschaftliche Motivation hat also in größerem oder kleinerem Umfang, in schnellerem oder langsamerem Tempo verschiedene Kategorien von Bürgern erreicht. Mehrfach auch Sprößlinge adeliger Geschlechter[15]. Denn auch unterm Adel ändern sich die sozialen Wertmaßstäbe beträchtlich. Man sieht sich oft gezwungen, den gesunkenen Vermögensstand der Familie durch Handelsmanipulationen wiederherzustellen. Wie schon früher in Florenz beginnt der niedere Adel sich auch mehr dem begüterten Bürgertum anzupassen. Daß diese ganzen Aktivitäten nicht von ethischen Beweggründen getragen wurden, ist wohl klar. Es gibt nur ein Motiv: Geldverdienen. Das Wort »Geld« scheint plötzlich einen magischen Klang bekommen zu haben. Spielte Geld vor der bürgerlichen Renaissance des 16. Jahrhunderts keine Rolle? Das wäre zu viel gesagt. Zum großen Ärgernis des Adels und kirchlicher Autoritäten hatte der sich entfaltende Handel vier Jahrhunderte zuvor dem mobilen Kapital ebenfalls eine beträchtliche Bedeutung zugemessen.

Eines ist gewiß: Im 16. Jahrhundert hat der Geldumlauf, wie wir sahen, wesentlich zugenommen. Spätere Autoren, die dieser Vorgang faszinierte, haben die Geldzirkulation mit dem Blutkreislauf im menschlichen Körper verglichen. Auch wenn man auf solch kühne Analogien verzichtet, so werden dem Geld doch viele Veränderungen in der Gesellschaft zugeschrieben: Eine größere Beweglichkeit auf allerlei Gebieten, die Möglichkeit des Aufstiegs von Individuen auf der gesellschaftlichen Leiter, die veränderte Machtgrundlage. Auch die Arbeitsverhältnisse haben diesen harten und doch so geheimnisvollen Einfluß des Geldes erlebt. »Während in der Naturalwirtschaft der einzelne unmittelbar auf seine Gruppe angewiesen war, der Austausch der Dienste jeden eng mit der Gesamtheit verband, macht das Geld das Individuum selbständig, indem es, im Gegensatz zu Grund und Boden, beweglich macht. ›Das die Menschen verbindende Band‹ ist jetzt ›die Barzahlung‹ (Lujo Brentano); und das Arbeitsverhältnis nimmt nun die Form eines freien Vertrages an, wobei jeder Teil nur auf äußerste Ausnutzung seines Vorteils bedacht ist. Während auf der naturalwirtschaftlichen Stufe noch überall menschliche, persön-

[14] P. J. Bouman, *Van Renaissance tot Wereldoorlog*. Amsterdam, 1938, S. 109.

[15] Pierre Jeannin, *Les marchands au* XVIe *siècle*, o. O., S. 94.

liche Beziehungen herrschen, bedeutet die Geldwirtschaft eine Versachlichung aller Verhältnisse.«[16]

Diese Vorstellungsweise ist verführerisch einfach, die Wirklichkeit war natürlich komplizierter. Geld ist ein nützliches Hilfsmittel im Leben, aber deswegen noch nicht die einzige Ursache alles wirtschaftlichen Geschehens. In Betrachtungen über dieses Geschehen kann es obendrein als Symbol dienen, vorausgesetzt, man weiß, wofür es als Symbol steht. Für unseren Zweck nämlich, die Arbeitsverhältnisse des 16., 17. und 18. Jahrhunderts zu analysieren, ist diese Typisierung praktisch unbrauchbar. Denn der soziologische Begriff »Renaissance« kümmert sich nicht um historische Perioden. Er ist ein Gesellschaftstyp, der auch bereits in der mittelalterlichen Stadt auftrat, während das flache Land bis ins 20. Jahrhundert hinein viele Überreste einer mittelalterlichen Naturalwirtschaft bewahrt hat. Auch dort, wo bereits jahrhundertelang Bezahlung in Geld bestand, haben sich seit der – historisch aufgefaßten – Renaissance Veränderungen in den Arbeitsverhältnissen ergeben. Manchen Veränderungen kann man vielleicht auf die Spur kommen, indem man sich fragt, welche verschiedenen Bedeutungen dem Symbol Geld zugeschrieben werden.

Für den einen ist Geld Edelmetall; Silber, noch lieber aber Gold, das bedeutet Glanz, Schatz, Besitz, etwas Begehrenswertes an sich, das dem Besitzer zugleich Beständigkeit, zukünftige Sicherheit verspricht; für den anderen jedoch bedeutet es Kaufkraft zur Stillung unmittelbarer Bedürfnisse, Tausch- und Zahlungsmittel, auch Mittel zur Finanzierung von Unternehmungen. Geld an sich braucht also nicht beweglich zu sein oder zu machen. Es kann gehortet werden, in einem Strumpf, in einem Safe, es kann auch durch Umschmelzen verschwinden. Es ist für den Besitzer somit das Symbol für Besitz, für Reichtum, für den, der es festhält, das Symbol für Erhaltung. Die persönliche Neigung, das Geld rollen zu lassen, macht es erst beweglich; daneben auch das Wissen, wie man sein Geld vermehren kann. Sowohl diese Neigung als dieses Wissen haben in der Kulturperiode der Renaissance stark zugenommen. Die Fürsten, insbesondere die Parvenüs unter ihnen und kaum weniger die reich gewordenen Kaufleute, offenbarten eine ungeheure Prunksucht. Dabei nahm auch die Unternehmungslust zu, und zum ersten Mal sind es in bedeutendem Umfang auch

[16] A. von Martin, *Soziologie der Renaissance*. Frankfurt a. M. 1949, S. 25.

weltliche Mächte, die sich dahingehend zu interessieren beginnen. Was diese Einstellung mit der statischen, auf Erhalt bedachten Geldauffassung verbindet, ist die Idee von Selbständigkeit und Macht.

Besitz hat den Menschen, seiner Meinung nach jedenfalls, immer selbständig gemacht, Reichtum hat immer Macht bedeutet. Erst das intellektualistische 18. Jahrhundert hat Wissen als neuen Machtfaktor entdeckt. Auch damals noch zuckten die besitzenden Klassen nicht zu Unrecht die Achseln über so viel Angeberei. Reichtum ist Macht; oder in der etwas moderneren Terminologie: Macht ist Geldmacht. Eine der auffälligsten Unterströmungen der Renaissance ist daher eine gewaltige Ausdehnung des Machtstrebens auf dem Gebiet der menschlichen Motivationen. Oder ist es der Ehrgeiz, der an erste Stelle rückt? »Wer die Ehre hochhält, dem glückt alles, weil er weder Mühe noch Gefahr noch Kosten scheut«, sagt Guicciardini; in der Praxis sind Ehre und Gewissen aber oft schwer von Selbstsucht und der Sehnsucht nach persönlichem Ruhm zu unterscheiden[17].

Auch diese Motive wurzeln in einem sich über alles und jeden hinwegsetzenden Expansionsdrang. Wie dem auch sei, Machtstreben ergreift Besitz von einem verarmten Adel und einem bereits vermögend gewordenen Bürgertum. Beide sind sich bewußt, daß man etwas einsetzen muß, um höher hinauf zu kommen. Der Bürger sein Geld, der Abenteurer seine Haut.

Man darf dabei in seinen Methoden nicht wählerisch sein; »dieser neue Menschentyp konnte nur dadurch so ›groß‹ werden, daß er über die Leiche aller religiös-sittlichen Tradition kühn, mit unheimlicher Überheblichkeit hinwegschritt, sich allein auf sich selbst stellte«. Die Denkform dieses eigenmächtig »dämonischen« Strebens beruht auf dem Geld. Typisch dafür ist, daß der Venetianer Jacopo Loredano in seinem Hauptbuch einträgt: »›Der Doge Foscari, mein Schuldner für den Tod meines Vaters und meines Oheims‹ und dann, nachdem er ihn und seinen Sohn aus dem Wege geräumt hat, auf der Gegenseite einträgt: ›hat bezahlt‹.«[18] In diesem Fall ist die rationale Denkform zu einem unheimlichen Spiel geworden, aber es besteht kein wesentlicher Unterschied zu einer echten kaufmännischen Buchhaltung. Die rationale Denkform ist

[17] Jacob Burckhardt, *Die Kultur der Renaissance in Italien.* Wien o. J., S. 246.
[18] v. Martin, *Soz. d. Renaiss.*, S. 38.

nicht das Wesentliche. Reichtum und Macht haben endlos verschiebbare Grenzen. Größerer Reichtum bedeutet mehr Macht, und auch das Umgekehrte scheint wahr zu sein. Die irrationale Triebkraft hat einen Kreislauf geschaffen, der zu seiner Aufrechterhaltung fortwährende Aktivität und die äußerste Rationalität im Gebrauch der Mittel verlangt. Man hat gelernt, daß Besitz und also Macht verloren gehen können, aber auch daß sich Fortuna durch ausgekochte Manipulationen zwingen läßt. Das Ziel oder, besser, das hemmungslose Streben hat das Geld als Hilfsmittel mobilisiert. Man kann es nicht mehr verbergen, soll es seine Funktion behalten. Diese Funktion ist die Finanzierung des Strebens nach mehr Gewinn, ist es, Transportmittel zu größerer Macht zu sein.

Auf einem etwas anderen Niveau, aber dennoch in einer ähnlichen Ordnung, liegt die Motivation der breiteren Gesellschaftskategorien, die weniger spekulativ veranlagt sind. Mag das Kleinbürgertum von der Gier nach Macht über andere angesteckt sein oder nicht, der Wunsch, Macht über seine eigene Existenz zu besitzen, sich selbständig, unabhängig von anderen fühlen zu können, ist ihm wohlbekannt. Diese in sozialer Hinsicht »neutrale« Machtposition zwischen dem positiven Pol des Machthabers und dem negativen Pol des Untertanen wird nach dem dauerhaften bürgerlichen Urteil – und auch der Bauer ist gern bereit, es zu unterschreiben – durch eigenen Besitz konditioniert. Auf eine für uns fast unvorstellbare Weise wurde die Idee persönlicher Selbständigkeit in früherer Zeit mit der Idee persönlichen Eigentums verbunden, ja sogar identifiziert. Anscheinend bleibt der Selbständigkeitsdrang viel leichter innerhalb der Grenzen menschlichen Maßes als der Machttrieb. Die Forderung nach Selbständigkeit wird befriedigt durch »einen gewissen« Besitz, so viel, daß man sich in einem Beruf etablieren, die Einrichtungskosten bezahlen und in ungünstigen Augenblicken auf sein Vermögen zurückgreifen kann.

Die kleinbürgerliche Mentalität versucht eher das Gleichgewicht zwischen Wohlfahrtsstreben und christlicher Moral zu bewahren. Ihre Tragik ist es, daß sie dabei nicht nur den Egoismus begrenzt, sondern auch die Moral verbürgerlicht hat. Wie dem auch sei, die traditionelle Moral hat hier noch eine Chance erkannt, das Leben zu beeinflussen. Sie bejahte den Wert der Arbeit, zeigte sich aber mißtrauisch gegenüber Gewinn und absolut feindlich gegenüber bestimmten Handelspraktiken. »Das Ankaufen von Warenvorräten in großem Stil und spekulativer Absicht, besonders bei lebensnotwendigen Bedarfsdingen, wird als Habgier gebrandmarkt, derentwegen jene Reichen aus der Kirche hinausgejagt werden sollten.«[19] Besitzzuwachs liegt zwar auf der Linie der Wünsche und Erwartungen des bereits Selbständigen, nimmt aber nur bei notorischen Geizhälsen die Proportionen einer autonomen und hemmungslosen Leidenschaft an. Man kann schließlich nicht selbständiger werden, als man schon ist. Obendrein lehrt die Erfahrung, daß Vermögenswachstum eher durch Nüchternheit und Sparsamkeit als durch härtere Arbeit zu erreichen ist. Die traditionelle, noch undynamische Auffassung des Geldes beherrscht in der Neuzeit weiterhin die selbständige gesellschaftliche Mittelklasse. Noch in unserem Jahrhundert, vor dem Zweiten Weltkrieg, dachten zahlreiche selbständige Handwerker gar nicht daran, ihr Geld auf die Bank zu tragen – es lag gut in Ladenkasse und Kassenschrank –, und sie schrieben nur einmal jährlich Rechnungen aus, wobei hübsche Schnörkel das Ungewohnte dieser Tätigkeit unterstrichen.

Wir mußten darauf näher eingehen, um den Gedankensprung zwischen der »beweglichen und auch alles beweglich machenden Macht des Geldes« und der Charakterisierung des Arbeitssystems der Renaissance zu überbrücken. Diese Charakterisierung ist nämlich nicht ohne weiteres aus der dynamischen Geldauffassung herzuleiten. »Die in all dem sich aussprechende Denkungsart geht ihrem Wesen nach natürlich nur von einer Oberschicht aus. Der kleinbürgerliche Mittelstand, dessen Anschauungsweise wir etwa bei Vespasiano da Bisticci kennen lernen, ist seiner Natur gemäß konservativ geblieben: ›gut bürgerlich‹ im alten Sinne. Er hängt noch an einer ständischen und patriarchalischen Ordnung, die durchaus statisch gedacht ist. ›Gerecht‹ ist für ihn alles Erhalten des Bestehenden, mit dem man aber auch ›zufrieden‹ sein soll. Brav und bieder, steht er auf dem Standpunkt des ›guten Christen und guten Bürgers‹.«[20] Diese Beschreibung ist vortrefflich, aber sie wirft die Frage auf, ob in der handwerklichen Welt bezüglich der Arbeitsverhältnisse auch alles beim alten blieb.

Diese Frage ist sowohl mit ja wie mit nein zu beantworten. Mit ja, wenn man unter Veränderung nur die Anwendung einer neuen Strukturform versteht. Mit nein, wenn man auch eine

[19] v. Martin, S. 164f.
[20] v. Martin, S. 36.

andere Erlebnisweise bestehender Strukturformen als ein Element des Veränderungsprozesses zu betrachten gewillt ist. Dieselben Möglichkeiten ergeben sich übrigens bei der Beurteilung der Arbeitsverhältnisse, von denen höhere Kreise – sei es als Arbeitgeber, sei es als Arbeitnehmer oder Dienstverleiher – betroffen sind. Kurz gesagt, die Renaissance und die darauf folgende Periode haben auf keinem Gebiet menschlicher Arbeitsverhältnisse eine neue Strukturform zustande gebracht. Die dynamisierende Macht des Geldes war einer solchen Leistung nicht fähig. Und was vielleicht schwerer wiegt, auch das in dieser Zeit wahrlich nicht geringe kreative Vermögen des menschlichen Geistes hat sich auf diesem Gebiet nicht ausgewirkt. Handwerklicher Unternehmervertrag und freier Lohndienstvertrag existierten bereits jahrhundertelang und hatten ihre fixierten Rechtsregeln. Ausübende höherer oder besonderer Dienste behalfen sich weiter mit einer wenig klaren traditionellen Form, die wohl einige Berührungspunkte mit den beiden anderen Vertragsformen aufwies. Was sich änderte, und zwar auf jedem Gebiet, war der Geist, in dem das Arbeitsverhältnis erlebt wurde und damit auch der Inhalt des Rechts.

Am deutlichsten läßt sich die Veränderung zweifellos bei der Anwendung des Lohndienstvertrags nachweisen. Die persönlichen Bindungen werden lockerer, das sachliche *do-ut-des*-Verhältnis beginnt stärker zu überwiegen. Diese Entwicklung hatte bereits im Spätmittelalter eingesetzt. Sie lief parallel mit einem Verfall des Rechtswertes, der sich aus einer wachsenden Rechtsungleichheit zwischen Arbeitgeber und Arbeitnehmer ergab. Ganz bestimmt äußerte sich diese Entwicklung im Großbetrieb wesentlich unangenehmer als im Handwerksbetrieb. Hier wie dort war Geldlohn die allgemein übliche Bezahlungsform. An der Geldwirtschaft konnte es also nicht liegen. Wohl wirkten Egozentrik und Gewinnsucht in den höheren Regionen unvergleichlich stärker als in den niedrigeren. Das Streben, auf dem Rücken anderer aufzusteigen, groß und mächtig zu werden, führte zur Distanzierung von den Arbeitern und zur Ausbeutung ihres Arbeitsvermögens. Im Handwerk blieb schon als Folge der geringen Zahl von Beschäftigten, die für einen einzigen Unternehmer arbeiteten, deren Situation erträglicher, aber dennoch führt auch hier Eigeninteresse zu Veränderung. Mag der Handwerksmeister nun von dem Streben nach immer mehr Gewinn erfüllt gewesen sein oder nicht, so zeigte auch er mit der Zeit induvidualistische

Züge. Um seine relative Vermögensposition und seine Selbständigkeit wenigstens zu behaupten und seinen Nachkommen dasselbe vermachen zu können, versucht er, die Konkurrenz aus dem Feld zu schlagen und der Niederlassung neuer Handwerksmeister entgegenzuwirken. Dadurch wird das ursprünglich vor allem funktionell gemeinte Meister-Gesellenverhältnis zu einem sozialen Machtfaktor, durch den der Geselle auf ein niedrigeres gesellschaftliches Statusniveau herabgedrückt wird.

Schnell und mitleidlos im Großbetrieb, langsamer und weniger vollständig beim Handwerk, vollzieht sich der Bruch zwischen Arbeitgeber und Arbeitnehmer. Die Ungleichheit nimmt zu und damit die Möglichkeit von Spannungen. Es ist eine durchaus irrige Meinung, zu glauben, diese Entwicklung wäre der »Freiheit« des Arbeitsvertrages zugute gekommen, wenn man diesen wenigstens als einen Vertrag zwischen zwei freien Parteien auffaßt, die jeweils aus freiem Willen ihren eigenen Vorteil im Auge haben. Im selben Maß, in dem die Freiheit des Arbeitgebers zunahm, verringerte sich die Freiheit des Arbeiters, bis sie in bestimmten Fällen so gut wie ganz verschwunden war. Zweifellos war es unvermeidlich, daß die Zunftgebundenheiten durchbrochen wurden, um der Güterproduktion bessere Entwicklungschancen zu geben. Diese Loslösung fand längst, ehe sie im Recht ihren Niederschlag fand, durch die Eigenmächtigkeit von Unternehmern statt, die von Egoismus und Leidenschaft für Gewinn getrieben wurden und denen es keineswegs schwer fiel, das Interesse anderer der Verwirklichung ihrer eigenen Pläne zu opfern.

Nochmals, es war eine Notwendigkeit, und der Geschäftsmann, der einen ungehemmten Rationalismus in der Wahl der Mittel in den Dienst eines ihm selbst kaum bewußten Irrationalismus im Bereich der Zwecke stellte, erfüllte unwissend und unwillentlich eine historische Aufgabe. Wenn man dem individualistischen egozentrischen Renaissancemenschen und dem rationalen Mann der Aufklärung etwas ankreiden könnte, so dies, daß er sich ohnmächtig zeigte, den im Umfang wachsenden Unternehmungen ein adäquates Arbeitsverhältnis zugrunde zu legen. Gerade die großen Produktionseinheiten verlangen ein korporatives Element, welches das Individuum auf die Zusammenarbeit mit anderen orientiert. Dieses Element blieb aus dem Arbeitsvertrag vollkommen ausgeklammert. Die atomistische Vorstellung, die den eigenen Platz in der Gesellschaft bestimmte, wurde auch auf den Arbeiter angewandt, und dieser wurde damit auf seine externe Position einer Marktpartei zurückgeworfen, was weder seiner menschlichen Befriedigung an der Arbeit, noch einer wirkungsvollen Funktionalität zugute kommen konnte.

6. Industrielle Betriebsformen

Wenn auch die auflebende Wirtschaftsaktivität Anlaß für das Entstehen neuer Vermögensunterschiede zwischen den Mitgliedern des städtischen Bürgertums wurde, so ist es doch nicht nachweisbar, ja kaum einmal annehmbar, daß sie aufs ganze gesehen Ursache für eine schließlich größere soziale Ungleichheit gewesen wäre. Ein beträchtlicher Teil der Landbevölkerung lebte schon früher auf einem niedrigeren Wohlstandsniveau als das städtische Bürgertum. Überdies hatte im Agrarbetrieb bereits seit längerem ein Abwanderungsprozeß eingesetzt. Die neue industrielle Aktivität hat den Bevölkerungsüberschuß zum Teil auffangen können. Sie hat die arme Bevölkerung zwar auch ausgebeutet, aber man darf nicht vergessen, daß diese sonst überhaupt keine Existenzquellen gehabt hätte. Dennoch zeigt das 16. Jahrhundert durch allerlei Umstände ein Bild sich verschärfender Gegensätze. Große Vermögen werden gebildet, und daneben nimmt die Armut zu. »Dieses Jahrhundert darf denn auch mit Recht als das Jahrhundert der Volksarmut bezeichnet werden. Die Unterschicht der Bevölkerung, die über keine materiellen Reserven verfügte, sank zu einem wahren Proletariat herab.«[1] Wer aus dem Traum von menschlicher Schönheit und Schöpferkraft erwacht und sich herabbegibt in das normale Alltagsleben der großen Masse der Bevölkerung, kann im Jahrhundert der Renaissance allerhand Rückschritt neben Entwicklung, Parasitismus neben Aktivität beobachten.

Man hat übrigens ein geschichtliches Erbe antreten müssen. Der Ausgang des Mittelalters hatte bereits den Durchzug einer großen Horde von Landstreichern und Vagabunden erlebt. Im 16. Jahrhundert kommen dazu noch Handwerksgesellen, die keinen festen Wohnsitz und Meister finden können, Unge-

[1] H. F. J. M. van den Eerenbeemt, *De arme en het maatschappelijk welzijn in historisch perspectief*. In: Sociale Wetenschappen (1961), S. 300.

lernte, die ihr Glück hier und dort versuchen, Glaubensfanatiker, ausgediente Söldner. Sie ziehen von Stadt zu Stadt, machen aber indessen das flache Land immer unsicherer. Bauern und Bürger sind nicht mehr imstande, Arme und Schelme zu unterscheiden. Territoriale Obrigkeiten schalten sich ein, um dieses Völkchen loszuwerden. Strafandrohungen gegen »Landstreicherei« sind an der Tagesordnung, und dabei wird tüchtig verallgemeinert. Das Ergebnis ist nur – neben dem Entstehen einer anarchistischen Mentalität und einer losen Schelmenpoesie – das Herumziehen der Truppe von Gegend zu Gegend, ein Aufwirbeln der Landstreicherei. Drastisches Beispiel einer Verordnung gegen die Müßiggänger ist das von Franz I. aus dem Jahr 1534. Der König hält sie offensichtlich für arbeitsscheue Leute, die ihre Tage elegant gekleidet in den Tavernen zubringen, um dort zu tafeln und zu spielen. Um dieses Leben fortzusetzen, überfallen sie nachts, mit Waffen und Stöcken ausgerüstet, die Menschen in Land und Stadt, berauben sie und plündern sie aus. Dieses ganze Gesindel, das nicht arbeitet und von dem man also wohl annehmen muß, sagt die Verordnung, daß es von Raub und Erpressung lebt, wird gezwungen, sich innerhalb dreier Tage aus dem Staub zu machen, unter Androhung von Geißelung, Verbannung und Konsfiskation ihres Besitzes und mit der Aussicht, auf die Galeeren geschickt zu werden, auf Wasser und Brot gesetzt oder zur Reinigung von Kanälen, Grachten und Straßen herangezogen zu werden[2].

Auch die seßhaften und erblichen Bettler sind – infolge einer alten kirchlichen Tugendlehre und den reichen Stiftungen der Wohltätigkeit – nicht gering an Zahl. Sie werden als Bonafide-Arme vor der Konkurrenz der fremden Landstreicher geschützt. Diese Situation wird einmal bildhaft in den Erläuterungen eines 1685 in Gent erlassenen Reglements beschrieben; danach haben Vagabunden und fremde Bettler noch acht Tage Frist, sich aus dem Staub zu machen, und nach Ablauf dieser Frist müssen sie mit Gefangennahme rechnen. Aber die »ehrlichen Armen« können sich ein schriftliches Zertifikat der Pfarrgemeinde besorgen, der sie angehören, um innerhalb deren Grenzen betteln zu dürfen[3]. Die *Caritas* muß nun einmal fortgesetzt werden, damit die Buchhaltung des Jenseits stimmt.

[2] Pierre Brizon, *Histoire du travail et des travailleure*. Paris ^{4}1926, S. 43–44.

[3] D. Berten, *Coutumes des Pays et Comté de Flandre*, *quartier de Gand*, VIII. Brüssel 1903, S. 431–433.

So war es zumindest in katholisch gebliebenen Gegenden. Andernorts wurden allerdings Versuche zu einer effektiveren Regelung der Armenfürsorge durch die bürgerliche Obrigkeit unternommen, die »durch die neuen Vorstellungen von Humanisten und Reformatoren« dazu angeregt wurde[4]. Einfach war das übrigens nicht. Es lag auf der Hand, das Problem der Armut im Licht der Arbeitsmöglichkeit zu sehen. Schon im 14. Jahrhundert hatten die *statutes of labourers* in England diesen Zusammenhang hergestellt. Die Armen sind nach dieser Auffassung arme Arbeiter[5]. In späterer Zeit sieht man sie als nicht vollwertig oder sogar als arbeitsscheu an, aber auch nun weiß man keine rechte Lösung des Problems. Seit dem 17. Jahrhundert entwickelt sich der Gedanke, auch die einfachen Armen einzusperren mit dem Ziel, sie zur Arbeit zu zwingen[6]. Eine typische Utopie der bürgerlichen Arbeitsmoral.

Die während des 16. Jahrhunderts zunehmende Armut wurde durch die fortwährende Steigerung der Lebenshaltungskosten und zu starke Bevölkerungszunahme verursacht, denen keine ausreichende Zunahme der Existenzquellen gegenüberstand. Initiativen von Unternehmern aus dem begüterten Bürgertum sind diesem letztgenannten Übel mit der Zeit begegnet. Aber vorläufig sah man die meisten Aktivitäten der Kaufleute nur in problematischen Bereichen. Das niedere Bürgertum und mit ihm verschiedene Reformer klagten darüber, daß die »monopolia« das Leben immer mehr verteuerten. Mißbilligend ließ Luther sich auch über den Import unnützer Luxusgüter aus, weil dadurch Deutschland Edelmetall entzogen wurde, wodurch Geldknappheit entstand. Frankfurt war seiner Meinung nach das Loch, durch welches Silber und Gold davonfloß im Zusammenhang mit den aus England und Portugal über Antwerpen eingeführten Gütern, die auf dem dortigen Jahrmarkt verkauft wurden[7]. Die überseeische Gold- und Silberproduktion hat aber seit Beginn des 16. Jahrhunderts stark zugenommen, und schon am Ende des Mittelalters produzierten auch die deutschen Silberbergwerke reichlich. Fast das ganze Mittelalter hindurch hatte der Abfluß und die Verminderung des Geldes stattgefunden; durch den Zustrom von Edelmetall

[4] v. d. Eerenbeemt, S. 301.

[5] Anton von Kostanecki, *Arbeit und Armut*. Freiburg i. Br. 1909, S. 56f.

[6] Rob van Roosbroeck und H. van Werveke, *Geschiedenis van Vlaanderen*, v, *nieuwe en nieuwste geschiedenis*. Amsterdam 1940, S. 299.

[7] Z. W. Sneller, *Economische inzichten van Maarten Luther*. In: Christendom en historie. Zutphen 1937, S. 144f.

konnte nun eine gewisse Stabilisierung erreicht werden[8]. Es zirkulierten so viele Geldmittel, daß die fremden Kaufleute mit ihren englischen Tuchen und orientalischen Gewürzen durchaus »nicht in der Lage waren, Deutschlands Edelmetallfluß trockenzulegen«[9].

Unter geldtheoretischem Aspekt wäre es übrigens logischer, die Ursache der Preissteigerungen, laut Jean Bodin, gerade im Überfluß von Gold und Silber und eventuell auch in einer beschleunigten Geldzirkulation im Zusammenhang mit der gesteigerten Betriebsamkeit zu suchen. Aber auch diese Erklärung ist dubios, zumindest einseitig. Man hat darauf verwiesen, daß Preissteigerungen schon geraume Zeit vor der Geldvermehrung auftraten. Sie seien vorwiegend durch den stetigen Bevölkerungszuwachs verursacht worden, der in einer Reihe europäischer Gebiete während des 16. Jahrhunderts sehr spektakuläre Proportionen anzunehmen begann. Mit der Zeit führte das sogar wiederholt zu lokalen Hungersnöten. »Länder, die früher Getreide exportierten wie Kastilien, Andalusien, Granada und sogar die Kornkammer Sizilien mußten zu Ende des 16. Jahrhunderts Getreide einführen, das von englischen, holländischen und Hansekaufleuten herangeschafft wurde.«[10] Die Wechselwirkung der wirtschaftlichen Faktoren ist aber auch die Ursache dafür, daß bestimmte Bereiche des ökonomischen Lebens eine Hausseperiode durchzumachen begannen. Die Heranschaffung von Edelmetall wirkte dabei stimulierend, nicht minder aber der Bevölkerungszuwachs, dank dessen sich der Unternehmer billige Arbeitskräfte verschaffen konnte.

Wie schon früher[11] wandte er sich zu diesem Zweck gern dem flachen Land zu, indem er von dort zunächst Arbeitskräfte in die Stadt lockte, später indem er auf dem Land selbst für sich arbeiten ließ. Beide Methoden wurden auch in der Neuzeit praktiziert, um das potentielle Arbeitsangebot zu aktualisieren, aber man hat den Eindruck, daß sich der Akzent je länger desto mehr auf die letztere verschiebt. Fast immer war das flache Land ein unerschöpflicher Quell zur Auffüllung der »Arbeitsarmee«, die städtische Unternehmer mobilisierten. Im 19. und 20. Jahrhundert wird sich das auch im Fall der moder-

[8] Max Weber, *Wirtschaftsgeschichte*. Berlin ³1958, S. 218–219.

[9] Sneller, S. 147.

[10] B. H. Slicher van Bath, *De agrarische geschiedenis van West-Europa (500–1850)*. Utrecht-Antwerpen 1960, S. 216.

[11] Vgl. Kapitel 9 über Handwerk und Großindustrie (im Mittelalter).

nen Fabrikindustrie zeigen. Kollektive Betriebsformen wie Hausindustrie und Manufaktur haben im 16. Jahrhundert von der ländlichen Fruchtbarkeit profitiert. Man kann auch sagen: Die Initiativen bürgerlicher Unternehmer haben den Bevölkerungsdruck, der zur strukturellen Armut führen mußte, vermindert. England, »das klassische Land des späteren Fabrikkapitalismus«, hatte schon im 16. Jahrhundert eine große Menge landwirtschaftlicher Arbeitsloser, so daß sich die Obrigkeit ernstlich mit dem Problem der Armenfürsorge konfrontiert sah. Für die Unternehmer bot sich reichlich Gelegenheit, Arbeitsplätze zu schaffen, an denen freie, aber billige Arbeitskräfte eingesetzt werden konnten. Das Maß, in dem dies geschehen ist, scheint es hier nicht wie auf dem Kontinent erforderlich gemacht zu haben, daß sich die Obrigkeit mit der Gründung von »Armenfabriken«, mit Zwangsarbeit der Arbeitslosen beschäftigen mußte[12].

Wir nannten Hausindustrie und Manufaktur als kollektive Betriebsformen, die den wachsenden Bevölkerungsdruck einigermaßen auffangen konnten. Die städtischen Handwerkerzünfte verschlossen sich dem Zustrom Außenstehender mehr und mehr und waren überdies durch ihren lokalen Charakter weniger geeignet, an einer Erweiterung der Arbeitsmöglichkeit mitzuwirken. Die durch »großindustrielle« Formen erreichte Aufklärung ist übrigens jahrhundertelang auch nur relativ geblieben. In der frühkapitalistischen Epoche begegnet man fortwährend dem Paradox, daß ein Arbeitsüberschuß von einem Mangel an – geschulten – Arbeitskräften begleitet ist[13]. Ehe wir nun auf diese beiden erwähnten kollektiven Betriebsformen eingehen, müssen wir noch eine dritte Form erwähnen: die »privilegierte« Arbeit. Zunächst verstand man darunter, daß Arbeitende von der Zunftregelung befreit und sogar von außerhalb mit der Meisterwürde ausgezeichnet wurden. In Frankreich haben die Könige seit Ludwig XI. Meisterbriefe verliehen, um das Zunftmonopol zu brechen und wahrscheinlich auch um sich Geld zu verschaffen[14]. Später bekam diese Praxis Bedeutung, als man daranging, die Idee des domanialen Arbeitsplatzes wiederzuerwecken. Der König errichtete spe-

[12] Weber, S. 150.

[13] Werner Sombart, *Der moderne Kapitalismus*. München-Leipzig [4]1921, I, 2, S. 788.

[14] E. Levasseur, *Histoire des classes ouvrières et de l'industrie en France*, II. Paris [2]1901, S. 128.

zielle Arbeitsplätze für seine eigene Hofhaltung und stellte dazu Arbeitsleute ein, die er »privilegierte«. In Frankreich treten solche »ouvriers suivant la cour« erstmalig in einer Verordnung des Jahres 1502 auf. Aber ein bestimmter Text geht zurück bis 1485, und jedenfalls sind die von Karl VIII. aus Italien herangeholten Arbeitskräfte bereits unter diese Kategorie einzuordnen[15].

Analog zu diesem königlichen Privileg haben verschiedene weltliche und kirchliche Autoritäten in ihrem Bereich derartige Privilegien verliehen. Natürlich arbeiteten und handelten die Privilegierten nicht ausschließlich für die jeweilige Autorität. Deshalb regnete es verständlicherweise seitens der Zunftmeister Klagen über unlautere Konkurrenz. Die Privilegien enthielten manchmal auch eine Monopolverleihung (Patent), um nach eigenen Methoden arbeiten zu dürfen[16]. Das macht wohl deutlich, daß Freiheit noch immer nicht ein vorausgesetztes absolutes Prinzip war, sondern vielmehr ein Titel, um bestehende Freiheitsschranken zu durchbrechen, und zugleich ein Schutz der eigenen Entfaltungsmöglichkeit gegen die Konkurrenz anderer. Die Industrien in Händen weltlicher und geistlicher Herren können zur Befriedigung des eigenen Bedarfs oder vielleicht auch aus alten Herrschaftsrechten entstanden sein, in späterer Zeit haben sie ausschließlich kommerzielle Zielsetzung gehabt. Ein typisch adeliges Monopol in Frankreich ist das der Glas- und Porzellanindustrie gewesen. Auch die Bergwerksindustrie und das Hüttenwesen fielen von jeher nicht unter das Zunftrecht[17]. Als frühe Vorläufer des Fabriksystems wurden weiterhin noch genannt: Mühlen, Bäckereien und Brauereien. Diese Einrichtungen erforderten nicht unbeträchtliche Investitionen und waren denn auch durchwegs in Händen derer, die die Mittel aufbringen konnten: Geistliche oder weltliche Autoritäten. Es wurden aber meistens nicht besonders viel Arbeitskräfte eingestellt. In dieser Hinsicht haben Manufaktur oder Fabrik in neuerer Zeit wesentlich größere Bedeutung.

Die hausindustrielle Form – um nun darauf einzugehen – hatte bekanntlich bereits lange im Mittelalter bestanden, vorwiegend in den Städten. Die dabei beschäftigten Arbeitskräfte

[15] Henri Hauser, *Les débuts du capitalisme*. Paris ²1931, S. 117.

[16] Hauser, S. 118.

[17] Hauser, S. 121.

[18] Weber, S. 149, 151f.

betrachteten sich gerne als selbständige Handwerksmeister, obwohl sie, wie der französische Ausdruck lautet, nicht mehr *en boutique*, sondern *en chambre* arbeiteten, das heißt nicht für einen größeren Kundenkreis, sondern für einen bestimmten Unternehmer. Von diesem wurde der Handwerksmeister, der mit Gesellen arbeiten konnte, mit der Zeit finanziell völlig abhängig. Seine Auffassung der Selbständigkeit beruhte, wie an anderer Stelle dargelegt wurde[19], auf dem Umstand, daß die Arbeit von ihm selbst funktionell organisiert wurde, wodurch er auch weiterhin das Produktionsrisiko trug, und zugleich auf seinem Status als Zunftbruder. Man mag das eine Illusion nennen, dennoch behielt die alte Heimindustrie gewisse Züge der Verwandtschaft mit der handwerklichen industriellen Form. Das wird ganz anders, als die Unternehmer auf dem Land Heimindustrie aufzubauen beginnen. Die Arbeitskräfte sind hier immer zunftfreie Leute, oft Frauen und Kinder, die sich in keiner Hinsicht an einer geschichtlichen Statusidee emporranken können. Diese später allgemeiner werdende Situation stand Sombart wohl vor Augen, als er die viel geäußerte Meinung bestritt, Heimindustrie sei eigentlich nichts anderes als »Handwerk« für Absatz im Großen, das meist im Zusammenhang mit landwirtschaftlichen Berufstätigkeiten ausgeübt werde[20].

Im letzten Punkt hat der erwähnte Autor mit Recht auf die Erfahrungstatsache verwiesen, daß sich die Bevölkerung überall dort, wo Hausindustrie sich einbürgerte, binnen kürzerer oder längerer Frist dem agrarischen Beruf entfremdete[21]. Hinsichtlich des ersten hat er dargelegt, daß Hausindustrie etwas ganz anderes ist als Handwerk und sich ebensowenig daraus entwickelt hat wie der Dampfer aus dem Segelschiff[22]. Soweit sich in späterer Zeit Heimindustrie vor allem da gezeigt hat, wo Bedarf an ungelernten Arbeitskräften bestand, stimmt die Behauptung zweifellos. Doch blieb die ursprüngliche Form der Hausindustrie auch noch im 16. und 17. Jahrhundert bestehen, wobei es der Unternehmer – der »Verleger« – mit echten Handwerkskleinbetrieben zu tun hatte. Das Wort Verlag heißt eigentlich nichts anderes, als daß der Arbeiter nicht im Auftrag eines

[19] Vgl. Kapitel 9 über Handwerk und Großindustrie (im Mittelalter).

[20] Werner Sombart, *Die Hausindustrie in Deutschland.* In: Archiv für soziale Gesetzgebung und Staat, IV. Berlin 1891, S. 107.

[21] Sombart, *Hausindustrie*, S. 137.

[22] Sombart, *Hausindustrie*, S. 113.

Konsumenten arbeitet, sondern im Auftrag eines Unternehmers, der seine Arbeit ganz oder teilweise finanziert. Natürlich ist das dort am ehesten der Fall, wo beträchtliches Kapital zur Geschäftsausübung erforderlich ist; außer in der Textilindustrie nach dem Mittelalter auch im Bergbau, in der Eisenindustrie, der Holzbearbeitung, der Papierindustrie, der Kleidungskonfektion und im Buchdruck[23].

Bei der Buchproduktion war die Verlagsform so evident, daß das Wort bis in unsere moderne Zeit hinein erhalten geblieben ist; und nicht nur das Wort, sondern auch die Trennung von Drucken und Herausgeben, wenn auch dieses letzte heutzutage etwas mehr bedeutet, als Druckaufträge zu finanzieren. Klarer als in verschiedenen anderen Fällen ist das Verlagssystem bei der Buchdruckerei eine Betriebsform, die das ursprüngliche Handwerk in technisch funktioneller Hinsicht völlig intakt läßt. Es war übrigens ein noch junges Handwerk, das gerade im 16. Jahrhundert einen steilen Aufstieg erlebte. Im Zusammenhang damit zeigt sich die interessante Erscheinung, daß die Druckerei gleichzeitig eines der typischsten Beispiele für die Entwicklung jener anderen kollektiven Betriebsform, der Manufaktur, abgibt. Man könnte die Manufaktur gewissermaßen als eine ausgewachsene Ladenwerkstatt eines Handwerksmeisters betrachten. Es ist aber nicht gewiß, daß der Handwerksmeister immer der Initiator war. Die Drucker des 16. und 17. Jahrhunderts hatten zwar durchwegs mehr Personal als die anderen Handwerksmeister, aber sogar sehr bekannte Druckereien sind doch nicht übermäßig groß gewesen. Andererseits kann man Anton Koberger, der Ende des 15. Jahrhunderts bereits in Nürnberg eine Druckerei mit 24 Pressen und 149 Arbeitnehmern errichtet, kaum mehr als einen Handwerker bezeichnen[24].

Charakteristisch für die Manufaktur ist es, daß sie im Gegensatz zur Hausindustrie nicht nur den Absatz, sondern auch die Produktion selbst von einem zentralen Punkt aus steuert. Es handelt sich hier um einen Betrieb, in dem eine größere Anzahl von Arbeitskräften, als im handwerklichen Gewerbe üblich und erlaubt, zusammengebracht wurde, um organisiert unter Disziplin zu arbeiten. Diese Betriebsform wird als Manufaktur bezeichnet, sofern im Produktionsprozeß keine mechanischen

[23] Sombart, *Mod. Kapitalismus*, II, 2, S. 708f.

[24] Sombart, *Mod. Kapitalismus*, II, 2, S. 759; Wilhelm Ebel, *Quellen zur Geschichte des deutschen Arbeitsrechts bis 1849*. Göttingen 1964, S. 10.

Hilfsmittel, sondern ausschließlich menschliche Arbeitskraft verwendet wurde. Sie stellt gleichsam das Bindeglied in der Evolution der Großindustrie zwischen der zentralistischen Form der Hausindustrie und der mechanisierten Fabrik dar[25]. Man muß übrigens beachten, daß es sich bei diesen Unterscheidungen um spätere Rationalisierungen handelt; bis ins 18. Jahrhundert hat die Terminologie nicht festgestanden.

Es ist wohl klar, daß, während die Hausindustrie sich nur gegen das städtische Zunftmonopol richtet, die Manufaktur die Zunftbande in der Stadt selbst ganz zerreißt. Einerseits ist der Anlaß hierfür die Produktion für den Markt oder zumindest auf Bestellung des Handels und infolgedessen Großproduktion, andererseits auch die Notwendigkeit, verschiedene Teilbearbeitungen zu kombinieren und also eine größere Anzahl spezialisierter Arbeiter zur Verfügung zu haben. Auf diese Weise sind im Lauf der Zeit mehrere Betriebszweige in Form einer Manufaktur organisiert worden. Neben der bereits genannten Buchdruckerei, die Textilindustrie und die Textildruckerei, die Spitzenklöppelei, die Segelmacherei, die Seilerei, die Hutmacherei, der Schiffbau, die Wagnerei, das Kunstmöbelhandwerk, die Lederindustrie, die Tabakindustrie, die Edelmetallbearbeitung und die Schmuckwarenindustrie, die Büchsenmacherei[26]. Daß die Unternehmer so wie später bei der Entwicklung der Fabrikindustrie teilweise aus dem Kaufmannsstand, teilweise aus dem Handwerk hervorgingen, ist wohl anzunehmen. Hier drängt sich gleichwohl die Frage auf: Hatte man denn einfach die Freiheit, Manufakturen zu errichten?

Die Frage suggeriert bereits, daß die Freiheit, der die mittelalterlichen Städte ihre Blüte verdankten und auf die sie so stolz waren, nicht oder jedenfalls nicht mehr besonders groß war. Und in der Tat, die Gewerbefreiheit in der mittelalterlichen Stadt war immer nur relativ gewesen. Wenn, wie behauptet wird, das Korporationswesen dem Arbeiter zunächst Arbeitsfreiheit und Recht auf Arbeit verschafft hat, dann versteht sich das nicht in dem radikalen Sinne, den die moderne Zeit diesen übrigens ebenfalls modernen Begriffen gegeben hat. Obendrein machte sich im Spätmittelalter bereits eine Erstarrungstendenz in der Zunftorganisation bemerkbar[27]. Die Freiheit in

[25] Josef Kulischer, *Allgemeine Wirtschaftsgeschichte*, II. München-Berlin 1929, S. 146.

[26] Sombart, *Mod. Kapitalismus*, II, 2, S. 759f.

[27] Pierre Jaccard, *Histoire sociale du travail de l'antiquité à nos jours*. Paris 1960, S. 153.

der Blütezeit war deshalb nur relativ, weil man nicht von einer völligen Eigenmächtigkeit des Individuums ausging, die leicht zur Unterdrückung anderer Individuen führen könnte, sondern von dem Wunsch, allen eine gewisse unabhängige Existenz garantieren zu können. Diese in späterer Zeit oft geschmähte Maxime des »angemessenen Lebensunterhalts nach Stand und Status«, die übrigens schon mit der zunehmenden Mobilität im 14. Jahrhundert an Bedeutung verlor[28], war darauf gerichtet, das Gleichgewicht in der bürgerlichen Gesellschaft zu bewahren und das Entstehen allzu großer Ungleichheiten zu verhindern.

Die Ausgangspunkte von Mäßigung und Gleichheit hatten also notwendigerweise zu einer klaren Begrenzung der Gewerbefreiheit geführt. Faktisch war das Handwerk stark durch die Zunftorganisation gebunden und blieb es noch im 16. Jahrhundert. Es gab einige Ausnahmen, aber die »freie Kunst« bedeutete eher eine Diskriminierung nach unten als nach oben[29]. Alles was den Anschein von unehrlicher Konkurrenz hatte – und dieser Punkt war nach damaliger Überzeugung schon bald erreicht –, mußte vermieden werden. Darum war die Niederlassung als Meister an den Nachweis bestimmter Fähigkeiten (Meisterprüfung) gebunden. Darum auch wurde der Betriebsvergrößerung auf Kosten von Kollegen durch Bestimmungen entgegengewirkt, die die Höchstzahl an Lehrlingen und Gesellen festlegten, die der Meister halten durfte, und die die Bildung von Gesellschaften verboten oder einschränkten. Letzteres konnte übrigens unter einem Aspekt des Allgemeininteresses geschehen, insofern nämlich die Beherrschung der Lebensmittelpreise die Eindämmung von Monopolbildung forderte. Diesbezüglich besaß Brügge bereits 1280 eine Verordnung, in der unter anderem festgelegt wurde, »dat niet ne gheorlovet iemene eninghe te makene uppe vitallien of up dat ter vitaillie toebehoert«[30]. Ob nun in Zusammenhang mit diesem Motiv oder nicht, das ›Liber Albus‹ von Utrecht – das älteste Rechtsbuch dieser Stadt aus der ersten Hälfte des 14. Jahrhunderts – verbietet die Gesellschaft von Fischern »mit enen gast van buten« und erlaubt auch innerhalb der Stadt

[28] Werner Sombart, *Der Bourgeois*. München-Leipzig 1913, S. 316.

[29] Bruno Schoenlank, *Soziale Kämpfe vor dreihundert Jahren*. Leipzig 1894, S. 10.

[30] Gilliodts-van Severen, *Coutumes des pays et comté de Flandre; quartier de Bruges*, I. Brüssel 1874, S. 235f.

keine unbegrenzte Gesellschaft[31]. Auch andere niederländische Städte besaßen früher oder später solche Bestimmungen, zum Beispiel Haarlem (1390)[32] und Den Briel (1448)[33].

Hinsichtlich der Begrenzung der zulässigen Zahl von Lehrlingen und Gesellen – aus der unzweideutig die Absicht herauszulesen ist, Unterschiede in der Betriebsgröße zu dämpfen – sind die Bestimmungen von Ort zu Ort und von Berufssparte zu Berufssparte verschieden. Nirgends aber will das Handwerk Raum für das Aufkommen der »Manufaktur«, einer größeren kollektiven Leistungseinheit geben, die als eine handwerksmäßige Fabrik umschrieben werden könnte. In Köln läßt man höchstens 4 Lehrlinge und Gesellen zu[34], obwohl ein einzelner Fall nachweisbar ist – die Schneiderzunft 1441 –, in der die zulässige Zahl sechs beträgt[35]. Das bleibt auch in späterer Zeit so. Eine Zunftregel der Hamburger Buchbinder aus der zweiten Hälfte des 16. Jahrhunderts, die die Höchstzahl von Lehrlingen und Gesellen auf drei festsetzt, gibt als Motivierung an: »darmit ein ander, welcher uth mangel der arbeidt, kein gesinde holden konde, ok biswilen van andern, so der arbeidt nicht raden konen, bevordert worde, unde also mit ehme syne nodtrofft und narung hebben mochte«.[36]

Diese Auffassungen können in ihrer Konsequenz leicht zur Erstarrung führen, und sie haben das, besonders in späterer Zeit, auch getan. Die niedergelassenen Meister, die daran interessiert waren, ihre Stellung für sich und ihre Familie zu behaupten, haben die Zulassung zur Meisterwürde außer für Meisterkinder durch Erschwerung der Meisterprüfung und Erhöhung der Aufnahmekosten zu verbarrikadieren versucht[37]. Seit dem 15. Jahrhundert soll die Einführung der Wanderpflicht als Abwehrmittel gegen den Drang zur Meisterwürde gedient haben. Den Gesellen blieb oft keine andere Wahl, als in der Heimindustrie für einen »Verleger« zu arbeiten[38] oder sich draußen auf dem Land niederzulassen, wo der Beruf zunftfrei

[31] S. Muller fz., *De middeleeuwsche rechtsbronnen der stad Utrecht*, I. 's Hage 1883, S. 41.

[32] J. Huizinga, *Rechtsbronnen der stad Haarlem*. 's Hage 1911, S. 52–53.

[33] H. de Jager, *De middeleeuwsche keuren der stad Brielle*. 's Hage 1901, S. 158.

[34] Heinrich von Loesch, *Die Kölner Zunfturkunden nebst anderen Kölner Gewerbeurkunden bis zum Jahre 1500*. Bonn 1907, I, Einleitung S. 77.

[35] V. Loesch, II, S. 391.

[36] Otto Rüdiger, *Die ältesten Hamburgischen Zunftrollen und Brüderschaftsstatuten*. Hamburg 1874, S. 39.

[37] Levasseur, II, S. 108–111.

[38] Schoenlank, S. 2–3.

ausgeübt werden konnte, was übrigens auch wieder mit der Begründung bekämpft wurde, daß die Qualität der Arbeit nichts tauge, weil keine Aufsicht darüber bestand[39]. So haben die Pelzmacher der Hansestädte 1577 festgelegt, daß Gesellen nicht in Dörfern oder Städten arbeiten dürfen, wo kein Handwerk oder keine Zunft besteht[40]. Es ist übrigens hinreichend bekannt, daß die Städte im Spätmittelalter mittels Privilegienerwerb versucht haben, sich gegenüber dem flachen Land eine Monopolstellung für die Ausübung handwerklicher Berufszweige zu verschaffen. Ziemlich früh geschah das in Antwerpen (1328) und nach dessen Vorbild in Den Bosch (1329), in Grave (1348) und Leiden (1351). In all diesen Fällen ging es um ein Verbot, Tuche außerhalb der unmittelbaren Umgebung der Stadt herzustellen, natürlich mit Ausnahme der anderen freien Städte. In späterer Zeit hat man diese Bestrebungen immer weiter ausgedehnt, und die Verbote erstreckten sich sogar bis auf den Verkauf agrarischer Produkte, die nur über den städtischen Markt umgesetzt werden durften. In der Grafschaft Holland wird diese Aktion 1531 mit der von Karl V. erlassenen ›Order op de Buitennering‹ gekrönt, in der bestimmt wurde, »daß in der ganzen Grafschaft Holland außerhalb der ummauerten Städte keine neuen Webereien, Gerbereien, Brauereien, Steinmetz- oder Zimmermannsbetriebe errichtet und ebenso daß in unmittelbarer Nähe der Städte keine neuen Bäckereien oder Ausschänke eröffnet werden durften«[41].

Nun ist es sehr zweifelhaft, inwieweit derartige Verbotsbestimmungen auch tatsächlich eingehalten wurden. Mochte man sie auch mit dem politischen Argument begründen, daß die Städte zu entvölkern drohten, so war das doch nur ein Vorwand. Es wurde in neuerer Zeit immer fraglicher, ob sich der Monopolismus der städtischen Handwerksmeister noch halten konnte, und jedenfalls gewann der Widerstand zunftfreier Elemente auf die Dauer an Boden. In den Städten selbst kam übrigens auch bereits »freie Arbeit«, das heißt zunftfreie Arbeit, vor. Es ist merkwürdig zu sehen, wie Territorialregierungen dieser Form ihre Unterstützung mit demselben Argument einer drohenden Entvölkerung der Städte verliehen, einem Argument, das aber jetzt gerade gegen die städtischen Handwerker-

[39] Schoenlank, S. 48–49.

[40] Otto Rüdiger, *Ältere hamburgische und hansestädtische Handwerksgesellendokumente.* In: Zeitschrift des Vereines f. Hamburg. Geschichte, VI. Hamburg 1875, S. 546.

[41] Th. J. A. J. Goossens, *Onontgonnen Brabant.* Tilburg 1935, S. 15.

zünfte gemünzt war. In Frankreich wird seit Beginn des 16. Jahrhunderts Städten durch den König wiederholt »Freiheit der Arbeit« verliehen. Das heißt in erster Linie, wie zahlreiche Texte aus Lyon klar beweisen, freie Niederlassung für jedermann, der die Mittel dazu hat, ohne den sonst üblichen Forderungen nach Lehrzeit und Meisterprüfung entsprechen zu müssen, sogar für Fremde[42]. In den Niederlanden hat der Rat von Utrecht bereits während des 15. Jahrhunderts wiederholt Zunftmonopole gebrochen, manchmal in zeitlichem Zusammenhang mit Teuerung oder aus politischen Motiven, manchmal zugunsten der Selbstversorgung der einzelnen, manchmal aber auch mit dem Zweck, fremde Arbeitskräfte anzuziehen[43]. Als Beispiel für das letztgenannte Motiv kann ein Ratsbeschluß von 1473 gelten, in dem jedermann zugestanden wird, sich in der Stadt niederzulassen und dort die Tuchweberei auszuüben, natürlich in Einklang mit den städtischen Verordnungen, aber »onbecroent ende onbekoert van der wollenwevers gilde of ymant anders«[44].

Dieser Beschluß des Utrechter Rats mag in mehr als einer Hinsicht als typisch für die Neigung gelten, zunftfreie Arbeit zuzulassen. Die Motive können vielseitig gewesen sein, aber die Hauptrolle wird wohl die Absicht gespielt haben, Vertreter mehr oder minder seltener Berufe, etwa des Arztberufs oder Gewerbezweige, die für die Stadt von vitalem Interesse schienen, anzuziehen. Im letzten Fall richtete sich die Maßnahme dann gegen den erstarrenden Korporatismus. Man wollte die oligopolistische Position der niedergelassenen Meister brechen, um durch neue Konkurrenz Preissenkungen zu erreichen. Indes – und auch das geht aus dem Utrechter Ratsbeschluß hervor – bedeutete »freie Arbeit« nicht, daß man bei der Berufsausübung völlige Freiheit genoß. Die Kontrolle wird vermutlich weniger streng gewesen sein, als wenn sie von einer Zunft mit eigener Befugnis ausgeübt wurde, dennoch erließen auch die städtischen Autoritäten Reglementierungen. In Frankreich scheint die Situation im Lauf des 16. und 17. Jahrhunderts ziemlich wechselhaft gewesen zu sein. Es kam vor, daß Handwerksmeister, denen die öffentlich-rechtliche Befugnis vorenthalten war, auf dem Wege freier gegenseitiger Absprache doch eine

[42] Henri Hauser, *Les débuts du capitalisme*. Paris ²1931, S. 101f.

[43] J. C. Overvoorde und J. G. Ch. Joosting, *De gilden van Utrecht tot 1528*. 's Hage 1896, I, Einleitung, S. XXXII.

[44] Overdvoore und Joosting, II, S. 210.

ausreichende Kontrolle auszuüben verstanden. So haben die Zinngießer von Blois, die 1556 eine Zunft mit eigenen Rechten bekamen, schon 20 Jahre zuvor völlig illegal ein kontrollierendes Kartell errichtet[45]. Manchmal scheint man sogar – wie es auch heute noch bei der Stellungnahme gegen die öffentlich-rechtliche Betriebsorganisation der Fall ist – eine offiziell nicht anerkannte Organisation zur Beherrschung des Berufs vorzuziehen; die Organisation entzieht sich nämlich dann der Aufsicht der öffentlichen Macht. Die Abkehr vom korporativen System scheint in den burgundischen Städten am stärksten gewesen zu sein. Die Macht der Zünfte hat dort zu Beginn des 17. Jahrhunderts einen ernsten Riß bekommen. Mit dem Colbertismus beginnen aber andere Vorstellungen zu dominieren. Das korporative System wird jetzt wieder verstärkt und, wenn auch in geänderter Form, allen französischen Städten verpflichtend auferlegt[46].

In das planwirtschaftliche System Colberts, das die heimische Industrie zur Blüte bringen wollte, schien sowohl eine von der zentralen Macht ausgehende und oft bis zum kleinsten Detail herabreichende Reglementierung aller industriellen Betriebszweige sowie auch die Errichtung von Organisationen von Betriebsgenossen zu passen, die mit der Aufsicht über die Einhaltung der wirtschaftlichen Gesetzgebung betraut wurden. Das zeigt sich schon aus dem 1653 an Mazarin gerichteten Memorandum[47]. Die Reglementierungen kamen seit 1664 in ansehnlicher Zahl zustande, eine Verordnung für die Berufsorganisationen von 1673 hatte zur Folge, daß die Anzahl dieser Korporationen zunahm. In Paris, wo es 60 im Jahr 1672 gab, wurden es auf einmal 83, und 1691 war die Zahl sogar auf 129 gestiegen[48]. Es läßt sich denken, daß passiver Widerstand und Umgehung, außer in Städten, wo sich die zunftfreie Arbeit bereits früher durchgesetzt hatte, vor allem auch bei Betriebszweigen auftraten, die der Zunftorganisation mehr oder minder entwachsen waren. In der Welt der industriellen Betätigung wurden die Spannungen durch diese Autoritätspolitik verschärft, die erst am Ende des 18. Jahrunderts mit dem Eintritt einer ersten Phase der Mechanisierung des Fabrikbetriebes zur Entladung kommen sollte.

[45] Hauser, S. 111.

[46] Hauser, S. 160.

[47] Levasseur, II, S. 209.

[48] Levasseur, II, S. 221–222.

Zunehmende Differenzierung innerhalb des städtischen Bürgertums und wachsender Bevölkerungsdruck draußen auf dem Land akzentuieren seit dem 16. Jahrhundert in auffallendem Maß bestimmte bereits früher zur Entwicklung gekommene Spannungsfelder im Wirtschaftsleben. Selbstverständlich hatte das Auswirkungen auf die Verhältnisse zwischen Arbeitgebern und Arbeitnehmern. Gewissermaßen lag hier sogar der Kern der Schwierigkeiten. Dem aufsteigenden Unternehmer waren die traditionellen Positionen von Handwerksmeister und Handwerksgesellen gleichgültig, und er sündigte gegen alle einschlägigen von Obrigkeit und Zunft aufgestellten Verhaltensregeln. Insbesondere waren die Begrenzung des Personalbestandes und die Lohnfestsetzung Normen, an die das neben dem Handwerk entstehende Gewerbe sich einfach nicht halten konnte. Strukturell scheint sich eigentlich nichts an der Beziehung zu verändern, weder in der Hausindustrie noch bei der Manufaktur. Mit dem Wechsel der ersten auf das flache Land ändern sich aber, wie wir sahen, die Zusammensetzung und die Mentalität des Arbeiterpotentials. Die zunftfreie Landbevölkerung, unter der sich viele Frauen und Kinder befanden, hält nicht mehr an der etwas verkrampften Selbständigkeitsauffassung des städtischen Heimarbeiters fest, was es jedoch dem Unternehmer keineswegs erschwert, seine Fiktion von einer rein sachlichen Annahme von Werk aufrechtzuerhalten. Was die Manufaktur betrifft, so fährt diese einfach auf der von jeher beim Handwerksgewerbe bestehenden Gesellenbeziehung dahingehend fort, daß bei Nichtbestehen einer Hausgemeinschaft die paternalistisch aufgefaßte Arbeitgeberautorität ihre Existenzgrundlage verliert. Das war übrigens ein Phänomen, das sich bei einigen Handwerkszweigen schon auf die gleiche Weise gezeigt hatte.

Auf dem Gebiet der Lohndienstverhältnisse demonstriert die Neuzeit also wenig Schöpfungskraft. Eine Untersuchung des industriellen Arbeitsrechts in der Periode des 16. bis zum 18. Jahrhundert verspricht wenig interessante Ergebnisse[1]. Dennoch können wir uns nicht ganz davon absentieren, wenn auch

[1] Eberhard Schmieder, *Geschichte des Arbeitsrechts im deutschen Mittelalter*, I. Leipzig, 1939, S. 73–74.

vornehmlich im Hinblick auf eine spätere als die augenblicklich behandelte Periode. Es ist schließlich kaum ein dringenderer Anlaß zur endgültigen Änderung von Strukturformen denkbar als eine veränderte geistige Einstellung gegenüber den alten Formen. Sie höhlt mit der Zeit die überlieferte Strukturform aus, so daß diese sinnlos wird. Dieser Aushöhlungsprozeß hatte mit dem 16. Jahrhundert eingesetzt und nicht nur in der »Großindustrie«, sondern auch im alten Handwerk. Auch hier entsteht eine Klassentrennung zwischen Arbeitgebern und Arbeitnehmern dadurch, daß die Meister ihre von außen bedrohte wirtschaftliche und gesellschaftliche Position nach innen durch Schließen der Zunft zu stärken versuchen. Darunter fällt sowohl die Aufstellung eines numerus clausus wie die Erschwerung des Erwerbs des Meistertitels durch andere als Meisterkinder. Indes halten die Handwerksmeister aber an einer paternalistischen Haltung gegenüber den Gesellen fest, einer Haltung, die im Zusammenhang mit den divergierenden Interessen allerdings manchmal hypokritisch wird. Bei der Betriebsform der Manufaktur, die großenteils aus dem zunftfreien Handwerk hervorgegangen ist, kann sich eine Variante dieses Paternalismus, nämlich der christliche Patronalismus, erhalten haben und so auf eine Anzahl späterer Fabrikbesitzer übergegangen sein. Dort sollte ihm zu Beginn des 20. Jahrhunderts manchmal mehr Ablehnung und Widerstand von seiten der Gewerkschaft begegnen als dem von anderen Fabrikanten praktizierten wirtschaftlichen Liberalismus.

Die bereits erwähnte Klassentrennung zwischen Arbeitgebern und Arbeitnehmern hat noch einen anderen allgemeineren Aspekt. Die wirtschaftliche Entwicklung hat innerhalb des städtischen Bürgertums eine Kluft zwischen Bürgern und Arbeitern geschaffen. Früher war das weniger offenkundig der Fall gewesen; die Trennungslinie verlief damals vielmehr zwischen dem höheren und dem niederen Bürgertum, zwischen den reichen Kaufleuten und den mehr oder minder wohlhabenden Handwerkern und Einzelhändlern. Auf einer niedrigeren Stufe der gesellschaftlichen Leiter gab es wohl Gesindel, Taglöhner und kleine Schacherer, aber diese Kategorie war doch wenig relevant für die Klasseneinteilung. Mit der Zeit ist aber die Frage, ob man im selbständigen Lohndienst stand oder nicht, für das Statusniveau der verschiedenen Gruppen der städtischen Bevölkerung in hohem Maße bestimmend geworden. Man fing an, deutlich zwischen selbständigen Bürgern und unselbständigen Arbeitern zu unterscheiden. Dieser Unterscheidung entsprach auch immer noch ein Unterschied in der Vermögenslage, aber zugleich bildete die Stellung im Arbeitsgefüge ein wesentliches Element. Seit dem 16. Jahrhundert hört man immer mehr – für die Klassengesellschaft typische – Klagen über die schlechte Arbeitsmoral der Arbeiter[2].

Zweifellos bestehen starke Unterschiede zwischen den einzelnen Lohnarbeitern[3], Unterschiede zwischen den Gelernten und Ungelernten, zwischen festen und temporären Kräften, Unterschiede auch nach Art des Faches. Mit der Dauerhaftigkeit des Unterordnungsverhältnisses hat aber auch für den Handwerksgesellen die gesellschaftliche Deklassierung begonnen.

Wenn man hinsichtlich einer früheren Zeit die Beziehungen zwischen Meistern und Gesellen günstig beurteilt hat, weil sie nämlich durch Kameradschaft und nicht durch Klassenunterschied charakterisiert wurden[4], dann muß man für das 16. Jahrhundert und später doch zugeben, daß die Konflikte zunehmen und die Gesellen seit dem 17. Jahrhundert das Bewußtsein zu haben scheinen, einer »enterbten« Klasse anzugehören[5]. Die Rechtsungleichheit nimmt immer mehr zu, die Interessengemeinschaften der Gesellen werden unterdrückt, die Reglementierung der Arbeitsvoraussetzungen geschieht ganz ohne jegliche Mitwirkung ihrerseits. Die mit christlichem Pathos übergossenen Überlegungen der Meister können darüber nicht hinwegtäuschen. Ein beredtes Beispiel paternalistischer Überbewertung bietet der Anfang einer Gesellenordnung der Zinngießer von 15 Hansestädten aus dem Jahr 1573. Sie lautet folgendermaßen: »Also wy uth Godes worde vormahnet, vorerst Godes rike unde sine gerechtigkeit tho sokende, demnach scholen alle meistere eenen gottschligen wandel fohren unde in allen dugenden unde goden exempeln ehren gesellen unde gesinde vorgahn, unde se dartho reitzen unde vormahnen, also dat einem christliken hueszvader gebühret. Deszglicken scholen ock henwedderumb de gesellen geholden sien, alle vierdage Gottes worth tho hören, und dar jemand sick in deme ungeböhrlich unde als een unchrist vorholden worde, dem-

[2] H. de Jager, *De middeleeuwsche keuren der stad Brielle*. In: Oude Vaderlandsche rechtsbronnen. 's Hage 1901, S. 55.

[3] Pierre Brizon, *Histoire du travail et des travailleurs*. Paris [4]1926, S. 40.

[4] Ernest Lavisse und Alfred Rambaud, *Histoire générale du IVe siècle à nos jours*, II. Paris 1893, S. 521.

[5] G. Renard und G. Weulersse, *Le travail dans l'Europe moderne*. Paris 1920, S. 267.

selven schall sien meister ock alsdan den disch tho decken nicht schuldich sien.«[6]

Nun waren die Gesellen auch nicht immer gerade Engel, die ihren Meistern nur tugendhaft nachfolgten. Zahllos sind die Zunftregeln, mit denen man ihrer Unmäßigkeit und ihrem schlechten Betragen Einhalt zu gebieten sucht. Lieber als die Festtage hielten sie vermutlich die Zehrtage ein, und wenn sie zum Biere gingen, waren sie nur allzu bereit, den Abend in die Nacht hineinzuziehen. Die Meister waren wohl gezwungen, dagegen etwas zu unternehmen. Der zu lange durchzechende Geselle fand die Tür versperrt, und wenn er nach dem blauen Montag weiter herumsumpfte, mußte er eben die ganze Woche weitermachen, und von dem, was er dann noch übrig hatte, 6 Schillinge in die Meisterkasse abführen. Im Leben der Gesellen muß der »kroge« wohl eine ebenso große Rolle gespielt haben wie in den für sie geltenden Zunftregeln. Sie scheuten sich nicht, zu würfeln oder mit dem »Bilderbuch des Teufels« zu spielen. Sie verschütteten mehr Bier, als man mit einer Hand bedecken konnte[7]. 1594 erwies es sich als notwendig, den Braugesellen von Hamburg zu verbieten, im Keller ihres Meisters Zusammenkünfte mit fremden Gesellen zu halten und dort üppige Trinkgelage zu veranstalten[8]. Von den Pelzmachergesellen derselben Stadt nahm man 1577 an, sie könnten es so bunt treiben, daß sie die Tochter des Meisters beschliefen. Solchen Herrschaften wurde mit Ausschluß aus der Zunft gedroht. Das Beschlafen der Dienstmagd wurde übrigens ebensowenig geduldet, wenn man dafür auch mit einer geringeren Strafe davonkam, nämlich mit der noch immer beachtlichen Buße von zehn Talern für den Stadtsäckel und fünf Talern für das Handwerk[9].

In Deutschland waren die Leiter des Gesellenvereins – eine vom Meister patronierte Vereinigung – bei der Arbeitsvermittlung im Fall neu eintretender Gesellen eingeschaltet. Das Biertrinken gehört natürlich dazu. Der Meister, der den Gesellen annimmt, muß einen Schilling stiften, den man gemeinsam im Wirtshaus vertrinkt. Aufgabe des »Altgesellen« ist es, den Neuling auszuhorchen. Über die Bräuche bei Ankunft und

[6] Otto Rüdiger, *Ältere hamburgische und hansestädtische Handwerksgesellendokumente.* In: Zeitschrift des Vereines f. Hamburg. Geschichte, VI. Hamburg 1875, S. 565–566.
[7] Rüdiger, ebd. S. 546, 548, 550, 554, 555, 570, 574, 575 und 589.
[8] Rüdiger, ebd. S. 538.
[9] Rüdiger, ebd. S. 546.

Abreise von Gesellen geben die Hamburger Regeln der Riemenschneider und Zaummacher sowie der Schwertfeger aus dem Jahr 1555 ausführlich Auskunft. Nachdem er seine vierzehntägige Probezeit bestanden hat, wird der Neuling von den übrigen Gesellen mit Bier eingeweiht[10]. Er muß selbst für das Gelage aufkommen, und die Meister sahen sich gezwungen, den Verzehr einzuschränken. Wenn einer »wandert«, dann wird er verabschiedet, wobei er eine Runde Bier springen lassen muß. Vor allem das Willkommensfest scheint recht rauh zu verlaufen. Die Bierkapazität des Neulings muß erprobt werden, und wenn die Freude ihren Höhepunkt erreicht hat, packt man ihn am Schlafittchen und wirft ihn auf den Tisch, so daß er erst recht zum Mittelpunkt wird. Gegen diese Exzesse müssen die ernsten Handwerksmeister wohl mit väterlicher Strenge einschreiten, auch wenn sie gelegentlich genausowenig ein Bierchen verschmähen, wie sich das bei den Kistenmachern von Lübeck 1508 zeigt. Wenn ein Lehrling drei Jahre in der Lehre war und dem Meister im vierten Jahr gegen Lohn dient, muß er dem Handwerk ein Faß Bier stiften, acht Schilling in die Zunftkasse bezahlen und ein Pfund Wachs für den Altar stiften, »unde da ber schalme drinken in synes meisters hus«[11].

Hinsichtlich des eigentlichen Arbeitsvertrags ist die Ungleichheit von Meister und Geselle in der Regel nicht übermäßig groß. Für Frankreich stellt Brizon zwar fest, daß ein Geselle, auch wenn er für eine begrenzte Zeit eingestellt war, einen Kündigungstermin einhalten mußte, während das für den Meister in der Regel nicht galt. Obendrein wurde einem Vertragsbruch durch die Vorschrift vorgebeugt, daß bei Einstellung ein schriftlicher Entlassungsbescheid des vorigen Meisters vorgelegt werden mußte[12]. Der Autor ist über diese ungleiche Behandlung ziemlich entrüstet. Vielleicht verstehen wir in unserer Zeit die Situation ein wenig besser: Den Arbeitgeber kann man meistens haftbar machen, den Arbeiter dagegen nicht. Viele Zunftrollen nehmen sich aus dieser Einsicht das Recht, auch in den Strafbestimmungen Diskriminierung walten zu lassen. So bestimmen die Hamburger Sergeweber 1631 bezüglich der Knechte, daß solche Gesellen, die nicht korrekt gekündigt haben, von keinem Meister der Stadt mehr eingestellt werden dürfen, ehe der zuvor hintergangene Arbeitgeber be-

[10] Rüdiger, ebd. S. 577f.
[11] C. Wehrmann, *Die älteren Lübeckischen Zunftrollen.* Lübeck 1864, S. 254.
[12] Brizon, S. 44–45.

friedigt und an das Handwerk eine Buße entrichtet worden ist[13]. Der Sinn einer solchen Bestimmung zeigt sich deutlich im Jahr 1591 bei den Korbmachern von fünf Hansestädten. Die Mindestdienstzeit wird auf ein halbes Jahr festgesetzt. Schickt der Meister den Knecht innerhalb dieser Zeit fort, dann ist er eine Buße schuldig. Aber der Knecht darf im Falle der Übertretung ein Jahr lang nicht arbeiten. In seinem Fall wird erst über eine zu entrichtende Buße gesprochen, wenn er nach Verlauf dieser Frist wieder innerhalb der Stadt eingestellt werden will, und der Meister, der ihn illegal einstellt, schuldet der Stadt ebenfalls eine Buße und zugleich glücklicherweise dem Handwerk wieder einmal ein Faß Bier[14]. Es kommt auch vor, daß ein Lehrling »dede uyt unfruntschap van synem herrn schedede«, sehen muß, von den Zunftmeistern die Zustimmung zu erhalten, neuerlich in die Lehre gehen zu dürfen[15].

Wenn auch die Rechtsungleichheit bei den Entlassungsbestimmungen der Zunftregeln – vor allem verglichen mit dem, was die Dienstbotenregelung städtischer und territorialer Autoritäten im 17. und 18. Jahrhundert diesbezüglich zeigte – noch relativ günstig war, so ließ der Paternalismus darüber hinaus wenig Raum für die Vorstellung von einem freien Gesellenstand. Die Gesellen erhielten keinerlei Befugnis, einen Einfluß auf die Lohnhöhe auszuüben. Das war übrigens schon während des Mittelalters der Fall, aber damals erschien das noch annehmbar, zumindest in jenen Handwerksbetrieben, in denen eine starke vertikale Mobilität bestand. Schon im 14. Jahrhundert veranstaltet man Meistertage, an denen die Löhne festgesetzt werden. Oberrheinische Schneiderzünfte machen das noch 1457 und bevorzugen dabei die Dauer von 28 Jahren[16]. Viel häufiger liegt die Lohnfestsetzung in Händen der territorialen Obrigkeit, aber auch dann wird sie unter einem Aspekt der Beschränkung vorgenommen. Die Interessen der Handwerksmeister und der Obrigkeit begegneten sich in diesem Punkt. Die Zunft wollte die Praxis des gegenseitigen Überbietens auf dem engen Arbeitsmarkt bekämpfen, weil dadurch der Lohnstandard nur hinaufgetrieben wurde. Und die Obrigkeit sah auch kein Heil in Lohnsteigerungen, weil dadurch

[13] Otto Rüdiger, *Die ältesten hamburgischen Zunftrollen und Brüderschaftsstatuten.* Hamburg 1874, S. 225.

[14] Wehrmann, S. 170.

[15] Wehrmann, S. 250.

[16] Bruno Schoenlank, *Soziale Kämpfe vor dreihundert Jahren.* Leipzig 1894, S. 70.

Preissteigerungen zu befürchten waren, und nichts schien ihr unerwünschter als die Gefährdung einer stabilen Wirtschaftssituation. In einer statischen Zeit ist auch den Arbeitern mit einer solchen Politik gedient. Die merkwürdige Erscheinung zeigt sich jedoch, daß sich während des 18. Jahrhunderts, also gerade in einer dynamischen Periode, die Arbeiter oft auf den lohnbestimmenden Einfluß der Obrigkeit berufen haben. Die Erklärung dafür liegt darin, daß erstens die festgesetzten Löhne in der Praxis Standardlöhne waren, von denen also anzunehmen war, daß sie nicht nur eine Höchst-, sondern gleichzeitig eine Mindestbegrenzung bezeichneten und daß sich zweitens die Einwände von seiten der Arbeiter in dieser späteren Zeit vor allem gegen größere Unternehmer richteten, die billige Arbeitskräfte anstellten, Einwände, die von den Handwerksmeistern unter dem Aspekt »unlauteren Wettbewerbs« geteilt wurden.

Die obrigkeitliche Lohnfestsetzung hat im 13.[17] oder 14.[18] Jahrhundert begonnen. Als erste von der zentralen Obrigkeit ausgehende Verordnung auf diesem Gebiet wird immer die englische ›Ordinance of Labourers‹ von 1349 genannt. Sie enthielt in erster Linie Höchstlöhne für Arbeiter in der Landwirtschaft und darüber hinaus in bestimmten anderen Berufen, daneben die Verpflichtung, Arbeit anzunehmen und auch andererseits eine Festsetzung der Situation der Arbeiter[19]. Aber auch in Frankreich wurde schon früh, nämlich 1350, eine königliche Verordnung erlassen, in der die Löhne und überdies die Preise von Lebensmitteln festgesetzt wurden[20]. Im 16. Jahrhundert war eine solche obrigkeitliche Steuerung wieder hoch aktuell. Unter der Regierung von Königin Elisabeth von England wird 1562 das ›Statute of Artificers‹ erlassen, und die Friedensrichter werden beauftragt, für ein konstantes Gleichgewicht zwischen den Arbeitslöhnen und den Lebensmittelpreisen Sorge zu tragen[21]. Auch anderswo in Europa waren solche Vorschriften – die übrigens ebensosehr für die Ent-

[17] A. Zycha, *Über die Anfänge der kapitalistischen Ständebildung in Deutschland.* In: Vierteljahresschrift f. Sozial- und Wirtschaftsgeschichte, XXXI. Stuttgart 1938, S. 216.

[18] Gustav Hertz, *Die Rechtsverhältnisse des freien Gesindes nach den deutschen Rechtsquellen des Mittelalters.* Breslau 1879, S. 7.

[19] Ralph F. Fuchs, *Labor contract.* In: Encyclopedia of the Social Sciences. New York 1948, VIII, S. 630.

[20] E. Glasson, *Histoire du droit et des instutions de la France,* VII. Paris 1896, S. 633.

[21] Renard und Weulersse, S. 124.

lohnung Selbständiger gelten konnten – bekannt. Ein gutes Beispiel ist die ›Ordonnancie van Mijne Heeren vanden Raede in Vlaanderen‹ vom 2. September 1588. Dort kann man lesen, welches die festgesetzten Taglöhne für verschiedene Arten von Arbeit sind[22].

Mit der aktiven Wirtschaftspolitik der Obrigkeit war immer ein Streikverbot verbunden. Es ist aber nicht immer ganz klar auszumachen, gegen wen sich das Streikverbot genau richtete. Nicht selten hatte die öffentliche Autorität sowohl die Meister wie die Gesellen gegen sich. Ihr solidarischer Streik richtete sich in bestimmten Handwerksbetrieben übrigens mehr gegen die Kaufleute als gegen die Obrigkeit. Das konnte auch hin und wieder im 16. Jahrhundert der Fall sein, als sich die Klassentrennung zwischen Meistern und Gesellen zu vollziehen begann. Meistens zielen Organisationen und Aktionen der Gesellen seither aber eher speziell gegen die Meister. So zum Beispiel im Fall des Streiks der Typographen 1539 in Lyon. Sie verlangen nicht nur besseres Essen, sondern auch eine größere Arbeitsfreiheit und eine Begrenzung der Lehrlingszahl[23]. In Deutschland ist die organisierte Gesellenbewegung vielleicht am stärksten gewesen. Emanzipationsversuche gehen in Nürnberg bis auf das 14. Jahrhundert zurück. Vor allem seit dem Ende des 15. Jahrhunderts bis zur Mitte des 16. Jahrhunderts lassen sich in Deutschland überall Unruhen nachweisen[24]. Vielleicht hängt das mit der Tatsache zusammen, daß dort das Wandern so intensiv betrieben wurde. Mit Hilfe von »Lauf- und Brandbriefen« stehen die Gesellen im ganzen Land miteinander in Verbindung[25]. Zunächst scheint ihre Aktion Erfolg zu haben, als sich nämlich die territorialen und geistlichen Fürsten neutral verhalten, vielleicht mit dem Ziel, das mächtige Handwerkswesen der Reichsstädte zu schwächen[26]. Eine zweite Offensive der Handwerksmeister und der städtischen Obrigkeiten endet jedoch 1573 mit einem Kompromiß, der auf eine allgemeine Kodifizierung der Gesellenverordnungen hinausläuft[27], womit die Koalitionsfreiheit keineswegs gerettet ist. Um diese zu unterdrücken, brauchten

[22] Placcaeten ende Ordonnantien etc. van weghen de Conincklijcke Majesteyten Graven van Vlaenderen, VI, fol. 1447.

[23] Renard und Weulersse, S. 266.

[24] Schoenlank, S. 13.

[25] Schoenlank, S. 77.

[26] Schoenlank, S. 97.

[27] Schoenlank, S. 14.

die Handwerksmeister die Unterstützung der öffentlichen Autorität. Auch in Frankreich war die patronale Solidarität an sich nicht stark genug gewesen, um die Zusammenschlüsse der Gesellen zu brechen. Versuche zur Reglementierung wurden hier durch die Parlamente verurteilt, mit der Begründung, sie stünden in Widerspruch zur Vertragsfreiheit. Schließlich sind es die königliche Autorität und die städtische Obrigkeit gewesen, die die Aktion der *Compagnonnages* effektiv verhindern konnten[28].

Wenn wir also zu dem Schluß kommen müssen, daß sich die Position der Handwerksgesellen seit dem 16. Jahrhundert infolge der wachsenden Klassentrennung verschlechterte, so bedeutet das zugleich, daß der Unterschied zur Position der Arbeiter, die außerhalb der Zünfte standen, auf die Dauer verwischt wird. Für die reglementierende öffentliche Autorität des 17. und 18. Jahrhunderts besteht jedenfalls wenig Anlaß, diesbezüglich irgendeinen Unterschied zu treffen, ebensowenig übrigens wie zwischen all den Arbeitnehmern im Gewerbe einerseits und dem Personal im Haushalt andererseits. Zusammen mit dem Dienstpersonal in der Landwirtschaft – dessen Arbeitsverhältnis übrigens in geringerem Maß durch das Autoritätsrecht beeinflußt und mehr nach dem alten Gewohnheitsrecht gestaltet wurde – bildeten sie alle eine arbeitende Klasse, das »Botenvolk«, das den Bürgern im Haus, im Stall und am Arbeitsplatz dienen mußte. Man hat dafür ein zum Nachteil des Arbeiters diskriminierendes Recht geschaffen, ein Recht überdies, das je länger desto mehr von der Situation inspiriert zu werden scheint, in der die Unterordnung am schärfsten zum Ausdruck kommt: im haushaltlichen Lohndienst. In unseren Breiten ist dieses Recht unter dem Namen »Dienstbotenrecht« bekannt.

Die zwei genannten Tendenzen – Gleichschaltung der Lohndienstkategorien und Zuspitzung auf das häusliche Lohndienstverhältnis – treten deutlich aus zwei Haager Verordnungen des Hof von Holland hervor, die in den Jahren 1608 beziehungsweise 1679 erlassen wurden[29]. Die erstgenannte Urkunde hat in der Auslegung als Paraphrase: »Dienstboten, Dienstmägde oder -frauen, Diener oder Handwerksgesellen und andere, die ihren Dienst oder Arbeit jemandem für eine bestimmte Zeit oder zur Verrichtung irgendeiner Arbeit ver-

[28] Paul Durand und R. Jaussaud, *Traité de droit du travail*, I. Paris 1947, S. 55.
[29] Cornelis Cau, *Groot Placaetboeck*, II, fol. 2256; III, fol. 527.

mieten oder verbinden.« Beim letzten Abschnitt könnte man sich fragen, ob hier, wie es in älteren Verordnungen ebenfalls geschah, nicht auch die Akkordarbeit selbständiger Handwerker geregelt wird. Das ist aber nicht der Fall. Man hat dabei lediglich an die Möglichkeit gedacht, daß »Handwerksgesellen, Handwerksknechte oder -burschen« sich nicht nur für eine bestimmte Zeit verdingen können, sondern auch zur Herstellung eines bestimmten Werkstückes. In beiden Fällen ist es verboten, den Dienst oder die Arbeit zu verlassen und die »Meister oder Unternehmer« zu enttäuschen. Daraus und aus den weiteren Bestimmungen geht hervor, daß es sich nicht nur um persönliche und häusliche Dienste handelt, sondern auch um Dienste im Betrieb: »Alle Dienstboten oder Diener und Dienstmägde oder -frauen, die sich hier bei jemandem in Den Haag oder einem hiesigen Betrieb . . . im Dienst verbunden haben.« Die zweite Haager Verordnung behandelt »Dienstboten, Kutscher oder Knechte, Dienstmägde oder -frauen, Ammen und Kindermädchen.« Handwerksgesellen oder Arbeiter werden nicht erwähnt und auch nicht die Tätigkeit im Betrieb eines Arbeitgebers.

Eine Verordnung der Stadt Den Bosch aus dem Jahr 1764[30] bringt eine noch ausführlichere Aufzählung der Kategorien, für die sie gilt: »Kutscher, Knechte, Gärtner, Kammerdiener, Mädchen, Ammen, Kinderfrauen und weiterhin alle die, die in irgendeinem privaten Haus oder zu anderem Dienst vermietet sind, ohne Unterschied, ob dieselben zu Hause von ihren Herren, Meistern oder Frauen Kost und Aufenthalt genießen oder ob sie auf Kostgeld oder andere Bedingungen angenommen sind.« Der Ausdruck »oder zu anderem Dienst« könnte auf Tätigkeit in einem Betrieb anspielen, aber man beachte, daß er erst am Ende wie zur Abrundung steht. Das Dienstbotenrecht scheint im Lauf der Zeit, jedenfalls in den Städten, nur noch im Haushaltsbereich gegolten zu haben. Auf die Berufsarbeit im Wirtschaftsleben war es beim Aufkommen der Industrie kaum mehr anwendbar. Die Landwirtschaft und bis zu einem gewissen Grade vielleicht auch das Handwerk haben sich mit dem Gewohnheitsrecht beholfen. Die anderen Arbeiter bildeten im strikten Sinn des Wortes eine rechtlose Kategorie. Ist es verwunderlich, daß spätere Versuche, das alte niederländische Recht auf die industriellen Arbeitsverhältnisse anzuwenden, zum Scheitern verurteilt waren?

[30] Handschrift der Bibliothek der Provinciaal Genootschap in Den Bosch.

Wie aus der ausführlichen und reich dokumentierten Studie von Bosch[31] hervorgeht, ist das alte niederländische Dienstbotenrecht im Lauf des 17. und 18. Jahrhunderts in mancher Hinsicht zu einem typischen Klassenrecht der herrschenden Gesellschaft geworden. Die höheren Stände haben darin ihre ganze Verachtung für das niedere Volk ausgedrückt. Die ›Considerantien‹ sind wahre Klagenregister. Sie überbieten einander in Unterstellungen, soweit diese nicht einfach voneinander übernommen werden. Utrecht klagt 1671 über die »große Zügellosigkeit, Unregelmäßigkeit und schlechtes Benehmen, die heutzutage bei Knechten, Dienstmägden und Ammen in ihrem Dienst an den Tag gelegt wird, zur großen Qual und Kummer ihrer Herren und Frauen«[32]. Breda hat 1677 bei Übernahme des Utrechter Rechts der Einfachheit halber diese schöne Tirade auch gleich wörtlich übernommen. Nun sind Klagen über Dienstboten, deren Faulheit, Untreue und Unverschämtheit an sich keineswegs neu. Sie stammen aus einer viel früheren Zeit als dem 17. Jahrhundert. Mittelalterliche Lieder und Geschichten kennen dieses Thema bereits in vielerlei Variationen, und als Robert de Blois um 1200 sein ›L'enseignement des Princes‹ schreibt, warnt er davor, Knechten jemals zu vertrauen, und rät, sie vor allem untergeordnet und untertänig zu halten, denn – so sagt er – ein Tiger ist nicht so böse wie ein Knecht, der über einen freien Mann zu stehen kommt[33]. Die Klagen der Verordnungen werden aber mit bürgerlicher Akkuratesse in strafrechtlich anwendbare Verhaltensregeln für die Dienstboten transponiert und vervollständigt durch eine auffällige Einseitigkeit und Ungleichheit in den übrigen Rechtsbestimmungen.

Dienstbotensünden, gegen die streng eingeschritten wird, liegen auf der Ebene von Diebstahl und Unehrenhaftigkeit sowie auf der von Eitelkeit und Frechheit, wie eine Amsterdamer Verordnung aus dem Jahr 1633 uns lehrt[34]. Auf Hausdiebstahl steht Zuchthaus, aber auch Züchtigung. Noch 1766 wurde ein Schuhmacher wegen Diebstahls von 6 Silbergabeln mit einer Geißelung von 50 Schlägen bestraft. Auf »Untreue, Dieberei, Hurerei und anderen Schmutzigkeiten« – so glaubt

[31] J. W. Bosch, *Rechtshistorische aanteekeningen betreffende de overeenkomst tot het huren van dienstpersoneel.* In: Themis (1931), S. 355–418, und 1932, S. 23–92 und 215–277.

[32] Bosch, 1931, S. 412.

[33] Georg Grupp, *Kulturgeschichte des Mittelalters*. Paderborn ³1924, IV, S. 68.

[34] Bosch, 1932, S. 81f.

die Verordnung – müssen die Dienstboten ja verfallen, wenn man »die äußerliche Hoffahrt im Tragen von Kleidern, Strümpfen, Locken, Bändern« toleriert, eine Hoffahrt, die bereits so weit zu gehen scheint, daß »kein oder wenig Unterschied zwischen der Kleidung von Herrinnen und der ihrer Dienstboten zu erkennen ist«. Ebenso trübsinnig ist der Umstand, daß die Dienstboten ihren Platz nicht mehr kennen. Aber die Verordnung weiß schon einen Rat. Diejenigen, die sich anmaßen, ihren Herren »böse mit Worten oder Taten gegenüberzutreten«, sollen bestraft werden mit »6 Wochen im Gefängnis dieser Stadt bei Wasser und Brot«. Und dann diese Verführung, der die arglosen Hausgenossen preisgegeben sind. Wer könnte es den Herrschenden verübeln, wenn sie bestimmen, daß Dienstboten, die »sich in Hurerei mit jemandem von den Hausgenossen eingelassen haben, bei denen sie wohnen«, nie mehr in der Stadt dienen dürfen.

Bezüglich der Rechtsungleichheit sind die bereits erwähnten Haager Verordnungen der Staaten von Holland, Zeeland und Westfriesland Beispiele wahrer Herrschaftstyrannei. Beim Kündigungsrecht wird gar nicht mehr der Versuch unternommen, auch nur den Schein von Gleichheit in einem gewissen Maß zu wahren. In Anbetracht der Böswilligkeit der Dienstboten sind die Regeln darauf gerichtet, die guten Bürger gegen die Übeltaten der Untergebenen – nicht im Dienst erscheinen oder aus dem Dienst weglaufen – zu beschützen. Vertragsbruch oder böswilliges Verlassen wird mit 20 Pfund Buße bestraft. Überdies ist willkürliche Wiedergutmachung zulässig. Der Arm des Gesetzes wird auch eingreifen, um die Dienstboten zum schuldigen Dienst zu zwingen. Auf diese Weise wurde die private Dienstbeziehung ziemlich stark von Reglementierungen öffentlich-rechtlicher Art überwuchert. Was ist demgegenüber die Kündigungsprozedur durch die Herren? Das geht sehr einfach ohne irgendeine Prozeßform vor sich. Genügt der Dienstbote dem Herren nicht, dann kann dieser ihm ohne Angabe von Gründen kündigen unter Auszahlung bis zum Datum der Entlassung, ohne weitere Vergütung und fristlos. Man darf nicht glauben, daß dort, wo es heißt, »keine Zufriedenheit, sondern Enttäuschung« ein »triftiger Grund« im Spiel wäre. Ein triftiger Grund ist noch etwas ganz anderes. Da handelt es sich um »Unverschämtheit, Frechheit, Mutwilligkeit, Böswilligkeit und Ungehorsam«. In einem solchen Fall fliegt der Dienstbote sogar ohne ihren oder seinen bereits verdienten Lohn hinaus, nur die »Buße und Strafe« folgt auf dem Fuß. Das einzige, was vom Herrn verlangt wird, ist die Auflage, den Dienstboten bei Vertragsende innerhalb des dritten Tages von Mai oder November gehen zu lassen, damit dieser rechtzeitig seinen neuen Dienst antreten kann, und weiterhin – gleichfalls zugunsten der anderen Herren und Frauen – bei Annahme eines neuen Dienstboten zu erforschen, ob dieser keine anderen Verpflichtungen mehr hat.

Nicht überall sind zwar die Verpflichtungen des Arbeitgebers im Falle vorzeitiger Entlassung so völlig negativ gewesen, aber die Entwicklungstendenz läuft jedenfalls auf eine Abschwächung dieser Verpflichtungen hinaus. Zunächst ist es ziemlich üblich, daß der Arbeitgeber bei vorzeitiger Entlassung über den bereits bis zum Datum der Entlassung hinaus verdienten Lohn eine Summe von der Hälfte oder einem Viertel des Jahreslohnes zahlen muß, es sei denn, er hätte einen triftigen Grund. Später verfällt diese Vorschrift häufig, und es bleibt nur bei der Bezahlung des bis zum Zeitpunkt der Entlassung verdienten Lohnes[35]. In Den Bosch ist die Entschädigung auf ein Achtel des Jahreslohnes gesunken. Ziemlich merkwürdig ist die Formulierung, daß der Herr nicht vorzeitig entlassen darf, »es sei denn«, daß er vom Dienst oder dem Verhalten des Dienstboten nicht zufriedengestellt wurde. In diesem Fall kann er ohne Angabe von Gründen entlassen unter Bezahlung »der vollen sechs Wochen« Miete, die eingegangen wurden. Offensichtlich wird der Miettermin also in Perioden von sechs Wochen eingeteilt, und man ist in diesem speziellen Fall verpflichtet, die Laufzeit von sechs Wochen voll auszubezahlen. Steht man aber kurz vor dem Ende einer solchen Zeitspanne, dann besteht also praktisch kein Grund für eine Entschädigung.

Größere Ungleichheit im Recht als früher offenbart sich auch in der Prozeßführung. Möglicherweise steht das in Zusammenhang mit einem Rückgang des Brauchs bei Herren, das Dienstpersonal bei Übertretungen selbst zu strafen. Das Züchtigungsrecht ist im Lauf der Zeit nämlich auch milder geworden, was mit der Lockerung der häuslichen Sitten zusammenhängt. Besonders das Frühmittelalter war nicht so sanft und zart besaitet. In den Ritterromanen verteilen die edlen Herren an ihre Gemahlinnen sogar Kinnhaken, bis das Blut herausspritzt. Sollte man da vielleicht einen Knecht oder eine Magd nicht schlagen

[35] Bosch, 1932, S. 283.

dürfen? Demgegenüber sehen wir, daß Croeser bereits Mitte des 16. Jahrhunderts für die Stadt Kampen ein recht aufgeklärtes »Idealrecht« aufgestellt hat, welches bestimmt, daß ein Knecht oder eine Magd über 18 Jahre keine Schläge dulden muß[36]. Soweit ist man nun auch wieder nicht direkt gegangen, aber die Rechtsquellen lassen doch ein gewisses Zögern oder eine Einschränkung erkennen. So wird es zum Beispiel im Weichbild von Sluis 1684 nicht mehr toleriert, »mit Stöcken und anderem zu schlagen oder zu werfen«. Auch die strafrechtliche Korrektur hat sich im Lauf der Zeit gemildert. Das heißt aber nicht, daß bei einem Prozeß der Herr in späterer Zeit nicht mehr bevorzugt worden wäre.

Es ist natürlich möglich, daß die Herren im Lauf der Zeit zivilisierter und glaubwürdiger geworden sind, als es jene Leidener Herrschaft war, gegen die deren Knecht 1503 einen Prozeß wegen unrechtmäßiger Entlassung angestrengt hatte. Der Herr verteidigte sich, indem er sagte, daß der Knecht sich wie ein Schwein aufführe, »syn bedde bepiste ende vuylmakte« und auch den Boden nicht schonte, so daß der Unrat in das Essen troff. Ein solches Verhalten scheint wohl einen Entlassungsgrund darzustellen, aber die Richter ließen das Argument offensichtlich nicht gelten, denn der Knecht gewann den Prozeß[37]. Im 17. und 18. Jahrhundert brauchen die Herren nicht mehr so aufzutrumpfen. In vielen Fällen glaubt man ihnen aufs Wort. In einzelnen Fällen wird ein Eid verlangt. Ungehorsam, schlechtes Betragen, Lohnforderungen und -bezahlungen, Miettermine und Kündigung, über all diese Dinge kann der Richter sich auf Grund der Aussagen des Herren ein Bild machen. Für Frankreich mochte eine solche prozessuale Auffassung verständlich sein, weil sich das System des Beweisrechts dort »fundamental von dem unseren unterschied, da Zeugenbeweis bei größeren Streitfällen prinzipiell ausgeschlossen war«[38]. In unserem alten Landesrecht ist aber der Ausschluß von Zeugenbeweis bei Meinungsverschiedenheiten über Arbeitsverträge absolut diskriminierend für den Arbeiter. Der Klassengeist, der aus diesem Recht spricht, offenbart sich noch stärker, wenn man sieht, daß selbst schon die Vorladung des Herrn vor Gericht durch den Diener wegen beleidigender

[36] Bosch, 1931, S. 387.
[37] Bosch, 1931, S. 401.
[38] J. Mannoury, *Enkele opmerkingen over de betekenis van de regel: De meester wordt op zijn woord geloofd*. In: Sociaal Maandblad Arbeid, 1955, S. 8.

Unterstellung von Diebstahl als strafwürdige Unverschämtheit betrachtet wird[39].

In der zweiten Hälfte des 18. Jahrhunderts zeigt sich hier und dort in der Rechtsprechung hinsichtlich des Lohndienstverhältnisses allerdings eim Symptom vom Vordringen aufklärerischer Ideen. So enthält die Verordnung von Den Bosch von 1764 eine Bestimmung über gegenseitige Verpflichtungen von Arbeitnehmern und Arbeitgebern. Die Dienstboten müssen ihren Herren »gebührenden Respekt, Gehorsam und Treue« erweisen, und die Herren ihrerseits sind verpflichtet, ihre Dienstboten »mit aller Billigkeit und Humanität zu behandeln.« Sie hat zwar nur deklamatorische Bedeutung. Erst in der Batavischen Republik (1795–1806) wurden in diesem und jenem städtischen Reglement in den Niederlanden schüchterne Versuche gemacht, auch in den materiellen Rechtsbestimmungen das Recht der Neuzeit – Gleichheit aller vor dem Gesetz – anzustreben[40].

8. Die Rezeption des römischen Rechts

Während der ganzen hier behandelten Periode haben Spannungen zwischen den Zünften und der zunftfreien Arbeit bestanden. Letztere führte in bestimmten Fällen zur Bildung größerer Unternehmen, die darauf abzielten, der Kontrolle der Zünfte zu entgehen. Ein wichtiger Grund hierfür war das Verhältnis zwischen Arbeitgeber und Arbeitnehmer. Die Zünfte hatten diese Regelung zum guten Teil selbst übernommen. Daneben existierten Obrigkeitsbestimmungen bezüglich der Löhne, die durch die handwerkliche Situation beeinflußt waren. Beiden Arten von Erschwernissen suchten sich die größeren oder größer werdenden Arbeitgeber zu entziehen. Der »Verleger« in der Hausindustrie stellte sich auch im Fall der Niederlassung draußen auf dem Land auf den Standpunkt, keine Arbeiter im Lohndienst zu haben. Der Unternehmer einer Manufaktur konnte es für seinen Teil kaum leugnen, aber er lehnte jedenfalls die patronalistische Allüre des Handwerksmeisters ab. Die

[39] Bosch, 1932, S. 71.

[40] F. J. H. M. van der Ven, *Oud arbeidsrecht in Noord-Brabant*. In: Land van mijn hart, Jubileumbundel Mgr. Prof. Dr. Th. Goossens. Tilburg 1952, S. 114.

ganze Position des Großindustriellen war im übrigen eine andere als die des selbständigen Handwerkers. Er finanzierte, er kaufte und verkaufte, er beutete die Arbeit anderer aus, aber er hatte keineswegs das Bewußtsein, selbst »Arbeit« für andere zu verrichten.

Soweit man ihn noch benutzte, verlor der Werkvertrag hier den persönlichen Zug, den er im Handwerksbetrieb noch immer behalten hatte. Obgleich es sich beim Werkvertrag prinzipiell um das »Zustandebringen« eines Werks(stücks) handelte, steht dieses Zustandebringen innerhalb des größeren Betriebslebens nicht mehr im Vordergrund. Außer im Bauwesen ist der Auftraggeber kaum oder gar nicht mehr – als leitender Prinzipal oder auch nur als ein sein Interesse bekundender Beteiligter – in den Fortgang des Produktionsprozesses eingeschaltet. Er wird zunehmend der »Besteller«, der die Ablieferung des Werks zu einem festgesetzten Termin erwartet. Die Fertigung kann zwar noch nach einem spezifischen Entwurf geschehen wie bei Luxusmobiliar und Wohnungseinrichtung, bei Kutschen und im Schiffsbau, doch wird das eigentliche »Machen« anonym und für den Besteller irrelevant. Das Verhältnis zum Unternehmer-Produzenten nähert sich wieder mehr demjenigen von Kauf und Verkauf. Jedenfalls wird in dieser Situation die Unterscheidung zwischen Zeitlohn und Akkordlohn insofern wieder bedeutsam[1], als Zeitlohn überhaupt nicht mehr angebracht ist.

Das will übrigens noch nicht heißen, daß man fortan nach diesem Kriterium die Annahme von Werk scharf vom Lohndienstverhältnis abgrenzen kann. Im Handwerksbetrieb konnte »selbständige« Annahme mit Berechnung des Preises je nach der auf die Arbeit verwendeten Zeit aber weiter bestehen. Auch das Baufach hat diese Form – Arbeit in Regie mit Zeitberechnung – bei gegebener Gelegenheit, selbst bis zum heutigen Tag, beibehalten. Trotzdem werden im 17. und 18. Jahrhundert aber immer mehr »echte« Werkverträge geschlossen, wobei also der Unternehmer prinzipiell das Preisrisiko trägt. Das ergibt sich aus der Positionsveränderung des Architekten im verbürgerlichten Milieu. Während manche noch in einer Art Dienstbeziehung bei adeligen Familien blieben, traten andere wieder als Selbständige auf, wobei sie kaum von *builders* (Unternehmern) oder von *contractors* (Baufacharbeitern) zu unterschei-

[1] Karl Rothenbücher, *Geschichte des Werkvertrages nach deutschem Rechte.* Breslau 1906, S. 19.

den waren[2]. Selbst den größeren unter ihnen gelang es noch nicht, das Niveau der freien Berufe zu erreichen. »Architectes-entrepreneurs« werden sie in einer Verordnung Colberts genannt, in der ihnen Taxen für die Bestätigung von Statuten und Priviliegien ihrer Korporationen auferlegt werden. Daß sie als zahlungsfähig galten, zeigt sich aus dem geforderten Betrag, der nicht weniger als 500 Livres pro Kopf betrug[3]. Die Existenz dieser größeren Baumeister-Unternehmer weist darauf, daß man in der steigenden bürgerlichen Bautätigkeit wieder mehr auf Akkordverträge zurückgriff, wobei auch das Material häufig vom Unternehmer gestellt worden sein wird.

Schon seit Mitte des 15. Jahrhunderts wurde das Material, Holz oder Stein, Farbe und Gold, das der bildende Künstler benötigte, auch zunehmend von ihm selbst geliefert[4]. Auch abgesehen davon ist es wenig zweifelhaft, daß es sich bei den Aufträgen für Künstler um eine zwar unterschwellige, aber dennoch vollwertige Verdingung handelt. Der Künstler nimmt es als Selbständiger auf sich, das Werk zustande zu bringen und wird für dessen Lieferung und nicht für seine guten Dienste bezahlt. Doch treten in den nicht selten schriftlich vereinbarten Verträgen Bestimmungen auf, die nicht strikt sachlich, sondern mehr oder minder persönlicher Art sind, wie sie von jeher auch in Lohndienstverträgen bestanden. Neben einem Gottespfennig oder einer Anzahlung ist auch die Rede von Weinkauf – das gemeinsame Trinken zur Besiegelung des eingegangenen Verhältnisses – und manchmal auch von einem Treuegelöbnis[5]. Dies alles war im allgemeinen bei Handwerkerverträgen möglich, aber gerade bei Künstlern tritt auch verständlicherweise speziell die persönliche Arbeitsverpflichtung in den Vordergrund.

So verpflichtet sich Albrecht Dürer, den Mittelteil eines Altars selbst zu machen: »und soll auch kein anderer Mensch keinen Strich darzu malen, denn ich«[6]. Um die pünktliche Ablieferung zu garantieren, wird oft auch bestimmt, daß man gleichzeitig kein anderes Werk annehmen darf. Daß es sich nicht nur um ein persönliches Anfertigen, sondern um die Ablieferung eines Ergebnisses handelt, geht aber wieder aus der

[2] A. M. Carr-Saunders und P. A. Wilson, *The professions*. Oxford 1933, S. 177.

[3] E. Levasseur, *Histoire des classes ouvrières et de l'industrie en France*, II. Paris ²1901, S. 219.

[4] Rothenbücher, S. 26.

[5] Ebd., S. 28–35.

[6] Ebd., S. 49.

Formulierung als Bringschuld aus einem Vertrag zwischen dem Maler Bruyn und dem Stift Xanten aus dem Jahr 1529 hervor. Der Maler muß kommen und das Bild aufstellen, »auf seine Kost, Angst (Risiko!) und Arbeit«[7]. Der Unterschied zum Dienstverhältnis drückt sich auch in der Tatsache aus, daß dem Hersteller des Werkstückes im Falle von Klagen auf sein Wort hin geglaubt werden kann. Der Besteller muß den behaupteten Fehler nachweisen, der Meister kann auf seine Treue schwören[8]. Auch bei Streitigkeiten bezüglich eines Dienstverhältnisses wird dem »Meister« oft auf dessen Wort hin geglaubt. Dort ist der Meister aber der Arbeitgeber, während bei der Annahme eines Werks gerade die arbeitende Partei als Meister für glaubwürdig gehalten wird.

Das Klassenbewußtsein der Neuzeit, das sich wieder schärfer als in der Vergangenheit im Gegensatz zwischen Selbständigen und Unselbständigen ausdrückt, setzt sich auch innerhalb des Kreises der Selbständigen in dem Unterschied fort, den man immer wieder zwischen Höheren und Niederen zu ziehen versucht. Sehr klar ist das bei den selbständig Dienstleistenden zu erkennen. Die »freien« Berufe, im Englischen als »professions« bezeichnet, gelten als begrenzt auf jene, die einen hohen Status besitzen. Zu Beginn des 18. Jahrhunderts schreibend, sprach Addison von den drei Berufen der »Gottesgelehrtheit, des Rechts und der Physika«. Die Gottesgelehrtheit fand einen Platz in der Reihe, weil sie nun einmal entweder der einzige Beruf oder die Basis war, auf der die anderen Berufe aufbauten. Sie nahm ihren Platz neben Medizin und Recht gleichsam kraft alten Rechtes ein. Es war noch nicht aufgefallen, daß ihre Position in dieser Reihe eine Anomalie geworden war, seit sie sich von ihren Aufgaben entfernt hatte und sich mit den gewöhnlichen Dingen des Lebens beschäftigte. Was man daraus fortließ, war übrigens interessanter als das, was man einbezog. Chirurgen und Apotheker werden nicht erwähnt, und zwar weil sie keine für »gentlemen« geeigneten Berufe vertraten. Damals und während des ganzen 18. Jahrhunderts wurden Berufe zuerst und vor allem als Tätigkeit für »gentlemen« betrachtet. Wenn sie auch vielleicht keine wesentlichen materiellen Einkünfte erbrachten, so verschafften sie einem doch ein sicheres Plätzchen in der sozialen Hierarchie[9].

[7] Ebd., S. 51.

[8] Ebd., S. 59.

[9] Carr-Saunders und Wilson, S. 294–5.

Ein ähnlicher Rangunterschied, wie dieses Zitat ihn für den medizinischen Bereich im weiten Sinne angibt, wurde auch in den Kreisen der Berufsvertreter getroffen, die mit dem Recht zu tun hatten. »Advocatus dignitatem habet, Procurator nullam«, bemerkt der friesische Advokat Jacob Bourich 1643[10], und Samuel Stryk versucht in seiner ›Disputatio De privilegiis Advocatorum‹ von 1668 etwas von dem echten Unterschied zu retten, indem er sagt, daß der Advokat im Recht belehrt und nicht handelt, aber da er den Advokaten bereits als Verteidiger sieht, kann er hier eigentlich nicht weiter darauf eingehen und vermag schließlich einen Unterschied nur in der höheren Entwicklung und dem Status des Advokaten zu finden. »Denn die Advokatur sei ein Ehrenstand, die Prokuratur ein niederes Amt (officium vile)«[11]. Auch das Notariat stand erst auf der untersten Stufe seines gesellschaftlichen Aufstiegs. Die technischen, chemischen und wirtschaftlichen Dienstleistungsberufe gab es vor dem 19. Jahrhundert noch nicht, ganz zu schweigen von den Berufen, die mit körperlicher Fürsorge zu tun hatten.

Der festgestellte Rangunterschied erklärt wohl einigermaßen, warum der Begriff der selbständigen Dienstleistung so unsicher geblieben ist. In den niederen Rängen schien durchaus eine Verwandtschaft mit dem handwerklichen, also persönlich gefärbten Unternehmerverhältnis zu bestehen. Bei der höheren intellektuellen Dienstleistung schaute man darauf, daß sie sich in einem etwas wohlhabenden Rahmen abspielte. Die akademische Herkunft bewirkte bei den Ausübenden der eigentlichen Professionen eine Bereitschaft, das Wiederaufleben der römisch-rechtlichen Konzeption der *operae liberales* zu akzeptieren, wobei nicht, wie bei der Übernahme eines Werks, das Arbeitsergebnis im Vordergrund steht, sondern der Dienst selbst, der unabhängige Versuch, einen gewissen Nutzen zu stiften. Für den holländischen Rechtsgelehrten Voetius steht das Eigentümliche dieser Struktur so fest, daß er wie die Römer keine zivile Lohnforderung anerkennt, sondern nur eine Realisierung des *salarium in extraordinaria cognitione* kraft eines besonderen administrativen Rechtsganges[12]. Es ist jedoch nicht ausgeschlossen, daß diese typische Gelehrtenauffassung in der Praxis nur deshalb einen Schein von Gültigkeit besaß,

[10] Adolf Weissler, *Geschichte der Rechtsanwaltschaft*. Leigzig 1905, S. 174.
[11] Weissler, S. 175.
[12] W. Endemann, *Die Behandlung der Arbeit im Privatrecht*. Jena 1896, S. 49.

weil wenig Bedürfnis an der Einziehung eines Honorars mit Hilfe des Richters bestand. Wenn man von der ganz anders klingenden spätmittelalterlichen Auffassung, daß der Lohn des Arztes *lidlon* – das heißt mit seinem Schweiß verdient und darum privilegiert[13] – ist, dann darf das jedenfalls als Zeichen für den wachsenden Wohlstand dieser Dienstleistungskategorie gelten.

Der para-öffentliche Charakter der *operae liberales* scheint in der Praxis der zentralen medizinischen Kollegien in den deutschen Ländern des 18. Jahrhunderts verstärkt worden zu sein, um durch Verordnungen die Tarife durchzusetzen. Sie haben aber keine strikt bindende Kraft. Das Odium der Selbstlosigkeit verliert übrigens wohl etwas von seinem Glanz, wenn man die theoretischen Berufsauffassungen mit der Praxis vergleicht: »Verträge von Ärzten mit einander, mit Chirurgen und Apothekern, Abschlüsse mit Kranken über das Honorar vor der Behandlung und andere Vorgänge beweisen, daß die Standesauffassungen, obwohl das hippokratische Ethos nach wie vor gelehrt wurde, von den unsrigen in manchem abwichen. Das zeigt auch die Tatsache, daß es nicht für schimpflich galt, sich zu Pestzeiten den Berufspflichten zu entziehen, oder daß man, wie es die Geschichte der Zange so traurig lehrt, Heilmethoden und Heilmittel noch immer geheim halten konnte, ohne seinem Ruf zu schaden.«[14]

Auch bei der juristischen Behandlung der anderen Typen von Arbeitsverhältnissen werden die klassisch römischen Begriffe bei den Theoretikern wieder höher eingeschätzt. Für die Rechtsgelehrten hat die romanistische Unterscheidung zwischen *locatio conductio operis* (Miete und Vermietung von Werk) und *locatio conductio operarum* (Miete und Vermietung von Arbeit) bis weit ins 18. Jahrhundert eine besondere Anziehungskraft, wo es sich um die »einfachen« Tätigkeiten Selbständiger und Unselbständiger handelt. Die Handhabung der klassisch römischen Modelle läßt keinerlei Zweifel daran bestehen, daß man beide Kategorien scharf gegeneinander abzugrenzen wünscht. Dennoch bieten die Abhandlungen der vom römischen Recht beeinflußten Rechtsgelehrten nur wenig, was für den Begriff dieser Arbeitsverhältnisse wirklich bedeutsam ist. Mit dem Arbeitsverhältnis, das persönliche Unterordnung

[13] Gustav Hertz, *Die Rechtsverhältnisse des freien Gesindes nach den deutschen Rechtsquellen des Mittelalters*. Breslau 1879, S. 86.

[14] Paul Diepgen, *Geschichte der Medizin*, I. Berlin 1949, S. 319.

mit sich bringt, setzen sie sich nach dem Vorbild ihrer illustren Vorgänger praktisch überhaupt nicht auseinander. Aber selbst über die *locatio conductio operis* erfährt man sogar bei wichtigen Autoren wie von Pufendorf und Voetius wenig Erwähnenswertes[15].

In der Rechtswirklichkeit und der darauf basierenden Rechtspraxis bedeutete die Rezeption des römischen Rechts im 16. Jahrhundert keinen plötzlichen Bruch[16]. Das war auch gar nicht möglich, weil diese Rezeption auf ein System zurückgriff, das schon in spätrömischer Zeit nicht mehr in seiner ganzen Reinheit bestand und später natürlich noch stärker den gesellschaftlichen Auffassungen und Bedürfnissen angepaßt wurde. Gerade diese »Unreinheit« mißfiel den Theoretikern, aber das war kein Grund, das geltende Recht so einfach zu verdrängen. Neben der Rezeption des römischen Rechts, was letztlich auf einen Widerstand gegen die alten Glossatoren hinauslief, die Justinian unter ihren Kommentaren begraben hatten, konnte man seit dem 16. Jahrhundert übrigens gleichfalls eine Strömung feststellen, die ein erneutes Interesse für das traditionell geltende Recht an den Tag legte. Man kann dies das eigene Volksrecht nennen, wenn man dabei nicht vergißt, daß es mit aus römisch-rechtlicher Quelle entstanden ist. Dieses faktisch geltende Recht stammte offensichtlich aus der Rechtspraxis[17] und in den südlichen Niederlanden und Nordfrankreich aus einer systematischen Zusammenfassung alten Gewohnheitsrechts[18].

Es ist also anzunehmen, daß die zahllosen Abhandlungen lateinisch schreibender Rechtsgelehrter aus dem 17. und 18. Jahrhundert ziemlich weit vom wirklichen Recht der Arbeitsverhältnisse abwichen. Bezüglich des Lohndienstvertrags ist das selbstverständlich, denn trotz der weiteren Ausbreitung dieser Form bei der städtischen Bevölkerung, konnte darüber niemand vom römisch-rechtlichen Standpunkt aus ein sinnvolles Wort sagen, weil er in klassischer Zeit als »freier« Vertrag nicht bestanden hatte[19]. Außer einigen hie und da verstreut vorkommenden Bemerkungen, wie bei Coeceji über

[15] Endemann, S. 48–49.

[16] Rothenbücher, S. 3.

[17] A. J. M. Kunst, *Europees rechtsleven in Erasmus' tijd*. Zwolle 1963.

[18] R. C. van Caenegem, *Boekenrecht en gewoonterecht; Het Romeinse recht in de Zuidelijke Nederlanden op het einde der middeleeuwen*. In: Bijdragen en Mededelingen van het Historisch Genootschap, 80. Groningen 1966, S. 12f.

[19] Endemann, S. 44.

das Haushaltspersonal, bei Leyser über das Vermieten seiner Dienste an zwei Arbeitgeber[20], konnte man nicht viel mehr über das hinaus beisteuern, was schon im römischen Recht über die Trennung zwischen *locatio conductio operis* und *locatio conductio operarum* ausgesagt wurde. Auch wo man diese Begriffe nicht verwendet, wird, wie bei Hugo Grotius, doch ein wesentlicher Unterschied zwischen dem Zustandebringen eines Werks und der Vermietung seiner Dienste vorausgesetzt. Nur das letzte gehört unter den Allgemeinbegriff »Miete und Vermietung«, der sich auch auf Sachen bezieht.

Miete wird von Grotius definiert als »eine Übereinkunft, durch die jemand sich einem anderen durch seinen eigenen Dienst oder den eines anderen Menschen oder Tieres oder den Gebrauch irgendeiner anderen Sache verbindet und den anderen sich wieder zur Lohnzahlung verbindet«[21]. Mehr römisch als holländisch ist die Auffassung, daß es nicht darauf ankommt, ob man seinen eigenen Dienst oder den Dienst eines anderen vermietet. Was aber hat man von der folgenden Beweisführung zu halten? »Aber wenn jemand einem anderen versprach, einen Ring zu machen und das Gut dazu zu tun, so daß hier Verkauf und Miete zusammenfallen, so wird eine solche Handlung . . . als Verkauf angesehen.«[22] Hier wird die am weitesten entwickelte Form von Unternehmung, jene nämlich mit Materiallieferung, unter den Kaufvertrag eingeordnet, was weder als römisch noch als holländisch gelten kann. Was nun die Bestimmungen über Lohndienst angeht, so erwähnt Grotius nur eine einzige, die sich darauf speziell bezieht: »Wer einen Dienstboten innerhalb der Zeit beurlaubt ohne gesetzlichen Grund, muß demselben den vollen Lohn folgen lassen.«[23] Es ist klar, daß sie eine Globalisierung des viel differenzierteren städtischen Dienstbotenrechts enthält.

Im übrigen hat Grotius aber den Arbeitsverhältnissen in der Seefahrt Aufmerksamkeit geschenkt, und zwar in einer recht ausführlichen Abhandlung ›Miete zwischen Schiffern, Reedern, Befrachtern und Bootsgesellen‹. Darin ist er »vor allem der Verordnung von Karl V. vom 19. Juli 1551, denen Philips II. vom 31. Oktober 1563 und dem Dekret der Staaten von Hol-

[20] Endemann, S. 47.

[21] Hugo de Groot, *Inleidinge tot de Hollandsche rechts-geleerdheid*, III, 19 Ausgabe Dooring-Fischer-Meyers. Leiden 1952, S. 252.

[22] Ebd., S. 252–3.

[23] Ebd., S. 255.

land vom 2. April 1605 gefolgt und hat daraus wiederholt Artikel wörtlich übernommen«[24]. Es kommen auch Bestimmungen darin vor, die auf das alte Recht von Oléron und Wisby zurückgehen, in denen die Rücksprache mit Schiffsgesellen und die Bergungspflicht behandelt wird. An anderer Stelle zeigt sich, daß sein Interesse für die Quellen des zeitgenössischen Rechts der Arbeitsverhältnisse nur sehr begrenzt ist. Darin unterschied er sich also kaum von seinen Zeitgenossen, die sich praktisch auf die Übernahme des römisch-rechtlichen Systems beschränkten. Diese Handlungsweise hatte ihren Grund in dem Bedürfnis nach Zusammenfassung und Übersicht in dieser Zeit großer Zersplitterung. Alle Rechtsgelehrten, Germanisten sowohl wie Romanisten, haben dieses Bedürfnis verspürt[25].

Mit Recht wird am Urteil der Rechtsgelehrten über das Recht der Arbeitsverhältnisse wohl am stärksten kritisiert, daß sie durch ihren Rückgriff auf die Klassiker den Blick auf die zeitgenössischen Unterordnungsverhältnisse verstellten. Das galt sowohl für die noch bestehende Hörigkeit wie für den Lohndienstvertrag. Die Hörigkeit wurde im Licht der römisch-rechtlichen Sklaverei gesehen, den Lohndienst interpretierte man vorzugsweise als *locatio conductio operarum*, eine Form, die unter dem Aspekt persönlicher Unfreiheit keinesfalls als makellos gelten konnte. Nicht jeder ging so weit wie Menandri, der 1626 in einer langatmigen Abhandlung die Wiedereinführung der echten römischen Sklaverei in Deutschland empfahl[26]. Aber auch die rein theoretisch gemeinten Betrachtungen über den Rechtscharakter der Sklaverei beweisen die bedenkliche Lebensferne der Wissenschaft. Vielleicht dürfen wir die damaligen Gelehrten deshalb nicht zu scharf verurteilen. Die sowieso schon wenig demokratisch empfindende Zeit wurde sowohl mit einer faktischen Deklassierung der arbeitenden Klasse wie mit einer zwar nicht im Abendland, aber doch durch westliche Mächte neu eingeführten Sklaverei konfrontiert.

Die in der modernen Zeit so verurteilte Gleichstellung des Lohndienstvertrags mit Sachmiete kann, insofern man dabei von den persönlichen Beziehungen absieht, die durch diesen

[24] Ausgabe Fockema Andreae-van Apeldoorn. Arnhem 1926, II *Aanteekeningen*, S. 293.

[25] Endemann, S. 50.

[26] Endemann, S. 43.

Vertrag bestärkt werden, nicht ohne weiteres der Wissenschaft angelastet werden. Seit Ausgang des Mittelalters hatte das wirkliche Leben eine deutliche Versachlichung der Beziehungen gezeigt. Wenn man dafür eine Erklärung suchen will, stößt man zweifellos auf eine Reihe von Ursachen. Als tiefste Ursache wurde häufig die Mobilisierung der Gesellschaft durch das Geld genannt. Diese »Ursache« liegt aber durchaus nicht tief, sondern an der Oberfläche. Geld an sich mag einen Symbolwert besitzen, zur Erklärung der Gestaltung menschlicher Beziehungen müssen wir tiefer zu den Motivationen der Gesellschaftsschichten durchstoßen. Landen wir da bei der Geldsucht? Sie müßte dann als Motivation besonders bei der Schicht nachweisbar sein, die kraft des Rechtsverhältnisses das Geld empfängt. Es scheint aber höchst zweifelhaft, daß sich der Arbeiter in dieser Zeit bei Eingehen seines Arbeitsverhältnisses so sehr auf Geld orientiert hätte, während er doch wissen mußte, daß er bei der Verhandlung über den sachlichen »Mietvertrag« dem Arbeitgeber immer unterlegen war.

Um etwas von der zunehmenden Versachlichung des Lohndienstvertrags zu begreifen, müssen wir uns die bereits erwähnte Tatsache einer Deklassierung der arbeitenden Bevölkerung vor Augen halten. Im 17. und 18. Jahrhundert ist langsam eine arbeitende »Klasse« als letzte Unterschicht der bürgerlichen Gesellschaft entstanden. Die frühere Ständeordnung ist einer horizontal ausgerichteten Klassenordnung gewichen, die in ihrer mehr als globalen Einwirkung die Trennungslinien verschärfte und die Gegensätze zuspitzte. Ausgewogenheit und Redlichkeit bezüglich der Stellung jedes einzelnen im Rahmen des Ganzen sind veraltete Begriffe geworden. Freiheit wird verstanden als ein Auf-sich-selbst-gestellt-Sein. Unter diesen Umständen bleibt dem niederen Mann einfach nichts anderes übrig, als sich für Geld zu vermieten, ohne sich viel von den guten persönlichen Beziehungen zum Arbeitgeber vorzustellen. Diese persönlichen Verhältnisse verschwinden nicht, weil die sachlichen Elemente im Arbeitsvertrag für beide Parteien so anziehend sind; die Kausalität wirkt vielmehr entgegengesetzt: Es tritt eine Versachlichung ein, weil das Klassenbewußtsein in den allgemein gesellschaftlichen Verhältnissen die Realisierung persönlicher Beziehungen in der mikrosozialen Struktur vereitelt.

Als sich die Grenzen der Welt allseits öffneten, hat das Einheitsbewußtsein der abendländischen Christenheit nicht zu einer Vereinigung des gesamten Menschengeschlechtes geführt. Im Gegenteil, die Individuationstendenz der Renaissance hatte zur Folge, daß das Zusammengehörigkeitsgefühl sowohl in geistiger wie in räumlicher Beziehung einem Einengungsprozeß unterworfen wurde. Die Territorialstaaten, die Nationalitäten, die Kirchen, die gesellschaftlichen Klassen, sie alle schienen ihre für das Bewußtsein äußerst schwer zu überschreitenden Grenzen zu besitzen. Die Darstellung der Arbeitsverhältnisse im 16., 17. und 18. Jahrhundert ist eine Geschichte der allmählichen Distanzierung und Verfremdung der Klassen. Der gutsituierte Bürger scheint mehr und mehr geneigt, über die »arbeitende Bevölkerung« zu sagen: Das sind keine Menschen wie wir. Die Konsequenz eines solch engen, egozentrischen Lebensgefühls ist das Praktizieren jener Art von Sachlichkeit, dem die Interessen und Gefühle des Mitmenschen gleichgültig sind. Die reine Rationalität als Norm im gesellschaftlichen Verkehr beruht letztlich auf der Weigerung, den Partner im Spiel der Interessen als gleichwertig anzuerkennen. Diese Haltung hat die zunehmende faktische Unfreiheit im – juristisch noch immer als frei geltenden – Lohndienst ermöglicht.

Zu einem noch größeren Grad der Perfektion hat sie es aber in einer Form der Unfreiheit gebracht, die die europäische Wirtschaftskultur vor dem Forum der Weltvölker bis über die Schwelle der neuesten Zeit mit einem nicht zu tilgenden Schandmal befleckt hat: der Sklavenausbeutung. Negersklaven gab es schon bei den Römern. Sie wurden über den Nil und quer durch die Sahara herangeholt. Dieser afrikanische Sklavenhandel wurde vom Islam fortgeführt. In Spanien, besonders in Andalusien, fanden sich noch in christlicher Zeit Neger als Haussklaven. Der Sklavenhandel lebte im 15. Jahrhundert wieder auf, als portugiesische Seefahrer, zunächst als Kuriosität, alsbald aber auch als Handelsobjekt, schwarze Menschen von ihren Reisen an die afrikanischen Küsten mit nach Hause brachten. Dieses ursprünglich portugiesische Vorrecht auf diesem Gebiet wurde der Tatsache zugeschrieben, daß bei der Verteilung der Kolonialwelt durch die Päpste den Portugiesen ganz Afrika zugewiesen wurde[27]. Dennoch haben sie schon bald Konkurrenz von anderen bekommen, von Holländern, Engländern, Franzosen. Die Händler wurden von

[27] L. Capitan und Henri Lorin, *Le travail en Amérique avant et après Colomb*. Paris 1914, S. 339.

keinerlei Skrupeln gequält; sie waren es gewohnt, sich auf den Standpunkt »Geschäft ist Geschäft« zu stellen. Bezüglich des Sklavenhandels wurde dieser Standpunkt unumwunden in Jaques Savarys kaufmännischem Handbuch ›Le parfait négociant‹, das 1675 in erster Auflage erschien, zum Ausdruck gebracht. Danach ist dieser Handel nicht nur vorteilhaft, der Verfasser verteidigt auch seine Berechtigung, wenn auch in einer Weise, die uns als hypokritisch und blasphemisch erscheint. »Dieser Handel«, so schreibt er, »erscheint denen unmenschlich, die nicht wissen, daß diese armen Leute Götzendiener oder Mohammedaner sind und daß die christlichen Kaufleute sie dadurch, daß sie sie von ihren Feinden kaufen, einer brutalen Sklaverei entziehen...und sie eine viel mildere Dienstbarkeit finden lassen...die Kenntnis des wahren Gottes und den Weg des Heils.«[28] Die Sklaven wurden offensichtlich als Menschen betrachtet, wenn sie auch nicht als solche behandelt wurden. Es waren nämlich »keine Menschen wie wir«. Ohne diese abschätzige Beurteilung zu berücksichtigen, scheint es uns heute einfach unerklärlich, daß sich die öffentliche Meinung nicht gegen diese menschenschänderische Praxis des Sklavenhandels gewehrt hat. Erst in der 2. Hälfte des 18. Jahrhunderts kam es zu einem spürbaren Widerstand durch einige aufgeklärte Geister wie Montesquieu, die im Namen von Moral und Menschlichkeit den Sklavenhandel verurteilten[29].

Man kann wohl behaupten, daß es bei vielen nichteuropäischen Völkern genauso Sklaverei gab und daß auch das christliche Mittelalter sie gekannt hat. Dennoch bleibt es ein quälendes Problem, wie das sich christlich nennende Westeuropa das Wiederaufleben der Sklaverei als einen Teil seines Wirtschaftssystems tolerieren konnte, auf dem es sein Gefühl für Überlegenheit und seinen Weltführungsanspruch begründen zu können glaubte. Ganz abgesehen von der Tatsache, daß das häufige Vorkommen eines Verbrechens keine ausreichende Entschuldigung für den Täter darstellt, läßt sich über die Selbstverständlichkeit, mit der weiße Händler den afrikanischen Sklavenhandel betrieben und weiße Kolonisten in Süd-, Mittel- und in einigen Gebieten Nordamerikas den Plantagensklaven ausgebeutet haben, nichts anderes sagen, als daß sie aus einer völligen Inversion der eigentlichen traditionell abend-

[28] Henri Hauser, *Les débuts du capitalisme*. Paris ²1931, S. 297.
[29] Capitan und Lorin, S. 353.

ländischen Werte hervorgegangen sein muß. Das Christentum, das der Europäer mit den Lippen bekannte, gebot ihm, seinen Nächsten zu lieben wie sich selbst, aber er war und ist stets geneigt, mit den Pharisäern zu sagen: Wer ist denn mein Nächster? Die aus dem biblischen Gleichnis abgeleitete Antwort mußte ihm wohlbekannt sein, und doch blieb offensichtlich der Sinn dessen verborgen, was darauf als Schluß folgt: Geh und tue desgleichen – die zwingende Gegenseitigkeit in den menschlichen Verhältnissen.

Der wesentliche Unterschied zur früheren Haltung des Abendlandes gegenüber der Sklaverei liegt darin, daß man neben die juristische Anerkennung des Bestehenden keine prinzipielle Ablehnung mehr stellte und sich also auch kein Streben nach Aufhebung der Institution erkennen ließ. Im Gegenteil, wenn von irgendeinem Streben die Rede ist, so von dem unersättlichen wirtschaftlichen Gewinnstreben, und das ist natürlich auf Fortsetzung und Ausdehnung der lukrativen Praxis gerichtet. Für das Wirtschaftssystem sind auch noch so harte Fakten selbst normativ geworden. Für die positive Wirtschaft etwa auch? Haben insbesondere die Juristen eine Bestätigung der Allgemeingültigkeit der römisch-rechtlichen Konzeption bezüglich einer unfreien Arbeit darin gefunden? Wenn dem auch so wäre, so hatte es doch keinen entscheidenden Einfluß auf die Formgebung der Arbeitsverhältnisse gehabt. Die Rolle der Wissenschaft im historischen Prozeß sollte nie überschätzt werden. An der Zeitwende wird das römische Recht zwar als Denksystem seine Bedeutung behalten, aber ohne einen allzu starken Rechtsinhalt. Wieder – zum soundsovielten Mal in der Geschichte – wird das Schlagwort der neuen Zeit: Freiheit, was in diesem Fall bedeutet: Abschaffung aller Gebundenheit. Zum soundsovielten Mal auch sollte sich die Praxis als einigermaßen anders erweisen.

Eine Sammlung deutscher Poesie – nach den Erstdrucken

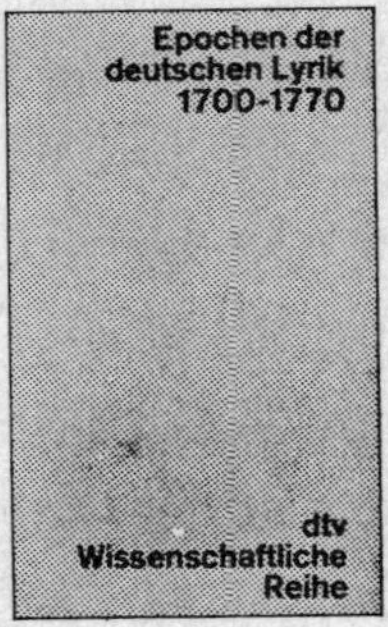

Eine historische Dokumentation der lyrischen Dichtung vom frühen Minnesang bis zur Gegenwart. Der chronologische Aufbau des Werkes folgt den Erscheinungsdaten der Gedichte. Er zeigt getreu die Wandlungen der lyrischen Bilder und Themen, der Formen und Gattungen. Diese Anordnung bietet damit erstmalig Materialien zu einer Morphologie der Lyrik.

Durch die Prinzipien der Auswahl, durch den Abdruck der Gedichte in der ursprünglichen Textgestalt, durch die sachkundige Einführung zu jedem Band sowie durch die ausführlichen Autoren- und Quellenverzeichnisse empfiehlt sich diese Anthologie als unentbehrliches Quellenwerk für das Studium und als bisher umfassendstes Lesebuch deutscher Poesie.

Epochen der deutschen Lyrik
Herausgegeben von Walther Killy

Band 1: bis 1300. Hrsg.: Werner Höver
Band 2: 1300–1500. Hrsg.: Eva Kiepe-Willms
Band 3: 1500–1600. Hrsg.: Klaus Düwel
Band 4: 1600–1700. Hrsg.: Chr. Wagenknecht
Band 5: 1700–1770. Hrsg.: Jürgen Stenzel
Band 6: 1770–1800. Hrsg.: Gerhart Pickerodt
Band 7: 1800–1830. Hrsg.: Jost Schillemeit
Band 8: 1830–1900. Hrsg.: R.-R. Wuthenow
Band 9: ab 1900. Hrsg.: Gisela Lindemann
Band 10: Übersetzungen

Epochen der deutschen Lyrik

dtv